冯·卡门
航空航天时代的科学奇才

[美] 冯·卡门
李·埃德森 ◎ 著
曹开成 ◎ 译

复旦大学出版社

译者的话

西奥多·冯·卡门是匈牙利犹太人，1881年5月11日出生于布达佩斯。他6岁就能用心算速算五六位数的乘法；16岁进皇家约瑟夫大学，毕业后又赴德国哥廷根大学深造。起初，他跟随近代航空流体力学奠基人普朗特[1]教授研究材料力学，又和德国物理学家玻恩合作研究晶体原子结构模型。在普朗特、希尔伯特、克莱因、龙格、能斯脱等科学大师的熏陶下，他在哥廷根打下了雄厚坚实的基础。

在哥廷根攻读两年后他又去巴黎大学学习。有一次，他陪友人观看欧洲首次两公里飞行表演，那架简陋的早期飞机引起了他极大兴趣。于是，他开始悉心研究空气动力学。

1908年秋，他重返哥廷根，当普朗特的助手兼力学课编外讲师。第一次世界大战爆发后，他被征入伍，在奥匈帝国空军服役；大战期间，曾设计制造了世界上最早的系留式直升机。战后他又回到德国，在亚琛工学院当航空系教授。

20世纪20年代起，冯·卡门经常到世界各地讲学。他到过美国、苏联、日本，曾经两次来华讲学，并应聘担任清华大学航空系顾问。1930年纳粹在德国的阴影迫使他离德去美，从此，他便一直在帕萨迪纳加州理工学院

---

[1] 路德维希·普朗特（1875—1953），德国力学家，近代航空流体力学奠基人，历任汉诺威工业大学和哥廷根大学教授、普朗特流体力学研究所所长等职，著有《流体力学概论》。

执教,并加入了美国籍。

德国火箭科学家冯·布劳恩说:"远见卓识,敏锐的创造力,跨越专业、国家和语言障碍将人们聚焦在一起的非凡才能,所有这些特点使冯·卡门成为航空和航天技术世界最重要的引领者之一。"

冯·卡门还是一位良师。他一生培养了许多具有国际声望的人才,现今各国居于领导地位的航空航天科学家,多出自"卡门科班"。我国著名科学家钱学森也曾是他的高足。

冯·卡门在国际科技界名声卓著,他一生中获得过许多荣誉。一些研究机构以他的名字命名,月球上也有一个被定名为"冯·卡门坑"的陨石坑。

1963年,为了表彰他对科学、技术和教育事业的无与伦比的杰出贡献,肯尼迪总统授予他美国第一枚国家科学勋章。同年5月6日,冯·卡门在亚琛病逝,后安葬于美国加州好莱坞公墓,终年82岁。

冯·卡门漫长的科学生涯颇具传奇色彩。他精力充沛,性格开朗,既擅长辞令,又富有幽默感;他阅历极广,到过世界上很多国家,与20世纪许多大科学家有密切交往。这本传记不仅描绘了他的一生经历,而且述及许多当代科学家,对他们的生平、个性、趣闻轶事作了生动的写照。

本书系冯·卡门口述,《华盛顿晚邮报》科学新闻记者李·埃德森执笔。冯·卡门去世时全书只完成3/4,后由埃德森根据冯·卡门遗留下的材料最后整理完成。原著共44章,涉及的时间、空间跨度极大,专业领域又十分广泛,限于译者水平,译稿中的缺点、错误实属难免,敬请专家、读者批评指正。

本书的翻译工作一直得到筒柏邨先生的热情指导,初稿译出后,承霍宏暄先生校对,并补译了第39章。此外,译者还得到许多同志的鼓励和帮助,在此一并致以深切的谢意!

曹开成

致　谢

撰写本书我有许多人要感谢。最应感谢的当然就是冯·卡门的终身助手弗兰克·华敦德,以及他在开发火箭时的亲密战友弗兰克·马利纳。冯·卡门将这两位弗兰克都视作自己的"养子"。本书几易其稿,每一稿两位忠诚的朋友都仔细审读,并耐心地补充遗漏的细节,这对我完成此项任务是极大的鼓励。

已故的安德鲁·黑利、威廉·西尔斯,特别是马丁·萨默菲尔德,也都是冯·卡门非常亲密的朋友、冯·卡门欢乐团的特级团员,他们也给予了我很大的帮助。我要特别感谢他们非常清楚地向我证明,冯·卡门留下的遗产在当今世界的日常生活中仍随处可见。

我要特别感谢巴贝尔·塔尔博特,他让我在亚琛期间的生活过得很舒适,他对冯·卡门发自肺腑的崇敬令我对后者的人格魅力和个性获得了新的认识。我还要特别感谢冯·卡门遗产的执行人爱德华·比汉,他帮助我得以查看冯·卡门的各种文件,并在冯·卡门去世后时刻留意,使我完成此书的努力没有受到阻碍。

在此书写作的各个阶段给予我重要帮助的还有许多人,我永远都感激他们:雅各布·阿克莱、阿道夫·鲍姆克、M. A. 比奥特、马克斯·玻恩、罗伯特·卡恩、杰奎琳·科克伦、理查德·柯朗、路易吉·克罗科、保罗·戴恩、伯恩哈特·多尔曼、C. 斯塔克·德雷珀、B. J. 德里斯科尔、休·德莱顿、保罗·埃瓦尔德、伯纳德·法斯、安东尼奥·费里、爱德华·福尔曼、库尔特·弗里德里克斯、加兰·富尔顿、加布里埃尔·贾尼尼、奥古斯特·吉勒斯、切特·哈瑟特、哈罗德·艾弗森、E.T.琼斯、埃里克·凯瑟、阿瑟·克莱因、沃尔夫冈·克勒姆佩雷尔、欧文·克里克、约瑟夫·克鲁克尔、古斯塔夫·拉赫曼、柯蒂斯·李梅、弗兰克·马布尔、戈弗雷·麦克休、克拉克·密立根、伊丽莎白·尼尔利、卡尔·帕尔豪森、唐纳德·普特、邓肯·兰尼、欧内斯特·罗比松、乔治·谢勒、弗兰克·斯平尼、盖福德·斯蒂弗、劳伦斯·塔尔伯特、西奥多·特罗勒、T.F.沃考维兹、杰罗姆·维斯纳、威廉·齐施。

最后,我要感谢冯·卡门忠诚的"大家族",没有他们的支持,本书不可能完成,他们是:冯·卡门的秘书琼·默克、玛丽·罗登伯里、佩格·威廉姆斯;住院医师艾洛迪亚·瑞格珀勒斯和哈里·克里克莫尔。在他们的帮助下,我得以更方便地与"老板"见面;他们为我做了很多事情,让我在帕萨迪纳有宾至如归的感觉。

李·埃德森
于康州斯坦福德
1967年2月

目 录

引言　与天才合作 …………………………………………… 001
1　神童 ……………………………………………………… 014
2　明德中学 ………………………………………………… 022
3　皇家约瑟夫大学 ………………………………………… 028
4　乔治亚·奥古斯塔的"大祭司们" ……………………… 038
5　巴黎插曲 ………………………………………………… 047
6　编外讲师 ………………………………………………… 051
7　航空科学的开端 ………………………………………… 064
8　物理学上的新概念 ……………………………………… 075
9　早年在亚琛 ……………………………………………… 082
10　第一次世界大战 ………………………………………… 091
11　匈牙利革命 ……………………………………………… 103
12　滑翔机 …………………………………………………… 107

13	在亚琛执教	115
14	容克和齐柏林	122
15	初访美国	133
16	日本	143
17	湍流	149
18	在德国的最后日子	156
19	初到加州理工学院	163
20	从帕洛马天文望远镜到熟石膏模型	169
21	轻于空气	178
22	DG-3飞机和"飞翼"	188
23	玻尔、费米、爱因斯坦	197
24	环球使命	207
25	中国航空发展初阶	213
26	空气动力学的新篇章	224
27	塔科马大桥的坍塌	234
28	高速飞行的曙光	239
29	向超音速迈进	248
30	火箭和"自杀俱乐部"	261
31	喷气助推起飞获得成功	277
32	航空喷气公司开张营业	285
33	哈普·阿诺德的眼力	298
34	大战结束	305
35	苏联和匈牙利	318
36	美国空军发展蓝图	325
37	新式空军崭露头角	334
38	中国的钱学森博士	345

39　1 200万美元的损失 ··· 353
40　北约航空研究和发展顾问团的创立 ······················ 360
41　北约航空研究和发展顾问团的活动 ······················ 366
42　北约航空研究和发展顾问团的教训 ······················ 374
43　在"钢铁之环"以外 ······································· 380
44　展望未来 ·· 386

附录1　作品目录 Bibliography ································· 395
附录2　荣誉学位和称号 Honorary Degrees and Titles ········ 406
附录3　索引 Index ·· 409

再版后记 ·· 450

引言　与天才合作

1963年2月18日上午，白宫玫瑰园里宾客云集。当代世界航空学界泰斗西奥多·冯·卡门站在一群来自世界各地的友人中间，等待接受一项美国科学家从来没有获得过的殊荣——第一枚国家科学勋章。在几十位候选者中，81岁高龄的冯·卡门以其对科学、技术和教育事业无与伦比的卓越贡献而获选。

按计划，肯尼迪总统要亲自向冯·卡门颁发勋章。当总统及其随从一到，人群就向授勋地点拥去。双脚患关节炎的冯·卡门摇摇晃晃走到台阶前时，好像由于疼痛难忍，突然停了下来。这时，肯尼迪总统迅速赶上去一把将他扶住。

冯·卡门抬起头来朝这位年轻的总统看看，然后把扶他的手轻轻推开。

"总统先生，"他微微一笑说，"走下坡路是不用扶的，只有向上爬的时候才需要拉一把。"

我同冯·卡门合写本书，在合作多年之后才发觉，这件轶事正是他个性的典型表现。当时他身患重病，却仍然谈笑风生，诙谐幽默。其实，这种谈话方式很能缓和不同身份的人在交往中出现的沉默和僵持气氛。他似

---

[1] 页边的数字为英文原著的页码，供索引参考。——译注。

乎觉得自己已经取得了最后的荣誉，痛痛快快地讲完了最后一席话；授勋后才两个多月，他便离开了人世。

冯·卡门是20世纪才华出众、个性鲜明的伟人之一。他是个匈牙利犹太人，生于布达佩斯。他的大半生都在欧美许多高等学府任教。由于他回避各种社会交往，不过问政治，也不愿去搞什么哗众取宠的名堂，因此美国公众对他并不了解。然而，他对我们今天生活的影响却比当代任何一位科学家或工程师更大。正是他精心创造的那些环节，将人类征服天空的科学成就有机地连接成一根长链，使时速2 000英里[1]的喷气式飞机、射程750英里的导弹和星际火箭才成为当今的现实。而美国空军因直接得益于冯·卡门的远见卓识，在他的智慧和个性的推动下，已经成长为一支科研领先、按电钮式的作战部队。正是靠这支部队，美国才取得并保持着空中优势。

冯·卡门是一位名副其实的科学全才。他在很多方面发挥了无可争辩的天才作用。作为基础理论科学家，他揭示出了有关大气和作用在飞机及其他飞行器上难以想象的力、气流、涡流的种种奥秘。航空学和航天学上一些最光辉的理论、概念以他的名字来命名。然而，他并不局限于理论研究。航空史上引人注目的那些里程碑，如齐柏林飞艇、风洞、滑翔机、喷气式飞机和火箭——可以说，20世纪的一切实际飞行和模拟飞行的成功都和他密切相关。晚年，他帮助创办了世界上最大的火箭制造企业——航空喷气公司，并为该公司指引发展方向。此外，他还为组建北约航空研究和发展顾问团[2]到处奔走。这是个隶属于北约的研究机构，旨在振兴战后欧洲的科学，并在历史关键时刻将自由世界的军事和科学人才团结在一起。

冯·卡门丰富的科学生涯颇具传奇色彩，在今天这样高度专业化分工的时代，也许是绝无仅有的。对待自己的成就，他并不过于谦恭推让。他

1　1英里（mile）= 5 280英尺（foot，略作 ft.），约合 1.609公里（kilometer，略作 km）。——译注

2　AGARD（the Advisory Group for Aerospace Research and Development），航空研究和发展顾问团，隶属于北约组织（NATO），存世于 1952—1996 年。——译注

信奉歌德的名言:"只有庸人才是谦谦君子。"

在科学上,他认为自己是一位名垂青史的大人物。有一次,有人请他把自己与当代最伟大的科学家们比较一下。他回答道:"如果说科学家就是具有伟大创见的人,那么,您首先得算上爱因斯坦,因为他有四大科学创见。科学史上,恐怕只有艾萨克·牛顿爵士比他领先;因为牛顿提出了五六个伟大科学创见。而当代其他大科学家仅仅提出过一个,充其量不过两个而已。至于我本人,我提出了三个,或许还多些,其实,可以算三个半。"

科学史家们对冯·卡门也许会另作评价。然而,各种"伟大创见"的伟大程度显然并不完全一样。20世纪几位杰出的科学家——玻尔、普朗克、费米、狄拉克和薛定谔,为近代物理学的发展开辟了广阔的前景。与冯·卡门对航空和航天科学的关系相比,他们对科学思想的影响更深远,对未来文明的发展所起的作用更重大。不过,科学发现(例如,核能控制)的这种影响,部分地还取决于它们的实际应用。因此,从以其才智解决表面上无法解决的宇宙间难题这一角度来评价科学天才,就应该把冯·卡门列入20世纪前10名科学巨匠之中,这是毫无疑义的。

冯·卡门对军事的影响尤为突出。第二次世界大战之前、之间和之后,他为美国空军建设绞尽了脑汁。20世纪没有哪个科学家像冯·卡门那样,为一个军事部门倾注了这么多心血。这种心血体现在使军方和科学家在彼此尊重和互相谅解的基础上结合起来。美国空军将领们对纳粹的V-2火箭和原子弹试验计划的迅速进展深感不安。他们纷纷向冯·卡门请教对策。这是完全可以理解的。

在五角大楼的走廊上,常常听到他操着匈牙利腔英语提供技术指导。国会议员和军事将领的办公室是他经常光顾的地方。冯·卡门是在布达佩斯、哥廷根和别的美国军方颇为陌生的学校受的教育,但他却以旧世界的深邃才智、干练的组织能力和对自然现象及人类本性的洞察力使海、空军将领赞叹不已,并为之折服。

冯·卡门对侈谈政治、哗众取宠的行为颇为不满。他常直率地对我说，第二次世界大战后，科学家的地位有了显著提高。某些科学界人士就头脑膨胀，忘乎所以起来，自以为对人类的一切活动非要在报纸和国会上发表一通高见不可。他对这种人非常反感。他说："科学家应该少想想自己，多考虑工作。"

冯·卡门生前一直是美国军界最高层要人的知己，美国空军最尊重、最信赖的科学家（有人称他是美国空军的守护神）。他既巧妙又直接地促成了美国军事科学思想和武装力量及时转向。

冯·卡门对美国空军成长所起的作用诚然是将来要加以研究的一个课题；但是，作为教师，他也许是最值得人们怀念的。他先后作为德国亚琛工学院航空研究所和帕萨迪纳加州理工学院古根海姆航空实验室（GALCIT）的领导，带领了两代科学家和工程师闯进了科学技术的先驱领域，为航空和航天工程奠定了坚实的科学基础。据说，有人曾把他和文艺复兴时期的大科学家达·芬奇相提并论，认为列奥纳多·达·芬奇创造了许多新奇的机件，而冯·卡门则培育出大批杰出人才。他的学生遍及五大洲，人们称之为"卡门科班"。他们中间包括今天肩负着全世界外层空间技术领导工作的科学家和工程师。

我和冯·卡门博士初次见面是1956年。那时，我受一家全国性杂志的委派，到帕萨迪纳去采访他。我在他家门上才敲了一下，门就开了。迎面站着的正是他本人。他身材不高，有一双忧郁的蓝眼睛和一头花白卷发，脸上带着一丝蒙娜丽莎式的微笑，胖胖的身体裹在一件蓝色的日本和服里（他告诉我这是一个学生送的礼物），身后跟着一条名叫"可可"的黑色卷毛狮子狗。我作自我介绍时，他把手握成喇叭形，放在耳边听我说话。随后就举起一只粗胖的手表示竭诚欢迎。

刚进起居室我就感到非常惊奇。那房间简直就是一间博物陈列室。东方家具、各种艺术品同一只1954年的莱特兄弟奖杯及多幅海军、空军将领的画像极不调和地放在一起;此外,还显赫地陈列着一排世界各高等学府赠授的名誉学位证书。他经常悠然自得地在这些杂乱无章的陈设中来回踱步,与川流不息的客人们谈笑风生。我就是在这种情况下对他逐渐有所了解的。我们的谈话常常被纽约、华盛顿或巴黎来的长途电话和一些大人物的来访所打断。

这类活动让冯·卡门应接不暇。我很快就发现他确实也乐于应酬。他谈吐诙谐,但绝非庸俗的插科打诨,而是言辞风雅,天生健谈,是一个诚恳好客的东道主。他的匈牙利腔调英语带有一种神秘色彩,这使他的谈吐更富有吸引力。冯·卡门的乡音很浓,前美国航空和航天局副局长休·德莱顿博士开玩笑说,他说话的腔调恐怕是因"交际需要"故意装出来的。冯·卡门讲起话来声调动人,手势传神,可使每个听讲的人聚精会神。他还知道如何产生持久的效果。与伯纳德·巴鲁克[1]一样,他随身带着袖珍助听器。当他对谈话内容感到厌倦时,就会把助听器偷偷关掉。有一次,他对朋友说,他年轻时就耳聋。他觉得这倒是件幸事,因为耳聋能让他思想集中。

冯·卡门很爱听别人谈论风流韵事。这类事情,他自己在很多场合也津津乐道,甚至能使一些严肃古板的人都忍俊不禁。因此,一谈起冯·卡门,人们就会联想到他的那些特色:滔滔不绝的拉伯雷[2]式的幽默、助听器、匈牙利腔调和古典式手势。

冯·卡门对周围人们的生活细节有着惊人的记忆力,某人的结婚纪念日,有几个孩子,甚至连结婚礼服的款式都记得一清二楚。他一向是个好奇的人,随时随地都会从记忆中找出一些稀奇古怪的片断。

冯·卡门跟别人争辩起来还是个"封嘴"能手。他常常运用这一招使对方哑口无言。早在他执教亚琛时,有个小工具厂老板来向他求教。厂里

---

[1] 伯纳德·巴鲁克(1870—1965),美国金融家,威尔逊总统和罗斯福总统的经济顾问。——译注
[2] 拉伯雷(1494—1533),法国讽刺及幽默作家。——译注

有台机床,一开动就激烈振动,大有振垮的危险,谁也查不出毛病何在。因此,老板想请他这位杰出的教授先生去"诊治"一下。

冯·卡门到那里只花了几分钟时间就找出症结所在是安装错位。他建议把一只齿轮转过90度重新安装。这么一来,振动就奇迹般地消失了。当时老板欣喜异常。可是,过了几天他又来找冯·卡门了。这回是为了冯·卡门开的账单。他嚷道:"就把一只齿轮转了90度,怎能要那么多钱?""好吧,"冯·卡门回答说,"你把那只齿轮再转回去,我就把账单撕掉。"

不久前,在麻省理工学院的一次科学会议上,两个研究小组对某种现象提出了不同的理论解释,双方见解分歧很大。而实验结果与两个小组的结论都相差甚远。对此,冯·卡门讲了这样一个故事:第二次世界大战结束后,有两个美国大兵去逛罗马。在观赏古罗马圆形大竞技场时,一个大兵慷慨激昂地说:"德国人真是野蛮透顶。"另一个大兵反驳:"竞技场不是德国人炸毁的,是我们美国空军先把它毁了。"两个大兵使劲抬杠,接下来又打赌。为了决定胜负,他们就去问一个过路的意大利人。那过路人答道:"我也说不准竞技场损坏的确切时间,不过,它肯定在1 000年以前就已经毁了。"

听到这话,认为是美国干的那个大兵得意洋洋地转过身来对他的伙伴说:"瞧!我赢了,我说的时间比较接近。"

很遗憾,我对冯·卡门的讲课情况丝毫也不了解。据说,他讲课条理分明,富有想象力,教学效果极好。有人告诉我,他在黑板上推导公式,常会先陷进故意设置的数学死胡同,然后再以高度技巧从困境中摆脱出来。全班同学时而屏息无声,时而又惊呼叫绝,在学生们看来,他解方程式像是耍木偶,把死东西玩活了。

冯·卡门的思想方法很灵活。在一次实验课上,有个学生向他报告观察到一种无法理解的现象。冯·卡门调整助听器,仔细听了这个学生谈的情况,随后,他就对这种现象作了令人信服的解释。当那个学生深深道谢转身要走时,冯·卡门又叫住他。"等一等,"他说,"这中间你做错了一步,所以结果恰恰相反,对此,应该这样解释。"接着,他对这种相反的效果作了一番同样清晰的分析。

冯·卡门早年在亚琛的几位老同事回忆说,那时,他还是个不修边幅的年轻人。他上课时外衣上总粘有粉笔灰,裤子也不挺括,衣袋里会露出半张皱巴巴的报纸。他跟所有的欧洲大学教授差不多,对日常琐事漠不关心,常常神思恍惚,完全沉浸在内心的数学世界里;经常因为半路上停下来运算某个数学问题而耽误了上课。为了克服这种拖拉习惯,他曾经雇过一名校工,专门在上课前提醒他。

冯·卡门希望学生尊敬他。由于他态度温和,有些学生就误认为对他可以随随便便。对这类学生他颇有一些巧妙的训斥方法。一次,有个学生上课时在课桌上摊开报纸看,一连数日,天天如此。对这种行为他愈来愈反感。后来,他忍无可忍,就喊校工端一杯咖啡放在那个无礼的学生面前,结果引起全班同学哄堂大笑。从此以后,那个学生上课再也不敢看报了。

大体上讲,冯·卡门也具有大人物豁达大度的气质。一般人常因某些令人不快的小事同周围的人闹矛盾。这类琐事他从来就不放在心上。

冯·卡门当然也有弱点。当一个科学家对他本应不难理解的问题进行不科学的争论或者秘书没有把工作做好时,他往往显得很不耐烦。爱虚荣是大人物的通病,他也有这个缺点。不过,这点并不讨厌,也可以谅解,因为这跟妄自尊大完全是两码事。他像演员一样,对满堂喝彩特别陶醉。到了晚年,他还是要求从前的学生和同事对他毕恭毕敬。

得不到恭维时,他很容易激动,要不就陷入沉思默想之中。有一次,我陪他到旧金山出席一个会议。与会的许多年轻工程师都不属于他的专业领域。他只认识一个发言者,但这是不够的。有几个人围到他身边,别别扭扭凑在一起,有一句没一句地说着话。由于有老年人和陌生人在场,年轻人显得有些局促不安,就像他们平时看到有老人或是不明底细的人物在场时的表现一样。冯·卡门伤感起来。为了不使自己的忧郁情绪感染别人,

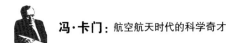

他几乎一言不发。我与他相处多年,从眼神中看得出他心情沮丧,不一会,他就退场了。我很了解,这时候他内心非常孤寂。

冯·卡门的工作在基础理论与应用技术之间经常变动,而且他很喜欢各种变化。然而他本人的生活方式却一成不变,他在同一幢房子里整整住了20年。令人难以置信的是,在一个亲友关系极易疏远的时代,他却把那些与过去密切联系着的故物,几乎原原本本地保存着。家里到处都挂着从前的家庭照片。他到世界各地随身携带的那只旧公文包总是塞得鼓鼓的。其中有各种文字的旧信件,他学生的孩子们馈赠的各种礼品,他母亲和妹妹的生活照以及他认为有保存价值的记事簿。他一直保留着他妹妹生前住的房间。只要他在帕萨迪纳,每天总要一个人悄悄地进去待一会儿。

在世界各地,冯·卡门喜欢与富翁、名流和权贵们交往。但是,他不需要去找他们,他们自会来找他。在匈牙利,他父亲曾是弗朗茨国王[1]的堂兄弟府上的家庭教师。那时候,他就经常和贵族相处。在亚琛时,当地的显贵和阔人邀请他到家里做客,倾听他的高谈阔论,从而对这位迅速成长为国际名人的年轻教授逐步加深了理解。对他来说,把这种磁铁般的吸引力带到美国来简直是易如反掌。美国的企业家、军界领袖、科学家都竭力想与他交朋友,以听取他的见解。然而,冯·卡门同显要人物的接触,并没有妨碍他与那些名声不那么显赫或不那么有钱的人交往。他会毫不迟疑地把一个花匠介绍给显赫的将军,或著名的科学家,并且总是一视同仁。冯·卡门绝不是个势利小人。

1957年,我在《星期六晚邮报》上发表了一篇论冯·卡门博士的文章。就是这篇文章使我们互相认识了。通常文章发表后联系也就结束了,但这回却并非如此,我们成了朋友。只要有机会我就到帕萨迪纳他的公馆去拜访;有时为了某事去采访他,但多半是跟他和他的朋友们围坐在餐厅的长

---

[1] 弗朗茨·约瑟夫,原为奥地利国王,奥匈帝国成立后兼匈牙利国王。——译注

桌边，一边喝威士忌，一边被他从前丰富多彩生涯中的趣闻轶事引得哈哈大笑。有一次，就在这样的场合下，他问我有无兴趣帮助他写一本自传。

这事说说容易做起来却很难。他的一些老朋友认为，科学家写自己的生活经历是很不严肃的；其内容必定是突出个人，冲淡科学工作。而且，无论如何应该由一位空气动力学家执笔，而不能让一个科学新闻记者去撰写。令我欣慰的是，冯·卡门谢绝了这类忠告。他认为，一个科学院士描写他的一生，会把重点放在一般群众毫无兴趣的事情上。因此，不可能把他的生活写得富有幽默情趣。有一次，他微笑着对我说，在空气动力学家协助下，他在工作上已经创建了一个庞大的科学研究体系，可是，他却没有搞出什么使普通公众感兴趣的东西。

我们一致认为，一本自传不必费劲去纠正科学上的偏见。冯·卡门也不想担当维多利亚女王时代科学大师托马斯·赫胥黎那样的角色。那位大师曾经向一群气势汹汹、怀疑科学的人证明：科学并非歪门邪道，只是适用于自然界的一般知识而已。冯·卡门认为，今天，时代已经不同，公众不再怕科学家了。

我们认为，所有这一切集中到一点，就是要让公众了解那些喷气式飞机、其他飞行器和火箭的创造者们的人生经历，要揭示出从事这方面探索研究的科学家的内心思想。曾经有一些科学家成功地、真心实意地从"一个人"的角度介绍过自己，暴露了自己的思想过程；然而，述及自己的情绪和挫折的却寥寥无几。因此，我们认为，也许在一定程度上，我们能弥补这一不足。

冯·卡门对我说："写自传是自我吹嘘。不过，也有人竭力劝我相信，在当今这个伟大时代，一个科学家的生活经历确实有很大价值。在19世纪科学家写回忆录是司空见惯的事。达尔文、瑞利、法拉第、开尔文勋爵等人不是都认为应该把他们自己的工作和生活情况公之于世吗？"

然而，20世纪却出现了一个怪现象：几乎没有哪个科学家愿意谈论自

已的经历。部分原因在于科学本身已经起了变化。在科学上，集体研究日益取代了个人探索，只要一涉及某项科学发现应归功于谁的问题，就必然会引起层出不穷的嫉妒和麻烦。

"其次，我认为我的传记之所以重要，还在于今天的科学观比历史上任何时期都更为刻板。通向科学发现的道路已不像以往那样清楚。大量谬误就像灰尘一样被刷到地毯下面去了。科学史已经按照高度的逻辑性重写过了。在那里没有错误的起点，没有走不通的岔路，也没有诡辩。不幸的是，通向科学真理的道路并不完全符合这个逻辑，也不是笔直的康庄大道。现在正需要有人指出这一点，并尽可能以引人入胜和激励人心的方式描绘出科学的发展过程。"

最后，写这本传记，冯·卡门还有他个人的深切原因。他希望用本书表达对他父亲、一位伟大的哲学家和教育家的怀念。他对我说，他父亲的成就在匈牙利没有得到应有的重视。冯·卡门认为他父亲对匈牙利教育事业作出了巨大贡献。本书也许能把他父亲的成就直接反映出来。他曾经说过，要是他父亲现在还活着，又能分享社会所提供的大量机会，那么，他的影响肯定比他儿子要大得多。

写一本有分量的书是件大事情，而本书在写作过程中又经常碰到一些难以克服的困难。举个例子说，冯·卡门年事已高，极易疲劳，每次见面完成不了多少工作。

不过，在开始阶段，我们配合得十分顺手。有一次，冯·卡门告诉朋友说："这件事我们两人各担一半。埃德森写，我看。"

在帕萨迪纳，他到卧室去睡觉时，常常带着草稿上床。第二天早上，我在原稿上往往看到他用漂亮的草体字插进去的几句话，或者改写的一部分。他还常常讲："真有趣，还是我的英语棒。"

冯·卡门经常奔走于世界各地，因此很难和他在一起连续工作。他生活上的老年期真是姗姗来迟,到了 81 岁,他每年还是只有一个月待在帕萨迪纳,其余时间则在巴黎、罗马和其他欧洲城市度过。他在那些地方出席国际会议,或是与科学家、军界要人及工业家讨论磋商问题。

他的日程表令人惊异:6 点起床,7 点或 8 点和客人(有时多达 12 位)共进早餐。餐后,口述各种信件,一直到中午时分。接下来再抽样浏览一下世界各地科研人员寄来的大量样书和论文。午餐以喝烈性威士忌酒开始。通常,这常常又是一段工作时间,不是接待来访的要人,就是会见从前的学生。下午 3 点午睡。一般 5 点起床,为晚上约会做准备。晚餐照例先喝几杯上好的威士忌,才吃丰盛的正餐,吃完饭再喝酒,一直要喝到半夜。晚上,他谈天说地兴致最佳,通常总有几位年轻漂亮的女客在座。他善于把享乐和事业结合在一起,使两者都不偏废,能办到这一点的人不多。他还有一种特殊本领:表面上从事别的活动,头脑里却在进行科学思考。他从不一段段地划分时间;但他会离开餐桌一小时,去推导一个方程或起草一份文件,然后回到客人们中间,重新捡起他离席时的话题。

虽然这类活动忙碌、愉快,又热闹,但数月之后,我开始怀疑冯·卡门是否真想把自传写出来。然后有一天,我在他毫无戒备的场合才了解了事实真相:原来他很迷信。他跟他的朋友爱因斯坦一样,认为自传至多不过是一本有关逝者的大事记而已。他觉得自传一旦完成,他的生命也将结束了。而他丝毫不急于去见上帝。

1963 年 1 月,我在他家里见到他的时候,万万没料到这竟是最后 面。当时,他情绪抑郁,岁月仿佛以空前沉重的分量压在他身上。他行动艰难,眉宇间沁出的汗珠格外明显。但他的头脑仍和以前一样清晰。他正打算到加州印地奥的科克伦-奥德伦农场去作一年一度的小住。农场主人弗洛伊德·奥德伦的妻子、女飞行员杰奎琳·科克伦[1]是冯·卡门多年的老友和崇拜

---

[1] 杰奎琳·科克伦(1906—1980),美国著名女飞行员,1937 年创飞行速度世界纪录,1964 年成为驾驶喷气式飞机横渡大西洋的第一位女飞行员。——译注

者。几星期之后,当冯·卡门正在农场的室内游泳池里泡着时,华盛顿来了电话:肯尼迪总统的科学助理杰罗姆·维斯纳通知他说,为了表彰他无与伦比的杰出成就,政府特授予他美国第一枚国家科学勋章。

冯·卡门极为激动。这事对他是雪中送炭。他知道别人并没有把他忘却,顿时感到自己变年轻了。他飞到首都去接受总统授勋,又宣誓要竭尽全力效忠国家。

授勋之后,他便立即飞往巴黎,接下来又到亚琛洗矿泉浴。这是他感到身体不佳时的常规疗法。在矿泉水中,一阵激烈的咳嗽把他压垮了。由于他心脏太弱,无法抢救。1963年5月6日,离82岁的生日只有5天,他与世长辞了。几天之后,在帕萨迪纳,一位天主教神父在他家中为他举行了宗教仪式。在好莱坞公墓,一位犹太教拉比为他主持了葬礼。似乎可以说,来向他最后告别的人代表了他生前围绕着他的那个社会。送葬者有中国人、日本人、欧洲人、伊斯兰教徒、基督教徒、犹太人、军事将领、知名科学家以及他生前的挚友和助手们。

那时,我已协助他写出了自传的3/4。之后,由于出版商的好意和耐心,使我能继续完成这项工作。美国空军出于对冯·卡门个人经历和贡献的崇敬,专门送我到欧洲去,访问了他生前工作和生活过的那些地方,拜会了他在亚琛和哥廷根的朋友与同事。各方面都没有对我施加影响的意思,给我的只是帮助。

遗憾的是,我在亚琛几乎没有找到有关冯·卡门[1]业绩的书面材料。在

---

[1] 读者可能注意到冯·卡门(Von Kármán)名字的两个a上都标有重音符"´"。来美之初,他曾想抹掉,因为他觉得有两个重音符美国人读起来不方便。一天,在加州理工学院校园里,他偶然听到两个教师的一段对话:

"那新来的教授是谁?"其中一个教师问道。

"不认识,"另一个回答说,"不过,他一定是外国人,因为他名字的字母'a'上有那么两撇小玩意儿。"

冯·卡门对这种鄙俗之见极为反感,因而决心把那两撇小玩意儿保留下来。

因此我也照搬不误。——原注

历经战争浩劫幸存下来的那些卷宗里,根本就没有关于冯·卡门的文书档案,因为这些材料早就被纳粹党徒销毁了。不过,第二次世界大战后,由于他支持联邦德国重建航空研究机构和长期帮助民主德国工作,他在德国仍有很大的影响。1954年,他应邀重返亚琛接受一项荣誉学位,受到了在纳粹浩劫中幸存的老友们热烈欢迎。

接下来,就让博士本人来叙述吧。

1　神　童

1957年,俄国人把第一颗人造地球卫星送上了轨道。不久,我应邀出席一个叫"面向全国"的电视节目。采访我的记者最感兴趣的问题是,在空间方面,俄国是否比美国领先。如果是这样的话,我们需要多长时间才能赶上去。

遗憾的是,至今仍有人在这样提问。我认为,这正是很多美国人的短视症的表现。我请记者按自己的理解先为"领先"一词下个定义。在我看来,这词源出于美国人的竞争精神。在错综复杂的技术领域,用"领先"一词说明不了什么问题。因为科技领域中某一方面的领先,往往被另一方面的落后所抵消。从这个意义上讲,我认为俄国人在空间方面并非真比我们领先。

我还指出,只考虑眼前防务实非上策。我们必须看到,尽管存在氢弹威胁,我们绝不会在几年中就完蛋。因此我们应该花些时间来制订一项长期规划。我父亲是历史学家。他曾经教导我说,从一年一年的变化考察一个国家的发展很难获得真知灼见。要发现历史经验的真正价值,至少得观察整整一代人。

我已经80岁了,足可回顾现代空间-超音速时代在4代人之前的起始点,稍稍归纳一下我在其中所起的作用,或许还可以在这个基础上评判一番我们由那时起所走过的路。毫无疑义,回顾4代人并不等于就高明4倍。

不过，由于我已经度过了如此漫长的岁月，最好的办法当然是从19世纪谈起。

回首往事，历历在目。我在弗朗茨·约瑟夫一世时代出生于美丽而可爱的布达佩斯。我依然能看见多瑙河沿岸庄严的政府大楼、一个个整洁的公园和园中许多英雄的塑像。我还能清晰地回想起一辆辆俄式轻便马车驶过布达区[1]小山岗的情景：小山上留有古代战争的痕迹，马车上坐着穿丝绸衣服的妇女和戴皮帽穿红制服的贵族骠骑兵。举目所见，到处有服饰华丽、风度翩翩的人；到处是一派升平景象。

然而，在这大好风光的背后，却隐藏着深刻的社会危机。我外祖父那里的农村，农民照旧在贵族庄园里受苦受难；地主仍然把农民当作农奴。与此同时，在许多城市，崭新的百货商店和公司大楼如雨后春笋一般破土而出。这种情况在多瑙河右岸的佩斯区特别明显。它标志着商业兴盛和资产阶级的崛起；新奇的生活方式开始在这个封建农业国出现。当时，资产阶级为了取得权力和尊严，正同封建贵族展开斗争。有识之士一眼就能看出明显的迹象：贵族正在没落，开始向新兴的统治阶级及其文化让路。匈牙利与许多中欧国家一样，穿着贵族拖鞋，慢吞吞地走出中世纪；一只脚已跨向20世纪。

尽管社会阵痛不断加剧，但弗朗茨·约瑟夫时代还算得上是个昌明盛世，出生在这时候还是不差的。我双亲有识于此，在1881年5月11日将我迎接到这个世界上来。

我父亲是历史悠久的布达佩斯彼得·帕斯马尼大学著名的教育学教授。母亲海伦·柯恩出身于书香门第。按世系回溯，她家在布拉格王朝曾经出过一个16世纪著名的数学家。那位先祖因创造了世界上第一个名叫哥勒姆的机器人而受到重视。想到血统因袭影响，我觉得自己一开始就踏上

---

[1] 布达佩斯由多瑙河左岸的布达和右岸的佩斯两个区组成。——译注

冯·卡门：航空航天时代的科学奇才

科学道路似乎是合乎逻辑的。

话说回来，我走这条路也不是一帆风顺的。记得我6岁时，有一次家里请客吃饭。母亲和一两个女仆像往常一样忙于烹调。两个哥哥和小弟因害羞站在离客人远但靠近食物的角落里，不时向桌上做摆饰的甜饼瞟瞟。他们知道，饭后，那些甜饼就是他们的了。

哥哥突然发现我从屋里走过，立刻跑来把我拉到客厅中间。一到那里，客人们就来逗我，办法总是老一套：有个叔叔先让大家安静，随后大声对我说："托多，用脑子算一算，144 567乘以19 765等于多少？"

客厅里顿时鸦雀无声。大家都瞧着我，等我说出答数。

母亲后来说，那时我像登台的小演员，略一思索就报出答数。有人用笔验算后，宣布我的答数完全正确。这种游戏往往要做好几次。老实说，我也不清楚怎样把这些数字算出来的。当我报出答数时，客人们总是十分惊讶，并鼓掌大笑。不过，父亲对此却不以为然。那天，他独自远远地站在一旁审视着我，脸上露出不安的神色。

客人离去后，他把我叫进书房说："托多，这种计算是显摆小聪明，我要你答应我，以后不再做这种游戏了，明白吗？"

其实，我一点也不明白。这次谈话前不久，我在父亲书房里发现一本旧算术书。我问他书上的百分率符号是什么意思，因为我不懂0怎么可以被0除。父亲解释说，%只是个表示百分数的简单符号。我想，父亲并没料到我真懂。后来，我把书里的百分率习题全都做了出来。这可使他大吃一惊。

我以为他会高兴，但我猜错了。几年以后我才知道，他对我的运算能力感到担忧，认为我用心算乘出那么长的数字是反常的。他不喜欢超常儿童，怕我将来变成一个畸形发展的人。在他干预下，我从此便和各种数学科目断绝来往；一直到十几岁才重新开始学习数学。说来奇怪，直到今天，我能用德语、英语、法语、西班牙语做加减运算，但乘法的心算却非要用匈牙利语不可，而且速度也慢多了。童年时代做心算游戏的那种非凡的视觉记忆力已完全丧失。

父亲让我读地理、历史、诗歌代替做数学习题。现在，每当我回想这事总对他感激不已。我一生崇尚人文主义的文明，这跟他让我童年时代就摆脱数字游戏是分不开的。

在我的童年记忆中，父亲的印象最深刻。他是一位具有强烈献身精神的学者，我将永远忘不了他。

我父亲莫里斯·冯·卡门，按匈牙利姓名颠倒的方式叫卡门·莫尔，1843年圣诞节出生在士额特市一个普通的犹太人家庭里。我记得祖父开裁缝店，终日为贵重服装镶花边。我父亲年轻时受教于列奥波特·洛伊拉比。当年，这位拉比由于把匈牙利语引进犹太会堂成了知名学者。在他的启迪下，我父亲萌发了强烈的求知欲望。他力图将我父亲培养成犹太教拉比，但我父亲志在读书，不愿进教堂，因此，后来我父亲进了维也纳大学，向19世纪著名哲学家、现代教育学的创始人约翰·赫尔巴特的一名弟子学习哲学；毕业后返回匈牙利，在布达佩斯大学取得博士学位。

1869年，匈牙利脱离奥地利独立后不久，当时的教育大臣约瑟夫·冯·厄缶男爵邀请我父亲参与匈牙利教育制度的改革工作。为此，我父亲去莱比锡对德国的中学体制进行了专门考察。回国后，他草拟了一份匈牙利中等教育改革报告。当时，中学都掌握在教会手里。大部分学校附属于加尔文教派、路德教派和天主教。各教会都按本身需要开设课程。针对这种状况，改革报告提出了一套3年制中学课程设置标准方案；安排的内容大体上与德、法两国的中学课程相当。报告还建议，政府把教育从教会手中接管过来。

在这项改革计划准备实施期间，冯·厄缶不幸去世；这事因而耽搁下来。接着，有人请我父亲到德国任教，他婉言谢绝了。他认为替匈牙利工作是他的职责。幸好，冯·厄缶的后任鲍勒对我父亲的教改计划也很赞赏，给予了大力支持。3年后，我父亲担任了全国教育委员会秘书长。该机构负责改组中等教育，制定中等教育规范。它制定的规范在匈牙利连续使用了50年。

后来，教育改革的成功和在教育界的崇高声望，终于使我父亲获得一个宫廷职务：负责安排国王年轻的堂弟艾耳布赖希大公的教育计划。1907年8月间的一天，弗朗茨国王召我父亲进宫，对他出色的工作论功行赏，意欲封他一个高级官衔。

他向国王敬谢上言："陛下，我感到不胜荣幸，我希望能有一点可以传之后人的东西。"

国王答应赐他一个世袭贵族称号。接受贵族敕封一定要有封地。幸而他在布达佩斯附近有一座小葡萄园。因此国王就赐予他"冯·斯佐劳士开司拉克"（小葡萄）封号。这个封号连我这个匈牙利人念起来也感到佶屈聱牙，所以我就把它简缩成一个"冯"字。

父亲是个多才多艺的人，他瘦瘦的，中等身材，长长的面庞上留一嘴大胡子，外表显得非常严肃，脸上有种遭受磨难的神情。很多人说他长得酷似古典耶稣画像。1881年，米哈伊·蒙卡奇的名画《基督受审》在布达佩斯展出时，大学里纷纷传说我父亲是这幅画的模特儿。

听到这种说法，他笑笑说："基督是我的模范，我绝不可能是基督的模型。"

父亲看上去显得仁慈、宽厚，但有时却变得十分严厉。他极易动火；对不合格的或做错事的人，不管对方多有势力，他会毫不迟疑地进行针锋相对的斗争。1875年，他主编《匈牙利教育》杂志时，布达佩斯大学有个名叫奥古斯特·卢布瑞希的教育学教授，写了一本批判赫尔巴特的小册子。我父亲是赫尔巴特的信徒。他认为，卢布瑞希的批判是对赫尔巴特进行人身攻击；于是就写了一篇反驳文章，题名《赫尔巴特和卢布瑞希》。该文影射卢布瑞希的批判是侏儒攻击巨人。对布达佩斯大学的教授先生们来说，如此激烈的痛斥实属罕见。从此，两人便结下了不解冤仇。

还有一次，父亲偶然发现，有位著名的哲学教授的获科学院奖金的论文竟然是剽窃来的。他不禁勃然大怒，发誓要揭发那个同事骗取奖金的无耻行为。朋友们劝他不必结怨，连我母亲也劝他不必如此。他却怒气冲冲地说，他无法容忍这种恶劣行径。后来，他终于用"被剽窃者"笔名写了一篇文章痛加揭露。此举在大学里引起的轩然大波，比上次批判卢布瑞希一事更激烈。

我断定，这种宁折不弯的性格对父亲的前程产生了莫大影响。尽管他是个才华出众的教授，却始终未被推选为匈牙利科学院院士；直到晚年才升为正教授。我还记得他在一次校务会议上发火的情景：他的晋级被否决后，有人故意提出，大名鼎鼎的弗洛伊德也没有晋级，现在还是个副教授。我父亲立刻反唇相讥道："不升他是理所当然，因为他才智超群嘛！"

父亲生性好斗，但周围却像众星捧月般地聚集着一批富有献身精神的学生和同事。他的教育理论、强有力的逻辑和坚贞不渝的理想主义，备受人们赞誉。我在童年时代的强烈愿望就是将来要成为像他那样的人。不过，我并没有把他的好斗精神全盘继承过来。很久以前我就明白，任何个人都不可能扫除天下的不平事。从那时起，我对斗争总退避三舍，逐渐以犬儒学派观点冷眼观看世界。以后20年的经验证明，我的犬儒学派观点确有可取之处。其实，对父亲的那种神圣的激情和捍卫真理的斗争精神，我内心还是十分仰慕的。

知识分子想提高家庭地位是很自然的。我的双亲也怀有这种强烈愿望，这当然就决定了我早期教育的方向。父亲对公共幼儿园和文法学校不感兴趣，认为那里的教育质量太差。他请自己从前的高足、在布达佩斯师范学院任要职的M.马尔奈博士教我历史、地理和文学。因为父亲决意不让我成为超常儿童，所以不要我学习数学。他还坚持每个孩子都当小先生，大教小;大哥埃里默教比他小1岁的费里,费里当我的教师,8岁的我教5岁的小弟米克洛斯,最小的妹妹珮波由我们大家轮流教。

那时,我们住在约瑟夫瓦罗斯区一套分层出租的公寓里。公寓看上去总像校舍。记得从早到晚总有些房间在上课。当教师的父亲工作虽忙,还是挤出时间为我们写了一本插图启蒙读物和几本童话故事。后来这几本书都出版了,据说都是第一流的匈牙利语儿童读物。

除了读书,我还练习意大利式击剑。冬季,我也到瓦罗斯里盖公园里的湖上滑冰。由于平衡技巧不佳,我老是摔倒,不久就不再去滑了。有时我也去爬山,但没有兴趣爬上顶峰,也从没有爬到很高的地方。我的音乐水平也很差。记得我们的钢琴教师认为,卡门家的其他几个孩子大体上还不错;唯独对我,他老是耸耸肩表示无能为力。我想,我是个唯一使他失望的学生。

我年轻时,家庭生活非常融洽。父母相敬如宾,为家庭创造了十分和谐的气氛。最紧张的事不过是母亲劝阻父亲,要他对工作和周围环境采取息事宁人的态度,不要动不动就大动肝火。

我外祖父的农庄在布达佩斯东南150公里的地方。夏天,我们全家一起到他那里度假。欧洲的犹太人很少干农业这一行,而外祖父却无视家族在圣经和数学方面的传统去务农。他向查派瑞公爵租下了那个农庄,种植1 200匈亩[1]的小麦和烟草,兼养奶牛和蜜蜂。直到现在,我还记得在田野里狂奔的乐趣以及吃了太多蜂蜜引起肚子痛的情景。然而,令我印象最深刻的则是外祖父的奇妙的逻辑。

有一次,外祖父的一些牛因发生意外死了。保险公司以某种原因拒绝赔偿损失。这样一来,外祖父的经济状况变得很糟,只得向在布达佩斯当

1　1匈亩(hold) = 4 316 平方米(m^2) = 1.07 英亩(acre);1 英亩 = 6.07 亩 = 4 046.86 平方米。
　　——译注

银行家的儿子、我的舅舅阿尔伯特求助。舅舅接到消息后亲自赶到农庄了解情况。他发现我外祖父在客厅里和几个庄稼汉喝香槟酒,吃鱼子酱,不禁勃然大怒。

"你说快要破产了,"他大声吼道,"哪来的钱买香槟酒和鱼子酱?"

外祖父慈祥地看着他,说道:"嗨,我的儿子,你先不要激动。要是事情顺当,我就不要香槟酒了;只要先喝上一杯斯里伏维茨[1]就出工干活。相反,事情不顺当时,我倒要喝些好酒长长劲头。"我认为,这是奥匈帝国哈布斯堡王朝时代的典型乐天派哲学。

---

[1] 匈牙利的一种低档果子酒。——译注

2　明德中学

9岁时,我结束了跟家庭教师读书的欢快生活,成了明德中学的学生。明德是我父亲按照自己的教育理论创办的一所优秀学校,由一名大学教授负责指导,但保持一定的独立性。这所学校现今在西方虽然不大出名,但在匈牙利却是各中学引为楷模的名牌学校。最近,这所久负盛誉的学校引起了伦敦《观察家》杂志一位记者的注意,他将明德与英国培养保守党议员的伊顿公学和法国前皇家勒罗赛中学作了比较,称明德中学是"人才的摇篮"。英国的两位第一流经济学家,贝列尔学院的托马斯·巴罗(他是我的表侄)和剑桥大学国王学院的诺贝尔奖获得者尼古拉斯·卡尔多,都是明德中学的毕业生。一些著名的物理学家,如哥伦比亚大学的列奥·西拉德和来自丹麦的诺贝尔奖获得者乔治·德·赫维西,也都是明德出身。

对我来说,明德是一所教学方法非常杰出的学校。我父亲认为,各门功课,无论拉丁文、数学或历史,都应该结合日常生活进行讲授。记得我们刚上拉丁文课时,教师不是先讲文法,而是带领我们到市内参观塑像、教堂和博物馆,抄录那里的拉丁文铭文。1848年以前,拉丁文是匈牙利官方语言,因此这类铭文比比皆是。我们将抄录的拉丁文带回教室,老师再问我们能识多少。通常,我们只懂其中一些短语。接着老师让我们自己动手翻词典,把生词查出来,然后问我们是否知道同一个词的几种不同形式;再解释词形不一样是因为它在铭文中与别的词搭配关系不同。我们按这种方法先弄清楚每个短语含义，随后再搞懂为什么把它刻在纪念碑上。这种教学实践既能使学生不断积累拉丁文词汇，又能把词形变化基本法则归纳出来，同时还了解了匈牙利历史片断。

我进明德中学后又如饥似渴地钻研起数学来。数学课结合日常统计资料讲授。比如，我们查阅匈牙利历年小麦产量，将数据列成表格，画成曲线。这样，我们就能从曲线上看出小麦产量的变化情况，最高产量和最低产量。然后，从曲线上寻求变量之间的关系，进而学习"变化率"这一高等数学的基本概念;通过学习实践，从而明白了变量之间存在的函数关系。这跟学拉丁文类似，从中还能了解匈牙利社会经济变化的某些侧面。

我们学习从不在死背书本条文上花时间，而是自己动手进行归纳。我觉得这是很好的教学方法。我认为，一个学生在初等学校里逻辑推理基础学得好坏，对他将来的治学能力起着决定性作用。对我来说，明德中学教给我的坚实的归纳推理基础，使我一辈子受益匪浅。

话虽如此，但我第一次使用归纳法的结果却十分糟糕。有个在一般中学读书的高三学生，他的代数很差。他母亲领他来请我进行个别辅导，于是我就用归纳法教他。经过一个月左右我对他的母亲说，他已经为大考作好了准备。她一听这话马上大发脾气，并气势汹汹地说:"你连一本教科书都没有，一个月就把我的儿子教好了?"她指责我敷衍了事，不负责任;要不然，就是个疯子。我就那样被她大大数落了一顿。她后来恐怕会对自己的行为感到懊悔，因为，她儿子没有再进一步学习代数，就顺利地通过了大考。

父亲不仅推行新颖的教学法，还在明德中学首倡由大学毕业生来进行实习教学的制度。有些教师对这种做法颇有异议，认为那样会使没有经验的教师（中学生在背后管他们叫"大灰熊"）在学生面前出乖露丑;而我父亲觉得，让大学毕业生及早明辨教学法的优劣对他们会大有裨益。

在匈牙利帝国时代，中学里师生关系非常刻板。明德还是破除这种陈规陋习的先驱。与其他学校不同，明德的教师常和学生一起在走廊里活动，学生既能在教室外面与教师交谈，又可以讨论与课程无关的其他问题。校规明文规定：在校外，教师和学生相遇时可以互相握手。订这条校规在匈牙利还是破天荒第一次。

此外，明德也与其他中学一样，大力鼓励学生在科学上的竞争心。当时，每年要举行一次全国中学生数学竞赛，各中学都选拔学生参加。优胜者将获得全国委员会颁发的奖金。自前教育大臣厄缶的儿子罗兰·冯·厄缶成为布达佩斯大学著名的物理学家并以研究重力闻名于世之后，该项奖金即以厄缶奖而著称。参加竞赛的学生关在一间紧闭的屋子里，拿到一道数学难题。一般要有大学水平、有创造力、敢于想象的学生才能解答出来。竞赛具有这样一个特色：哪个学生赢得竞赛奖，他的教师将声誉大振。因此，不仅学生之间竞争激烈，教师也都勉力辅导自己的学生去应考。

我也参加过竞赛。经过拼搏取得优胜后，我感到高兴极了。据我所知，目前在国外的匈牙利著名科学家当中，有一半以上都得过这一数学竞赛奖。几乎所有在美国的匈牙利科学家，如爱德华·特勒、列夫·西拉德、斯坦福大学的乔治·玻利亚和已故的冯·诺伊曼，都是数学竞赛的优胜者。冯·诺伊曼比我大10岁，由此可见这种数学竞赛的连续性。我个人认为，这种竞赛对于教育体制至关重要，因此我衷心希望美国和其他国家都能大力倡导这种数学竞赛[1]。

我20岁以前的知识成长受父亲的影响很大。现在回想起来，他对我最大的帮助和培养是启发我对知识的好奇心。比方说，雨点为什么有大有小？空气为什么看不见？我8岁已经能画行星运行图。无线电发明后，父亲买了一台发射器和接收器。母亲很怕那玩意儿，父亲却拆开来研究它的

---

[1] 华盛顿的亨利·杰克逊参议员曾在1958年计划在北约国家展开这项比赛，可惜未能付诸实施。——原注

工作原理。他经常说:"人类不仅需要观察,更需要理解。这是人和动物之间的最大差异。"

随着岁月流逝,我后来又喜欢向父亲问些宗教问题。有一次我问他:"要是上帝果真万能,当然也知道物理学所有的定律了。他为什么要把这些定律隐藏起来呢?"

父亲回答说,这是个愚蠢的问题。"它与上帝的观念是不相容的。我们永远无法知道上帝的意图,但应该相信他对我们是慈悲为怀的。"

思维和感觉、理智和心灵应该加以区分的道理,我就是从父亲那里学来的。他教育我要信仰上帝,还经常说,科学只研究同一性,不研究真理;科学仅仅是人类组织自己经验的方法而已。我从来就看不出科学和宗教之间有什么矛盾,这可能跟我早年与父亲讨论宗教问题有关系。

我少年时代读过法国数学家、哲学家庞加莱的著作。他的《科学与假设》一书对我的思想,尤其对我解决科学问题的方法有很大影响。

庞加莱认为,人们在科学上无须探求客观真理,因为科学只是人类经验的分类和组合,不是打开终极真理的钥匙。在我看来,庞加莱的主要论点是他对于下面这个著名问题的回答:我们怎能确信我们认识的东西呢?比如,世界究竟是三维还是四维空间?他回答说:对于我们,世界是三维空间,这仅仅因为我们看到的是三维空间。

庞加莱以一种生活在二维世界的蠕虫为例阐明自己的论点:一切其他生物从外面进入这种蠕虫世界,都得经过一个奇异的起点。因此,在某种事物本身接触到的范围之外去认识它们是完全不可能的。

他接着问道:蠕虫世界和我们的世界差别究竟在哪里呢?我们看到的是三维世界,如果有某种东西出现,而我们又无法说清它究竟是在上、下、左、右、前、后哪一个方向出现,我们恐怕会说,这是来自四维世界的一种怪现象,一种奇迹。

这段论述给我的印象非常深刻。我从中得出的结论是,我们无法断定不存在奇迹，因为世界比我们肉眼看到的复杂得多。

科学的这种局限性对我的思想方法影响很深。我认为，科学上的东西我们不能一概予以绝对肯定。如果某种现象用现有定律无法解释，那么就必须对它们进行修正或另寻合适的新定律。

现今，这些道理恐怕不言自明了。20世纪初，这些观点刚问世时并不那么好理解，我在这方面就进行过多次辩论。回顾以往，若无庞加莱哲学观点开路，我看科学界接受爱因斯坦的相对论和普朗克的量子论恐怕没有这么快。我还认为自然界不存在什么绝对定律，但我和德国物理学家、哲学家马赫的观点不同，他走到了另一个极端。马赫说，自然科学的唯一目的就是用最少的假设和思考找出自然现象的根源。我看这种说法不妥当，因为这样一来，物理学定律又太灵活了。我认为，一条正确的物理学定律应该能毫无矛盾地对观察作极大限度的解释，这与思考量多少毫不相干。

现在我们暂停议论哲学，把话题再转到卡门家来。1897年我正准备上大学时，家里发生了一件大事，详情我已模糊不清，只记得为表彰我父亲在匈牙利从事教育工作25年举行了一个庆祝宴会。他从前的学生和同事都郑重其事在一本纪念册上题词。那本300多页的纪念册记载了他的工作和生平；除了60多位匈牙利科学和哲学界名流外，签名的还有德国、瑞士和南斯拉夫代表。他们将纪念册敬赠给我父亲。

年轻一些的人颂扬他为导师和领袖。他的同辈人以无比的崇敬尊称他为匈牙利大师、师者之师，并对他为教学方法、教学理念和教学科学所作出的诸多贡献而大加赞赏。

人们朗诵了一首又一首诗歌，向他致敬。有些诗歌太过感伤而有点失度。其中有一首是这样的，当然诗的译文依然不甚理想：

仁慈的校长啊，您将理想赋予吾校，
您又得到何酬报？

您以羸弱身躯外永久的高昂精神
恒久不倦地弘扬您的道义。
欣闻您已完成
上帝交予您的每一个使命,
您的言辞连敌手也愿倾听,而尘世长闻。

当时我父亲深受感动,致了简短的答谢辞,但脸上却流露出前所未有的紧张神态。他的健康状况一直不佳,激烈的偏头痛使他每周损失一个工作日。他以为头痛是气候影响所致,其实另有重要病因。庆祝会以后不久,他又患了神经衰弱症,只好住进布达佩斯附近一家疗养院,一进去就住了4年。

3　皇家约瑟夫大学

父亲病倒后的几个月,家里的生活过得很艰辛。出于孝心,我对母亲说,我也该出去工作,跟两个哥哥一样挣钱养家。但家人认为,有两个哥哥的收入和父亲的积蓄,日子还过得去;在商业竞争激烈的佩斯,我这样一个16岁的孩子又能干什么呢?肯定干不了什么。

于是,1898年11月,我,卡门家族年龄倒数第二小的男丁,一个衣着随意、神情忧郁的瘦弱青年,穿过皇家约瑟夫科技和经济大学的重重大门,开始了大学生涯。

皇家约瑟夫大学的前身是佩斯的一所技工学校。经过皇家学监的长期努力,终于将它办成了匈牙利唯一的一所工科大学。它跟欧洲的很多工科院校相仿,因受传统影响,办得像一所商业学校。自然科学课程,如水力学、电力学、蒸汽工程学、结构学等传统课程,与烘面包、木工手艺的教法一样。学校根本不重视作为科学基础的物理学。

对科学理论,教师都抱视而不见、听而不闻的态度。比如,我们班的理论力学和应用力学教授是位戴高领圈的和颜悦色的老绅士。那时候,苏黎世大学是工程技术人员心目中的麦加[1],因此他只讲授从苏黎世大学教本中挑选来的方程式。有一次,他在黑板上抄了一个很长的方程式。他用手

---

[1] 麦加,在沙特阿拉伯,是伊斯兰教的圣地。——译注

里的讲稿核对时，不禁挠挠头皮，显出一副迷惑不解的样子。

"方程式里这个字母，究竟是 2 还是 Z 呢？"他喃喃地说。"不过，总而言之，这个方程准没错就是了。"

很显然，这样讲课只能使学生认为教师没有什么科学水平。这使我强烈感到，大学里技术课的教学法与我父亲推崇的以数学和逻辑为基础的教学法完全不同。我记得父亲说过，教师向学生传授思想方法比具体讲解机器造法更重要。他对我说："理解词和概念的确切含义，掌握逻辑推理法则、步骤才是学习的主要环节。"这句话我始终铭记在心。

幸而并非所有课程的教学情况都是一样糟糕。比如，数学家 J. 柯尼格（他儿子后来是我在哥廷根大学的同学）和库斯沙克讲授的数学课就很有吸引力。听他们讲课，我越来越喜爱钻研数学难题。我像在明德中学正式开始学数学时一样，从大量范例中广泛吸取被庞加莱称为推理程序的数学运算法则。

在所有的数学课中，我最喜欢投影几何。有一次，我们做一道有趣的习题：先画一座塑像，然后再确定它在白天不同时刻的阴影位置和准确长度。我觉得这门课很有吸引力，因为它发挥了我的想象力。投影几何习题的实际用处也许不大，但它却能够训练学生的三维空间立体感，为将来解决复杂的技术问题打好坚实的基础。现代工程技术教育认为这门古老的课程价值不大，甚至有取消的趋势，果真那样的话，就太可惜了。

我也学习历史、文学等文科课程。我非常热爱歌德的作品，有时甚至还有点写诗的欲望。而经济学这门皇家约瑟夫大学的重点学科，却被我扔到一边不管。日后我对财务的一窍不通，大概跟我当时那种学习态度有关系。

记得在大学里我非常重视外语。我在明德中学已经掌握了德语和法语。由于我的父母坚持要孩子学会几种外语，因此当我年龄大一些，他们就用德语、匈牙利语和法语给我写信。后来，这三种语言无论是说还是写，我都得心应手，应用自如。

至于英语，那就另当别论了。我母亲曾经受教于一位英国女教师，她说英语虽然略带匈牙利腔，但非常流利。而我直到20来岁大学快毕业时，才感到有必要学习英语。我重视英语，是因为开尔文[1]、卢瑟福[2]及其他英国科学家的重大发现，这些发现引起了全世界科学家的关注。

最初，我跟一个匈牙利青年学英语。那青年自称在美国跑过两年，并对我说英语是他的第二语言，因此我就请他当我的私人教师。不过此人究竟用什么妙法教我英语我已经忘却了。只记得有一次我想在母亲面前显摆自己新学的英语水平。由于这位老师已经教过我德文短语"entweder…oder（或……或）"的英语说法，我认真地在母亲面前念了这个短语，一遍念完，她让我再念一遍，我马上又大声念道："Eedder… udder"。这次母亲听后不禁放声大笑，并对我说，我念的根本不是英语，那位老师肯定是糊弄我。

于是，我立即跑到那位老师面前，怒气冲冲地责问他有没有资格当英语教师。他非常气馁，承认自己在美国待的时间不到两年，老实说，也没有周游美国，只是在纽约的布鲁克林附近混过一年。他从那地方捡来的"标准英语"，其实是英语、德语和意第绪语[3]的大杂烩。

从此以后，我决心跟真正的美国人学英语。我在学英语的过程中，有些环节显然出过毛病；因而以后许多美国名流，甚至连我的老友、空军参谋长勒梅将军，都说听不懂我讲的英语。有次见面，他说："我和冯·卡门共事多年，知道他工作很出色，但是他讲的话，我从来就没有完全听懂过。"

1　开尔文（1824—1907），英国数学家及物理学家，发展热力学理论，创立热力学绝对温标（即开尔文温标），研究海底电报理论，有多项海底电缆方面的发明。——译注
2　卢瑟福（1871—1937），英国物理学家及化学家，获1908年诺贝尔化学奖。——译注
3　意第绪语，犹太人使用的语言。——译注

我上大学初期，年轻的头脑憧憬着自己将来的地位和成就。那时，我只想当一个像父亲那样的科学家和大学教授。然而，我对许多事情都懒懒散散，也没有专攻一门的打算。这一阶段，环境变化完全可能使我走上另一条道路。

随着时光一天天过去，学校成了我的生活中心。我很少参加社会活动。有时候也想学学埃里默哥哥的派头，他在舞会上或在姑娘们眼里显得很有风度。但是，最后我不得不缩回来埋头读书。因为我觉得自己读书比别人强，而且只有在读书的时候，才感到自在。

我不费多大气力就掌握了不少知识，记忆力极好，这可能与我童年时代做心算游戏有关。我也自知善于辞令。有一次，我过分卖弄口才，耍小聪明将了别人一军。父亲对此深为不满，狠狠训了我一顿。他告诫说："真正的思考比耍小聪明要高超得多。你必须不断充实自己的头脑；如果光运用而不充实，至多不过是个半瓶醋，到头来将一事无成。"后来，尤其在美国，我多次回想过这些教导。因为在美国人眼里，反应迅速、脑子灵活就是才能杰出的标志。我认为这是对价值的曲解。

我感到自己无法限时限刻完成创造性思考。我始终是个头脑迟缓的人。我不赞成按智商来区分人的智力高低，因为智商测不出一个人的思考方式。就真正的学术成就而论，扎实而深刻的独立思考能力比智商测定的反应速度更重要。

我的创造性思维能力主要是在大学里向多纳特·班基教授学的。他是个彬彬有礼的绅士，瘦长脸，留一把山羊胡子。他是个机械工程师，教我们水力学。虽然我认为他对于科学的洞见不能与我后来在哥廷根的恩师普朗特相比，但我从他那里还是学到不少行之有效的技术原理。他反对单纯凭经验搞工程技术。他解释自然界事物的运动、变化，总要讲到一定的深度。班基先生既是我家近邻，又是父亲的好友。他还是个业余画家，经常让我做他绘画的模特儿。不久，我便看出他不是一位出色的画家，因为他的画过于平板；然而，他的艺术热情却始终不衰，他的所有同事或早或晚都给他当过模特。

我的第一篇公开发表的论文是在班基先生指导下完成的。这篇论文分析了发动机的一种常见故障——进、排气阀门的振动和噪音。在美国这种毛病叫"阀颤"。我在几台发动机上进行试验；当发动机的曲轴转速达到某一数值时，我发现阀门就开始振动起来。这是什么缘故呢？以前，我一直干制图和机械设计工作，现在遇到这个问题，才第一次尝到解决理论问题的甜头。

要是我能洞察未来，那么从这一早期科研活动中也许就看到了自己日后的工作——当一名专为工程技术排除故障的"出诊医生"。我发现自己很能够关起门来思考问题。在这种时候，我沉湎于丰富多彩的科学思索之中，把一切杂念都抛在脑后。我相信，当你头脑里有一个科学问题急于解决时，就会像妇女照料自己的孩子一样，没日没夜地干下去，在解决问题的思路理清之前，绝不肯从座椅上站起来。

在解决阀门振动问题过程中我这样设想：阀门有节奏地启闭和活塞周期性往复运动产生了共振；共振又引起冲击，这就是阀颤的根源。按照这一思路，问题就能用熟悉的数学方法来求解了。这样，我推导出了一个公式，并用这个公式把防止发生振动的阀门重量计算出来。随后，我把写好的内容送到班基那里。那时我年轻性急，希望他立刻阅读一下，对我的解法提出评价。没想到，他一眼未看就往写字台上一放，这真使我大感失望。

此后一个星期，虽然我尽力去考虑别的事情，可是思想怎么也离不开班基，一直担心他在论文里会挑出什么毛病。老实说，结果如何我心里丝毫无数。

又过了一个多星期，班基才到我住处来。他笑着说，那篇论文他已抽空看过，写得很不错。他打算将它和手头选好的几篇文章编辑成一本书出版。这是以我的名字公开发表的第一篇科学论文。当时我内心感到十分自豪。

不久，我又写了一篇力学论文。那篇论文也得到了一些赞誉。后来在英国博特沃思书店出版的我的作品选集中，这篇论文列在第一篇。每当我打开这本书，对这篇文章总感到特别亲切。

第一篇论文发表后，我开始觉得自己在科学理论方面颇有点才华。数学竞赛奖、热衷于解决难题、学校师长的赞誉以及家里对我的期望，所有这一切都使我意识到，搞科学理论和逻辑思维才是我的真正事业。从此以后，我对以智慧创造有用商品的发明家虽很钦佩，但却认为自己只有集中精力研究基础理论才能有所作为。我决心争取做一个真正的科学家，一名科学大师；不是一个仅仅运用科学的人，而是一个在人类对自然的认识和理解方面有所贡献的人。不过我从来没有想过，要达到这个目标是何等艰巨。

在我读大学二年级时，父亲出院回到了"玫瑰山"——我们在布达的家。初到家时，他脸色比住院前显得更为苍白，人也消瘦了一些，不过精力却恢复得很快。此后他一直在家里悉心从事专门研究，达15年之久，直到1915年辞世。父亲回家后，我们又像从前一样继续讨论哲学问题。他笃信旅行对增长知识、扩大眼界非常有益，因此我还跟随他外出旅行过几次。我们俩曾经到德国的文化中心耶拿和魏玛旅行，前者是席勒的故乡，后者是歌德的故乡。看到那里的一切，我感到我文学世界里的主人公仿佛都站到了我面前。

我还加入了父亲的大学好友小圈子。我特别记得两位教育家：约诺·彼得菲和伊格纳克·戈尔德齐哈尔。我们和彼得菲一起度了几个暑假。他是一位美学教授、评论家，也是《布达佩斯文学评论》的撰稿人，我父亲也为其撰稿。他写过关于但丁和老厄缶的研究文章，而在他不写作的时候，他很关心卡门家的男孩们。他和我们谈了很多关于哲学的问题，并告诉我们年轻人应该如何举止得当。他还借书给我看，激发了我对戏剧和歌剧的兴趣，而我父亲对这些并不关心。

当时，戈尔德齐哈尔教授是一位得到公认的东方语言学家，他鉴别了《古兰经》中的植物、树木和果实，这一了不起的研究给我留下了深刻印象。我父亲和戈尔德齐哈尔每周日下午都会一起去散步，讨论哲学、教育和一些政治问题。我记得他们都很重视周日的聚会，除非身体抱恙而没法赴约。

1902年，我以优异成绩从大学毕业，随后就应征进入奥匈帝国的陆军部队。当局宣称我们都是效忠皇帝的志愿人员。由于皇命不可违抗，我对志愿效忠的说法也就无委曲可言了。我在军队里尽可能体面地闲混了一年就复员回家，在布达佩斯工业大学给班基教授当助教。

那时，由于班基兼任布达佩斯最大的机车和发动机制造商冈兹公司的技术顾问，我自然成了顾问助手。其实，我只是班基的首席助手埃米尔·希迈内克的助手，希迈内克还是皇家约瑟夫大学一名出色的讲师。当时，匈牙利是个地地道道的农业国，几乎没有什么电气工业，但冈兹公司却是一家誉满欧洲的铁路机车供应商。由于意大利首创在铁路上采用电力机车，它的铁路系统在欧洲处于领先地位。然而，电力机车的三相电动机却是冈兹公司总工程师卡尔曼·坎多设计的。

由于我是青年教师，有一次，学校派我带领学生去意大利对坎多设计的电动机进行现场技术考察。我们到了威尼斯、米兰和的里雅斯特。意大利先进的铁路系统确实很吸引人，但意大利人的吸引力却更大。

我曾听说意大利人的思想面貌不像奥匈帝国臣民们那样刻板；有个威尼斯学生为了证明这一点，一天晚上，他居然领我们到威尼斯的花街柳巷去兜了一圈。我对意大利人的喜爱就是从那时开始的。

在冈兹公司工作的3年中，我向班基学到了不少实际设计知识。他是个出色的发明家。记得他改进设计的化油器效率有显著提高；他还发明过一种气动犁，防止内燃机过热的注水冷却法也是他首创。目前，这种冷却方法已经很普遍，波音707客机的喷气发动机也采用这种冷却法。

不过，当时班基替布达佩斯发电厂设计的冷却系统还是相当原始的：

发动机一过热就自动减低速度，同时安全指示灯开始闪光。此刻，就得对发动机喷水冷却。这种系统有时会失灵。有一次在向达官贵人们表演时，班基命令我们每人手持一只水泵，站在车间屋檐下待命。万一冷却系统失灵，我们就去用水泵喷水。表演那天，冷却系统果真失灵了，我们就像一队消防员，手持水泵立刻冲过去向发动机喷水。机器一冷下来，速度便升上去，车间里机器声音又正常起来。这时，班基如释重负，我们也定下心来。

班基教授虽是个杰出的工程师，但理论水平有限。他只把理论作为改进设计的手段，对诸如流体运动、内燃机燃烧过程等各种物理现象根本不去作深入探讨。日子一久，我觉察到这种方法有缺陷。这样，他对我事业的影响便慢慢淡薄了。

当助教的第三年，即1905年底，有个课题引起了我的兴趣。这件事在我以后生涯的早期阶段中起了重要作用。那是材料力学的一个经典问题——受压杆件的挠曲现象。众所周知，在细长杆上施加一个压力，当压力增加到某一数值之前，杆件始终是直的。一旦压力超过这个数值，杆件就要产生挠曲。这种现象有个古怪的名称，叫做"弹性体平衡的失稳"。我要研究的问题是，一定尺寸的杆件，承受多大压力仍能保持稳定。稳定性是物理学的基本内容之一，不少物理学家都很重视这个问题。

早在200年前，瑞士伟大的天文学家、数学家利昂哈德·欧拉首先对它进行研究，并提出了一个计算理想弹性体压杆稳定性的理论。后来，工程技术人员发现欧拉公式对许多实际问题不适用；因为工程材料并非理想弹性体，受力后会产生塑性变形。像飞机骨架之类的非弹性短粗杆件，只有一个可用可不用的经验公式，没有任何理论能用于分析计算。

面对这种状况，寻求一种可供工程实用的计算理论令我入迷。凡是能够搜集到的与稳定性有关的书籍，我全都读遍了。我的目标是想把欧拉的弹性压杆稳定性理论发展运用到非弹性材料上。这样一来，运算极其复杂。

但经过连续多天攻关后，我终于想出了问题的解法。1906年，我把初步研究结果发表在《建筑师和工程师协会会刊》上。

学校同事对这篇论文的评价我已经忘记了，然而，我父亲对这事却十分激动，坚持要我到国外去搞科学理论研究。不过，当时我并不想离开布达佩斯，因为我在冈兹公司的工资待遇优厚；既不缺钱花，又有轻松愉快的社交活动。

衰弱不堪的老父为这件事经常跟我谈到深夜。有一天，他对我谈到，他为匈牙利贡献了一生，不但得不到赏识，还不断为学校里钩心斗角的区区小事所纠缠困扰。他搞的历史哲学也从未受到过关心和重视。因此，他期望我不要再步他后尘，重蹈覆辙。他认为，我要是想成为一个有成就的科学家、有独立见解的思想家，在国外的机会要更多一些。

最后，父亲提出一个解决我俩分歧的合理办法：由我向匈牙利科学院提出申请，看看科学院会不会提供深入研究稳定性理论的出国奖学金。如果能获得批准，那就证明我到国外某个以基础理论为主的大学学习是对头的。我接受了这个意见。于是我们开始了解一些外国的大学开设哪些课程。

从19世纪90年代到20世纪初，由于开尔文、瑞利[1]和斯托克斯[2]等人的成就，英国在机械工程和基础力学方面居世界领先地位；法国的巴斯德[3]、

---

1 约翰·威廉·瑞利（1842—1919），英国物理学家，被封为勋爵前，原名斯特拉特（John William Strutt），因发现并分离出稀有气体氩而获1904诺贝尔物理学奖，著有《声学原理》《光的波动理论》。——译注

2 乔治·斯托克斯（1819—1903），英国数学家、物理学家，英国皇家学会会长。在流体力学、光学和光谱学方面有研究，导出"维纳-斯托克斯方程"，发现"斯托克斯定律"，提出"斯托克斯公式"。——译注

3 路易·巴斯德（1822—1895），法国化学家、微生物学家，证明微生物引起发酵及传染病，首创用疫苗接种预防狂犬病、炭疽和鸡霍乱，发明巴氏消毒法，开创了立体化学，著有《乳酸发酵》。——译注

菲索[1]、马斯卡[2]和李普曼[3]为生物学和光学的发展作出了革命性贡献,而庞加莱则试图从哲学角度来理解物理学研究;然而,对我最有吸引力的是人才荟萃的德国。亥姆霍兹[4]、普朗克[5]、赫兹[6]、维恩[7]、玻尔兹曼[8]、能斯脱[9]和希尔伯特[10]那样的人物,为崭新的理论物理学和数学奠定了基础,在短短的10年内使人们对世界的认识发生了巨变。

此外,哥廷根大学的路德维希·普朗特教授研究的力学课题正好又和我的课题相近。基于这一点,我决定向匈牙利科学院申请留德奖学金。一天,家里接到一封信。我拆开一看,原来是通知书,我申请到哥廷根留学的奖学金已经批准。一家人都兴高采烈,说我交上了好运。这时我也高兴起来,觉得出国留学是个好主意。

---

1 阿芒·H. 菲索(1819—1896),法国物理学家,改进达盖尔(Daguerre)银版照相法,试验测定光速,求得第一个精确的光速值。——译注
2 艾勒泰·埃利·马斯卡(1837—1908),法国物理学家,对光学、电学、磁学和气象学都有研究。——译注
3 加布里埃尔·李普曼(1845—1921),法国物理学家,根据光干扰原理创造彩色摄影法和合成摄影法,获1908年诺贝尔物理学奖。——译注
4 赫尔曼·冯·亥姆霍兹(1821—1894),德国物理学家、生理学家,论证并发展了能量守恒和转换定律,对生理学、光学、数学、气象学、电动力学等均有重要贡献。——译注
5 马克斯·普朗克(1858—1947),德国物理学家,量子物理的开创者和奠基人,因发现基本作用量子获1918年诺贝尔物理学奖。——译注
6 海因里希·赫兹(1857—1894),德国物理学家,研究电磁理论,首先发射并接收电磁波,发现光电效应,肯定光和热都是电磁辐射。——译注
7 威廉·维恩(1864—1928),德国物理学家,因发现黑体辐射位移律获1911年诺贝尔物理学奖,著有《流体力学》《极隧射线》。——译注
8 路德维希·玻尔兹曼(1844—1906),奥地利物理学家、哲学家,热力学和统计物理学的奠基人之一。——译注
9 瓦尔特·能斯脱(1864—1941),德国物理化学家,提出热力学第三定律(即"能斯脱热定理"),发明能斯脱灯、能斯脱热量计等,获1920年诺贝尔化学奖。——译注
10 大卫·希尔伯特(1862—1943),德国数学家、教授,发展了有关不变量的数学,在巴黎国际数学家大会上提出23个数学问题,代表作为《几何基础》。——译注

4　乔治亚·奥古斯塔的"大祭司们"

只要一提起哥廷根,我至今仍然感到激动不已。英王乔治二世于1734年创办的这所古老的普鲁士大学,有时候人们管它叫乔治亚·奥古斯塔。后来哥廷根大学成了欧洲大陆的哲学、语言学和法学的发源地。我进哥廷根时,它又是世界上领先的数学中心。高斯[1]、韦伯[2]、黎曼[3]、普朗克、希尔伯特以及基础科学方面的众英才都是哥廷根大学出身。在学术研究和教学方面,素有德国大学王子称号的哥廷根大学,以倡导自由、独创的学风闻名于世。这种治学精神终于使它成为培育20世纪科学巨匠的摇篮。正是哥廷根的一批学生,为原子能和太空时代奠定了基础。

1906年10月,我来到哥廷根。那里高雅的学术气氛简直使我这个匈牙利人心醉神迷。哥廷根是个小城市,人口在两万左右,市区有美丽的花园、堂皇的塑像、宽敞的街道以及狭窄的鹅卵石曲径。哥廷根大学校舍是一排排有尖塔和奇形怪状浮雕装饰的建筑物。由于久经风霜,外表已经褪色;

---

[1] 卡尔·弗里德里希·高斯(1777—1855),德国数学家,对代数学、数论、天文学、电磁理论、大地测量学等均有重要贡献,其名言有:"数学,科学的皇后;算术,数学的皇后。"——译注

[2] 威廉·爱德华·韦伯(1804—1891),德国物理学家,与高斯一起研究地磁,发明电磁电报机,磁通量单位韦伯即以其姓氏命名。——译注

[3] 乔治·F. B. 黎曼(1826—1866),德国数学家,创建黎曼几何学,对代数函数论和微分方程也有重要贡献,著有《关于构成几何基础的假设》等。——译注

有些地方很美,有些地方很丑,整个建筑群看上去宛如一座中世纪的大教堂。布达佩斯皇家约瑟夫大学的红花岗岩建筑与之相比,就显得古板和些许俗气了。我住了几个月之后,才领悟到哥廷根骨子里并不像外表那样热情好客。

我在学校附近一座古雅的房子里租下一个房间安顿好之后,就到学校去听结构力学和其他有关课程。入学伊始,普朗特教授对我的学习就很关心。后来在科学界有"空气动力学之父"称号的这位教授,那时才33岁(只比我大6岁),就担任了应用物理系的系主任。此外,由于在流体力学基础理论方面的重大突破,他已是一位声望很高的科学家。我对他提出的理论怀有深刻的印象。几年后,他的理论就使航空工程师们抛开试探法,踏进了科学设计的大门。当时我的志趣在结构力学,而普朗特也正在研究这方面的理论。

和普朗特初次见面的情景,直到现在我仍然记忆犹新。当时,我为了下一步的学习安排到办公室去找他。一进门,我就看到一个面色黝黑、中等身材、体格健壮、蓄着胡子的人。他说话简练,但态度相当冷漠。由于要他指导攻读博士学位的研究生太多,他不得不想出一套常规应付办法。他在一张卡片上列出了10到15个博士论文题目供学生选择。他也用这个办法来应付我,希望我对这份"菜单"上某个课题感兴趣。我向他抱歉地说,我早已选定了"非弹性挠曲理论"。

普朗特显然没有料到会有学生拿这类低级问题来找他。他冷淡地点点头,把"菜单"往抽屉里一扔,然后从书柜上翻出一份简短的挠曲问题研究报告。写报告的名叫恩格瑟。看来此人的思路是跟我不谋而合了。

看到这个课题已有人研究并得出结论,我不禁感到有些泄气;看来我只好放弃这个课题了。当我看到恩格瑟导出的方程还远远不如我的完整,我才恍然大悟:过分计较别人在干什么是多么愚蠢!这种想法差点儿毁了我的进取心和好想法。人们可以看出,科学史上,几乎每一个问题都有人研究过，这并不会阻碍任何人继续走自己的路。

我向普朗特提出要一台大型水压机进行试验。他说，要造一台这种设备，我得先拿出一套图纸。于是，我按照他的要求设计了一套图纸。可是交了图纸后，几个月都不见动静。虽然我照常听课，但觉得自己的试验要求搁浅了。又过了一段时间，设备仍无着落。这时，我开始感到哥廷根大学偏重高级数学，对挠曲理论或结构力学之类不登大雅之堂的粗浅课题并不关心。

更糟的是，哥廷根单调刻板的生活令我愈来愈感到难以忍受。哥廷根的学生给那里的教授们起绰号，叫他们"大祭司"，而他们那些高不可攀的女儿们则被称作"大祭司的女儿"。他们只在正式的场合才会屈尊见学生们。那里除了军官和士兵之间，几乎没有任何形式的社交活动。在德国，除了军队和教会，地位最高的当属教授了，人们对他们非常尊敬，近乎敬畏。

甚至在学生中也有人标上势利的图记。我还记得那些决斗社团，他们的成员面颊或额头上都有一道熟悉的伤痕，那是他们在决斗中割血造成的，以此表明他们拥有共同的优越感。这真是让人匪夷所思。

哥廷根大学有两个决斗社团，一个叫学生联合会，由老普鲁士上等家族的子嗣组成，另一个叫学生联谊会，对其他符合要求的学生开放。大约有25%的学生是这两类决斗社团的成员。这些人生活有约束，早上一起起床，操练决斗，然后去听有关普鲁士理念的课。他们中很少有人认真对待学习，大部分过度沉迷于饮酒和唱歌，而这些活动也是有严格组织和引导的。这些社团不接受犹太人和天主教徒。

学生联谊会恰巧就在我住所的隔壁。某个星期六的夜晚，那帮学生实在是太吵了，我根本看不进书，于是我就下楼加入了他们的队伍。他们沉迷于玩一种我讨厌的游戏，叫作"干了X"，或"一饮而尽"。每一个新成员，或称"狐狸"，都必须学会。这种饮酒游戏就是所谓的"狐狸的洗礼"，即酒精考验，由"狐狸老大"掌控。当老大高喊"某某某X"时，被喊到的新人就得快速把自己的酒喝光,不然就要被除名。新人即使通过了考验,也得继续喝酒,直到酒量的极限。狐狸老大也会喊"一起 X",大家就得同时喝光自己的杯中酒。我向来就很反感这种事。我更喜欢以一种更加文明的方式自在地饮酒。

有一天,哥廷根的冷漠气氛和无法完成学业的沮丧情绪终于一齐向我袭来,我感到再也无法忍受,决心一走了之。

于是,1907 年夏初,我进了柏林附近的夏洛滕堡工学院。一踏进校门,我就觉得自己错了。主管力学研究所的主任教授叫迈耶。当我告诉他要进行挠曲问题研究时,他马上点头称好。但学校的实验设备根本无法满足我的要求,而且研究课题还完全由他控制。此外,他规定怎么做就得怎么做,这一点比哥廷根大学差多了。过了数月,我清醒地认识到,要是在夏洛滕堡再浪费一点时间,我的研究课题就会跟时间一起消逝,原先的希望将成泡影。到了秋天,我只得忍气吞声地返回哥廷根。

幸好一回到那里,普朗特就给了我一个好消息:军火商克虏伯对我的研究课题很感兴趣,愿为我提供试验设备。我知道克虏伯是个很讲究实际的人。由于其下属的很多结构工程被破坏,他蒙受了很大经济损失。他下去一查事故原因才知道,搞结构的工程师过分依赖经验公式,而那些经验公式又并不完全可靠。因此,他就考虑结构工程设计能不能更科学些。

这个问题正好是我研究的范围。他了解到我正在研究这个课题非常高兴,决定为研究设备提供资金。那年深秋,水压机终于造好了,随后就安装在哥廷根大学的实验室里。采用水压机研究材料性能,我大概是破天荒的第一个。1908 年,我完成了研究这个问题的博士论文,并于 1909 年发表。研究成果很快被工程界接受,它为飞机和建筑结构上非弹性压杆的稳定性提供了理论计算公式。

经过几个月接触,我对普朗特有了较深的了解:他是个具有多重性格的怪人。在科学上,他造诣很深,有所作为;在人际关系上,他是一位良师;对待自己的生活,他马马虎虎,漫不经心;而他的行为举动往往又像个天真的孩子。比如,他在店铺里看到一样玩具,不摆弄摆弄决不轻易离去。对老一套的戏法,他也入迷般地喜好。

有一次宴会,客人们都想目睹一下普朗特出名的玩具癖到底是真是假,决定跟他开个玩笑。在他来之前,先在房间里最醒目的地方放一只儿童玩的陀螺,然后大家都等着,瞧瞧这位教授到场后是不是像预料的那样先去玩那只陀螺。他果然不负众望,一进屋就盯住那只陀螺,把周围的一切都置之度外。约莫过了半小时,他才发现周围的客人都在注视着他。看到他这种孩子气,每个客人都觉得滑稽极了。

普朗特也是个容易冲动的人。我记得在荷兰代尔夫特一次国际会议闭幕后举行的隆重晚宴上,我妹妹正好坐在他旁边。她问他一些飞行力学的问题。他一边解释,一边顺手拿了一张菜单折一个飞机模型,折好后,他也不看看当时的场合,突然把纸飞机掷出去。那纸飞机正巧落在法国教育部部长的衬衫前襟上,弄得我妹妹和其他客人都窘迫不堪。

普朗特的个人生活充满了天真色彩。由于多年相处,我对这点非常了解。快40岁时,有一天他忽然心血来潮,感到自己应该结婚成家了。这时他已是著名教授,在哥廷根大学有固定职位,经济上毫无问题。但是他不知道怎样去找一位夫人。最后,他才决定给慕尼黑的师母福勃尔夫人写了一封信。福勃尔家有两个适龄姑娘,他信里却没有指明向哪一位求婚。

福勃尔夫人接信后,既高兴又迷惑不解,于是把两位姑娘找来开了个紧急家庭会议。夫人问她俩谁愿意嫁给普朗特。两个姑娘都说普朗特待她们很好。普朗特曾数次到福勃尔家正式拜访。在那里,他还给两位姑娘看有趣的机械玩具,却从未提过爱上了谁。福勃尔家又进一步商量,决定把长女格特鲁德嫁给他,妹妹留下另择良婿。普朗特对这个决定也没有什么不同意见。事实上,这是一桩完美的婚事。夫妇俩后来生养了一对千金。

在1930年代跟纳粹党徒打交道中,普朗特的刚直不阿是有名的。我的朋友、纽约大学数学教授理查德·柯朗是纳粹掌权后被从哥廷根撵出去的第一个犹太人教授。他跟我讲过这样一个故事：希特勒党徒接管哥廷根大学时，普朗特正坐在自己的办公室里。听到有人敲门，他说了声请进。走进来的却是他实验室的一个助手。多少年来，此人一直在实验室打杂，谁也不把他当回事。这时，他傲慢地向普朗特宣称，从到实验室那天起他就是纳粹党员。现在他来正式接管实验室。

普朗特鄙夷地朝他打量一番，接着就喝令他滚出去。一听这话，那家伙立即软下来，乖乖地退了出去。这样做会有什么后果，普朗特根本就没有想过。几天后，哥廷根的纳粹党头子向普朗特发出警告：以后不准再轻视一个忠诚的纳粹党员。普朗特大为震惊，他向纳粹党高级党部提出申诉。这事当然毫无结果。最后，他不得不给这个助手在实验室安排了一个较高的位置。

跟当时大多数德国人相比，普朗特确实算得上胆量超群了。在纳粹主义狂涛席卷整个德国的 1932 年，他毅然决定在一份强烈抗议纳粹当局任意裁减犹太教授的请愿书上签上自己的名字。这件事表明他对犹太朋友怀有十分诚挚的感情。

起初，普朗特认为纳粹党徒的极端行为不过是投在日耳曼民族身上的暂时阴影，过一段时间自然会烟消云散。事实上，还不止如此。1934 年，在英国剑桥举行国际应用力学会议期间，他给我看了一封信，这是一份请与会科学家来年到德国开会的邀请书。当时希特勒正下令要制裁那些被控犯有同性恋罪的军官。他拿出一份载有这条消息的报纸让我看，脸上显出一副鄙夷的神情。他说道："现在我不能发出这种邀请，因为纳粹当局不是个正派政府。"

4 年后，到了 1938 年，普朗特的态度却来了个 180 度的转变。在马萨诸塞州坎布雷奇国际应用力学会议上，他竟拿出德国政府要求明年到德国举行会议的邀请书。我当即拒绝接受邀请。普朗特对此大为吃惊。

"你为什么拒绝邀请？"

我以他从前说过的话回敬他："因为纳粹当局不是一个正派政府，所以我不接受它作为会议的东道主。"接着我就列举了纳粹党的大量暴行。

"你不要轻信希特勒掌权后干的都是坏事，"他回答说。"历史上可能有这样的时刻，秩序和纪律比公正和自由更重要。"

老实说，普朗特的这种转变是够离奇的。我看恐怕他自己也不理解那句话的真正含意。在两次会议间隔期间，他从纳粹手里得到了进行高级研究所需的一切财力和物力。他已经跨进一个有2000人的庞大实验室，正在搞喷气推进尖端研究。我认为，他根本就不明白自己被希特勒利用到了何等地步。那天晚上，他又把我拉到一边，推心置腹地问我，能不能帮忙替他的一名助手在美国找个工作。因为这名助手的妻子是犹太人，他非得离开德国不可。这件事足以证明普朗特对德国发生的滔天罪行麻木到什么程度。

我最后一次见到普朗特是在纳粹德国投降之后。他已经全垮了。他伤心地说，他在哥廷根的住房屋顶在一次空袭中被美国飞机炸毁了。他始终不理解自己为何遭此不幸。德国的垮台使他感到十分震惊。后来，他从事气象研究工作，没有几年便离开了人世。我相信，这个可怜的老人直到临终也没能真正理解人类的所作所为。

除了政治态度外，在长期共事中普朗特给我留下了良好的印象。他的岳父奥古斯特·福勒尔是提出以物理学作工程技术基础的先驱。福勒尔写过一本书，专门论述运用英国物理学家麦克斯韦[1]的电磁理论设计电气设备。这本书对德国电气工业的发展影响极大。

---

[1] 詹姆斯·麦克斯韦（1831—1879），英国物理学家，创立电磁场理论——麦克斯韦方程组，指出光的本质是电磁波，发展了色觉定量理论，最早制成彩色照片。——译注

普朗特深受这种理论与实践相结合的观点感染，他把其中某些哲理又传给我，从而充实了我的思想。我还向他学习了另一些科学准则，尤其值得一提的是所谓的"概括法"。此法就是从一个复杂的物理过程中（不管是机器运转，还是河水流动）概括出关键的物理因素，然后再用数学进行分析。坦率地说，后来我本人数学水平超过了我的这位导师，这主要是受益于哥廷根的数学大师希尔伯特。

从揭示自然界奥秘来讲，我认为普朗特在流体力学方面的发现对基础科学的贡献很大。按理，他应该获得诺贝尔奖，但偏偏一辈子也没有轮到。这是因为诺贝尔奖评委会过去认为，现在仍然认为力学不是人类智慧的精华，比不上多次获奖的物理学其他分支。就拿爱因斯坦来说吧，他不是因为相对论的辉煌数学成就，而是由于解释了光电现象才获诺贝尔奖的。老实说，我个人始终怀疑，是不是因为诺贝尔对自己的情人跟一个数学家私奔一直怀恨在心，所以诺贝尔奖才永远保留这个死角。

普朗特虽是一个有远见的科学家，但作为教师却过于刻板。他的教学风格同以智慧和逻辑引人入胜的大卫·希尔伯特完全不同。有一次，他让我去教应用力学课。他原先以为，一个默默无闻的匈牙利青年教师讲课，听课的学生不会很多。当他看到大教室里座无虚席、听课的学生比他平时上课还要多，不禁感到十分惊讶。课后，他问我耍的什么花招。我回答说，我也说不上有什么花招。

不过我心里有数，我讲课比我老师清楚。他的思路过分周密，对任何问题都要进行严格证明，撇开证明他就讲不下去。其实，这种教法并不高明。当教师的应该懂得，初学者首先要掌握基本原理，然后才谈得上运用学过的概念来分析问题。

1908年1月，我为期两年的奖学金快要到期了。届时，我就得离开哥廷根大学。父亲来信告诫我，既不要让学习的专业太窄，也不要满足于待在一个国家。他是个世界主义者，因此，我也应该做一个世界主义者。由于他高度赞赏法国思想家和哲学家，这时，我考虑是否先到法国读书，然后再到英国去。日后事实表明，决定去法国巴黎学习半年，是我一生中的一个关键。

5　巴黎插曲

1908年，我和在哥廷根读生理学的朱利叶斯·威西一起到了巴黎。我俩在布达佩斯早就相识，他父亲是那里有影响的记者，因主编一份德文报纸《佩斯人劳埃德》、努力沟通匈牙利文化和西欧文化而声名卓著。威西家在布达佩斯的一个知识分子居住区，老威西又有三个漂亮女儿，因此他家的名声就更大了。我认识长女玛吉特，当时，她同著名剧作家费伦克·摩尔纳离婚后就在巴黎学习雕刻，同时兼任一家报社的记者。

我和威西住在塞纳河左岸临河的一座公寓里，白天，我在索邦[1]潜行于各种课堂，聆听了大名鼎鼎的居里夫人的讲座。居里夫人是跻身于法国高等教育界的第一位女教授。晚上，我出去领略些巴黎夜生活，有时同玛吉特一起去。就这样轻松愉快地在巴黎度过了数月。我并无什么别的抱负。

记得有一天晚上，我正在圣米歇尔林荫道一家咖啡馆喝咖啡，玛吉特匆匆走了进来。她一看见我就过来对我说，第二天清晨5点，报社派她去采访欧洲首次2公里飞行表演。届时，她将亲眼见证这一具有历史意义的事件。她问我肯不肯开汽车送她到表演现场去。我坦率地回答说："对发生在清晨5点钟的历史事件，我可不感兴趣。"

不过玛吉特很有劝说能力，因此，我也就答应为她效劳了。第二天一

---

[1] 巴黎索邦大学。——译注

大早，我开车将她送到巴黎郊外的伊西-勒-莫利诺陆军演习场；把汽车在空地上停放好，就挤进一小群人当中去。他们聚集在一起正激动地等待观看这一历史事件。离我们不远的地方停着一架沃伊津双翼机。其实，那只是一架用木棒、纸和金属丝捆扎成的单座风筝式飞机。不过，我对这架飞机仔仔细细看了又看，心里觉得我对它的兴趣不亚于那个大胡子飞行员亨利·法尔芒，这时，他正在起动发动机。先传来一阵阵"哒哒哒"的机器声，接着，那奇妙的玩意儿真的凌空飞起来了。飞机在法尔芒巧妙操纵下，迎着强风向1 000米距离的标志杆飞去。到达那里后，又掉转机头飞回来。这一历史事件在一片欢呼声中很快结束了。我听说这一次飞行表演好像还创造了一点新纪录。

对这样一次飞行，我印象非常深刻。以前，我在布达佩斯看见过滑翔机飞行。比这更早5年，莱特兄弟在遥远的美国进行的动力飞行，我当然也有所闻。此外，我也了解1906年巴西富翁桑托斯·杜蒙第一次在欧洲飞行的一些情况。不过，欧洲还是有人压根儿不相信飞机那玩意儿真能飞，对莱特兄弟实际完成的公认事实表示怀疑。在两个世纪转折的年代，法国人对飞机的看法跟某些美国人在1960年对苏联宇航员加加林绕地球轨道飞行的反应颇有雷同之处。法国人认为，既然没有一个欧洲人亲眼看到莱特兄弟在基蒂霍克驾机飞行，这件事是真是假很难断言。

1908年8月，威尔伯·莱特第一次到法国作飞行表演。从此以后，法国人对飞机才真正重视起来。上议院和下议院纷纷组织了航空小组，对飞机能不能用于战争进行多次激烈的辩论。他们发觉德国的飞艇比他们先进，但战争中飞艇却比飞机更容易被击落。这时，议会便正式成立了航空委员会。这个航空委员会与美国在苏联发射第一颗人造卫星后成立的参院空间委员会性质差不多。正如我们今天在美苏空间对抗中听到的预言一样，当时法国的航委会也敦促法国人民，为在空中超过德国和美国，要不惜作出必要的牺牲。

与此同时，航空委员会在《航空的胜利》一书中还强调指出，飞机是维护和平的强大武器，飞机能够使人们在空中活动，飞机能实现高速交通，促进各国人民互相了解。令人不可思议的是，现今高谈空间和平利用的言论与60年前鼓吹和平利用飞机的论调竟是如此一般无二。

我原先一直认为，如果能造出重量很轻的飞机发动机，人类就能够飞上天空。我离开伊西演习场后，心里就在考虑如何设计这种轻型发动机。后来我还就这个问题和几位飞机设计师接触过，其中有为安托瓦内特飞机设计了先进的轻型发动机的著名设计师勒伐伐苏。我还同他们一起在"飞行员之家"进行过多次有趣的讨论。

回想起来，我对发动机感兴趣主要有两个原因。首先，在1908年以前，我还没有开始研究流体力学，主要搞发动机。其次，当时占压倒优势的观点是，要发展航空，关键在于找到一条减轻发动机重量的新途径，而我自己也赞同这个观点。其时，我还想到，莱特兄弟能完成那次历史性飞行，主要得力于机械师查理·泰勒搞成的一台重量不足200磅的轻型汽油发动机。更早些时候，康奈尔的一个机械工程师查尔斯·曼利造过一台气缸按照轮辐状排列的轻型发动机，重仅125磅。号称航空发动机之父的曼利是美国国家博物馆馆长塞缪尔·兰格利博士的助手。1903年，兰格利博士差一点完成全世界最早的载人飞行。不幸，飞机在关键时刻失灵，一头栽进了玻托马克河，终未能让他名垂史册。

在飞机发展初期，试飞员的非凡勇气给我留下了极深的印象。每次试飞，通常都以飞机摔得四分五裂而结束。只要飞行员还活着，他一爬出飞机，两三个机械师立刻拿着工具器材冲上去抢修断裂的骨架和钢丝。只要那位无畏的飞行员还能行动，他就像没有发生什么事一样爬上修好的飞机再次起飞。

我不知道在提高飞行安全性方面能做些什么。必须承认，我在飞行安全和发动机方面都找不到感兴趣的课题方向。这时我的奖学金期限已满，与哥廷根大学的关系已经结束。在法国轻松愉快地过了几个月后,我仍然没有拿定主意是否回匈牙利去。

后来,有一天我回到寓所时,威西交给我一封普朗特的来信。信中提到,哥廷根的新研究项目"齐柏林飞艇"需要一名实验室助手,问我去不去。于是,我决定回去看看情况再说。

6 编外讲师

1908年秋天,我重返哥廷根大学。当我去看望普朗特时,他正为齐柏林飞艇项目激动不已。显然,那是德国军方的研究项目。若干年来,德国军方一直用带吊篮的动力气球侦察敌方目标。这种动力气球是一个名叫奥古斯特·冯·帕舍伐尔的后备军官发明的。它虽比飘忽不定的普通气球强些,但很容易被敌方炮火击中。因此,到了20世纪初,费迪南德·冯·齐柏林伯爵就提出了一项建造新型飞艇的计划。新飞艇采用硬骨架,耐压艇壳内设置多个气囊,载人舱位于艇体下部。这种飞艇比动力气球机动灵活,飞得更快,因而军方对它很感兴趣。

德国人在大量生产齐柏林飞艇之前,必须对其在各种大气条件下的飞行性能作更多的了解。在这种情况下,普朗特和菲利克斯·克莱因轻而易举地说服了德国政府,让哥廷根大学承担这一研究任务。

普朗特打算专门建造一座试验飞艇模型的风洞。他同我商谈工作安排时说,我可以在建造风洞和筹备哥廷根第一批空气动力学试验方面当他的助手。同时,我还可以兼任力学课编外讲师。我对哥廷根虽无好感,但这个建议倒是挺不错的,于是我就同意了。

从1909年起,我连续当了3年的编外讲师。为了让读者明白"编外讲师"这个古怪职称,我得对德国大学的教职结构作些说明。教职层次上最高的是终身教授,或者叫正教授。当时,这个职位由德皇任命,政府付薪。他们往往是学院院长,在大学中踞有高位。次一级是副教授,再下一级就是编外讲师。所谓编外讲师,就是等候正式任用的教师。他们必须经教授会议批准才能开课,薪水概由听课的学生负担。因此,编外讲师的收入完全取决于听课学生人数的多少。除了在实验室当助手的一点微薄报酬外,学校不付给他工资。编外讲师既没有受到正式聘请,对教学事务也没有表决权。

一次,有个在哥廷根留学的英国女学生要我解释什么是编外讲师。我对她笑笑说,编外讲师就是经教授会议批准开课的男子。他只有娶个教授的女儿才有指望晋升。

许多编外讲师确实都是走的这条路。难怪有位著名的化学家说,德国的科学事业一般不是子承父业,而是女婿接替岳父。

为了取得编外讲师资格,我还得写一篇有创见的科学论文。由于我一直在研究材料力学,因此对德国地质学家E.海恩的学说很感兴趣。他在一次讲课中说,地球深处是一些巨大的岩石板块。这些板块是亿万年前地壳冷却的过程中逐渐形成的。接着,他问道,岩石处于这样大的压力下为什么不破裂呢?为什么能一直保持板块形状呢?

我对这个地质学之谜进行了深入思考后,终于悟出了一个道理。如果压一块不加约束的岩石,它就会被压碎;但如果把它放在一个坚固的厚壁容器中加压,又会出现什么情况呢?我认为肯定压不碎。由于石块受容器约束不能移动,所以它只能变形而不会被压碎。也就是说,在这种情况下,岩石变成了塑性材料。因此,我得出这样一个结论:地球深处的岩石板块是由于受到约束才没有被压碎。我把这个结论告诉了海恩。他说,要是能用实验证明这一点,那将很有意义。

为了证明上述结论,我用自己设计的设备,一个厚壁铁筒,做了一系列试验。我把砂岩、大理石和其他材料的试样放在筒内加压,测量数据。结果正像我所预料的那样,材料没有被破坏,只是产生了某些有趣的变形。比如,砂岩上出现了锥形裂纹,大理石本应沿垂直于压力的方向裂为两半,放在容器内的试样却明显缩短了。这些结果在材料学界引起了广泛的讨论，甚至连克房伯也对那只试验用的圆筒颇感兴趣，但最终没有产生什么实际效果。

当编外讲师的那3年，我生活得还不错。这期间我住在一个叫亨克夫人出租屋的公寓里，从公寓到校园只消步行几分钟。不久，我认识了哥廷根大学的另外4名可敬的房客，并跟他们结成了伙伴。我们替自己的寓所取了一个漂亮的西班牙名字——爱勒·波卡丽堡（EL BOKAREBO），并用粗体字母写了一块铭牌钉在门上，以吸引那些老实的哥廷根市民们的好奇心。

EL-BOKAREBO这个名称颇具浪漫主义色彩。其实，它只是我们5个人姓名的前两个字母组合而成的：EL是Ella Philippson（爱拉·菲利普森），她是马格德堡一个股票经纪人的女儿，现在已成了布鲁克林工学院保罗·埃瓦尔·爱德华教授的妻子。BO是Max Born（马克斯·玻恩），就是后来因对量子力学贡献卓著而获得诺贝尔奖的那位物理学家。KA就是Kármán（卡门），RE是指杰出的物理家Albrecht Renner（阿尔布雷希特·雷纳），他最近去世了。最后那个BO代表Hans Bolza（汉斯·波尔扎）博士。当时他是数学物理系学生，后来放弃了大有前途的科学事业，去继承他父亲在德国的印刷厂了。我最后一次听到他的消息是他在卖一些机器给美国财政部。

爱拉加入我们男生小组说来还有一段趣事：有一天，我们大家决定请一位女管家。于是雷纳就聘来了一位西班牙护士。她确实是个好管家，既整洁又机敏，唯独闲下来的时候不喜欢看那些她不懂的科学书，还经常提些愚蠢的问题来打扰我们。于是，我们决定再多请一位女管家来"平衡"她。应邀而来的姑娘就是在哥廷根学医的爱拉·菲利普森。爱拉是个面带迷人微笑、肤色微黑的姑娘，一见到她，大家就立刻表示欢迎她加入。

我们这个活泼、机智、富有才华的小组，既有正正经经的聚会，也有些捣蛋活动。在哥廷根和在海德堡一样，大学生经常跟警察找麻烦。甚至像我们这些年龄稍大的人，晚上在黑熊咖啡馆喝完啤酒之后，也会在街上搞些换招牌恶作剧：把相邻商店的招牌互相调换一下。第二天早上，肉铺老板发现自己店门上挂的是五金店招牌，而五金店却挂上了肉铺招牌。有一次，在兴高采烈的聚会后，我们到公园里去，在歌德和席勒的纪念牌旁插上一块木板，上面写着："特雷夫茨和雷纳两大伟人"。警察调查了两个星期才弄清楚特雷夫茨和雷纳原来是两个大学生，根本不是什么过世的大文豪。

我觉得开这类玩笑比大学里常见的捣蛋行为更为深刻一些。它包含着一种特殊的反抗精神。普鲁士式的冷漠无情、恪守俗礼，使我们每个人都感受到沉重的压抑。

无可奈何地等候补缺是我们编外讲师最心烦意乱的事情。月复一月，年复一年，仍无职位空缺。我仿佛感到永远也爬不上高一级阶梯。我既没有爱上一个教授的女儿，也没有哪个教授的女儿对我倾心，希望当然就更渺茫了。建造风洞、试验齐柏林飞艇模型和讲课，我大部分时间虽未虚度，但心境与其他编外讲师却完全相同，像实习医生等候开业执照一样焦躁不安。大家在喝啤酒时都满腹牢骚，怨恨哥廷根大学的晋升制度。有一次，哥廷根大学许多数学教授同乘一条船到纽约去，一个好友充满期望地对我说："要是这条船沉了，那哥廷根要空出多少位置啊！"

话说回来，哥廷根也并非一无是处。比如，菲利克斯·克莱因组织的学术讨论会就使我非常入迷。像爱因斯坦（他从柏林赶来）、希尔伯特、闵科夫斯基[1]、洛伦兹[2]和龙格[3]那样的大学者经常到会。这是高水平的科学

---

1 赫尔曼·闵科夫斯基（1864—1909），俄裔德国数学家，研究数论及四维时空几何，提出时空的新概念，为相对论奠定数学基础。

2 亨德里克·洛伦兹（1853—1928），荷兰物理学家，其电磁辐射理论经塞曼（Pieter Zeeman）的各种发现得到证明，从而促成了爱因斯坦的狭义相对论，与塞曼共获1902年诺贝尔物理学奖。

3 卡尔·龙格（1856—1927），德国物理学家、数学家和光谱学家，是数值分析学里龙格－库塔（Martin Wilhelm Kutta，1867—1944）法的共同发明者，这是一种在工程上应用广泛的高精度单步算法。

聚会;才华横溢，想象新奇，令人振奋。事实上，这种学术讨论会是德国最新科学思想的传送带，它吸引了所有年轻人的注意力。会上，任何人发言不得拖泥带水。一个学生要是发言啰啰嗦嗦，就会请他暂停，让他坐下来再推敲推敲。等到他把思想理清楚，能让别人听懂了，再上来发言。在学术讨论会上我不仅结识了许多物理学家和数学家，而且对各个科学分支——从崭露头角的原子理论到沙漠的砂粒运动——都怀有浓厚兴趣。日后，我不独钻一门，能从事空间技术多方面的研究工作，正是靠在哥廷根打下的基础。哥廷根不仅产生了许多数学和物理学新理论，而且还造就了一批现代原子科学家和空间科学家。

48

直到现在，我依然记得当时的许多人。比如，物理学家福格特是细长个儿，红胡子。这位理论物理学教授、晶体学权威是个沉默寡言的学者。他的讲课和他写的《论晶体》一书同样晦涩难懂，但却很有深度。只消用五六分钟，他就能在黑板上画好几个漂亮的晶体结构图。他讲课从来不看听课的人，遣词用句既准确又简练，推导公式路子很新奇。我听他的课总是目不转睛地盯着他。

对热力学贡献卓著的诺贝尔奖获得者能斯脱，在循规蹈矩的哥廷根是位特立独行的人物。他常用自己的汽车吓唬人。那是哥廷根的第一辆汽车，能斯脱本人颇以此为荣。有一天，他想在我们面前显示汽车比双套马车更安全。他先向我们几个人招招手，然后把汽车发动起来。刹那间，汽车突然怒吼起来，拐了个急转弯，一头撞进商店橱窗。这个事故没有造成伤亡，只稍稍有损于他的威信，却替哥廷根的生活增添了一些情趣。

当时，德国有两位出类拔萃的科学巨匠。一个是菲利克斯·克莱因，他既是哥廷根大学的引领者，又是杰出的数学家。另一个是理论数学明星大卫·希尔伯特。虽然两人的个性和爱好大相径庭，但他们都以各自独特的风格极大地影响了我的前程。从长远观点看，我觉得，希尔伯特更伟大。他是科学史上最杰出的数学家之一，他将积分方程发展成为科学运算工具。

有了积分方程,以往科学家视为混乱而模糊的一些问题便能迎刃而解了。

我经匈牙利友人阿尔弗雷德·哈尔的引见认识了希尔伯特。哈尔也是学数学的,当时正跟希尔伯特攻读博士学位。希尔伯特是个身材矮小、静默寡言、毫不做作的人。初看上去他并不那么吸引人,可是他头脑敏锐,思想高度集中,只要与他接触一会儿,就会被他迷住。他虽比我年长19岁,却和我结为忘年之交。由于他能迅速洞察科学领域中的暗区和尚未攻克的数学难题之间的内在联系,多年以后仍然予我以很大的鼓励和帮助。

希尔伯特的兴趣在于纯科学。他只关注基础理论。对一般学生他不大关心,但是对"尖子"却特别留意。一个有前途的学生要是为了结婚之类的俗事而放弃数学研究,他就会感到十分惋惜。他很少注意一般教育问题,也不太过问科学的实际应用。尽管如此,他却是一个杰出的教师。像他那样的科学家能做到这一点确实是难能可贵的。他讲课能抓住问题要害,使学生心领神会。大学生都纷纷聚集到他的周围,仿佛欧洲大陆上除他之外别无能人。世界第一流的数学家和物理学家,比如德国的库兰特、托普里兹、采迈罗、海森堡和玻恩,美国的奥本海默,都是他的高足。

为了理解希尔伯特的重大贡献和他对科学思想的影响,让我们先简要地回顾一下在他之前数学发展的情况。18世纪法国大数学家拉普拉斯引进了一个概念:"量度任一瞬间的状况,并以此为初始点——零。随后,我们需要用方程来计算其后一段无穷小时间内发生的变化,以及下一个、再下一个乃至连续不断的一个个瞬间发生的变化。"

拉普拉斯称这种方程叫微分方程。现在,微分方程占了整个微积分的一半,它使我们能够掌握和预测复杂运动的展开过程。微积分的另一半内容是由希尔伯特使之成为科学运算工具的积分方程。积分方程能迅速把拉普拉斯描述的微小变化积累起来,从而求解微分方程。在积分方程中,系统的变化不仅取决于它在某一瞬间的状态,而且和这一瞬间之前的状态密切有关。对我来说,这简直是天示神启。从哲学上讲,积分方程让我明白了系统的目前状态包含着过去的历史。它在实际应用方面为我提供了一种崭新的运算方法，从而让我解决了多年来一直感到困惑的许多科学问题，并进一步推动我考虑数学分析的新用途。

后来，希尔伯特又从事物理学研究，再次提出了令我赞叹的新颖计算方法。他对奥地利科学家玻尔兹曼的"气体运动理论"很感兴趣，由于这一理论揭示出表面上杂乱无章的气体运动的内在规律，因此受到许多科学家关注。

玻尔兹曼理论是 19 世纪科学发展的一大成就。玻尔兹曼认为，杂乱无章的气体分子运动可以用统计理论来加以描述，也就是说，以平均运动为基础来预测气体运动的宏观效果。这样处理就能把气体的压力、密度、温度等参数和其宏观运动效果挂起钩来。不幸的是，玻尔兹曼理论当时并未被人们普遍接受，后来他本人终于在意志消沉中自杀了。

希尔伯特不仅提出了玻尔兹曼理论的数学模型，还将它发展成普遍采用的有效运算工具。60 年前，宇宙航行还纯属幻想，谁也想不到今天人造卫星和宇宙飞船的主要技术计算基础竟是希尔伯特的杰作。

现在看来，希尔伯特提出的理论确实富有天才，不少地方还具有相当的直观性。要是问他为什么要研究物理学，他总是说，对物理学家来说，物理学太难了，需要客观公正、根基雄厚的数学帮助他。19 世纪，工科院校广泛采用描述法或所谓的定性方法来研究自然现象。希尔伯特的论点教我懂得应该用定量方法取而代之；起码也得用定量方法来加强它。他的理论使我坚信自然界具有数学本质，从而推动我毕生在那些光凭经验无法澄清的混乱领域中寻求数学解答。

另一方面，希尔伯特根本看不起应用数学。哥廷根大学开应用数学是克莱因的一大创举。我对应用数学的看法和希尔伯特截然不同。有一次，他听我讲授应用数学课。后来我问他对那堂课有何感想。"我照旧不喜欢应用数学，"他回答说，"不过听听头脑灵活的人讲课总是件乐事。"我觉得他这个说法还不如恩斯特·策梅罗[1]的话更使我高兴些。策梅罗是地道的抽象思维学者,他对我说:"卡门,这班热衷于应用数学的白痴中,只有你算是有教养的。"

我在哥廷根的那些日子里,希尔伯特对我始终具有不可抗拒的吸引力。他热情,但不随波逐流;既富有生活情趣,又敏于赏识城市中产阶层妇女的娇媚。我觉得对一个纯数学家来说,这种风度是难能可贵的。他也有他的短处,有的时候他活脱像美国影片中呆头呆脑的德国教授。比如,他为第二天上午讲课准备讲稿常干到深更半夜,可是到上课的时候却又忘了带讲稿。有一次,他在讲台上足足站了10分钟,一边摸口袋,一边嘀咕,显得十分狼狈。最后,他只好对学生讲:"我向我夫人讲过,送衣服去洗要当心,可她这次又把讲稿给丢了。现在课只好改期了。"说完他转身向外就走。

记得还有一次,他家请客吃饭,他夫人提醒他领带脏了,于是他就得上楼去换一条。但过了半小时还没见他下来。他夫人忐忑不安地上楼去看看到底出了什么事。到房里一看,原来他已经酣然入睡。本来他是去换领带的,只是因为他通常睡觉前的第一个固定动作是解下领带。因此,那根脏领带解下后,他接着就脱衣服,然后便上床睡觉,把请客吃饭的事忘记得一干二净。

希尔伯特一心钻研数学,对其他文艺活动无暇顾及。可是他夫人却一直尽力培养他爱好艺术。有一次,他夫人劝他到邻近哥廷根的卡瑟尔去参观一个绘画展览。希尔伯特还特意邀请了好友闵可夫斯基同行。当时,闵可夫斯基正在为爱因斯坦的相对论搞数学模型。到了展览会,两个人就沿着画廊慢慢向前走,一边看油画,一边摆出欣赏架势议论一番。偶尔还停

---

[1] 恩斯特·策梅罗(1871—1953),德国逻辑学家和数学家,建立集合论的公理体系(后称"策梅罗公理"),并给出良序定理的证明,对变分论、有限群理论等方面亦有重要贡献。——译注

下来，走近一幅作品仔细观赏。见到这种情况，希尔伯特夫人非常高兴。后来，她问丈夫欣赏展览会上哪几幅作品；对走到跟前仔细观赏的那幅画有什么看法。

希尔伯特不安地回答说："我一点也不知道。"后来，他终于亮了底："那时我们正在讨论相对论，根本就没有看画。"

他夫人对此事有何感想我不得而知。不过，她显然并不气馁，因为后来她又尽力开导他去关心文学了。她是某妇女俱乐部成员，该俱乐部常请名作家做报告。有一次，瑞士诗人、小说家扎恩出席俱乐部晚宴，当时我也在场。他夫人在招待会上警告他说："扎恩是个大作家，你可要尊重他呀！"

我们步入餐厅时，希尔伯特举止慎重，彬彬有礼地对那位作家说："扎恩先生，您能光临我感到非常荣幸，您的大作我十分欣赏。"

扎恩对这位当代世界数学大师的赏识不胜欣慰，于是他问道："教授先生，您最欣赏我哪一本小说？"

这一下希尔伯特立刻僵住了。他压根儿就没有读过扎恩的任何一部作品，他本是个沉得住气的人，这次却一反常态，当众向在餐厅另一边的夫人大声发问："凯瑟琳，扎恩究竟写过一些什么东西？"

我敢肯定，希尔伯特夫人从此再也不想去开导她丈夫，只好任其自然了。与希尔伯特的相处使我明白，天才大都有些怪癖。

菲利克斯·克莱因的脾气和个性恰好与希尔伯特相反。他身材高大，风度翩翩，是个独断专行的人。大多数青年助手对他都肃然起敬，在他们的心目中，他简直是个圣人。他叫谁去办事，谁都得听从。他稍有怒容即足以使人胆战心惊。哥廷根大学的青年教师都明白，克莱因对他们的前途握有生死予夺大权。

克莱因以擅长组织工作而闻名。他对每天的时间事先都有个安排，不允许浪费一丁点儿。克莱因主编的30卷《数学百科全书》是国际学者合作撰写这类百科全书的先驱，也是最早的一部数学百科全书。记得有一次我去找他，商量我撰写的那部分内容。我站在这个权威面前，碰巧看到他办公桌上一张工作安排表。下一个来访者是他15岁的女儿伊丽莎白，她要去意大利学习6个月，这是她第一次出门远行，临行前想听听父亲有什么嘱咐。克莱因却如此忙碌，只能给女儿安排半小时谈话时间。此刻她正在外面等着轮到她进来。

克莱因虽然作风严厉，但却不失为一个有吸引力、善于诱导和易于共事的人。一次，有人跟我谈起这样一件事，他想请教克莱因一个极其复杂的科学难题，却又吃不准他究竟懂不懂这个问题。结果，克莱因的一席话不仅表明他完全理解这个问题，而且使请教他的人受益匪浅。此外，克莱因还是一位非常出色的教师，他讲课在措词严谨方面堪称典范。

克莱因曾劝我将自己感兴趣的那些科学分支，主要是力学、弹性理论、固体和流体运动，结合起来研究。众所周知，这项工作如今就是五角大楼所称的"科技综合开发研究"。对一个成长中的科学家来说，搞这类研究项目当然比不上探索数学发现易于成名，因此，一开始我有些犹豫不决。他开导说，一个够格的教师应该向年青科学家阐明，哪些是已知的东西，哪里是探索新知识的出发点。因此，我认为现今关心教育的有成就的科学家，应当对那些回顾某一专业领域内知识状况的文章的内在价值给予更多的注意。

跟我父亲办中学一样，克莱因对大学教育有一整套的办学设想。他认为数学应当和工程实践相结合。他经常喜欢说，世界上最伟大的数学家，比如阿基米德和牛顿，完全懂得怎样运用数学去解决实际问题。

克莱因创设了3个应用数学和应用力学教授讲席，这在当时的大学确实是破天荒的创举。他还在哥廷根创建了天文学、力学和光学等研究机构。这些机构后来都成了德国制造厂商的指导中心，这些厂商生产的高级科学仪器举世闻名。在他领导下，以理论科学基地著称的哥廷根大学又成了应用技术的摇篮。现今美国的大学-工业研究组合体，如南加州的加州理工学院航空研究小组、波士顿坎布里奇的麻省理工学院电子研究小组以及旧金山半岛地区的斯坦福大学航天综合研究小组等，都是从哥廷根大学初始的模型发展来的。

克莱因的脾气与我父亲有相似之处。他直言不讳，经常遭到当时教育界人士的非难。有一次，他公开宣称哥廷根大学对工程技术界只起一个作用，就是输送工程技术参谋人才。至于"士兵"，那应该由工科大学培养。一向以自己成就自豪的汉诺威、慕尼黑、斯图加特、夏洛滕堡等工科院校对这种讲法十分恼火。他们群起而攻之，强烈谴责哥廷根大学把他们列为二流角色。

我认为，各工科院校反对哥廷根的实质不在于上面那几句话，而是为了维护工程技术教育的传统。因为这些院校的许多科系原是职业学校升格上来的，他们的办学路子跟我的母校布达佩斯皇家约瑟夫大学一模一样，热衷于一代一代传授工程实践知识，丝毫不重视基础理论和数学。虽然有些学校也开数学、物理和化学等基础课，但内容却很肤浅。一谈到这个问题，他们往往会责问，工程师要学那么高深的理论干什么？那玩意儿能帮他们造桥呢，还是能帮他们筑坝？明摆着不行嘛。

而克莱因的看法与此截然相反。他认为，工科大学不仅要有坚实的理论基础，还应该真正懂得科学研究的方法。另一方面，数学家也需要具备一些工程技术基础知识。实际上，他就是推动哥廷根大学沿着这个方向前进的。克莱因的指导思想后来成了我在亚琛工学院和加州理工学院继续搞科学与技术相结合的动力源泉。

科学与技术密切结合是哥廷根大学的一大改革。此后几十年，它对全世界大学教育产生了极大影响。理论脱离实际是多少世纪以来教育的一个显著缺陷。我当编外讲师的时候，这种陈规依然根深蒂固，科学与技术相结合的办学思想远远还没站稳脚跟。尽管在19世纪应用技术已经有了重大发展（如19世纪初发现电，后来又发明了蒸汽机、内燃机；内燃机先在汽车上运用,后来又用于飞机)。

然而,各所大学对此不仅置若罔闻,还认为发明创造不是高等教育分内的事。我读大学时还没有"应用科学"这个名称。人们认为纯科学与其他各行各业毫无瓜葛,对工科院校是否一定要办甚至还有不少争论。那时候,舆论一律,几乎都认为数学不可能用于航空。持不同观点者寥寥无几,甚至像兰金[1]那样伟大的工程师也低声下气地承认,搞实际工作的工程师永远只能重复前人的错误。

克莱因关于哥廷根只培养技术参谋的那番话讲过之后,工科院校在普朗特的母校、邻近哥廷根的汉诺威工学院召开了一次会议,专门讨论是综合性大学还是工科大学能培养出较好的工程师。当时克莱因无法出席,他委托希尔伯特代替他参加会议。他要希尔伯特代表哥廷根大学向其他工科院校致意,借此机会与他们握手言和,最后,他还特别向希尔伯特交代,要在会议上强调指出,无论综合性大学还是工科大学,都能培养出第一流技术人才。希尔伯特尽管有不同看法,但还是同意去参加那个会议。

不幸的是,到了开会的那一天,希尔伯特却我行我素。他非但不去缓和与会者愤愤不平的情绪,反而很轻松地告诉他们不必为哥廷根大学而担心。他说:"我校只注重纯数学,对工程技术不感兴趣。数学家和工程师不仅现在毫无瓜葛,将来也不会有什么关系。"

克莱因知道希尔伯特在会上的发言后不禁大发雷霆。本来他打算让工科院校感到可以与哥廷根和睦相处,在培养工程技术人才上彼此都大有可为。后来克莱因对我说,希尔伯特对待这事的行为表明,一个纯数学家显然办不了什么实际事情。

其实,上述教育方针上的矛盾正是推动欧洲技术发展的重要因素之一。

---

[1] 兰金(1820—1872),苏格兰杰出的物理学家和工程师,他在卡诺循环基础上提出了兰金循环,对工程热力学作出了重大贡献。——译注

美国在很多年以后才出现这种矛盾。记得克莱因在美国做过一个介绍经验的报告。他说："基础理论的工程应用在美国不像在德国那样重要。""美国是一个如此富有的国家，"他强调说，"它在某个结构上用的金属材料即使比实际需要多上一倍也不在乎。美国工程师何必要对精确计算钢梁的理论感兴趣呢？如果他不放心，只要做一件事——多用些钢材，使钢梁更加牢固就行了。"

克莱因在美国时，卡尔·龙格也应邀赴美讲学。龙格是欧洲大陆上第一位应用数学教授，只有听他讲课我才肯早起。他返回哥廷根后讲了许多有趣的见闻，内容和克莱因谈的大同小异。不过，其中有一件事，我觉得很能反映出当时乃至今天美国人对科学的态度，因此我后来也多次重复讲过这个故事。龙格有个美国朋友是位非常成功的商人，此人有3个儿子。一天，他与龙格谈起儿子的前途问题时说，老大头脑机灵，将来能继承父业。老二虽不那么活络，但仪表堂堂，可以进西点军校。老三呢，人不灵活，貌不出众，将来就凑合着当个大学教授吧。

龙格是以批评的口气讲述这件事的，因为与欧洲相比，科学家在美国的社会地位不高。老实说，美国既不是一个以造就高才著称的国家，也不是一个很尊重人才的国家。

我坐在哥廷根古老幽暗的大厅里听龙格报告的那天，对这个故事心里一直感到好笑。孰料有朝一日，我自己竟然也被环境逼到美国去当了一名人不机灵、貌不出众的大学教授。

7 航空科学的开端

我在哥廷根应用风洞解决流体运动问题的过程中，对风洞的兴趣与日俱增。其实，我也觉察到自己的注意力正从其他力学分支渐渐转移到成长中的航空科学上来。在那激动人心的岁月里，空中的高度冒险活动和实验室的重大发现正齐头并进。

不过，当时人们对飞机飞行原理的理解尚处于初期阶段。虽然古希腊人对飞行现象就已感到好奇，一块石头在空中掠过时，他们常常问道："是什么东西推动石头向前飞的呢？为什么它的速度又会慢下来？"当然，他们是无法得出任何科学结论的。亚里士多德曾经试图运用逻辑推理来阐明石块飞行现象：石块后边的压力大于前边的压力，前后两边压力差推动它向前飞行，但他无法解释石块速度怎么会慢下来，最后落到了地上。

一直到16世纪，这个奥秘才被伽利略揭示出来。伽利略解释说："飞行的石块因受到一个力的作用产生了加速度。如果石块是自由落体，这个作用力就等于石块的自重。飞行的石块又受到空气阻力作用，所以它的速度才逐渐慢下来。"这样，原先的问题就转变为空气阻力怎样使石块减速的问题了。

又过了一个世纪，这个问题才由牛顿系统地作出解答。牛顿从探讨阻力从何而来出发，引进了"惯性"概念。所谓惯性，就是被抛物体保持沿抛射方向运动的一种属性。他说，作用在运动物体上的阻力是由物体和空气分子碰撞产生的。空气分子受压变形产生了两个力：一个力推动物体向上或者向下运动，另一个力则阻滞物体前进。最后，他得出这样一个结论：一个飞行物体，若前端向上倾斜，空气分子就冲击它的底面，从而使物体受到一个向上的推力，这个推力叫作升力。阻碍物体运动的那个力就是空气阻力，若无外力克服它，它将使物体运动速度渐渐慢下来。当物体开始运动时所具备的初始能量消耗完，就落到了地面。牛顿运算后还进一步指出，如果像掷铁饼那样向空中抛出一块平板，那么，作用于平板上的阻力与平板和抛射方向之间的夹角平方成正比。

不久前，我重读牛顿的这段论述时仍觉得他的推理方法很合逻辑。但是，若用牛顿的升力-阻力理论去设计一架飞机，马上就能断定：人类飞行几乎是不可能的。道理很简单，要想从空气得到最大升力，机翼的倾角应该大，这样阻力就跟着增加；要克服这个阻力，就得装备一台硕大笨重的发动机。反之，如果机翼倾角搞得小，为了产生需要的升力，机翼的面积就得很大。结果，机翼会重得无法起飞。正因为如此，后世许多持牛顿观点的物理学家都宣称，人类不可能靠机翼支撑来飞行。

由于这个升力-阻力理论，牛顿受了多少年的批评。有人指责他阻碍了人类飞行的发展。照我看，牛顿的影响并不像指责的那么严重。因为从前渴望飞行的那些人并不是科学家，他们几乎不进行什么计算。所以说牛顿实质上并没有妨碍他们的梦想。何况，根据牛顿的升力-阻力理论，人们立刻就能断定鸟儿也不能飞行。因为根据计算，鸟滑翔时产生的升力也只能承担 1/4—1/5 的体重。

我敢断定，善于思考的人很快就能意识到牛顿错了。我在 20 世纪初攻读力学时就知道牛顿错了，还明白错在哪里。

在航空发展过程中，许多飞行员和滑翔爱好者连续不断地去制造各种原始飞机，这是值得庆幸的。从达·芬奇时代以来，这种活动就从未中止过。由于人类渴望能像鸟儿一样飞翔，这种愿望使他们的想象力和天才达到了神奇高度。开初,许多人尝试模仿蝙蝠、鹰和其他飞禽翅膀的模样制作飞机,在机身上安装了由驾驶者操纵的可扑动的翅膀。这种飞机叫做扑翼飞机。

随着时间的推移,有些飞行人员又在滑翔机上装了发动机进行试验。葡萄牙人德·古斯纳克试用过几块安装在一个球体内的强磁铁做飞行动力,外备一台人工鼓风的大风箱,在需要的时候由人力鼓风。法国人勒布里斯用一辆马车拖飞机作为起飞动力。英国人莫伊根据风车原理造了一艘飞船,在船翼中间位置装了空气螺旋桨。1872 年,阿方斯·佩诺造了一架以橡胶绳索为动力的飞机,佩诺此后又取得了不少有用的发明。不幸的是,他 30 岁时便自杀身亡,令人痛惜。

1890 年,法国发明家阿达驾驶第一架有动力的飞机上了天。这是一架鸟形单翼机,飞了 150 英尺[1] 后在着陆时坠毁。1882 年,俄国的莫扎伊斯基进行了成功的飞行。俄国人声称那是历史上最早的动力飞行。德国的奥托·利林塔尔是滑翔机先驱者,在空气动力学方面有不少奇特的理论。他造的一架滑翔机可升高到约 75 英尺,滑翔距离为 1/4 英里。

利林塔尔说得好:"设想一架飞机算不了什么,造出一架飞机也容易,把一架飞机飞上天去,这才是一切!"后来,莱特兄弟在 1903 年把这种哲学推到了顶峰。他们首次驾着重于空气的飞行器进行了连续飞行。

但是话说回来,航空史上这些冒险活动,我认为只是飞行发展图景的一个方面。从任何实际意义上讲,为了推动航空事业迅速前进,飞行科学必须赶上人们的设想和试验,而且还要替今后发展创建一套理论基础。在这方面,英国航空之父乔治·凯利爵士将牛顿的升力理论拖出了进退维谷的困境。1840 年凯利指出,一块平板向前飞行时,作用在板上的升力只与板的升角成正比,而不是与升角的平方成正比。这样,飞机机翼就不需要像原先想象的那样大了。凯利是当时最富于幻想的科学家。他还进一步阐

---

[1] 1 英尺 (ft) = 0.304 8 米 (m);1 英寸 (in) = 2.54 厘米 (cm)。——译注

明了现代飞机飞行的原理：飞机重量由升力承担，用发动机驱动的推进装置克服空气阻力。从凯利时代以来，尽管飞机越造越大，愈飞愈快，外形逐渐流线型化，且从螺旋桨推进过渡到了喷气推进，然而，上述飞行原理却始终没有变。

人类飞行的原理一经问世，科学家们便纷纷起来研究各种物体的外形，以便确定哪种形状能产生更大的升力。比如，凯利指出过，鳟鱼在水里的运动阻力很小，于是人们对鳟鱼体形曲线在空气里运动的阻力情况做了大量研究。结果，情况还真不错。德国利林塔尔的滑翔机试验也表明，若用面积相等的一块平板和一块曲面板做机翼，在速度相同的情况下，曲面板机翼的升力大于平板机翼。这一来更加引起人们对曲线形状的重视。那时候，有志于研究飞行与流体运动的科学家和工程师，都急于想搞清楚曲面飞行性能良好的原因。这种研究终于产生了一门新的科学分支——空气动力学，它成了我毕生从事研究的主要学科。

在航空发展初期，飞行理论几乎与实用技术并驾齐驱。这种罕见现象使我比较容易地确定了自己今后的专业方向。在科学史上，像航空那样理论与实践平行发展可以说是绝无仅有的情况。比如，热力学基础理论问世后多年，才造出热力发动机；电磁理论发表后，经过了漫长的岁月，才有人想到运用它来搞电气工程。原子理论的出现也比它的实际运用超前了几十年。

然而，航空方面情况却大不一样。1903年莱特兄弟划时代的动力飞行与升力基本定律的发现几乎是同时的。升力基本定律不仅让我们真正明白了人类能够飞行，而且为日后航空的飞跃发展奠定了理论基础。升力特性的发现应归功于德国科学家库塔和莫斯科大学数学教授儒柯夫斯基。儒柯夫斯基到哥廷根来讲学时，我第一次见到他。他在俄国接过了英国瑞利爵士1887年开始的研究工作，进一步用数学证明了运动物体受空气环流作用，或者说，一个在空气中旋转的物体，由于受升力作用，这个物体的运动将产生变化。

我们凭日常经验完全可以理解这一点。拿一只在空气中旋转着向前运动的网球来说吧，要是用球拍削一个上旋球，球边向前运动边旋转，与不转的球相比，从转球上部通过的空气速度快、压力低，从下部通过的空气速度慢、压力高。结果，转球就受到一个向上的推力作用，从而使球上飘。这个向上的作用力就是升力。同理，如果削一个下旋球，那么，它就比不转的球下坠得快。

早在库塔和儒柯夫斯基之前半个多世纪，炮兵工程师已经懂得这个道理：环绕运动物体旋转的空气会产生升力。他们管这种现象叫"马格努斯效应"。这种力是炮弹的干扰力，它会使旋转的炮弹偏离弹道，不能命中目标。不过，在飞机设计上，"马格努斯效应"却是升力理论的基础，因为机翼外形必须能产生与旋转物体引起的同类型空气环流才行。这样，当飞机作直线飞行时，机翼四周的环流将产生向上的压力，推动飞机上升。这种压力与网球旋转产生的压力完全相同。

空气环流和升力之间的关系是英国的弗雷德里克·威廉·兰彻斯特发现的。他是出色的工程师和发明家。他在1897年发表的一篇论文中，以惊人的洞察力提出了升力理论的要点，从而在理论上作出了与莱特兄弟的实际飞行同样重要的贡献。从时间上讲，他比库塔和儒柯夫斯基还早6年。不料伦敦皇家学会和物理学会竟以兰彻斯特的论文毫无科学根据而予以拒绝。

结果，这一科学巨篇就这样被两个权威学术机构所摒弃。两个学会之所以铸成这一大错，与兰彻斯特的表达方法大有关系。在数学上，他不如同辈人普朗特训练有素。由于他运用正规数学形式表达思想的能力较差，因此很难让同行们理解。此外，他又有随意杜撰科学术语的习惯。他把"涡漩运动"叫做"回绕运动"，管"涡流"叫"压力波"。科学家也是人嘛，用他们不熟悉的术语表达的概念，他们自然也会加以排斥。所以说，兰彻斯特同时遭到两个学会的断然拒绝是完全可以理解的。由于这件事，他多年来一直把两个学会贬得一钱不值。令人欣慰的是，若干年后他终于得到了应有的承认。现在，人们一致认为他是英国空气动力学发展史上的一位关键人物，但这对他本人来说未免有些为时过晚了。

1908年和1909年，兰彻斯特两度来哥廷根讲学，向我们阐明他提出的那些概念。当时，甚至普朗特对他讲述的内容也感到难以理解。一方面，因为他使用的术语和数学形式异乎寻常；另一方面，他又不会讲德语，而普朗特又听不懂英语。不过，卡尔·龙格完全不一样。龙格的母亲是英国人，所以他英语很好，能和兰彻斯特进行流畅的交谈。龙格是我的好友，因此我从兰彻斯特提出的概念中获益不浅。从那时起，我觉得兰彻斯特的作用愈来愈显得重要。

1957年，我在伦敦第一届兰彻斯特纪念讲座上讲话时指出，能够分享这位被忽视的天才重新得到重视的荣誉，我感到非常高兴。借此机会，我把他的富有想象力的见解重新复述了一番。兰彻斯特还是运筹学的创造者。在第二次世界大战中，运筹学已经成了组织军事行动的重要手段。他还预见到空军在未来战争中的作用，对飞机发展作出了令人惊异的准确预测。兰彻斯特的著作于1916年公开出版。这本书要求推进世界航空研究；直到1952年，我指导组建北约航空研究和发展顾问团的时候，依然对它感到异常亲切。

到了1904—1905年，人们对升力基本特性已经相当了解。它已成为工程技术人员理解阻力来源和进行阻力分类的必要依据。对飞机发动机推力的合理设计来说，各种类型的阻力已是不可或缺的知识。从此以后，科学家和工程师一直搞了几十年的空气阻力研究。

显而易见，最大的阻力来自空气摩擦，即空气分子从飞行物体表面上擦过去产生的摩擦。但是，当时表达这种摩擦特性的数学方程极其复杂，根本不可能用于机翼设计。这时普朗特跨进了这一领域，集中精力来解决这个问题。最后,他终于提出了一个出色的解决方法。他假设计算空气对飞机任何部分的摩擦总效果时,只考虑贴近机体表面的薄薄一层空气。这层空气叫做"边界层"。边界层之外的空气对飞机运动的摩擦影响可以忽略不计;但环流理论对边界层空气的流动同样适用。普朗特简化的边界层概念是飞行理论关键的进展之一,按今天五角大楼的流行说法就是一项重大"突破"。

普朗特另一重大贡献是阐明了一种起因不明的阻力(称为感应阻力,或升力的派生阻力)。空气环绕机翼一旋转,必然会引发出这种阻力。普朗特明白,从机翼下方转向机翼上方的空气,在绕过翼梢时就分解成两股涡流(现在称为翼梢涡流或马蹄形涡流)。飞机向前飞行时,这两股涡流就向后延伸,从而诱发出这种阻力。其实,在扬谷时,人们都能看到在空气里形成的这种涡流。

我在哥廷根时及离开那里后很长一段时间里,普朗特一直在全力以赴解决这种涡流的特性问题。事实上,在1914年底我重返哥廷根时,他告诉我说还没有找出解决办法。然而时隔不久,普朗特来了灵感,终于找到解决翼梢涡流的数学根据。他指出,涡流中包含着很大的阻碍飞机飞行的能量,同时还提出飞机设计中处理这种涡流的方法。

运用这一研究成果指导机翼外形设计,就能把翼梢涡流损耗降低到极小,从而在第一批动力飞行后的几十年间使航空业有了突飞猛进的发展。

我在哥廷根期间就知道他们在研究涡流。最初,我只是感到好奇;过了一段时间,周围同事们的紧张工作不仅把我也卷入思考,而且我还亲自动手为自己的假设做了一系列试验。最后,这项研究终于推动我写出了生平最著名的论文来。

我在1911年的发现阐明了第三个也是最后一个阻力源。它叫作型面阻力。当气流和物体之间附壁作用失效,并在物体后面乱成一股尾流时,就会产生型面阻力。后来,这个发现定名为"卡门涡街"。从那时起,每当我讲解涡流时，总爱借用我的哲学导师庞加莱的一段话作开场白。他讲学经常以"有幸附上敝人名字的这一理论"来开头，借以表明理论比附上名字的那个人更重要。我有些朋友总认为涡流是我发现的，其实并非如此。我这样说倒不是故作谦虚。事实上，在我之前很多年，就有人对涡流进行观察和记录了。记得在意大利博洛尼亚博物馆，我看到过一幅油画，画的是圣克里斯托弗掮着幼年耶稣涉水过河。他的脚跟后面就有一排涡流。或许历史学家会问为什么圣克里斯托弗要掮着耶稣过河，而我感兴趣的却是为什么会有涡流。

虽然我思考涡流问题由来已久，但实际推动我着手研究的是实验室里一件偶然事情。那时，普朗特正专心致志测定在稳定流动的水流中圆柱体表面各点的压力，他派一名跟他读博士学位的学生希门茨做测量工作。不幸，希门茨发现测出的压力总有波动。不管做得多仔细，水流总是波动不止，压力一直无法稳定。

一开始，普朗特以为压力波动是因试棒表面粗糙引起的。于是，希门茨以日耳曼人那股傻劲，将试棒磨了又磨，量了又量，直到把试棒磨得滚圆为止。然后，他将试棒小心翼翼地放进水槽后开始放水，准备测量。

尽管如此，通过试棒的水流照旧顽固地波动着，使试棒不停地晃动。这时，有人就提出波动可能是水槽本身不对称引起的。于是希门茨再对水槽进行精确磨削和测定，将它牢牢地固定住。结果，这一番改进还是解决不了问题。

每天早上我上班经过实验室时总要停下来问一声："希门茨先生，还晃动吗？"

他总是失望地回答说："唉，还是一个劲地晃啊。"

记得某个星期五，我也憋不住了。到周末，我就下定决心来探索晃动原因。我插这一手并非出于同情希门茨，而是纯属好奇，因为我有种预感，觉得用数学可能揭开这个奥秘。要真能做到这一点，那是够使人激动的。

解决这类问题,第一步先要作些假设。我假设水经过圆柱体后一分为二,一股从上边流过,一股从下边流过,经过圆柱体后形成涡流。接下来我考虑了两种可能性:先设两股涡流完全对称,即上下两股涡流在同一时间形成,并同步向前流动。但是,水流运动的数学方程表明流动是不稳定的。因为,涡流位置哪怕有微小差异就会不断扩大,直到流型被破坏为止。

其次,我假设涡流从圆柱体顶部和底部交替出现。顶上那股涡流先形成,底下那股涡流后形成,接着重复交替出现。一想到涡流按这种形式运动,问题的通解便从我头脑中脱颖而出。我清晰地想象到,若两股涡流按一定几何图案排列,其外形就会稳定。不过,只有当两股涡流之间的两个距离保持一定关系,才能出现上述排列:一个是每股涡流中单个涡卷之间的距离;另一个是两股涡流的涡卷之间距离。打个比喻说,两股涡流的涡卷必须像道路两边的电线杆那样排列着向前流动。

到了下个星期一,我就把自己的解法拿给同事们过目。我心里明白已经解决了一个相当重要的理论问题。老实说,对解决这个问题的奇妙过程我自己也觉得惊异。我到普朗特那里谈了这件事的来龙去脉。他口气非常平淡地说:"那么,你是有所发现了。很好,把它整理出来,让我送去发表吧。"

1911年,普朗特将我的论文转呈哥廷根科学院。科学院审阅后满意地接受下来。俗话说,人以文传,这篇论文终于使我在国际空气动力学界出了名。

文章发表后,还剩下一个小小的问题有待解决:用实验来验证我的理论计算。为此,普朗特派了一名博士研究生鲁巴希来协助我。我俩用水槽和风洞进行试验。结果和理论计算非常吻合。涡流一旦达到我们计算出的距离比例,其运动始终保持稳定。

毋庸讳言,在这篇论文中我采用的计算方法过于简化。因此,我又作了比较精确的计算。接下来的一系列试验结果都证明理论计算正确无误。这样,我便成了论述空气动力学粘滞阻力原理这两篇论文的作者了。这两篇文章都刊登在哥廷根科学院学报上。

自从这个发现被实验证明之后，很多国家都进行了试验。最近几年，威勒教授和西柏林工业大学的一个小组对涡流又进行了深入细致的研究。他们发现理论和实验完全吻合。威勒教授还拍了许多非常瑰丽的卡门涡街照片。我75岁生日那天，他馈赠我一张有75个涡卷的照片，上面书写着：永无止境。

人怕出名猪怕壮，尽管我从未要求涡流理论挂上我的名字，不知怎么搞的，我的名字还是挂上去了。这类事情往往会招来风险。1930年，我的论文问世已有20多年，在一次国际会议上，一位名叫亨利·贝纳德的法国教授拍案而起，声称他研究涡流比我要早得多。在我之前，他已经拍下了交替涡流的照片。

事实上，他并非妄言，而我呢，也无意与他争名。于是我回答道："行啊，如果在伦敦叫Kármán Vortex Street（'卡门涡街'），在柏林名为Karmanche Wirbelstrasse（'卡门涡街'），那么，我赞成在巴黎称做Boulerard d'Henri Benard（'亨利·贝纳德涡街'）吧。"与会者听了这话都真诚地大笑开来。从此，贝纳德和我成了好朋友。

涡街有什么重要意义呢？首先，它为在一定条件下运动的物体提供了一幅尾流结构的科学图形。其次，了解了尾流结构之后，才第一次能对球、圆柱体之类曲面物体的型面阻力进行精确计算。借助于算出的数据，科技人员就明白了如何利用流线型来最大限度地减少型面阻力。因此，它成了飞机、船舶和赛车设计的理论基础。

此外，涡流理论还有其他用途。用它能将从前许多令人迷惑不解的现象解释清楚。比如，拿无线电发射塔、大烟囱、潜望镜及其他细长物体在中等风速下的颤振来说，现在才明白，这种颤振是其尾流中交变涡流引起的。瑞利勋爵（后来我在剑桥幸会过他）在一篇公开发表的论文里，还运用涡流理论解释风弦琴的各种音调。

我有个颇具才华的学生名叫卡尔文·冈维尔,现在航空喷气公司任职。他发现涡流理论对解决水雷和潜艇的"螺旋桨振鸣"问题很有用。由于螺旋桨在水下以某一频率振动时会发出啸声,很容易被声呐发现,甚至美国最新式核潜艇"鹦鹉螺"号也有这个毛病。我和冈维尔一起研究后提议改进螺旋桨结构,以消除这种招惹麻烦的啸声。

1940年,华盛顿州发生了一件离奇的大事故:塔科马海峡大桥突然坍落。后来查明,破坏大桥的凶手竟是涡流。这是涡流在近代扮演的最神奇的角色。后文中将有专章对此事详加解释。

从哲学意义上讲,我发觉涡流是科学史上有名的现象。伟大的哲学家、数学家笛卡儿曾断言,每个天体都是宇宙中一个巨大旋涡的中心。开尔文勋爵则着眼于微观世界,提出一种用涡流解释原子结构的理论。由于涡流的稳定性极难计算,他跟笛卡儿一样,最后只好放弃了这一理论。过去有一段时间,涡流甚至被认为是宇宙间一切实体的构成要素。

毫无疑问,古代人就发现涡流中潜伏着某种危险,对男人特别有威胁。《圣经》上讲:"当心陌生女人的眼睛,她的眼睛就像个旋涡。"

8　物理学上的新概念

　　1911年，我的专业方向已经明确。我在哥廷根的经验和成就，概括地讲，就是研究流体运动理论。本来我想一直干下去，但我与空气动力学和航空结缘的时机尚未成熟，因为另外许多问题对我具有不可抗拒的吸引力。比如，探索原子奥秘就是其中之一。

　　那时候，全世界科学家研究现代原子理论的热情真是盛况空前。只要回顾一下200年来物理学的发展，对这种情况便不难理解。200年间，行星运动、能量转换原理、光的本质等一系列重要的自然现象，物理学都成功地作出了解释，甚至像马赫这样一位杰出的物理学家和哲学家也声称，留给物理学解决的问题不多了。后来，到了两个世纪转折年代，防洪闸门突然打开。10年之间，X射线、放射性、相对论等等一下子都涌现出来。于是物理学界再次行动起来，纷纷为描绘一幅感觉之外的新的世界图景而奋斗。

　　在哥廷根，我出席了一个接一个的原子理论讨论会，为那些年轻有为的物理学家们所深深吸引。他们成群结队进出学校的各个课堂，一边走、一边谈；不是探讨新概念，就是尽力为表面上互相矛盾的那些新发现寻求和谐统一的解释。

　　在这种热烈气氛下，我跟物理学家马克斯·玻恩一起研讨原子理论也就毫不奇怪了。玻恩是我们爱勒·波卡丽堡成员中唯一的诺贝尔奖获得者，我俩一直在听希尔伯特讲授的变分学。那时，我正在搞涡流研究，也对弹性理论和流体运动的数学解法感兴趣。玻恩的注意力则集中在相对论之类物理学的一般理论上，但他对应用数学也很入迷。他经常到我的实验室来，对水槽里出现的涡流惊叹不已。

通常，我俩上好希尔伯特的数学课后总要对固体内部结构（即原子排列方式）讨论一番。当时人们普遍认为加热使原子运动加快，冷却使原子运动减慢。因此物理学家对温度与原子运动速度之间的关系非常关心，特别注意原子在接近绝对温度零度时的状态。从理论上讲，一切原子在绝对零度时都静止不动。

然而，物理学家在研究过程中观察到许多反常现象。比如，测定不同温度下固体比热时就出现了不少问题。古典理论认为，物体比热与温度无关。不管物体温度高低，升高一度所需要的热量完全相等。用这种理论计算低温下气体比热很准确，但计算固体比热时却和实验结果不符，最新测出的低温下固体比热要比计算的数值低得多。实际上，当温度从液态空气温度（-200℃左右）继续下降时，大多数固体的比热都趋于0。这是意味着比热与温度有关，还是古典理论的某些关键论点有问题，当时谁也搞不清楚。

到了1906年，以相对论闻名于世的爱因斯坦提出了一个出色的论点。他认为古典理论有错误，计算数值与实验结果不符跟这个错误有关；古典理论假设固体原子微振的残余热量与其总能量及振动强度成正比，问题也许就出在这里。

爱因斯坦受近代物理学开创人普朗克的量子理论启发，想借助它来证明自己的观点。他记得普朗克研究热辐射时碰到过类似的问题。普朗克认为，构成热辐射的粒子之间的能量分布与古典理论的假设显然不同，粒子获得的能量多少，完全取决于它们的振动频率，而且，粒子以不同的固定单位（即量子）吸收能量。普朗克在辐射理论中引用了这一概念，分析结果表明：接近绝对零度时，单个粒子辐射的平均能量小于按与温度成比例算出的平均能量。

当时，并非人人都相信这个理论，而爱因斯坦却坚信不疑。不久，爱因斯坦用晶体中原子振动的量子概念，阐明了上述固体的比热问题，从而使绝对零度附近固体比热的计算数值和实验结果相近。爱因斯坦的工作标志着量子理论越出了热辐射的领域，在物理学上首次获得重要应用。我那时拿了爱因斯坦的论文去玻恩那里跟他一起研究。

不幸，各种固体试验的结果很快就反映出爱因斯坦的计算公式也有一定局限性；它只适用于不太低的温度，在极低温度下就不行了。我们仔细琢磨了其中的原因，认为爱因斯坦公式基本上正确，但失之过简。因为他只着眼于一个原子。从理论上讲，一块晶体有无数个原子，这些原子在晶体内按三维结构无限重复地排列。我觉得这些原子并非孤立地振动，而是互相构成耦合系统。系统中每一个原子对周围的力场作用跟一组弹簧类似。原子往复振动要产生波动，这些相互作用的振动难道与晶体比热无关？我们应该怎样处理这些振动呢？

我记得玻恩认为，要是我们能搞出更为精确的原子结构模型，那么，无需借助量子力学，就能改进比热计算方法。我对这点不怎么有把握。我记得量子理论初问世时，玻恩曾一度称普朗克的量子理论是数学戏法。这时，他的看法已经改变。简而言之，我们都同意立即着手解决上述晶体结构力学问题。

经过一段时间苦干，我们终于搞出一个正方晶体三维无限重复的振动原子结构图。然后，用这个图进行比热计算。这个图现今叫"晶体点阵图"。我们没有证明的一些假设，现在已经成了晶体学的基本内容。我们的结构图不仅为科学提供了一个崭新的晶体概念，而且能用以预测晶体在低温下的特性。

哥廷根不少老教授对我们提出的方法始终持怀疑态度，丝毫不相信存在什么原子结构。他们认为我们只不过是向物理学家提供了一个数学模型而已，根本证明不了什么东西。我在一次学术讨论会上发言后，杰出的荷兰物理学家、爱因斯坦相对论的先驱者 H. A. 洛伦兹不以为然地对我说："我觉得你和玻恩是物理学家中的两位立体派艺术家。"哥廷根晶体学家福格特更干脆，有一天他过来对我说："难道你当真相信那玩意儿？"

我当然深信不疑。不少物理学家和化学家以为理论不过是智力游戏，然而我要是提出一种理论，我就绝对相信它。我和玻恩提出了晶体点阵概念后不久，马克斯·冯·劳厄[1]在德国、威廉·布拉格爵士[2]在英国用晶体 X 衍射照片验证了它的正确性。这使我感到十分高兴。

正当我和玻恩为解决了这一问题而兴高采烈的当口，不料来了晴空霹雳：在我们的晶体结构理论发表前不久，阿诺德·索末菲正巧到哥廷根讲学。他告诉我们说，这个课题彼得·德拜[3]在苏黎世已经独立地解决了。他在一次学术会议上详细讲述了解决方法。德拜的理论发表时间比我们早几个星期，而且也稍简便些，因而在物理学界享有盛誉，而我们的理论若干年后便只是教科书上的一个附注了。

然而，事物发展犹如时钟报时般周而复始。由于我们的分析既考虑到实际晶体的复杂点阵结构，又兼顾到晶体的各向异性，而德拜的公式只适用于各向同性的立方点阵晶体，显而易见，玻恩-冯·卡门晶体模型更接近实际晶体。近年来，实验人员发现我们的晶体理论适用范围较广后又重新挖出来加以研究，这是不足为怪的。

1　马克斯·冯·劳厄（1879—1960），德国物理学家，发现晶体 X 射线衍射，用 X 射线研究晶体的原子结构，获 1914 年诺贝尔物理学奖。

2　威廉·布拉格爵士（1862—1942），英国物理学家，现代固体物理学创始者之一，由于与儿子 W. L. 布拉格一起用 X 射线衍射计确定晶体结构，共获 1915 年诺贝尔物理学奖。

3　彼得·德拜（1884—1966），美籍荷兰物理化学家，写有关于固体量子理论的重要著作，因从事偶极矩、X 射线和气体中光散射的研究获 1936 年诺贝尔化学奖。

晶体理论发表后不久，我和玻恩就分道扬镳、各奔前程了。玻恩继续深入研究晶体动力学，我又回到空气动力学上来，后来，玻恩因晶体学方面的成就终于获得了诺贝尔奖。日后每当我想起这件事，内心总感到自豪：我不仅解决过本专业以外的一个复杂问题，而且在研究过程中还创造出一套解决复杂问题的有效运算程序。因此，在我们的研究完成后，当我听到玻恩对我的批评时颇感惊愕。他说："卡门，跟你合作我感到由衷高兴，作为一个物理学家，我得益于遵照你的方法解决理论问题；不过，幸好我没有受你草率处理数据的影响。"

此后多年，我不时受到类似的批评。比如，我觉得自己擅长创造新颖的试验方法，但我在研究工作中使用复杂的仪器时却那么笨手笨脚。若干年后，我指导毕业生做实验时，学生知道我到实验室去，就马上把精密仪器都藏起来。这使我真有几分懊丧。我的朋友、诺贝尔物理学奖获得者 F.W. 阿斯顿讲过一个故事，我听后对自己这个缺点才稍感宽慰。他说，他的老师、剑桥大学的 J.J. 汤姆逊爵士也有类似毛病。教工和学生也是这样对待这位发现电子的诺贝尔奖获得者的。在剑桥，大家把汤姆逊到实验室来的反应称为"汤姆逊效应"。

玻恩的话我一直铭记在心。不过前几年我在整理文稿、准备出版一本选集的过程中，偶然发现了我俩合作时写的一些草稿。稿纸上有不少错误，如漏写了系数 2 或 π，减号写成了加号。见到这种情况，我不禁哑然失笑。分工做数学细节校对的正是玻恩。由此可见，谁也难免有粗心大意的时候。

如果说丧失比热研究优先权令我感到失望的话，那么一年之后的 1913 年，哥本哈根大学尼尔斯·玻尔[1]的原子结构理论的问世简直令我悔恨交加。

---

[1] 尼尔斯·玻尔（1885—1962），丹麦物理学家，量子物理学的先驱，因对原子结构的研究获 1922 年诺贝尔物理学奖，1957 年获第一届美国"和平利用原子能"奖。

我在研究比热时一直很关心原子内部结构。1912年，我在英国遇见玻尔，知道他正在研究原子结构。当时哥廷根许多物理学家对这个问题还不甚了解。其实，研究原子结构就是搞个原子结构模型，用以解释近10年来的新发现（如电子、放射性物质释放出来的各种基本粒子、元素受热发出的各种固定光谱等），并阐明它们和能量以脉冲形式发射的量子理论准则并行不悖、和谐一致。

那时，我感到卢瑟福勋爵的原子模型是可取的，他提出原子由核和绕核旋转的电子构成；电子在一定轨道上运动就像行星围绕太阳运行。我认为，原子受热后发光纯粹是因为电子的加速振动引起的。

遗憾的是，物理学家认为卢瑟福的原子理论存在一个问题：如果电子以光的形式连续失去能量，那么时间一长，电子转速当然会慢下来，最终必然要落到原子核上。这样，外层的电子数将不断减少。这意味着原子内部结构发生了变化。而氢原子外层只有一个电子，为什么它却始终那么稳定呢？如果电子运动速度会慢下来，为什么观察到的氢原子光谱既简单又稳定，而且连续发射波长相同的光谱呢？当时，许多物理学家日夜苦干，期望能解决这个问题。

我跟另一些人的看法差不多，认为氢原子光谱简单、稳定之类问题的答案必定是简单的。造物主绝不会给我们一个具有复杂解释的简单现象。有人确实预言过，答案一旦找出来，用一张明信片写它的数学表达式也就足够了。话虽这么说，但问题照旧捉摸不透。

1913年的某一天，玻尔宣称，他创立了一种理论，能解释上述一切现象，并和物理学上的新发现完全协调一致。他说，假设原子辐射的能量不取决于电子在轨道上运行速度的快慢，而取决于电子从一个轨道跃迁到另一个轨道，也就是说，电子从一个能级跳到另一个较低的能级。在此假设基础上，玻尔用不到6行的代数式就把现代原子结构的公式表达出来了。

事实证明玻尔理论正确无误，又与量子理论并行不悖，不久就被德国物理学家弗兰克[1]和赫兹的实验所证实。这样,继量子理论后,玻尔原子理论成了理论物理学上最光辉的一大成就。玻尔关于轨道能级的假设我也曾想到过,我也认为电子轨道是固定不变的,每一轨道都有其对应的能级。不过电子从一个轨道跳到另一个轨道会产生辐射,这一点我却没有想到。由于当时的物理学家都认为电子像行星一样,绝对不会改变运行轨道。因此,我觉得轨道跃迁的想法太激进了。这个令人震惊的事例教我明白了一条道理:在科学上,只有敢想敢做的人才能发现真理。

回想起来,原子结构的解释竟如此简单;这些东西在身边绕了那么长时间,而我却一叶障目,不见泰山。为了这件事,我曾多次懊恼得直敲自己的脑袋。

---

[1] 詹姆斯·弗兰克（1882—1964），德国物理学家，研究电子轰击原子时的激发与电离，与德国物理学家古斯塔夫·赫兹（Gustav Hertz, 1887—1975）共获1925年诺贝尔物理学奖。1935年赴美，第二次世界大战时参与原子弹的研制。

9 早年在亚琛

1912年,我在哥廷根当编外讲师已经快4年了。尽管教师地位比以往稳固,又有了一点科学家名气,然而我既没有取得正式教职,也看不出教育部有委任我的苗头,在哥廷根再熬下去恐怕也难得晋升了。有一天,我终于拿定主意改变这种令人困扰的处境。母亲明白我的苦衷,劝我返回匈牙利。她觉得普鲁士人既冷漠又刻板,绝不会赏识热情的匈牙利人。父亲的看法则相反,认为我应该在哥廷根等待正式委任。

正当我打算离开德国到别的大学去教书的当口,有件意想不到的事情促使我作出了决定。那年夏天,有个朋友通知我说,匈牙利塞尔梅兹巴尼亚矿业学院有个应用力学教授职位空缺。那所古老的学院是玛丽亚·泰丽莎皇后在18世纪创办的,主要培养开采金矿的技术人员,因此属财政部而非教育部管辖。

我对开采黄金当然不感兴趣,但应用力学终身教授职位对我却有很大的吸引力。于是我决心前去补缺。我向财政部呈送的申请书很快就得到批准。这样,1912年秋,我就出发到那里去上任了。

矿业学院在布达佩斯到布拉格的中途,位于喀尔巴阡山脉的一块风景区。校园坐落在峡谷的斜坡上,四周风光旖旎;极目远眺,山林美景尽收眼底。不过我很快看出它的发展前途不大:实验设备很少,应用力学实验设备更是奇缺。在校学生与哥廷根的大不相同,在科学上没有明确的主攻目标。我到职不久的一天，有几个学生代表到办公室来找我。他们直截了当说有点怕我。

"那是为什么呢？"我惊奇地问道。

"教授，您来之前，由一位老先生任课。大考时他总是出那么几道大家都会做的考题。您是从现代德国大学来的，我们怕您题目出得太难，一点也不会做。"

我一向不大在乎学生的打扰，但听了他们这些话不禁非常恼火。我气冲冲地对他们说，学生进大学是读书，不是来教训老师的。接着就把他们打发出去。

这件事留给我的印象很糟，进一步助长了我对学校的不满情绪。一所大学，既缺少良好的设备，又没有刻苦攻读的学生，当然没有多大出息。在这种学校里，地位和头衔又有什么意思呢？此外，这里对新来的教师还有不少偏见。

有一天，我正在考虑下一步打算，偶然碰到了在我来之前临时填补空缺的一位采矿工程师。闲聊中我坦率地对他说，我不欢喜这个学校，而他恰恰和我相反，很爱这个地方。

"您真的愿意在这里当教师？"我好奇地问。

"不尽然，"他答道，"坦率地讲，我是为了要娶镇上一个有钱的小寡妇。要是丢了学校的差事，不光妻子娶不成，还得回布达佩斯另谋出路。"

我把这件事权衡了一下后，提出一个两全其美的主意。我对他说："我不想辞职，因为终身教授这个职位是铁饭碗。不过我想请一年假，回哥廷根去把扫尾工作做完。要是上级批准，您可以代我的职位。有一年时间您足以达到您的目标了。"

"您这话可当真？"

"绝不含糊，"我肯定地说。

他立刻跑去拿一张纸来。我当场写了一封向财政部请假的报告。办完这件事我如释重负,当晚我又把这个决定打电报告知双亲,然后我就收拾行李准备动身。返回哥廷根没有几天,菲利克斯·克莱因找我到他的办公室去。一见面他就责怪说:"您怎么能把自己埋没在匈牙利的一所默默无闻的学校里呢?"

"阁下,我当了4年的编外讲师,现在已经31岁了,又不是德国人,难道还指望在德国能够高升?"我回答说。

"你不必为此担忧,"克莱因说,"一旦上一级职位开缺,我管保你升上去。"

这样我就留下来等候补缺了。当时亚琛工学院有了教航空学的位置,但比我的职位不止高一级;而慕尼黑倒有个合适的职位,却又被一位老教授争去给他的女婿了。又过了一些时候,亚琛工学院又有了空缺,我就填补上了。1913年,我接到盖有德皇玉玺的委任状便辞去了矿业学院的职务。

这段经历的尾声非常有趣:数月后我在布达佩斯竟和那位风流的采矿工程师不期而遇。

"您到这儿来有何贵干?是度蜜月吧?"我问他。

"别提了,"他喃喃地说,"那寡妇跟另一个家伙结婚了。我正在这里找工作呢。"

生活琐事往往能影响一个人的命运。如果我留在矿院不走,直到现在恐怕还待在那里;或许会成为一名匈牙利逃亡者,甚至也可能娶了那个寡妇呢。然而,此刻我却在德国,站在新事业的起跑线上。

1913年2月一个清朗而寒冷的早晨,我到达了亚琛工学院。从此以后,它将成为我做学问的落脚点,长达整整16年。我本以为自己会被领着去见校长,然后见见学生和教授,但连个鬼影子也没见到。我看看手表——10点钟。这是怎么回事呢?

我最后找到一个门卫,他告诉我说亚琛正过节呢,是莱茵兰和巴伐利亚地区有名的天主教节日，叫作狂欢节，而在哥廷根这个典型的新教城镇，我们并不了解这个节日。我到达时正是圣灰星期三，也即大斋日，前一天正是庆祝活动的最后一天，即忏悔日。整整一晚上，年轻人在街道和广场上载歌载舞直到筋疲力尽，此刻他们可能正呼呼大睡，不到中午不会起来；而年纪大一些的人此刻可能在教堂，额头上画着灰十字，正做祷告呢。门卫建议我下午4点再回来，现在可以去某个餐厅看看，那里我可能会遇到一些因斋戒而在那里吃鱼的同事和当地的名人。

接下来的几个小时，我在这座非同一般的历史古城里四处闲逛。亚琛坐落于莱茵兰三国（德国、荷兰和比利时）交界处，三国的文化和语言在此交汇。这座始建于七八世纪的城市看起来欣欣向荣。它的商业混杂着中世纪遗留下来的痕迹，包括大门、塔楼、罗马式教堂，以及阿尔卑斯山以北地区最古老的罗马式建筑。大广场的显眼处矗立着查理曼大帝的雕像，正是他在亚琛建造了宫殿，并使亚琛成为查理帝国第二大城市、当时西方文化的中心。大约有32个皇帝在亚琛加冕。

这座城市曾经并仍然闻名于世的是其有益健康的矿泉水，还有许多漂亮女人。亚琛人中一直流传着这样一个故事：拿破仑·波拿巴的妻子约瑟芬有一次怒气冲冲地离开亚琛，说是亚琛的浴池吸引了太多美女，而令法兰西的皇后无法引起人们的关注。于是，这便成了亚琛的淑女们对来访者津津乐道的故事。

那天下午晚些时候，我结束短暂的游览来到了门卫所说的那个餐厅。好几个亚琛工学院的教授正在那里，于是我便自报家门。在轻松的寒暄中我被告知狂欢节期间亚琛人都不怎么工作。亚琛工学院是德国著名的采矿和冶金中心。听说学校资金由莱茵区和威斯特伐利亚的钢铁企业以及高度工业化的卢森堡提供。由于卢森堡没有这种专门学院，它还向亚琛工学院输送教授和学生。

头几天开始上班时我心里颇有些忐忑不安，因为学校里的教授全是白胡子长者,没有一个像我这样的 31 岁后生。因此有些老师和学生吃不准我是干什么的。第一天去上课因时间急促,我就从"教授入口处"排队进去。不料校工马上喊住我,用手指指"学生入口处",示意要我从那边进去。我只得费些口舌向他解释说,我是本校教师,同学和教授正在教室里等我。

那时候,航空学只是学校里的次要课程,全部由雨果·容克教授一人包揽。容克是个集教授、工业家、科学家于一身的多面手。后来他成了德国最大的飞机制造商之一,也是我最重要、最有趣的客户之一。容克当时是机械工程系发动机教授。为了跨越基础理论、热力学和应用技术的界限,实现多学科综合应用,他在这里已经苦干了好几年。他和他的主要合作者马德发明了自由活塞发动机,虽然不太成功,但对内燃机发展作出了很大贡献。容克还有许多发明,德国旅馆的浴室中用的煤气热水器也是他的创造。

拿着这些发明带来的版税,容克在亚琛地区的法兰根堡买下一座古老的别墅,并把它改建成私人实验室。他管那地方叫"技术革新车间"。1912 年,他开始热衷飞机研究,在那里造了一台私人风洞。那是一台小小的矩形盒状设备。他很爱用它搞些简单试验。有一天,他提出一个非常出色的想法:能不能造一架厚翼飞机,把油箱安在机翼内以便扩大机身的载货空间。为了取消当时的单翼机机翼上的支柱和拉索,并保持一定的强度,他还设想采用内撑的悬臂机翼。现代航空已经普遍应用这种结构,可在当时,这确实是个大胆设想。回顾一下航空发展史便能看出,美国的多引擎飞机正是在容克初期设想的基础上发展而来的。1933 年波音双引擎飞机问世,紧接着出现了道格拉斯 DC 型飞机。多引擎飞机发展到高潮,民用航空事业便应运而生。

容克对我说,这个方案是他在潜心考虑改进现有飞机结构的过程中想出来的。老实说,我认为容克是真正理解儒柯夫斯基空气环流理论的第一位杰出的飞机设计师。他完全懂得,只要机翼结构合理,设计多大升力,就能达到多大升力,这与机翼厚薄毫无关系。但厚机翼具有两大优点:首先,薄机翼受空气阻力容易变形,相比之下,厚机翼要硬得多。其次,厚机翼内部可以安放油箱,对当时把油箱放在机舱里的飞机来说,这样安排可以腾出相当大的地方。

我来亚琛前不久,容克为专心搞发明创造辞去了学校职务。但在离开之前,他建议教育部设立一个航空教授的席位。教育部采纳了他的意见,但要新设教席就要把机械与航空分开,而学航空的总共只有12个学生,还不够设一名正教授。那时到亚琛上大学的学生都认为学冶金和采矿既安全又实惠,大多不愿学刚刚开办的航空专业,认为那是一项既危险又捉摸不定的事业。

担任第一任机械–航空教授的是汉斯·莱斯纳。他在这个位置上待了几个月后,就到柏林大学去当机械学教授了,现在他是美国布鲁克林理工学院的名誉教授。莱斯纳不搞空气动力学,主攻飞机结构。不过,他协助容克建造过亚琛的第一台风洞,也写过几篇研究飞机螺旋桨空气动力学的论文。有一次,他向我抱怨说:"有些空气动力学方面的发现并不是你和普朗特作出的,可是大家都把功劳记在你们头上。我对空气动力学着实作出了贡献,却连一星半点荣誉也没得到。"

我对他说,菲利克斯·克莱因曾经讲过:"非常遗憾,出新成果的科学家不大被人们谈起,大多数人常挂在嘴上的却是教他们初次理解新成果的教师。"这句至理名言对他也许能有所安慰。

走上新岗位后,我接过容克的工作继续搞下去。我选了一名助手着手改进实验室和风洞。老实说,那时候我只知道哥廷根的风洞是研究齐柏林飞艇的工具,因此对风洞发展还缺乏远见。日后实践证明,从确定轮船排烟方向到判断新设计飞机的飞行特性等许多方面,风洞都大有用武之地。当然,这是后话;当时我只看到亚琛要在航空方面取得进展,非得有一台良好的风洞不可。

我决定仿照哥廷根那台风洞建造新风洞。为了让新风洞不用排出空气然后从室外再吸入新的,我们先把实验楼上的喇叭形风口堵死,采用闭路循环风道。我们在哥廷根发现闭路循环结构效率较高,而且试验不受外界气候变化影响。不少人都反对我的方案,经过几次激烈辩论,我的意见终于占了上风。

1913年10月,我们着手建造风洞时很快又遇到了一个新问题:没有电力。实验大楼唯一电源在机械工程实验室里,机械系的兰格教授坚决不同意我们动用他的电源。经过一番了解我才明白其中道理,原来兰格和莱斯纳住同一幢公寓,两位教授的夫人是冤家对头。我想风洞总不该受夫人之争连累吧。于是有一天,我直接去找兰格教授。

我对他说:"亲爱的同事,您是奥地利人,我是匈牙利人。明摆着交不了知心朋友,那就让我们做一对友好的冤家吧!"

兰格很有幽默感,一听这话便哈哈大笑,马上同意让我们用一部分电力。后来我们真的成了好朋友。1954年,我重返亚琛接受一项荣誉学位。其时兰格正卧病在床,他知道这事后硬撑起来出席了我接受荣誉学位的仪式。

1914年初,风洞竣工了。它一开始运转,我就可以开展理论和实验研究工作了。我相信,在工科大学安装的同类风洞中,这是最早的一个。有一天容克教授来找我。他搞出不少发明创造后,又把注意力转移到早先热衷的航空上来了。他想把原先那些大胆激进的设想继续搞下去。其中有一个设想是搞无支柱的全金属飞机。他把这种新式单翼机的雏形对我作了详细介绍:机翼采用轻金属蒙皮,翼内用支柱支撑。

他一边让我看草图,一边自豪地对我讲:"这就是未来的飞机。"我以极大的兴趣观看了飞机图纸,觉得金属飞机不仅比帆布飞机的空气动力学性能优越,而且制造容易,维修也方便。我对他说,我认为这是个切实可行的方案。

容克说："得到你的赞同我很高兴。要是你能提出一套严谨的数学计算方法，用来设计符合我们要求的翼型，那你就解决了一个大问题。"

对这种挑战我历来是乐于一搏的。自从在哥廷根研究涡街以来，我还没有搞过理论研究工作。我和容克签订协议后邀请了卡尔·龙格教授的外甥埃里克·特雷夫茨来当数学助手。他个头高挑，爱运动，很能干，来亚琛工学院的职务跟我初到时一样，是副教授。

我俩从研究儒柯夫斯基的机翼理论着手。尽管这个理论有局限性，但却是当时唯一可资利用的理论；况且儒柯夫斯基理论表明了数学能用于机翼设计。我运用这一理论计算出来的机翼外形特别扁平，翼梢部分尖得像刀刃一般。容克认为，这种外形的机翼飞行时产生的变形太大，会使飞机失去平衡。他对这类问题天生敏感，总是判断得很准确。

于是我和特雷夫茨闭门不出，重新埋头钻研，直到搞出一套应用广泛的翼型设计理论后才露面。

我认为，我们的计算理论及其他理论研究成果是容克设计轻金属下悬翼 J-1 型飞机的依据。J-1 型飞机于 1915 年问世。在喷气式飞机时代到来之前，它成了德国军用和民用飞机的标准定型产品，即使说这种飞机是现代螺旋桨飞机的先驱也并不过分。它的使用期限之长简直令人难以置信。1956 年我访问西班牙时，还看到用这种飞机做教练机。

在亚琛，我并非只埋头于理论研究和实验工作。置身于这个生气勃勃、爱好社交的城市，我感到比在哥廷根舒畅得多。到这里不久，我就发现著名的埃里森勃隆宁矿泉浴场附近有一家充满欢快气氛的咖啡馆。在那里我觉得跟在家里一样。店里的大理石餐桌、红天鹅绒靠背椅和一面金色镜框的镜子，直到现在我还记得一清二楚。我经常在那里和学生或同事弈棋；咖啡一杯接一杯，香烟一支接一支。或者在台布上推导数学方程。在我日后出版的著作中，有许多概念正是在这里跟朋友、同事和学生的讨论中产生的。

有一天，突然来了几个德国空军的飞行员要求我讲授飞行理论，他们提出以教我开飞机作酬谢。鉴于空气动力学之父普朗特从未开过飞机，我觉得作为一个空气动力学家，应该掌握一些实际飞行知识。于是我们就在离亚琛100公里左右的科隆进行互教互学活动。早期德国空军第12航空队就驻扎在那里。不久，我听说赫尔曼·戈林就在我教的这批人当中，但我却不认识戈林其人。后来我知道根本没有这回事后才感到如释重负。实际上，戈林是在另一个飞行大队受训。

那时我们经常驾驶的是拉姆普勒轻型单翼鸽式飞机，这是第一次世界大战爆发后德国人使用的头一批军用飞机。飞机机翼很大，但没有机尾。它是柏林制造商拉姆普勒和奥地利的艾戈·埃特里希在1909—1910年共同设计的。该机后来的模型在外形上更像一只鸽子。

鸽式飞机是性能良好的双坐飞机，速度不快，稳妥可靠，但却有个令人胆寒的毛病：着陆时机头常常往下栽。有一次，我跟一个飞行员练飞。准备着陆时，我将航速降至每小时25英里，这是该机的平均着陆速度（最高时速为60英里）。谁知飞机不是轮子着地，却一头栽进了一块马铃薯田里。幸好我们俩都没有摔伤，只是被狠狠震了一下。我们设法从坏飞机里爬出来，穿过马铃薯地向公路走去。这时，突然有个骑自行车的警察向我们走过来。"站住，"他在路边吆喝道，"现在这季节严禁践踏马铃薯地，你们知道吗？""我们的飞机刚刚摔坏，"我跟跟跄跄走过去向他解释说，"好不容易才活着爬出来。"

那警察从口袋里掏出本本，也不朝我看一眼，就用普鲁士人斩钉截铁的口气说："那也一样要罚。"接着，就以非法践踏马铃薯地罚了我20马克（约合4.5美元）。我们离开前，飞行员好奇地问道；"我怎么样，也该罚吗？"警察回答说："你是穿军装的，跟他不一样。你的行为由政府负责。"

10　第一次世界大战

在亚琛,我开始明白科学和战争有着密切的关系。有人说科学家制造战争,但照我看,不如说是战争造就了科学家。第一次世界大战爆发后,几年的事实教我懂得了这个道理。

1914年6月28日,奥匈帝国王储斐迪南大公和他的夫人在波斯尼亚首府萨拉热窝遇刺。这事成了大战的导火线。一个月后,奥地利向塞尔维亚宣战。接着,中欧的德国、奥匈帝国、土耳其、保加利亚向英国、法国、比利时和俄国发起进攻。于是,一场把我们都卷进去的大战爆发了。

我被卷入战争是1914年秋的某天早晨。那天早晨来了一封盖有奥匈帝国陆军大印的公函,命令我立刻去炮兵部队报到。我读大学的时候学生都得受一年军训,因而早在1903年我就有了尉官军衔。以后每隔一年我都得奉命到第61炮兵团参加一次军事演习。这次应征入伍后,我便成了一名现役炮兵中尉。

不消说,炮兵训练是非常枯燥乏味的。幸而我经常以研究弹道学自娱。弹道学和航空原本是近亲,因此我以研究弹道学消磨时间是很自然的。我们团在巴尔干半岛的大战发源地萨拉热窝演习期间,炮兵面临着一个必须解决的难题:怎样确定看不见的目标位置。也就是说,还没有看到敌人时,如何决定我方大炮的仰角和射程。当时的计算方法非常复杂,颇费时间。我想一定能够找出一种简捷的计算方法。有一天,乘同僚们在玩扑克牌,我独自一人找了个僻静地方设计计算尺。我搞出来的这把计算尺,只要测量几个参数,就能迅速算出敌方目标的方位。

炮兵军官们对这个小创造感到非常高兴,因为它使计算工作减轻不少。由于这把计算尺,我侥幸地被调去干一些安定的工作。听觉不灵本是炮兵的大忌。因为我听力有缺陷(我自己申报的),就调到布达佩斯附近科贝尔岛去主管军需供应。这件差事非常清闲,还可以住在家里,因此我很满意,父亲当然更加高兴,几个儿子都上了前线,现在身边能留一个是再好不过的了。

但好景不长,军方了解到我还懂点科学,1915年2月,他们又重新委派我去参加事关大局的工作:一旦俄国人来包围布达佩斯,应该用哪种炮兵来扼制他们。我的具体任务是确定大炮类型、口径、计算出各种炮的最大射程和选择炮兵阵地。每天上午9点我上班后的第一件事就是仔细阅读当天的各种报纸,看看俄国人是否在向布达佩斯逼近。要是情况和往常一样,我便整天轻松无事。我觉得这的确是件美差,而且还有继承前辈科学家传统的意义,因为阿基米德、达·芬奇、塔尔塔利亚都干过这种美差。阿基米德用自己发明的机器阻挡罗马人前进达3年之久。达·芬奇也发明了不少战争武器。而文艺复兴时期的科学家塔尔塔利亚则破天荒第一次把数学应用于炮击技术。

过了半年左右,到1915年8月,军方发现我不光懂点科学,还熟悉航空。对这一发现,参谋总部好像颇为得意。这一年因为损失过于惨重,德国已决定放弃用飞艇夜袭英、法两国的城市。他们把注意力转移到飞机上,想利用飞机做作战武器。为了加速发展重于空气的飞机,德国决定把航空科技人员集中起来攻关。在网罗航空专家的过程中,德国当局了解到我正在奥匈帝国军队里,就发函到维也纳调我到德国去。这样,国防部又把我从布达佩斯军需和防卫计划部的死角里挖出来,命令我去维也纳总部报到。我到总部后,一名上校才讲出德国要调我的来龙去脉。

"这么说要把我送到柏林去了？"上校讲完后我沮丧地问道。

"亲爱的卡门，"奥地利上校一边捋捋八字胡，一边说，"既然德国人都要调你去，那你肯定有点本领，我们也在筹建空军，你可来得正是时候。你应该留在这里才对。"

由于这个机缘，1915年我进了奥匈帝国空军。这事成了我终身与空军打交道的起点。

那时奥匈帝国的空军说来很可笑，总共只有大约50名训练很差的飞行员和6架鸽式飞机和信天翁双翼机。这支空军尽管力量不大，组织状况不佳，但士气高昂，决心很大，每周都有一个新计划，因此忙得我团团转。今天去意大利前线视察意大利飞机，明、后天又来研究德国飞机的性能，实际上却做不了什么真正的研究工作。那时候，飞机主要是协助地面部队侦察敌方阵地，核查炮击的命中程度。当时的情况正如一个骑兵军官说的那样，飞机还不及马匹那样受重视。因为飞机要很多人伺候，碰上坏天气又不能起飞。

到1915年年底，采用飞机做战斗武器的想法得到上级支持。军方将我送到离维也纳不远的菲沙门德镇飞机场。陆军在机场建造的一个大飞艇库，由于飞艇的没落正空关着。当局责成我提出一个利用飞艇库的方案，我就建议将它改建成实验室。他们采纳了我的建议，委派我担任实验室主任，并配备了三四十名助手。

正当我在新环境里开始部署工作时，突然接到父亲去世的噩耗。我急忙请了丧假，赶回布达佩斯安慰母亲。父亲去世使我极度震惊，是我一生中遇到的第一次沉重打击。唯一令我堪以自慰的是，父亲是在一次讲学结束后突然倒下的，正如他生前希望的那样，毫无痛苦地迅速离开了人间。

为了试验螺旋桨在气流中的运动特性，我返回菲沙门德后的第一件事就是搞风洞。现在，这个风洞已经成为老古董了（埃菲尔造的风洞比这要早很多），那时候，它可是奥匈帝国陆军的新设备，参谋总部对这个风洞非常满意。不久，帝国空军的坏螺旋桨就成批成批地送到我这里来。

参谋总部给我下达过一个非常有吸引力的课题：机枪如何安装才能把子弹从螺旋桨旋转叶片的空当中发射出去。这是第一次世界大战中航空上最艰涩难懂的问题之一，也是工程师们久攻不下的难题。法国人解决这个问题的方法是由一个名叫罗兰·加洛斯的工程师兼特技飞行员想出来的，后来他成了王牌飞行员。其实，加洛斯的方法挺简单：他在机翼上安装了一台机枪；在靠近螺旋桨叶末梢部位再嵌上一块钢挡板，防止子弹歪打到螺旋桨上。此法在一定程度上挺管用。不料有一次在空战中，射出的子弹从钢板上反弹出去把螺旋桨击碎，飞行员被迫在德国境内降落。他还来不及执行烧毁飞机的命令就被俘了。加洛斯机枪装置被送到安东尼·赫尔曼·杰拉德·福克那里进行研究。福克是个爪哇出生的荷兰青年，后来有个绰号叫"荷兰飞人"。

头脑机敏的福克轻而易举地解决了这个问题。据说，福克想起了从前和一个荷兰孩子打赌的事。那孩子说，他能在旋转的风车叶片之间把石子一块接一块掷过去。结果那孩子赢了。他用和风车叶片同步的速度把石子一块接一块连续掷了过去。这事是否属实我不清楚，但福克确实发现了利用螺旋桨来触发机枪的原理，使触发扳机的速度与螺旋桨转速保持同步[1]。机枪由装在螺旋桨轴上的凸轮触发，这样发射出去的子弹必然从旋转桨叶的空当中飞穿出去。我们在菲沙门德听说，德国空军的侦察机使用这种机枪很成功，它能用机枪火力击落协约国无自卫能力的侦察机。几个月之后，飞机机枪就成为德国人在第一次世界大战中发明的最厉害的武器，甚至比毒气还凶。

奥匈帝国军方对德国这种武器很眼红，决定马上用一架飞机来试验福

---

[1] 福克是解决飞机同步机枪实用问题的先驱，但德国的弗朗兹·施耐德和法国的索尔尼尔在1913年和1914年各自独立搞出了飞机同步机枪。他们两人应该分享这项实用技术发明的部分荣誉。——原注

克机枪装置。试验过程中由于运转失调,机枪子弹把螺旋桨打坏了,结果飞机摔得粉身碎骨,一个最棒的飞行员也送了命。这起事故使我的顶头上司彼得罗齐上校大发雷霆。"去他妈的,"他咬牙切齿骂道,"这鬼东西都是德国人吹出来的。"

我觉得德国人并非吹牛。不管怎么说,我认为值得继续试下去。我在发动机轴上装了一个硬纸板叶片代替螺旋桨,使机轴以不同转速触发机枪扳机,让子弹从叶片空当中打出去。然后再停车检查纸板被击中的情况。结果,每粒子弹都从空当中射过去了,只有每分钟 1 600 转时例外。在这个转速下,子弹好像叮住叶片一般,粒粒都打在纸板上。显然,此中必有原因。

有一天,福克刚巧到维也纳来,我当他面又把试验做了一次。他用手摸摸纸板叶片上的弹孔,然后迷惑地摇摇头,表示不明白其中奥秘。我回到实验室,把可能引起这种现象的所有因素一个一个加以仔细分析;先察看凸轮、触发机构和几挺机枪,然后再检查每个运动零件。啊呀!毛病竟如此简单。原来,奥地利机枪比德国机枪的枪机扳起来要重些,所以两者触发时间长短不同。由于机械上差那么一点点,就断送了飞行员的一条命。我用数学证明了这一点,把计算结果拿给福克看。接着又在第二架飞机上重新安装机枪进行试验。这次试验表明,机枪同步射击得很好。福克和军方都非常高兴。

我曾经提过,协约国的飞机装上机枪后肯定要进行报复。不过,在他们掌握同步机枪秘密之前,我们已占了相当的优势。随着福克机枪装置的使用,战斗机便应运而生。一夜之间,军方对飞机看法有了 180 度的转变。以前他们认为飞机是侦察敌军阵地的机动望远镜,现在则把飞机看作控制天空这个崭新战场的武器。从此以后,空战成了现实。

福克在他 1939 年过世前一直和我保持着友谊。他是个精力充沛的人,既有事业心,又有发明创造能力。他年轻时试验过一种防戳轮胎。他取得飞行员执照后才一年（刚 21 岁），就在柏林附近的约翰内斯塔尔开办了一个飞机制造厂。起初，他试图向若干国家推销产品，但运气不佳。1914 年大战爆发后，他接到德国政府购买 10 架飞机的订单。从此，他就成了双翼和三翼飞机的固定供应者。大战后，他一跃成为德国最著名、最成功的飞机制造商。在事业发展全盛时期，他在德国、西班牙、美国和荷兰拥有许多工厂，全世界有 17 家公司用他的许可证制造福克型飞机。他在布达佩斯附近开办飞机制造厂的时候，委任我为他的董事会驻奥匈帝国代表，因此那时候我们经常接触。

福克对自己发明的机枪装置有什么反应非常关注。当初发明时有人向他挑战，要他飞上天用自己发明的装置去击落一架飞机，看看行还是不行。福克立刻驾机上天。后来他在自传中写道，在他视线之内有一架非武装法国飞机，只要一梭子弹就能将它击落。跟其他飞行员的观点一样，他认为这场战争是君子战；在最后一刹那，他放弃了这次冷酷的虐杀行为。飞机降落后他说："还是让德国人自己去干他们的杀人勾当吧。"

福克中等身材，仪表堂堂，但有些孩子气。他的衣服口袋特大，式样不伦不类，几个大口袋用来放笔记本和照相机。他总是在不停地做笔记，把观察到的东西拍下来。在飞机场，他常常为了解决一个问题一干就是一整天，中间只吃些糖果和巧克力，问题没解决绝不去吃饭。福克还经常卷进爱情漩涡。我记得有一次，我同他一起从维也纳到布达佩斯去参加一个重要会议。火车抵达布达佩斯后，我四处都找不到他的人影。

"福克先生在哪里？"我急切地问他助手。

"噢，福克先生中途下车了，"助手回答。

"我跟他讲过这次董事会议很重要。他出了什么事啦？"

助手闻言笑道："福克先生遇上了一位美女，就下车跟她一起走了。""他怕您生气，"助手又补充说，"叫我跟您讲一声，他说董事会每月都要开一次，要是让漂亮姑娘从手指缝里溜掉的话，就不会再有机会了。"

我虽然很生气，但不得不认为他这说法还有几分道理。不过福克在这类风流韵事上并不称心如意，跟女人的纠葛给他招来不少麻烦。第一个妻子跟他离了婚，第二个妻子受不了他的虐待自杀了。1939年，福克死于手术后感染，去世时才49岁。

我们在菲沙门德两年半时间内，还搞过一种飞机油箱防爆装置。当飞机在战斗中被燃烧弹击中后，这种装置能防止油箱起火爆炸。路易·本切中尉设计的防爆油箱基本上是个带安全阀的胶质软罩。油箱一旦被子弹击中，软罩立刻把油箱封死，阻止外界空气进入引起燃烧。如果箱内汽油已经着火，安全阀马上起作用，在箱内充入惰性气体，以发挥灭火作用。日后美国空军搞的油箱防爆装置，也采用了上述两个办法。至于他们是独创还是改进本切的设计，我就不清楚了。

1917年，我们开始对直升机进行了一系列开拓性试验。那是因为当时军方急于要搞出一种装备来代替军用气球。自从美国南北战争以来，气球一直是炮兵侦察工具。那种充氢气的香肠形气球很易被炮火击中，若遭到新发明的燃烧弹袭击，更是一触即毁。斯蒂芬·佩特罗齐上校认为，在敌军炮火下直升机目标小得多，要比军用气球可靠，上级机关也赞同这个观点。这样，我就和朱罗维克、冯·阿司鲍斯两位出色的设计师共同设计了一架系留式直升机。我估计，它大概是世界上最早的直升机。机身上系了根绳索，索的下端锚固在地面，保持飞机稳定。飞机上安装两个旋向相反的螺旋桨，下边用一个敞口金属大桶做观测舱。一切初步工作都是在菲沙门德完成的。我们制造了几架样机，最成功的那一架装有3台120马力的发动机，重量在2吨左右。

这种直升机的侦察方式和军用气球一模一样。先用双筒望远镜观察阵地，然后用无线电向地面指挥部报告敌军动向。我们进行过30多项侦察试验。我参加了第一次试飞，飞机升高到100英尺，在空中停留了1小时。从观察舱鸟瞰四周，见到的东西并不多。下来后，我强烈地感到在直升机上搞侦察真是件令人难熬的苦差事。

由于参谋总部也认为直升机搞侦察比气球更好用，因此就命令布达佩斯的里普迪克工厂进行生产。不过这种直升机的稳定问题很令我们头痛。当系留绳松弛时，飞机就要激烈摇晃。有一天，我们向视察大员们作演示。直升机在空中突然遇上一阵强风而失去平衡，一头栽了下来，掉到地上螺旋桨还在猛转，直到打坏了一只螺旋桨，我们才把发动机关停。这时大战已临近结束，所以没有进行修复。意大利人占领菲沙门德后，把我的实验室和这架坏直升机一起拖走了。1935年我访问意大利时，他们领我去看我的这架老爷机。它已经是意大利一个博物馆的展品了。

以后很多年我一直对直升机感兴趣，并认为采用一对旋向相反螺旋桨的直升机大有发展前途，因为它比一般直升机的振动小得多。当然，控制上仍存在一些问题有待解决。我在航空喷气公司采用转子和类似容克式机翼的椭圆剖面厚叶片做过试验。也和 S. W. 袁合作研究过喷气式转子的控制问题。袁是一位杰出的工程师，现在是得克萨斯大学教授。几年之前，我们的研究已取得专利。其发展前途如何现在还很难说。不过，我坚信在喷气时代，直升机越来越重要。不仅军用，而且民用也很需要，因为它能将到站的乘客从喷气机场迅速分送到各自的目的地。

菲沙门德的那架直升机在美国还有一段有趣的小插曲。我的好友弗兰克·格列高利准将曾任空军科研处主管，现在是塔尔萨中西仪器公司的副总裁。他不仅是直升机旋翼专家，还是美国第一位直升机驾驶员。几年前，他写了一篇有关直升机发展史的文章，其中有一段谈到我从前搞的直升机试验。文章上讲，这种系留式直升机是一个名叫冯·卡门的奥地利中尉设计的。令人遗憾的是，目前此人已下落不明。

我看到这一段马上给他打了电话。

我在电话中对他说："亲爱的弗兰克，你难道不认识那个奥地利中尉吗？"

他听了大吃一惊，道："怎么？原来就是你呀！"他只认识加州理工学院的冯·卡门，绝未料到这个冯·卡门就是1914年奥地利的卡门中尉。1944年他写了一本直升机发展史，书中言明那个奥地利中尉就是我。这使我感到很高兴。

随着战争的发展，空战愈打愈激烈，战斗的范围也越来越大。在第一次世界大战的最后两年，空袭城市、扩大飞行大队、大规模的制空权争夺战都发展到了高峰。与此同时，航空技术也突飞猛进。到了1916年，有机枪装置的战斗机时速超过100英里已不在话下。空中摄影侦察也开始崭露头角。意大利卡普罗尼飞机制造厂生产的重型轰炸机能够携带1.5吨重的炸弹，而德国的齐柏林飞艇也演变为装5台发动机、翼展为150英尺的空中巨怪。

穿皮靴的老式陆军在新技术面前往往会出洋相。这使我回想起跟奥皇侄儿约瑟夫·萨尔瓦多大公打交道的事。这位身为奥匈帝国空军总监的大公是一个既傲慢又无知的家伙。我一直担心，我们当中的玩世不恭者会利用他缺乏科学知识去嘲弄他。有一次，他来视察奥地利戴姆勒公司。我和著名的发动机设计师费迪南德·波尔舍以及许多人陪同他观看第一台6气缸飞机发动机。

"这是4冲程发动机吗？"大公问。

"正是，殿下。"

"嗯，那为什么有6只气缸呢？"他让我们解释解释。

波尔舍向我丢了个眼色，解释说："最后那2只气缸是备用的。"

大公一边频频点头，一边还自作聪明补上一句："对呀，我也正是这样想的。"

从军事观点看，这个说法合乎逻辑。4个连列队演习，总留2个连做后备。至于发动机，那就是另一码事了。发动机4冲程代表活塞的4个工作阶段，冲程数和气缸多少根本没有关系。从此以后，我算是信了这一条：跟高傲无知的人打交道，精彩的谎言要胜过难懂的真理。

另一次，大公视察我搞的那架直升机。我请他看了一台共振测速器。那时这种仪器在德国还刚刚上市。众所周知，那是用一组音叉测定转速的仪器。只要发动机转速与其中一个音叉的自振频率相同，产生共振，就测出了发动机转速，用不着像一般测速器那样要和发动机转轴相连。

大公怎么也不信这种仪器不驱动就能测速。

"殿下，这么着，我拿它到您的汽车上试一下吧，我把它放在引擎上，根本用不着和发动轴连接，让司机加速，您就会看到它测出的发动机转速。"

测速时，大公聚精会神地瞧着仪器，认真观察各个音叉振动变化。从脸上显出的那副疑惑神情表明他根本不相信我说的那一套。后来我在军官食堂又碰见他。他把我叫到他桌边。

"现在你下班了，"他略带紧张神气低声对我说，"老老实实跟我讲吧，你是怎样糊弄我的？"

到1917年春天，德国在军事上占了优势。随着法军败北和俄国爆发革命，同盟国看来好像胜利在望了。但到了年底，协约国又再度占了上风。美国参战，英国击垮德国潜艇，几条战线崩溃，造成战局急转直下；同盟国军队士气大为低落。当时，德国最高统帅部认为，即使德国完全被占领，柏林也能长期坚守。从这个观点出发，他们想起了1871年巴黎之围是靠气球来得到接济的。于是，他们把我召到柏林去，责成我研究一下：如果协约国军队包围柏林，能不能用直升机向城里运送补给品。

我反复向他们说明，现在的直升机和那时候的气球不一样，刚刚才搞出来，很不成熟。要靠它解决问题肯定不行。德国人对我的忠告拒不接受，因此，我只得从命，进行研究。这差事比我在布达佩斯干的事更有趣。那时，当局要我研究运用大炮阻挡俄国人向布达佩斯逼近，可是俄国人根本就没有来。不用说，这次差事也只能不了了之。

西奥多·冯·卡门，1962年摄于帕萨迪纳，时年81岁。

冯·卡门家的孩子们，左起：托多、费里、埃尔默、珮波、米克洛斯。约1892年摄于布达佩斯。

"我年轻时,家庭生活非常融洽。"莫里斯和海伦·冯·卡门与孩子们一起在"玫瑰山"的家中喝茶,右一为托多。约1896年摄于布达佩斯。

"我与军事部门一直相处融洽。"卡门上尉在第一次世界大战中服役于奥匈帝国的空军。

冯·卡门在第一次世界大战期间参与研制的世界上第一架系留式直升机试飞时起飞的场景。

冯·卡门直升机发动机和对旋式螺旋桨近景。

"一些教师和学生对我持怀疑态度……在亚琛惯常见到的都是年长的白胡子教授。"在德国亚琛工学院教书,摄于1920年代。

由容克和莱斯纳在亚琛建造的早期风洞,进风口为喇叭形。后来又仿照哥廷根的风洞将它改进成一个闭路循环风洞。

1921年勒恩滑翔机大赛中，起飞前，安东尼·福克向滑翔机飞行员沃尔夫冈·克勒姆佩雷尔握手致意。

"整个1920年代，滑翔热席卷了德国，亚琛的名气因此而传遍四方。"一架滑翔机飞过勒恩山区的瓦塞库伯峰。

"河西公司有志于将日本变成空军强国，也了解研究的价值。"1928年，河西公司在神户的风洞竣工，这是日本第一座工业用风洞。左二为冯·卡门。

冯·卡门与日本河西飞机公司的职员，约摄于1928年。

"在我看来,天空中这些漂亮的充气袋是早期航空工程了不起的产品之一。" 1933年,美军"梅肯"号飞艇结束从新泽西州莱克赫斯特起飞的飞行之后停泊在加利福尼亚州的桑尼维尔。一年半后,"梅肯"号坠毁。

到了1918年8月底，局势已经十分明朗。甚至德国参谋总部也完全看出，没有什么法宝能保住柏林。我觉得再干下去是白费心机，就向德国当局请假回布达佩斯探亲。我父亲1915年去世后，兄弟和妹妹都在部队服役，母亲一直过着孤独的生活。一个兄弟在巴尔干半岛，一个在达尔马提亚的腊塔罗城堡当行政官，妹妹也在那里干办公室助理工作。

探亲假一批下来，我就立刻乘快车返回布达佩斯。清晨4点，我在酣睡中被一阵吵闹声惊醒。有个人挤到我的包厢来，砰砰嘭嘭堆放行李。我要他出去。

"不睁眼看看这是军官包厢吗？"

"军官？"他吐一口唾沫嚷道，"现在军官算什么东西！革命啦！"

我揉揉眼睛对他说："那么就请坐下来谈谈外面发生的事情吧。"

他谈了之后我才知道，1917年弗朗茨·约瑟夫国王死后，王位由他侄儿卡尔亲王继承。这时卡尔已经退位，布达佩斯成立了一个民主政府。这是一场民族革命、共和革命，不是共产主义革命。起事者都用大红花作标记，人们称之为"菊花革命"。革命的主要目标是让匈牙利摆脱奥地利统治成为独立的共和国。米哈利·卡罗伊伯爵成了共和国第一任总统。

据我回忆这场革命是相当温和的。我到了布达佩斯车站后，一个年轻姑娘走过来，要我让她摘掉军装上有FJ标记的纽扣（FJ是国王姓名的第一个字母），代表军衔的那几颗星照旧保留。她说，新政府希望军官还是军官，但他们已不是国王属下的军官。当她剪去那些效忠王室的标志时，我心里不免有些悲怆。不过，我毕竟不是个反对新生事物和进步的人，所以仅仅有此反应而已。在回家的路上，我见到人们成群结队，在大街上引吭高歌。显然，到处都洋溢着某种令人激动的情绪。但没有任何暴力行为。

大约6天后，新政府在所谓的自由宫召集了一个奥匈帝国陆军军官大会。那天，我穿着军装在后排找了个座位坐了下来。会场内座无虚席。一个戴丝绒帽、穿笔挺黑外套的人走上台，自称是新任国防部长。他堂而皇之地宣布说,今后,世界上不会再打仗了。他向在座的军官扫了一眼,接着说,他希望在匈牙利再也看不到军队。大会气氛非常热烈。我心里想,由这样一位不要军队的人来当国防部长,我可不赞成。回家之后,我就脱下军装,换上了便服。

说来挺有趣,尽管爆发了革命,陆军财务办公室照常办公。我不仅领到拖欠的薪水,穿上便衣后,那份工资还照领不误。这样,领薪水就成为我的奥匈帝国陆军生涯的最后活动了。我指望能迅速到德国去从事教学和科研工作,不过这时候还走不了。因为协约国规定,和约签字前,战败国的后备军官一律禁止出国。

11　匈牙利革命

1918年11月，在战败国匈牙利，人人都感到前途未卜，一筹莫展。全国一片混乱，谁也说不上卡罗伊总统的民主政府还能拖多长时间。

许多匈牙利人并不清楚民主的含义，对民主的支持者也持怀疑态度。我记得我的一些同事认为伍德罗·威尔逊总统"必须为民主创建一个安全的世界"的主张很有意思，但贯彻这一主张的人却不对路子。比如，停战之前不久，在巴尔干半岛的法国军队抵达匈牙利边境时，遇到了一个匈牙利民主党人代表团。领头的朝那位身高马大、身披饰带、手握马鞭的法国将军走去。

匈牙利人想着取悦这位法国武夫，便道："以民主的名义向您致意！我们已把国王拉下马，现在是工会在掌权啦。我们有了一位民主总统，我们会以民主的方式而非武力解决我们的问题。"边说边继续迈步向前，似乎指望法国人与他行吻颊礼呢。

法国将军厌恶地盯着他，吐了一口口水。"你们怎么可以堕落到如此地步？"

刚巧这位法国人是个君主制主义者，痛恨民主体制。我的匈牙利朋友惊呆了。看来世界民主的落实在法国并不比在德国更好。

我在匈牙利的前途也捉摸不定。由于回不了亚琛，我正在考虑下一步打算。有一天，贡齐先生到我家来。他自我介绍说，现在他是教育部教育委员会的秘书,已经将我父亲在布达佩斯大学的工作接了过去。他邀请我跟他一起搞改革大学教育的工作,按循序渐进的方针,重点加强大学的科研部分;并请我担任教务方面的负责人。他还强调指出,凭我在德国的经验,一定能在培养匈牙利新一代科学家方面大有作为。

这席话对我颇有触动。我父亲在1915年临终前,对政府没有采纳他的教育计划深感失望。他始终认为,一所优秀的大学应该是教学和科研并重。他多次提议在布达佩斯大学设立一个科研部门,但每次都遭到了从不动手搞科研的老夫子们的否决。他们认为,这样办他们就会成为科学上的二流角色了。我想,在一个新的进步组织掌权的情况下,我也许会处于强有力的地位,实现父亲的遗愿,将他的许多设想用于提高布达佩斯大学的水平。

我同意和贡齐先生一起干。接着,我们就组织了一个小小的委员会。委员会定期研究布达佩斯大学的课程设置、有才干的教师和研究人员的招聘办法以及其他一些有关问题。

这个小小的委员会总共才支撑了几个月;1918年3月巴黎协约国外长会议闭幕后,欧洲形势发生了巨变:会议决定肢解匈牙利。南斯拉夫、罗马尼亚和捷克斯洛伐克因帮助协约国作战有功,各自分得了其中一份。分割后剩下的匈牙利只有奥匈帝国时期的1/5大小。一夜之间,300万马札尔人发现自己已成了3个新独立国家的公民。据说,这样处置匈牙利是为了防止将来再出一个主宰欧洲命运的强大帝国。这个决定在布达佩斯引起了极大混乱。人们都认为匈牙利经济和政治生命危在旦夕,社会民主党政府马上就要倒台。这时,卡罗伊总统认为,要维持这个政府只有一条路:寻求共产党人的支持。他们的领导人叫贝拉·库恩。

我本打算回亚琛,但许多老朋友都跑来劝我留下来,最打动我的理由是我留在教育部对这个国家有好处。于是我决定留下来,看看事态如何发展。

这时，教育部也有了一些变化。我被任命为大学司副司长。部长们改称为人民委员。然而我并不能说他们都是共产党员，例如，西格蒙德·昆菲就是社会民主党人，他告诉我他曾在我父亲手下工作过，他留在新政府里是为了确保大学教授们可以获得稳定的工作条件和薪资。教育人民委员是乔治·卢卡奇，他是一名共产党员，其父是位有钱的银行家。革命刚开始时，他跟他父亲讲强制家仆们在厨房吃饭是不对的，要求他父亲让仆人们与他们同桌吃饭。他父亲同意了，可是仆人们却不乐意，他们拒绝了。我最近在读米哈利·卡洛伊的回忆录，里面提到卢卡奇有一段时间曾住在巴黎，穷困潦倒，因为他拒绝分享他父亲的财富。

卢卡奇先生现在布达佩斯大学任哲学教授，性格温和安静，写了几部严肃的哲学著作。我听说现任政府把他视作反动分子[1]。

据我回忆，在共产党统治的 100 天内，尽管传闻有过火行动，但布达佩斯却没有出现任何恐怖事件。相反，我对共产党官员们的天真倒是印象很深刻。

作为大学司副司长，我主管自然科学和医学教学计划。我很喜欢这个工作，因为在这个职位上我能把现代生物学、心理学和原子物理学列进大学学习科目。第一次世界大战前，匈牙利各大学几乎从不考虑这几门课程。

由于我和学生关系密切，又在教育部担任这样一个职务，因此，无形之中就成了排解学生和学校当局之间冲突的和事佬。有一次，因为学生威胁说要闹事，学校就把我请去。学生提出在军队里军训要给学分，但遭到学校拒绝。当学生聚集起来开始闹事时，学校想叫警察来镇压。我马上插手说，既然学生属我这个司主管，学生闹事我就得过问。我一方面劝学校适当给学生一些学分，另一方面我规劝学生说，拿一小块面包总比被打得

---

[1] 有趣的是，自从这段话落笔之后，即使不是匈牙利政府，匈牙利民众对卢卡奇的好感也明显上升。根据《纽约时报》1965 年 4 月 14 日的报道，在卢卡奇 80 岁生日时，他被匈牙利人称赞为新"社会人文主义"领袖。——原注

鼻青脸肿好,还是拿几分算了。

我发现,当时除了极端仇视和无限热爱这个政权的两种人之外,还有两种人。一种是真拥护,认为这种制度无可非议。另一种人是毫无诚意、虚张声势假拥护。第二次世界大战后,我在德国也看到过类似情况,许多仇视美国的纳粹分子摇身一变就成了笃信美国民主原则的人。

说来有趣,许多匈牙利人至今还记得我在库恩政府的教育部任过事。1962年我访问匈牙利时,有个哲学教授的遗孀到旅馆来找我,请我写封信证明她丈夫是个好共产党员,以便能增加一些抚恤金。这个教授是否是党员,为人怎样,我已毫无印象。不过,我还是写了一封信,说明我在教育部大学司工作时,她丈夫也在那里工作。她对这封信显然感到非常满意。

共产党政权还没有来得及巩固、发展,很快就结束了。原先俄国人答应支持库恩,但后来没有兑现。几个月来,在匈牙利边境虎视眈眈的罗马尼亚大军,终于在1919年7月越过蒂萨河开进了布达佩斯。贝拉·库恩的部队很快败退了,到了8月,苏维埃政府辞职,接着,库恩逃亡到俄国去了。

我吃不准对库恩政府的官员将会如何处置,因此决定暂时住到一个有钱的朋友家里,他是一名业余天文学家。

我在朋友家里待了几个星期,做好了重返亚琛的准备。从亚琛的来信中我才知道我的职位还空着,亚琛工学院正等待我回去。

我感到自己过多地卷入了政治动乱,离开匈牙利会轻松得多。这时候重返大学校园,从事稳定的科研工作,当别有一番清新滋味。科学是父亲留给我的真正遗产。想到这里,我蓦然体会到,唯有科学才是永恒的。

12 滑翔机

从布达佩斯到亚琛火车要走两天。旅行途中，我借机对自己的境况细想了一番。我感到非常幸运，经过一次世界大战、一次革命和一次反革命，我家依然幸存无恙。妹妹珮波已经回布达佩斯帮助母亲料理家务，兄弟们也都成家立业了。我自己的前途看来也充满希望。作为亚琛工学院教授，我的职位也够高的了。因此我感到心满意足。

列车隆隆地驶过布拉迪斯拉发，在维也纳稍事停留，又蜿蜒开过喀尔巴阡山脉，越过林茨附近的新边疆后进入了德国。在车上，我不断想着震动世界的科学理论和科学发现。爱因斯坦在1915年发表的广义相对论引起人们极大的注意；弗洛伊德在精神分析方面的新成就也有着旗鼓相当的影响；普朗克的量子理论正激励着新一代物理学家继续前进。然而，并非人人对新生事物的发展都那么热情。我记得，就在这段时间前后，当有人第一次提出民用航空问题时，有位政治家轻蔑地责问道："难道你们以为大家真会掏腰包来坐飞机？"现在回想起这句话，确有些令人忍俊不禁。

1919年11月，我到了亚琛。阔别5年后我仿佛又回到了老家。城市没有遭到什么破坏，从前我常来常往的老地方依然如故，不过，学校里我的实验室却被搞得一塌糊涂。驻扎在大学里的法国和比利时军队在撤离前，不愿劳神将实验室打扫一下。空瓶子满地乱扔，墙壁上油漆一块块剥落了，水上飞机试验水槽里还有两只死猫。第一次察看实验室后，我对得胜的协约国大兵们的印象坏透了。

更有甚者,我看到比利时占领军在亚琛人面前横冲直撞,傲慢无礼。当一个比利时军官大摇大摆走过时,亚琛市民都闪向一旁避而远之,以免招来鞭打或被关牢房。学校是占领军特别怀疑的地方。一天,比利时占领军公告规定:所有电子管都是重要违禁品。接着,他们就用卡车把电子研究室里所有电子管都装走了。我真搞不懂他们这种突然袭击的意图。经过两次世界大战后,我才悟出其中道理:所有胜利者的行为举动都是一副模样,头脑清醒的人怎么也闹不清他们的意图。

不管怎么说,我决定首先和比利时人搞好关系。我开出几门航空和力学方面的课程后,邀请比利时驻校督察出席指导,但建议他穿便衣来,以免触怒德国学生。他高高兴兴接受了邀请,还按时到场。有些比利时军人不光帮我们清理实验室,还帮我们重新搞实验设备。但出于军人职责,他们经常提醒我们注意,不要去制造有可能被认为用于德国军事目的的试验设备。

鉴于《凡尔赛和约》严禁德国进行动力飞行,因此,绝对不许德国制造飞机。但是德国学生不甘心长期被和约捆住手脚,不久就自发组织了一个学生航空团体——亚琛航空学会。这个学会今天依然存在。我认为它是德国最早的科学飞行团体。这个组织规模虽不大,热情却很高。尽管不少组织成员战前是飞行员,但学会却被认为是一个非军事性组织。他们热衷于飞行,也渴望能继续发展飞行技术,成立这个组织至少是跨出了第一步。

有一天,有个会员想出了一个绝妙的主意来找我。

"教授,"他对我说,"我们想造一架滑翔机,非常需要您来帮助。"

"滑翔机?造滑翔机干什么?"

"搞体育活动,"他回答说。

我仔细掂量了一下,觉得搞滑翔机恐怕远不止是为了体育活动。滑翔机既是空气动力学的实用设计课题,也完全符合德国传统,不过在战后动乱不安的情况下,它会招惹政治风险。要是比利时人突然发觉我们在制造一架飞机，即使是没有发动机的飞机，肯定也要处罚我们。至于如何发落，我一点也吃不准。我可不愿拿学校和自己的身价、地位去冒这个风险。

不过从另一方面看，《凡尔赛和约》并无明文规定滑翔属非法飞行，体育飞行本来就是非军事性的，因此，搞滑翔机在道理上是站得住脚的。于是我叫他们先行一步，并答应尽力帮助他们。当然，我丝毫没有想到自己是在帮倒忙，在替第二次世界大战中德国重要空战武器之一——滑翔机——奠定基础。当初绝大多数人也都没有料想到，有朝一日滑翔机在军事航空上竟有如此重要的用途。

滑翔机发展史是航空史上一个很有趣的分支。最早也是最重要的一架滑翔机是法国水手勒布里斯制造的。20世纪前最负盛名的滑翔机研究者是德国的利林塔尔。前已述及，18世纪90年代他已经是了解曲面机翼升力大于平面机翼的第一位滑翔机专家，还提出了不同形状机翼的空气压力和升力数据表。美国滑翔机先驱者是奥克塔夫·夏努特、约翰·J.蒙哥马利和莱特兄弟。第一次世界大战前，他们都为滑翔技术作出了贡献。

第一次世界大战期间，滑翔飞行基本上放弃了。但战争一结束，德国各大学马上又把它恢复起来。滑翔成了大学生普遍爱好的活动，简直跟查尔斯顿舞和橄榄球在美国的流行程度不相上下。航空杂志《飞行体育》编辑奥斯卡·厄西努斯发起组织了一个校际滑翔竞赛，选择有定向强风的勒恩山区作比赛地点。亚琛要参加比赛先得有一名滑翔机设计师，滑翔俱乐部主任保罗·斯托克找沃尔夫冈·克勒姆佩雷尔博士来担任。克勒姆佩雷尔原是奥地利空军中尉，又是我在菲沙门德的助手，他是跟随我一同到亚琛来的。现今他是位于加州的道格拉斯飞机公司的著名火箭专家[1]。

克勒姆佩雷尔本是滑翔机设计能手。他在我们学校一个库房里闭门造机，门外总有个学生担任警戒。比利时巡逻兵常从门前经过；有时对我们

---

[1] 克勒姆佩雷尔于1965年去世。——原注

做的东西也感到怀疑,但没有追问。亚琛的丝绸商卡曾伯格,一开始就是我们的一个活动基金提供者。此人虽为重建德国航空出了大力,但因为他是犹太人,后来纳粹分子对他仍照杀不误。这真是极大的讽刺。

克勒姆佩雷尔花4个月左右时间设计了一架滑翔机,我们都期望这架飞机能在比赛中获胜。他给这架滑翔机取名叫"黑魔"。我记得这架飞机看上去挺温和,外形并不凶恶。翼展不到20英尺,重约40磅[1]。

应该指出,这是第一架悬臂式单人滑翔机,也是采用容克的翼内支撑原理的第一架滑翔机。它跟第一次世界大战前大多数上下机翼用支柱连接的双翼飞机完全不同。

我在亚琛时就感到,大学生那样重视"黑魔"绝非出于一般的滑翔热情,其含意要远远超过一架滑翔机。它是德国崛起的信号,标志着德国虽已战败,但在某些方面仍然领先。

1920年春天,我们为比赛作准备时遇到了一个问题:怎样才能把这架滑翔机从亚琛运到勒恩山区的瓦塞库伯峰呢?勒恩正好在非军事占领区。从亚琛到那里有150英里,中间必须通过3个军事占领区。英军司令部在科隆,法占区和美占区在科隆南边。各占领军都下过通告,严禁使用船只运输飞机。

为此,我们不得不采取秘密行动。先把滑翔机拆散装箱,装上一辆货车,再用雨布将箱子盖好,然后在夜间发车。一个自愿押车的学生带了一箱香烟,万一碰上协约国军队对车上货物起疑,要掀开雨布查看时,就用香烟来开路。在运送途中,遇到一支协约国的特遣队,差点将这架滑翔机搞丢了。幸亏克勒姆佩雷尔和押车的学生事先得到消息,及时把装滑翔机的货车摘了钩,悄悄地拖到暗处,等到军车开过后,再重新挂钩上路。

路上花了6个小时。在富尔达镇,部件转装上窄轨列车运到格斯菲尔

---

[1] 1磅(lb)= 0.4536千克(kg)。——译注

德,然后在格斯菲尔德城堡的马棚里把滑翔机组装起来。一装配好就七手八脚把它抬上卡车运往瓦塞尔库贝山。这时,从哥廷根、斯图加特和柏林远道而来的学生都已经到了那里。

比赛那天,我们公推克勒姆佩雷尔驾驶"黑魔"参加角逐。有20名学生自告奋勇帮他起飞。以前,滑翔机起飞采用一般绳索拖动起飞,滑翔机在到达发射位置前,常常会赶过拖绳人而使发射告吹。为了解决这个问题,这次克勒姆佩雷尔想出了一个用弹射器起飞的主意:用两根长橡胶绳索套在机头挂钩上,两个学生抓住绳的另一头;另外两个学生用一根短绳套住机尾向后拖。起飞信号一发,前边两个人拖住绳头向前奔跑,到了发射位置,后边抓住短绳的两个人马上撒手,滑翔机就被从悬崖上弹射到空中。滑翔机上天后,就靠克勒姆佩雷尔用人力调整,使滑翔机保持平衡。

山顶上的学生全神贯注看着秒表。克勒姆佩雷尔先作了几次短暂的调整飞行,接着便向上滑到超过起飞高度。经过2分22秒后,他平平稳稳落到山脚下的谷地上,滑翔大为成功。后来,克勒姆佩雷尔又滑翔了几次,真令人兴奋,其他学校的成绩没有一个赶得上我们,亚琛在比赛中大获全胜。

随后,我们答应每年都参加比赛。亚琛的滑翔机也取得了令人瞩目的发展。我到住在德绍的容克那里去游说,争取他同意让我们免费使用他在亚琛的实验室。1921年,一架改进型"黑魔"号(叫"蓝鼠")滑翔机就是在那里制造的。克勒姆佩雷尔用这架滑翔机打破了奥维尔·莱特保持的9分45秒的世界纪录,在空中飞行了13分钟。

随着人们对滑翔的兴趣不断高涨,哥廷根大学的普朗特教授与我一起举办了滑翔空气动力学学术讨论会。德国各地的大学生和滑翔爱好者纷纷赶来参加,到会的还有未来喷气式飞机创造者威利·梅塞施密特。当时,他还是慕尼黑工业大学的学生,部分时间兼做制图员,还同弗雷德里希·哈斯合伙在瓦塞尔库贝开了一家滑翔机商店。希特勒的伞兵司令库尔特·斯图德特那时候只是一名中尉。已是飞机制造业巨头的花花公子安东尼·福克也来了,照例背着他的照相机,开着凯迪拉克轿车。德皇兄弟亨利亲王也亲自到会。梅塞施密特的连襟、斯图加特大学的马德朗教授也是滑翔爱好者,他到这里来担任记时员。后来,他在汉诺威设计制造了"吸血蝙蝠"号滑翔机。这种滑翔机是现代滑翔机的雏形。

我们的滑翔技术水平日渐提高。比如,早期的滑翔机驾驶员利用山头之间由于坡度、高低不同而形成的上升气流进行滑翔。显然,这种飞行要受地形限制。后来研究发现,另外还有一种由各层空气温度变化形成的气流。这种气流叫上升暖流。(顺便提一句,恶名远播的洛杉矶雾霾也是由这种温差导致的,当一层稳定的热空气覆盖在一层冷空气之上时就会造成这种情况。)上升暖流的发现表明,只要气候条件选择适当,滑翔的时间和距离完全能延长。1922年,汉诺威的两名前飞行员亨岑和马滕斯利用这一发现,轻而易举地打破了克勒姆佩雷尔的记录,他们驾驶的"吸血蝙蝠"号在高空飞翔了3小时6分钟。到了1923年,飞行时间几乎又翻了一番。

整个20年代,滑翔热席卷了德国。亚琛的名气因此而传遍四方。几乎所有的大城市和高等院校都建立了航空学会。柏林、汉堡和邻近城市的工业家都为滑翔运动提供资金。有一天,我和斯托克决定抓住时机办一家滑翔机公司。我们去找亚琛铁路车辆制造商、亚琛工学院主要资助者之一的乔治·塔尔伯特,跟他谈了创办公司的计划。我想,他一定以为我们两人大概是神经不大正常。不过,由于我是他家的好友,他也只好答应帮忙。后来,有一天,他对我说,把一张支票开给我们是在大学教授的经商能力上押赌注,这钱是输定了的。因此,他把这笔钱权当给亚琛的馈赠。

不久,亚琛工学院授予了他一个荣誉学位。我向他道贺,还忍不住送了他一句浮士德说过的话:"博士,与您同行不胜荣幸,而且收益丰厚。"

塔尔伯特除了提供资金,还拨出厂房供我们制造滑翔机。这样我们就开始干了。事实证明塔尔伯特的判断正确无误,投资教授们的生意必输无疑。我们只卖出了几架滑翔机,最后终于把本钱亏光了结。我也很快打消了想做工业家的念头。

1922年，欧洲局势迅速恶化。大战结束以来，法、德两国不断发生冲突。1923年1月，为了惩罚德国拖延偿付战争赔款，法国和比利时军队开进了鲁尔地区。

这次进驻波及亚琛的滑翔运动。法军司令断然拒绝让我们的滑翔机过境，而法占区又是我们去勒恩山区的必经之路。我们非常重视比赛的输赢，因此向法军提出了抗议，然而，法国人丝毫也不让步。这样，我又心情不安地驱车赶到科隆英军司令部去找英军司令面谈，我想他一定和法国人有联系。英军主管听了我申述后对放行有些犹豫不决。

"滑翔比赛可是纯体育活动，"我争辩说，"您不允许我们和其他大学进行比赛，这无异于禁止牛津大学和剑桥大学举行划船竞赛。我想，要是您作出这样一个决定的话，那么，整个英国准保要闹得天翻地覆。"

这番话好像对他有些触动，他笑笑说："好吧！要是走这条路，您什么时候到达英占区？"

"下星期天6点钟。"

"就这样吧，"英国军官回答说，"一到这里，马上向我报告。"

第二天，我们把滑翔机拆散装箱，放到两辆有篷的卡车上。卡车一到科隆，就向英军司令报告。他命令在每辆卡车车身上涂写了"英国陆军用品"标记，并为每辆卡车派了一名荷枪的士兵。我们装着违法的滑翔机，就这样顺利地通过了法占区。

滑翔体育比赛一直进行到1930年代初。这时候，纳粹分子已在考虑在战争中怎样利用滑翔机。我一直认为，协约国禁止德国的动力飞行是目光短浅的举动。他们恰恰刺激了他们本想要阻止发展的德国的航空。在体育活动中用滑翔机进行试验，推动了他们在空气动力学、飞机结构和气象学方面进行深入研究。比如，他们从空气动力学着眼，抛开了《凡尔赛和约》

限制的双翼和三翼飞机,而去研究如何提高长翼展单机翼的效率。翼展和弦长的比值叫"弦翼比"。滑翔机试验表明,弦翼比越大,机翼的飞行效率就越高。

然而,设计弦翼比很大的机翼,同时又要求机翼有足够的抗弯和抗扭强度是非常困难的。我记得,有一架按空气动力学原理设计的滑翔机,弦翼比约为25。这个比值显然太大了。尽管它飞起来很出色,我还是警告这架滑翔机的设计师说,它抗不了强风,翅膀会折断的。他听后耸耸肩膀,毫不理会。后来,在1922年夏季某一天,我看到那架滑翔机飞过勒恩山区。突然间,它失去控制,胡乱摇晃起来,结果机翼扭断,机毁人亡。这起事故是由一阵强风造成的。

1950年代,法国的于莱和勒布朗也搞了一架和上述滑翔机类似的、弦翼比极大的滑翔机在巴黎航空博览会上展出。由于我对勒恩山区那架滑翔机的悲剧记忆犹新,我便对于莱说,这架飞机恐怕有可能跟那架德国滑翔机一样折断机翼。这一次我估计错了:由于两位设计师深知困难所在,专门设计了加强拉索,预防机翼产生扭转,因此设计得很成功。有趣的是,美国最出名的U-2飞机的弦翼比也达到了这个极限数值。

德国滑翔机的结构设计不仅向我们展示了轻结构飞机最恰当的重量布置方法,而且提供了飞机振动的新情况。在气象学方面,滑翔机使我们明白了利用流经机翼的气流提高航速的途径。我们还发现,高空中隐藏着危险的湍流,从而开创了航空气象学研究。说来奇怪,第一次世界大战后,滑翔对航空发展的推动作用竟比动力飞行要大得多。

在第二次世界大战中,德国人进攻卢森堡、克里特岛和比利时的坚固要塞时都使用了滑翔机。其实,向边远地区运送部队,滑翔机还真是廉价而有效的交通工具。至于滑翔机用于军事的前景,我就说不上了。然而,在多风的勒恩高山上进行的滑翔比赛激励了整整一代人热衷于航空。那情景将永远留在我心里。

13　在亚琛执教

　　1921年，母亲和妹妹到亚琛来与我一起生活。让她们下决心离开布达佩斯可不容易，因为迁移到这里来，她们的思想感情得有个转变才能适应陌生的新环境。我们匈牙利人有句口头禅："只有变了心的人才会离开祖国。"

　　我们在荷兰靠近德国边境的一个友好的村庄法尔斯租了一幢大房子定居之后，一家人的思乡病才有所减轻。我们选择荷兰居住，一方面因为那里房租便宜，另一方面由于战后德国通货膨胀很厉害。对一个薪水微薄的德国教授来说，使用稳定的荷兰盾比使用波动很大的德国马克更有利。

　　法尔斯的那幢房子跟我父亲在布达佩斯的故居很相似。它有一间宽敞的会客室，一间藏书室和几间卧室。房间都很宽大、舒适，气氛和谐。后来我们还雇到一名匈牙利厨师，他简直是家里的宝贝。为了让我能摆脱出来潜心做研究工作，一切社交活动都由母亲和妹妹张罗。

　　每逢周末，家里敞门迎客，欢迎学生、助手和其他客人光临。母亲和妹妹照例为来客准备好现成的咖啡、蛋糕和果子酒。不久，我家就成了愉快的社交场所。客人们在这里用法语、意大利语、荷兰语和英语高谈阔论，发表各式各样的见解。酒足饭饱之后，客厅里仍旧充满着欢声笑语，直到最后一位来客告辞才安静下来。有一次我还听说，就连那些不懂欧洲语言的东方来客大体上也能领会谈论的内容。他们深为这种私人聚会的热烈气氛所感染，很快就觉得像在自己家里一样轻松随便。

这种超越国界的交往是如此融洽，以致有一天我妹妹提议要为各国科学家定期相聚做点事情。我觉得我们对这类国际性活动要比别人更敏感些。一方面由于我们是生活在荷兰和德国的匈牙利人，另一方面是父亲的影响，他经常教育我们要树立国际观点。然而，在1921年召开一个国际会议谈何容易。第一次世界大战后，德国科学家与英、法、美等国同行的交流渠道已完全中断。此外，当时法国科学院呼吁德国科学家公开表态：他们在大战中虽为德皇效劳，但始终反对德皇的政策。许多民族主义情绪强烈的德国科学家不仅不予理会，还发表了一个反声明：宣称自己效忠祖国和法国人忠于法兰西完全相同。这样一来又得罪了法国人。于是，被激怒的法国人进行报复，把德国人从一切国际会议上排挤出去。

尽管当时敌对情绪很大，我还是跟罗马大学的著名数学家图利奥·莱维－西维塔一起磋商了这个问题，并决定发起召开第一届国际力学会议。我们向法、英、美科学家发出请帖，邀请他们到奥地利因斯布鲁克来，和他们的夙敌德国人、奥地利人和匈牙利人一同出席这次会议。大会秘书费用由我和妹妹两人掏腰包支付。应该指出，我妹妹很擅长于张罗国际会议。她的外语才华受到了与会者的高度赞赏。她不仅能说一口流利的匈牙利语、德语、法语、英语和西班牙语，还能轻而易举地学会一些陌生的语言。我记得有一年我们在地中海航行。她和船上的土耳其水手竟然相处得很熟。尽管她以前从未听到过土耳其话，但没过多久，她就能同他们互相交谈了。

会期临近时我确实有些焦躁不安。会能开得好吗？与会者能和睦相处吗？后来的结果表明，这是杞人忧天。1922年召开的会议十分成功，会议充满了深厚的科学友情。荷兰的布格斯和蒂济、意大利的莱维－西维塔和克罗科、瑞典的沃森以及其他科学家出席了这次会议。他们出于交流本领域最新成就的共同愿望，超越国界团结起来了。面对此情此景，法国人终于也缓和下来。在我婉言相劝下,他们同意重新考虑原先的那种专横态度,并按高卢人杰出的逻辑得出结论说,过去的就算了,今后不再以那种态度来影响这类国际会议。

两年后,即1924年,在荷兰代尔夫特理工大学又召开了一次会议。全世界有200多位科学家出席,其中甚至有来自非洲和澳大利亚的科学家。这真正是一次名副其实的国际会议。全体代表都佩带了IMC徽章。IMC既是国际力学会议(International Mechanics Congress)的缩写,在好几种文字里又具有"愿意合作"的含意。正如一位代表所说的那样,德文IMC表示Ich muss cooperieren(我必须合作),英文IMC表示I must cooperate(我必须合作),法文IMC表示Isolation me coûera(隔绝会造成很大损失)。

1926年,在苏黎世举行了第3届国际应用力学会议。1946年后,如大家所知,它改名为"国际理论和应用力学联盟"。现今,按会章规定,学会每隔4年轮流在世界各国召开一次大会。会议不断为力学领域提供新见解,并大大充实了从造船到喷气推进等各种力学问题的知识。

亚琛的活动尽管很多,我还是样样都想参加。在众多的活动中,我感受最深、获益最多的莫过于教学活动了。我很喜爱教书,这一点大概是从父亲那里直接继承过来的。我父亲爱校胜过爱家。他喜爱青年学生,跟他们接触、培育他们成长使他感到莫大的欣慰。有一次他对我说,高中和大学比较,他宁愿教高中,教中学更能和学生直接接触。这就是他甘愿献身于中等教育事业的主要原因。

我也持同样的观点,因此,我在亚琛执教期间,比较偏重于个别接触,而且怀着浓厚的兴趣去启发跟我接触的每一个学生。在教室里上课,我经常扫视那一对对棕色、蓝色和绿色的大眼睛,从四周闪动的目光中搜寻偶然爆发出来的智慧的火花。要是有所发现,我就记住那个引起我注意的学生,课后找他谈谈,然后再邀请他到我家里来。

我也喜欢不事先通知突访实验室,去看看助手们解决问题的情况。有时，我也会去帮助一个感到灰心失望的学生。我觉得很多学生都希望跟我交往，他们不仅喜欢跟我讨论科学问题，也乐于谈谈家庭、恋爱和个人前途问题。

我还经常去啤酒馆，找些学生喝酒聊天。这种行为肯定使德国的学术统治阶层对我大感失望，因为在战后的德国，这种举动实属反常。这里的教授都远离学生，高高在上。我母亲很注重传统，因此也经常责备说，我这样有失身份。不过在我看来，先生和学生只是在事业和经验方面有所不同，社会地位并无高低之分。

我感到这种交往很容易触怒学校当局和那些傲慢的教授们，但却把那些反权威的永恒斗士——大学生——聚拢到我的身边来了。我一到啤酒馆，那里往往就会座无虚席，有时还会碰上让我破费的事情。记得有一次，这些大孩子们正在咖啡馆里看一个舞女跳肚皮舞。我一到那里，他们马上就围到我身边来讨论科学问题。我感到这种尊敬远远胜过几声欢呼。不过，为了把那个生气的舞女打发走，我却出了10马克小费。

我到亚琛头一年的某天，布达佩斯一个著名银行家带着他的17岁儿子约翰尼来找我。他提出一个不寻常的问题：要我劝说他儿子不要当数学家。他说："搞数学是发不了财的。"

我跟那孩子谈了一会，觉得他是个奇才。他尽管才17岁，就已经提出了各种无穷大概念进行研究。无穷大问题是抽象数学最深奥的问题之一。这时他正在搞一套新奇的理论。我觉得劝他放弃自己天生的爱好是可鄙的。与此同时，小时候父亲要我远远避开数学的往事迅速在我脑海里闪过。记不清我是否曾经为这事苦恼过，不过后来我还是走上了研究数学的道路。

根据约翰尼的情况，我建议他父亲同意儿子的要求，送他到苏黎世去攻读化工。这样，既能让这孩子学些数学，又可以为将来从事当时很吃香的化工行业做好准备。我还指出，工业革命需要更多的技术，在金属加工工业蒸蒸日上的匈牙利尤其如此。

银行家同意了我的看法，让约翰尼到苏黎世去读书。约翰尼毕业之后，又重返研究数学的道路上来，这对全世界来说可是件大好事。约翰·冯·诺伊曼[1]终于成了世界上最伟大的数学家之一。日后，他又继续从事引起各行各业发生革命性变化的数字计算机研制工作。爱德华·特勒[2]告诉我说，确定氢弹能否起爆的数学方程就是冯·诺伊曼推导出来的。

我在实验室和家里跟同学们接触毕竟有限。为了扩大交往，我决定每周搞一次非正式茶会与学生碰头。这样，我就有更多机会了解他们。我让他们把自己感到困惑不解的任何问题都带到茶会上来谈谈。开始时，有些同学感到腼腆，怕提的问题暴露出自己知识贫乏。不久，他们便发现这种集体"会诊"对解决问题大有好处。出席茶会纯属自愿，但我很少见到有学生缺席。

我和我的几个助手相处也确实有过一些麻烦，主要是因为他们总是不肯谈论有关研究、试验的具体细节。我问他们为什么这样，有个助手答道："怕自己的好主意被别人剽窃去。"这个回答简直使我大吃一惊，在亚琛的研究人员中有人抱这种想法大大出乎我的预料。我把他拉到一旁对他说："你为什么不尝试一下跟我们谈谈看呢？如果你这样办了，我想你会发觉自己的好主意更加充实。"

从此后他才敞开思想参加讨论。我敢肯定他在讨论中从别人那里获益匪浅。事实上，他后来也将自己的科研成就归功于在自由讨论中产生的想法。

我认为科学上是没有独占权的。今天，即使在政府和工业界加强保密的情况下，我仍然坚信让思想自由敞开为好。只有通过公开思想，才能促

---

[1] 冯·诺伊曼（1903—1957），美籍匈牙利数学家，世界上第一台电子计算机研制者。——译注
[2] 爱德华·特勒（1908—2003），美国核物理学家，出生于匈牙利，曾任华盛顿大学、加利福尼亚大学物理学教授，因对研制氢弹卓有贡献而被誉为美国"氢弹之父"。——译注

使创造性见解不断更新，才能对人类有所贡献。

我觉得自己从未认真练习过怎样当个教师，也从未研究过何种具体的技巧。一切都是自然而然的。但我在课堂里总是尽力进行思想交流，而不仅仅是讲课。我讲课有一条简明原则：任何一个问题的提出和解决，首先自己要了如指掌，其次再按中等水平学生能够理解的要求进行讲解。解释问题力求简明扼要，让不熟悉这个问题的人也完全能听懂。这种让别人清晰地理解自然规律的愿望，正是我教学的动力。对我来说，它比肉体的冲动更强烈。

每堂课我都要仔细准备；第一步总是先确定要讲的自然现象的物理模型，然后再介绍基本原理，如果有例外情况，就放在后面讲解。对表面上看来十分复杂的问题，我总力求用简单的数学式子表达出来，然后设法消去数学式中那些无关宏旨的细节，把问题转化为理想情况再进行探讨，以便将问题的实质突出地概括出来。我始终没有学会运用现代数学的新方法，到了晚年，我依然用这种追溯基本原理的老套套去解决现代的复杂问题。我看要是有人总结我的一生、给我写墓志铭的话，那么概括起来恐怕就是一句话："他一生寻求简单的解答。"我相信，仁慈的上帝也会赞许这一评价的。

我一旦明白了某一自然现象包含的基本原理，便不再自找麻烦去推导全部数学运算的细节，而是寻找一种能代替它的近似解法，以供需要作出明确判断的场合使用。

应该说，不是每个人都认为这是一种行之有效的方法。记得有一次讲气流颤动时，我在黑板上写了一个很长的方程式。方程中包含了形成颤动现象的所有因素。我先擦去比主要因素数量级较小、影响不大的那一项；接着又消去另外几项；最后，该方程只剩下了几项主要参数。这样，我就把方程的核心部分突出地表现出来了。有些日本留学生对这样做法颇感迷惑不解。后来他们说，我不可能是个大教授，因为我写方程式忽略的细节太多了。

有关教学方法还有一点值得提及：我热衷于寻求能够反映数学概念的具体形象。比如，拿涡流来说，描绘涡流运动的方程式非常复杂。既然涡流现象到处都有，为了便于理解，我启发学生把涡流和日常生活经验联系起来思考。我举洗澡为例："把浴缸塞子拔去放掉洗澡水，大家总见过吧，若先在塞子周围水面上洒些肥皂粉，然后把塞子拔掉让水流去。这时肥皂粉的运动速度就会加快。为什么靠近塞孔与远离塞孔的肥皂粉的运动速度大不相同呢？"

不言而喻，靠近塞孔的肥皂粉速度快，远离塞孔的肥皂粉速度慢。这个现象正是涡流运动的特性产生的。它是液体运动的固有特性，而固体运动的情况则截然相反。固体旋转时，离中心愈远，速度愈快；离中心愈近，速度愈慢。我认为一旦明确了这些要点，就可以进一步准确地描绘涡流的特性了。这样，学生先能够初步理解，然后再深入下去学习运用这些知识解决更复杂的问题。

我并不自诩这种讲授自然科学的方法是我的独创。不过，我觉得现在许多大学教授讲课往往会割断自然现象与日常生活的联系。

一个自然科学教师如果有一套得心应手的教学方法，他讲起课来必定富有人情味和幽默感。试问，还有别的什么方法比用两只猴子爬滑轮来解释惯性原理更形象化的呢？设想有一根绕过滑轮的绳索，两只猴子各抓住绳索的一头。如果一只猴子飞快地往上爬，另一只不愿出力的懒猴子也得被绳索拖上去。绳索上拉力的大小完全取决于第一只猴子向上爬的速度；如果它慢慢爬，它只克服自身重量。如果它爬得极快，那么，既要克服自身重量，又要克服系统的惯性。这时，不费力的那只猴子必然也被拖上去。

我常说，社会上像猴子爬绳的咄咄怪事也多得很。一个饱食终日无所用心的人，只要有个好关系，稳坐在那里就能步步高升。

14 容克和齐柏林

又到了狂欢节。亚琛到处是化装舞会;学校停课,师生都去跳舞了。大街小巷充满欢声笑语,全城洋溢着一派节日气氛,连我们的实验设备也都挂上了节日的彩色纸条。这真是皆大欢喜的日子啊。对我来说,这也是对工业家作节日拜访、为亚琛工学院争取发展资金的好机会。

当时,学校基金有好几个来源,渠道并不固定。有个关心技术教育的工业家团体资助一部分,战后成立的德国临时科技学会资助一部分,还有一部分来自柏林的运输部。运输部也资助1911年成立的德国航空研究所,该所后来发展为德国航空科学权威机构。

但随着亚琛的发展,我们需要更多的资助,而我很早就发现,在社交场合说服商人们投资有价值的项目比其他时候要更容易一些。

狂欢节进入高潮的那天,我到容克教授府上拜访。他既是学校资助人,以前又是学校的教授,因此很偏爱亚琛工学院。这时,他已经是德国最成功的制造商之一。容克仔细地听我谈了一番,并没马上开支票资助学校,而是提议让我当他的私人顾问。一开始,我因学校任务繁重有些犹豫,不过容克提的条件很有吸引力:每年只要我到他在哈兹山区德绍的大别墅去两次,每次一周时间,专门跟他讨论空气动力学问题。他付我两周的咨询费,这笔酬金相当于我半年的薪水。他还说,讨论的问题可能与亚琛工学院的进一步发展有关。条件优厚得令人难以拒绝,因此我便欣然接受。

此后，我在德绍和容克的多次接触中，对这位杰出人物有了更深的了解。在第一次世界大战前的交往中，我就看出他很有远见；眼下，在别墅里进行轻松自如的讨论中，我发现他还是个有充裕时间的企业家。安闲的企业家为数不多，我认为这是一个大忙人难能可贵的特点。在我熟识的企业家中，容克和意大利菲亚特汽车厂创办人、参议员阿格内利差不多。他们都坚信，一个精明的行政管理者用不着恪守上午9点到下午5点的上班时间。他必须抽空考虑和预测企业的未来发展。容克经常讲："事无巨细都由自己一手包办，这样虽然节省了开支，然而企业却可能沿着错误的方向发展，甚至导致破产。"

在讨论中，容克提出各种各样问题征求我的看法；其中有厚机翼的空气动力学性能问题和解决横越大西洋的航运问题。当时的许多设计师主张搞水上飞机，我却赞成搞陆上飞机。因为从空气动力学观点看，水上飞机既要涉及船舶设计，又要关系到飞机设计，比较起来，陆上飞机要简单得多。我认为设计步骤越简单，效果就越好。

取得 J-1 型飞机的专利权是容克的一件关键大事。J-1 是容克发明的无支柱悬臂翼单翼机。我和特雷夫茨对 J-1 进行过空气动力学计算。早在1915 年容克已经用这种飞机作了成功的飞行。尽管他多次申请，却一直没有获得专利权。专利局认为内桁梁无支柱机翼申请专利的两项内容不是什么独创。第一、鸟类飞行用的鸟翼也没有支柱；第二、法国设计师勒伐伐苏（我在巴黎时已认识他）设计的单翼机，机翼也没有用支柱。因此，专利审查官得出结论说，容克提出的专利申请没有什么新花样。

容克认为专利局的看法是荒唐的。我虽然和容克的观点相同，但一时却被专利局驳回的理由难倒了。后来，我提出从容克机翼结构的另一角度着眼考虑。我们不强调机翼的内桁梁无支柱结构，而是着重指出它是一根连续梁，而不是左右分开的两段。这根连续梁无需依靠机身，单独承受主要载荷（特别是发动机重量），抵抗强风及其他作用力。鸟翼和它不同，鸟的两个翅膀是分别和身体上发出飞行动力的肌肉相连的。作用力不可能从右边翅膀直接传到左边翅膀上去，必须通过身体上的肌肉才行。简而言之，如果你使鸟翼成为与它身体无关的一根连续梁结构，那它就绝不是一只鸟。至于勒伐伐苏先生1912年造的那架飞机，压根儿就没有试飞过。而且我们不费吹灰之力就证明了他的机翼结构原理和容克的连续梁完全是两码事；它的两翼都与机身有关联。德国专利局终于同意这个解释，批准了这项专利权申请。接着，许多国家，包括美国在内都承认了这项专利。从此以后，我在法庭上多次应付过对这项专利的挑战，而且都取得胜诉。

容克对我的这番努力非常感激。有一次他说，我以寥寥数语就向法官阐明了一项科学理论，确实很不容易。因为法院的那位专家是个学究，法官根本就不懂他说些什么。这些胜诉，使我在专利事务方面有了点名气。

然而，几年后我在一场专利官司中差点儿败北。那是我代表英国著名的汉德利·佩奇飞机公司，诉德国的恩斯特·汉克尔公司。佩奇公司控告汉克尔侵犯了它早期的一项最杰出的专利——在机翼上开一道特别设计的狭缝以防止飞机失速的方法。

这项专利纠纷要从第一次世界大战谈起。德国空军飞行员古斯塔夫·拉赫曼是我在亚琛工学院的学生，大战期间他一直在进行飞行训练。有一次，在训练飞行的关键时刻，他的飞机突然失速，接着就旋转直下坠毁了。他侥幸不死，从飞机残骸里爬了出来。在住院治疗期间，他一直思索着机身自旋的奥秘和防止失速的措施。后来，他终于想出了一个绝妙的方法：在机翼表面上开若干条狭缝。

拉赫曼出院后便设法向德国专利局申请专利。专利审查官们对机翼上开缝能增加升力感到大惑不解，因此拒绝了他的申请。其实，道理很简单，比如，当你用操纵杆使飞机陡升，机翼的冲角便发生变化。这样，水平飞行速度下降，机翼的升力就增加了。如果继续急升到某一极限，机翼表面上的气流方向改变，结果，机翼上产生了高压气流面，代替了低压气流面，空气动力学上称这种现象叫"气流分离"。实际上，它和我从前研究过的水流流经圆柱体后产生涡流的原理完全相同。当发生分离现象时，升力骤然减小，飞机就要失速了。

这种现象在自然界也经常见到。我访问康士坦斯湖时，喜欢在湖边散步，逗海鸥失速玩：你把放在手掌心里的面包伸出去，当一只海鸥飞扑下来啄食时，稍稍将手向后缩一下，海鸥便会突然减速；连来那么几下，又没有重新得到升力，那只海鸥便会笔直地栽上沙滩。可是鸟比飞机要灵活得多，它能扑打翅膀来避免失速，并重新获得升力。拉赫曼的飞机就没有这种应急办法了。但他直观地感到，不管冲角如何，机翼上的狭缝也许能消除高压气流。

拉赫曼到哥廷根大学去找普朗特，请他为自己的想法做风洞模型试验。普朗特笑笑说："嗳，年轻人，我们可以做这个试验，但试验费很高啊！值不值得花那么多钱做这个试验，我也说不上。"

拉赫曼毫不气馁，他想方设法凑足1 000马克后，坚持做了试验。试验结果表明，开缝模型比不开缝模型的升力增加了60%。这简直使哥廷根的人们瞠目结舌。专利局也信服了，拉赫曼终于取得了专利权。

这时候，英国第一家航空公司的创建人弗雷德里克·汉德利·佩奇[1]不约而同也提出了与拉赫曼专利大致相同的想法。这两人之间免不了要打一场专利权官司。而佩奇却以典型的英国外交手法，化干戈为玉帛，请拉赫曼到英国去。这样，拉赫曼于1929年加入了佩奇公司。现在，他担任佩奇公司研究部主任。

1926年前后，德国汉克尔飞机公司开始制造开缝的襟翼飞机，于是又起了一场专利之争。佩奇和拉赫曼认为汉克尔公司侵犯了他们的专利权，

---

[1] 弗雷德里克·汉德利·佩奇（1885—1962），英国飞机设计师，1915年设计世界上第一架双发动机轰炸机。——译注

要求照章付专利费。由于汉克尔公司拒付，这场官司只好到法院解决。我同意代表佩奇公司出庭作证，汉克尔公司请了阿尔伯特·贝茨教授跟我对抗。贝茨以前在哥廷根大学时是普朗特的助手，这时已经成为德国第一流的空气动力学专家。

贝茨的主要论点是：汉克尔公司的开缝襟翼在空气动力学上犹如双翼机的两个机翼叠合而成。它和佩奇公司的飞机不同；后者是只有一条翼缝的单翼，因此谈不上谁侵犯了谁的专利权。

这种辩解听上去似乎很有道理，我担心这件事有可能成为我经办的第一件败诉案子。正在这当口，我突然想到了前几年贝茨教授写的一篇阐述佩奇-拉赫曼机翼开缝原理的论文。于是我立刻就去查阅，贝茨在文章中写道："理解翼缝作用最简便的方法就是把它看作上下两翼紧紧叠合在一起的双翼。"

这番话是我的绝妙证据。我写了一篇诉讼事实摘要呈送高级法院，其中我引用了贝茨博士的上述言论。同时申述说，对方出庭作证的专家已经承认，他代表的那家公司的飞机，犹如一架上下翼紧紧叠合的双翼机。此外，他又说，这种结构从空气动力学观点看，相当于一个开缝的单翼。这难道还需要专家更多的证词吗？

这件案子到此结束。汉克尔先生提议不必请法庭判决，两家公司私下协商了结。

此后多年，我应聘担任过许多有关侵犯专利权事务的顾问。我很乐意受理这类诉讼事件，特别喜欢跟那些舞文弄墨、擅长诡辩的代理人对阵。我记得还有一件我代表佩奇公司诉美国柯蒂斯飞机与发动机公司（柯蒂斯-莱特飞机公司的前身）的专利案件。柯蒂斯公司未经佩奇公司同意就在西奥多·莱特（现任康奈尔飞机公司副总裁）设计的"唐纳雀"（Tanager）式飞机上采用了开缝机翼。"唐纳雀"式飞机在古根海姆安全飞行竞赛大会上名列第一，而佩奇公司的飞机却得了第二名。佩奇对这事大动肝火，不仅因为美国飞机击败了英国飞机,而且获胜的那架飞机还采用了他持有专利权的机翼。

接着,一场官司在美国法庭上打开了。在诉讼过程中,我既遭到攻击,又受到嘲笑。从法官向我发问的架势来看,仿佛我不是出庭作证的专家,而是在围栏后面的罪犯。

当然,不管盘问的口气多凶,我还得要法官把事情搞清楚。在一个关键要点上,那法官探身向前对我冷笑着说:"你自以为很能干么?"

我在德国法庭上从来没有受到过这种待遇。我认为这是一出地地道道的闹剧。但不管怎么说,我们还是获得了胜诉。

容克的专利纠纷以预料不到的方式时有发生。若干年之后,我移居到美国。有一天,亨利·福特请我到他在底特律的办公室去。这位汽车大王担心他刚投产的新型 3 发动机飞机会遭到容克的指控。当时福特刚打进飞机制造行业,不愿受讼事牵累。他要我谈谈他是否侵犯了容克的专利权。由于福特采用了瓦楞薄钢板制造机翼,因此我不得不如实奉告:他使用了容克握有专利权的内桁梁无支柱结构的机翼,我为维护这个专利已经打了不少官司。

"好吧!"福特斩钉截铁地说。"那么我们就把机翼做成平的。"

他伸手去拿电话,打算下达这个命令。当时他必定看到我大吃一惊的表情,于是突然停了下来对我说:"你认为做成平的就飞不起来吗?"

"哪里,"我回答说,"不过机翼肯定会折断。"

这时,福特才又回到原先的想法上来;决定为采用容克专利付专利费。

我经办的那些专利诉讼并非都那么痛痛快快解决的。有一桩涉及容克专利的纠纷就搞得我困窘不堪。通过这件事,我对人性这东西才有了点理解。事情发生于纳粹在德国掌权时期。容克因直言不讳反对希特勒主义,不久希特勒政府就接管了他在德绍的飞机工厂,并没收了他的家产。后来,纳粹当局发现有几家美国飞机制造商侵犯了容克的专利权。那时,德国迫切需要美元，希特勒就派了一个德国专家代表团到美国，去这些公司交涉摸底；试探试探能否在法庭外私下了结。

一个充当中间人的德国朋友来问我，肯不肯证明我以前的容克专利权证词仍然有效。这是个很棘手的问题。周围很多人都劝我不要代表纳粹出庭提供证词。就感情而言，我跟一切有正义感的人一样，痛恨纳粹党，也对它掠夺容克的企业深恶痛绝。可是，经过再三的分析，我不得不承认这不是个政治问题，而是个技术问题。因此，我最后决定提供证词，确认不少美国公司侵犯了容克的专利权。

我这样做不仅遭到许多美国飞机制造商的攻击，而且在加州理工学院也引起了一场风波。有人向老密立根[1]告状说，在学校需要美国工业界提供基金的关键时刻，我却在破坏学校和工业界的关系。密立根拒绝过问此事，并指出我有权对自己的信念发表意见。洛克希德飞机公司最近去世的总裁罗伯特·格罗斯也站出来袒护我，他宣称："如果卡门确认我们侵犯了一项专利权，我们照章赔款就是了，此事只涉及科学和事实，并非什么政治问题。"

他带头偿付了专利费，其他公司也这样办了。实际上付款不多，因为当时在军用飞机上采用容克专利的大多数飞机公司受到美国政府的法律保护。我觉得从心理学观点看，整个事态是够有趣的。现在，我依然认为对我提供证词深表不满的那些人不明事理。他们要我放弃一个科学家应有的实事求是和诚实的品质，让我闭着眼睛说瞎话，去提供对他们有利的证词。

在亚琛的那些年，我四处设法扩大风洞试验业务，除了容克之外，还和许多制造厂的实验室进行合作，其中要算与齐柏林公司的试验合同最有意思。这事由放弃搞滑翔机转任齐柏林公司研究部经理的克勒姆佩雷尔博

---

[1] 罗伯特·密立根（1868—1953），美国物理学家，因研究电子电荷及光电效应获1923年诺贝尔物理学奖。——译注

士撮合而成。有一天,他和公司老板卡尔·阿恩斯坦博士因咨询事务邀请我到临近瑞士的康斯坦斯湖畔腓特烈港的齐柏林飞艇制造厂参观。

这是 1924 年。第一次世界大战前,我和普朗特做过飞艇的风洞试验。后来时过境迁,情况有了很大变化。在大战期间齐柏林造的 120 艘飞艇主要用于袭击英国。战争初期,飞艇曾被认为是"威慑武器",不久,就被更机动、更可怕的飞机取代了。战后幸存的 6 艘飞艇统统被交给了协约国。因此,我一直没有认真考虑过和齐柏林公司合作的问题。最近风闻齐柏林要东山再起,转向横跨大西洋的运输业务。我估计,这次齐柏林公司邀请我去大概就是讨论这件事。

那年春天,我来到美丽的康斯坦斯湖畔,坐渡船到湖西的齐柏林工厂。这家工厂的厂史很曲折动人。创业者费迪南德·冯·齐柏林公爵是旧时的骑兵将领。他腰板硬朗,一把花白胡须,身经百战,在美国南北战争中参加过北军。他年轻时就对气球很入迷,矢志不渝。1890 年代,他从军界退休。后来,他听说有人发明了一种轻于空气的坚固飞艇,飞艇的气球装在骨架内能保持一定形状。他出于爱好,向发明者、南斯拉夫人大卫·施瓦茨买下了专利。当时德国军队采用冯·帕舍伐尔发明的半刚性飞艇。前已述及,帕舍伐尔想出了采用内燃机做气球的动力,使气球实现可控飞行,并将观察舱悬吊在飞艇下部。当时,有两家著名军火商,冯·格劳斯和贝斯纳生产半刚性飞艇,供波罗的海的德国海军使用。

冯·齐柏林想采用造在飞艇刚性外壳下部的艇舱取代半刚性飞艇的吊篮。最初飞艇外壳采用一组铝环和纵向长梁联结的结构。艇身外部用平整的蒙皮覆盖,壳体内安放许多气囊,每个气囊可单独充气放气。齐柏林工厂造的第一艘这种飞艇长 420 英尺,直径为 38 英尺,1900 年试飞。它就是 1909 年我和普朗特在哥廷根大学做过空气动力学性能试验的那种飞艇的前身。

在后续开发过程中,这位老公爵损失了 13 艘飞艇,不是起火燃烧,就是被暴风摧毁。当时，他已濒于破产绝境。尽管如此，他毫不动摇，坚信飞艇一定能行，并在1917年他去世前不久断言，人们不可能安全乘坐有翅膀的飞行器。

我到达康斯坦斯湖的时候，齐柏林企业的动力是雨果·埃肯纳博士，他驾驶的齐柏林飞艇终于完成了环球飞行，此举引起了世界各国对飞艇民用的重视。埃肯纳身材魁伟，留一撮山羊胡，脸上总挂着微笑，外貌酷似个无忧无虑的船长。他并非技术人员，但很有点组织和行政管理才干。从前，他当报纸特写记者。为了搜集某个故事题材，他拜访了齐柏林公爵。从此他们就相识了。

公爵要求他多报道齐柏林飞艇，他干得相当出色。比如，1908年，第一艘飞艇烧毁时，他直接向德国人民发出捐助呼吁，筹集了150万美元，用来再造一艘新飞艇，这在当时是很大一笔钱。当我到齐柏林工厂时，新飞艇刚开始制造。两年后，德莱格飞艇公司在欧洲开辟了几条旅游观光和商业运输的飞艇航线，由埃肯纳负责提供飞艇。后来，他又负责齐柏林工厂的生产组织和对外宣传工作。

第一次世界大战后，《凡尔赛和约》严禁德国建造飞艇。然而，1924年埃肯纳获准为美国建造一艘特制飞艇，用它抵偿部分战争赔款。我这次到那儿时，这艘飞艇正处于设计阶段。设计工程师们对横跨大西洋飞行感到忧虑：在飞行中如果艇身一出现仰角，那么强风极易将艇首向上抬起，这样气流就要滑经龙骨，可能把龙骨折断。埃肯纳和他的同事们请我的目的，就是计算艇首上翘时，气流对龙骨有多大作用力。以前从未有人研究过这个问题。

这类问题属于我的专业研究范围。纵然普朗特已经完成了环绕机翼的空气流动三维效应理论，但与外形像支大雪茄的齐柏林飞艇翘首飞行时的空气流动问题相比，前者还算是比较容易解决的。

我想出了一个运用给、排气流动原理来处理飞艇问题的方法：在给、排气流动中，设想有许多节点，这些节点的作用犹如给、排气阀门一样。将这些节点沿着直线排列，该直线相当于飞艇轴线。假设已知经过每一节点的进气流量和排气流量，那么便能够建立起一个数学模型。这个数学模型的气流进出效果，便与飞艇在大气中飞行的状态完全一样。这个方法以前在解决某些简单的空气动力学问题时已经运用过，不过，现在我已能用它来阐明如何解决飞艇倾斜飞行的问题。我将它发表在亚琛工学院学报上，后来成了航空学某些分支的有效运算工具。

计算资料和设计图纸于1924年秋全部完成。飞艇命名为"洛杉矶"号。那年10月，这艘宏伟壮观的飞艇飞离了康斯坦斯湖，4天后，飞行5 000英里到达了新泽西。我记得，当我看到飞艇在莱克赫斯特着陆的照片时，心里感到十分自豪。美国用"洛杉矶"号作为试验飞艇。这艘飞艇于1932年退役。那一年，也是我跟这种轻于空气的飞行器打交道的最后一年。此事容后再叙。

齐柏林公司不是我争取拉到亚琛工学院来的唯一公司。有几次，我力图让德国汽车工业对风洞试验感兴趣。我想借助空气动力学对汽车外形进行优化设计。在寻求支持的过程中，我还提倡设计流线型汽车。看到汽车外形愈来愈美观，我很高兴。不过，普通汽车在搞外形流线化上白费了不少力气。实质上流线型只对赛车有用，对普通汽车没有多大作用。我看无论过去还是现在，汽车工业应该在车厢内空气流动研究上多下些功夫。现在你驾驶汽车时，只要打开一扇窗，立刻会感到有一阵不舒适的风被抽进来。其实，这种情况倒是完全可以控制的。

经过多次努力后，我终于使德国运动名将、汽车制造商弗里茨·冯·奥佩尔对我的实验室关注起来。有一天，他派了一名公司代表到学校来看看试验设备。我因急于给他一个好印象，先派人在风洞内安装了一个漂亮的汽车模型，我对他说，当场他就能看到风洞试验。不幸,那模型没有固定牢。试验员一开进风，那个模型一下就被吹飞了，"哐当哐当"地落在了风室顶头。这显然不是汽车公司想要的效果,那个代表也一去不复返了。

尽管这事使生意没做成,但我和冯·奥佩尔私人关系却很好。我们经常探讨火箭。他对搞火箭汽车很有劲头,后来还造了一台试验样车。1928年,他驾驶这辆样车进行了几次试验,但没有试出什么名堂。他还搞了一台火箭滑翔机,在勒恩山区进行试飞时差点摔死,后来不得不放弃了这个项目。

第二次世界大战临近结束时,我在美国又见到了冯·奥佩尔,会面的环境极其微妙:我在帕萨迪纳接到联邦调查局一个电话,特工人员要我马上赶到迈阿密。去审问从波罗的海火箭基地佩内明德俘获的一名德国火箭专家。一到佛罗里达,我就匆匆赶到特工人员办公室,并仔细听取了审问要求。联络官提醒我说,审问时不要暴露自己的科学家身份,只是和他随便聊聊,让他觉得我只是一般审讯人员,然后再逐步提些科学问题套他回答,以便从中抓到一点他所掌握的机密情报线索。联络官只向我介绍了俘虏的详细情况,却没有把俘虏的姓名告诉我。

一切准备就绪后,我向审讯室走去,这时我心情不免有些紧张。那俘虏正背朝我坐在椅子上。我一跨进审讯室,他立刻转过身来;顷刻间他笑容满面。

"您好,教授先生,"他兴奋地说。"您一向可好?"

居然是冯·奥佩尔。

我从他嘴里没有挖出什么机密,这次审讯却成了一次愉快的老友重逢。

15　初访美国

到1926年时，亚琛工学院吸引了世界各地很多学生，但奇怪的是，邻国比利时却除外。当时德国有种说法：地理上比利时近在咫尺，政治上却远隔千里。这种状况反映了两国关系的紧张程度：第一次世界大战结束已经8年，敌对状态并没有消除。

我在亚琛时已觉察德国有了新动向。运输部新成立一个航空局，由现役军官阿道夫·鲍姆克博士负责。航空局虽是《凡尔赛和约》允许的民用机构，但协约国对它照样疑心重重。协约国的怀疑常使我很难从运输部领取学校的科研经费。为了摆脱这一困境，我、普朗特和鲍姆克磋商后决定成立一个由著名科学家组成的顾问委员会，以掩饰为政府搞航空研究。委员会在必要时向协约国呈送报告，阐明研究目的，让它相信亚琛工学院只搞科研，不搞军事项目。

我没有直接的证据可说1920年代初德国已暗中进行重新武装。但后来我听说，运输部出钱，用在柏林制造的零件在立陶宛装配军用飞机。我们还知道，从1922年到1926年，容克帮俄国建立了一个飞机制造厂。据说该厂向德国军用航空工业提供专业技术资料。

德国在演变过程中，国外有件事却决定了我的前途。1926年夏，我和母亲、妹妹在北海避暑胜地、比利时的韦斯滕德度假。有一天我接到一份由亚琛转来的电报："你可以乘哪班船尽快来此吗？"后面的署名是密立根。

罗伯特·密立根博士是美国著名物理学家,几年前我曾经在欧洲与他初会,知道他是帕萨迪纳加州理工学院院长。不过我对眼前这份电报感到奇怪:密立根找我干什么?10天后,物理学家保罗·索福斯·爱泼斯坦博士来信介绍了详情。爱泼斯坦是我的老友,我俩早在德国就相识,那时他是阿诺德·索末菲的助手。他在信上说,他的"老板"密立根博士要求我对加州理工学院建立空气动力学实验室提些建议。

　　后来我才明白来龙去脉。密立根在《帕萨迪纳明星报》上看到一条消息:纽约的慈善家丹尼尔·古根海姆向纽约大学、麻省理工学院和密歇根大学提供特别基金,资助航空工程的教学与科研。

　　于是密立根立即乘火车赶到纽约见古根海姆先生。他对那位金融家说,要是不将加州理工学院列入基金户头,可能是他一生中最大的失误。密立根慷慨陈词,阐明南加州发展航空工业具备天时地利,注定要成为美国未来的飞机制造中心。日后的事实果然不出密立根所料。古根海姆认认真真听了他的一席话,最后说:"好吧,我同意给加州理工学院基金,但有个条件:要从欧洲物色一位航空科学专家来建实验室。"接着密立根就找爱泼斯坦商量。我猜想,最初人选可能是普朗特,由于他来不了,他们才打定主意请我。

　　事也凑巧,当时日本驻柏林大使吉田海军上将又转给我一份邀请书,请我到日本去6个月,帮助日本最大的河西飞机公司搞一座大型空气动力学实验室。

　　母亲知道了这两处邀请后,不赞成我远行。她忧心忡忡地说,美国是个盗匪横行的国家,而日本几乎还没有开化。我自己决定接受美国邀请,但对日本之行有些犹豫。为了让母亲放心,又不直接拒绝日本人,我想出了一个主意。日本人答应每月付我1 500日元(合750美元)酬金,我要他们再增加一倍。我估计他们会觉得要价太高,这样我便可巧妙地脱身了。不料日本人竟一口答应,那我只好两个地方都去了。

我作了离开亚琛一年的安排。9月初到圣诞节在美国,1926—1927学年余下的时间在日本。我想,在这段时间欧洲大陆上不会有什么重大变化。

美国这段行程我决定带妹妹一起去。一是为了让母亲安心,因为她总喜欢要珮波照顾我;二是妹妹的外语和社交活动能力都比我强;三是有个美国通劝告过我,到美国去最好带上一名女宾。他说:"要是带上女宾,主人就不会像你单独一人来访那样,安排尽可能多的活动把你累个半死。"不用说,妹妹当然很高兴陪我到美国去。

我们到达纽约后,在码头上迎接我们的是一位退休海军军官、丹尼尔·古根海姆的私人代表康尼。珮波开玩笑说,古根海姆先生大概派他来查看查看我们是不是够资格一起匆匆吃顿便餐,或者共度一个周末。我想,这位退休海军军官大概对我们的印象不错,因为他接着说,古根海姆先生请我们到长岛华盛顿港他的府上去度周末。

这是我生平第一次跨进美国富翁的大门。他家那种豪华气派确实令我吃惊。房屋外貌近看颇像欧洲大陆的一座艺术宫殿:巨大的石结构、厚实的大门和面向花园的落地钢窗;屋里的摆设、家具、艺术品以至横梁和房门都是从法国17世纪的城堡里搞来的。但古根海姆先生也总算隐秘地向时代作了一点让步,在一件古老家具内藏了一台无线电收音机。那时候,收音机并不是很常见,尤其是被巧妙隐藏在17世纪古董里的。

有关古根海姆家族本身及其在美国社会生活中的影响,我也只是略有所知。铜矿巨头西蒙·古根海姆是古根海姆王朝的创立者,丹尼尔·古根海姆是这个王朝的第2代。第一次世界大战后,丹尼尔·古根海姆开始对航空产生兴趣,主要因为他儿子哈里是一名海军飞行员。他创立的古根海姆航空促进基金不仅为开辟美国第一条航线计划提供资金,还资助吉米·杜立德的第一次"仪表飞行(盲飞)"试验和查尔斯·林德伯格的环美飞行。1927年,林德伯格完成了横跨大西洋直达巴黎的历史性飞行后,正打算进行一次环绕美国一周的连续飞行。

后来,我跟哈里·古根海姆结成了好友。一次,他在谈到家族时说:"我祖父管家时,不管哪一个家庭成员,如果他挣不到一大笔财产,就被认为没出息。到了我父亲这一辈,不能扩大家族财产的那个人,也被看作没出息。到了我这一辈就专管花钱了。他们对我唯一的期望就是,钱要花得高尚而有意义。"

我认为哈里没有辜负家族的期望。除了其他事务,他还掌管丹尼尔和弗洛伦斯·古根海姆基金会,不断为航空科研提供基金。

长岛的周末过得非常愉快。丹尼尔·古根海姆是位懂科学的行家,又很有幽默感。记得在一次交谈中他问我,为了发展美国航空事业,基金会除了建立航空实验室和提供研究经费外,还应该办些什么事情。我建议他出资搞一套供青年科学家使用的手册。我还随口提到,欧洲的科学家能不拘形式地在咖啡馆里聚会讨论科学问题,这对科学大有促进。而美国却没有这种传统,我认为在这方面当然是吃亏的。

古根海姆先生回答说,他愿意出钱搞一套手册,接着又笑笑说:"即使为了科学,我也不愿去开咖啡馆。"这次交谈后,1934年就出版了一套6卷的《空气动力学理论》,由威廉·杜兰德主编。这是最早的一套空气动力学百科全书。直到现在,它仍然是一套有权威性的实用参考书。

这次赴美我与古根海姆基金会有关的任务是双重的:我计划以加州理工学院航空实验室设计顾问的身份在帕萨迪纳待几个星期,余下时间到大学和航空研究机构(包括美国航空顾问委员会和美国空军)去讲学。

9月底我到了加州理工学院。不久,我对这所名牌大学的校史就有了一点了解。加州理工原名施罗普工学院,是宗教改革家施罗普牧师创办的。他在加州从事不动产投机生意积攒了几百万美元后,决心办一所学校。当初他有两个想法:办一所培养教会牧师的神学院或者办一所工学院。有一次我对密立根说,幸亏施罗普牧师选择了后一个方案,要不然,我和他就成不了加州理工的同事了。

著名天文学家、帕萨迪纳附近威尔逊山天文台台长乔治·埃勒里·海耳是加州理工学院的创建者之一。他很早就考虑到，要把学校办成美国的第一流大学，非得请许多科学权威来任教不可。1919年，他把帮助兴办麻省理工学院的著名化学家阿瑟·诺伊斯博士请来担任化学系主任。1922年，他又从密歇根大学把密立根挖到加州理工学院来筹建物理系。密立根本人就是诺贝尔奖获得者。

密立根是加州理工学院的大红人。他以油滴实验在科学界闻名，这个实验证明了电子是电的基本单位。有趣的是，维也纳大学的菲利克斯·艾伦哈夫特几乎在同一时间，采用类似方法进行了实验，实验结果却与密立根的截然相反。

艾伦哈夫特跟我谈过，他由于缺少勇气，不像密立根那样大胆修正测定的数据，因而失去了获得诺贝尔奖的机会。我说，这一点我非常理解。密立根的父亲是部长，他从他父亲那里继承来的坚定信念，是自然界完全受数学法则支配；而艾伦哈夫特的父亲是医生，当医生的天生好疑，这使他的儿子倾向于认为自然现象是杂乱无章的。

1922年，密立根担任了加州理工学院院长（校名是1920年改的）。他坚守海耳确立的原则，不急于搞一个覆盖所有领域的完整的组织框架，然后把空缺一个一个填满；若请不到能人，他宁愿宁缺毋滥。他主张以愿意培养青年人才的杰出人物为中心来建系，专门在能请到最杰出人才的学科上下功夫。

密立根成了为加州理工学院罗致人才的魔笛手。他从欧洲请来著名物理学家H. A. 洛伦兹博士，他的基础研究工作助力阿尔伯特·爱因斯坦发现相对论；他请来了数学物理学家保罗·索福斯·爱泼斯坦；又从剑桥大学把乔治·达尔文请到学校来工作一年。乔治·达尔文是发现进化论的科学大师达尔文的儿子，他在自己的专业领域里也是个权威。密立根还从德国把当代世界两位伟大的物理学家索末菲和爱因斯坦请到加州理工学院来。

1926年，加州理工学院对航空学并没有多大兴趣。那时，与航空学最接近的教授职务由一位腼腆、细心的英国人哈里·贝特曼博士担任。他来自剑桥大学，是研究流体力学的应用数学家。此人学识广博，但没有多大成就，不过我非常喜欢他。

另外，还有一位教实用飞机设计的讲师名叫艾伯特·梅里尔。他不大重视数学，更像个发明家。多年来，他一直为利用整个机翼转动取代襟翼来控制飞行的研究项目争取资金。他的方案虽然结构简单，但很难实现，始终没有搞成功。奇怪的是，贝特曼和梅里尔虽是同行，却毫无共同语言。他俩一个是讲求实际的发明家，一个是崇尚理论的数学家，两人的观点分歧很大，从来不在一起谈航空问题。在他们身上，我看到了1920年代美国科学上的门户之见。后来，这个问题反而推动我去搞数学和工程相结合的工作了。我在美国的事业都和这项工作密切有关。

我来以前，1926年，已经有两个青年科学家开始搞航空实验室规划，主要就是建造风洞（后来这台风洞对美国航空发展起了重大作用）。一个是密立根博士的儿子克拉克，他以前是耶鲁大学的学生，在贝特曼指导下他已完成了博士学位论文。另一个是阿瑟·克莱因，由于他在学生军训组织中有个头衔，因此在学校大家都管他叫"少校"。克莱因也取得了麻省理工学院物理学博士学位。此人记忆技术数据的本领、在设计和做试验方面的能力给我留下了深刻的印象。

我跟他们见面时，风洞的初步设计已经搞好了。它以英国风洞为基础，模仿了埃菲尔型风洞结构。埃菲尔是法国伟大的空气动力学家，举世闻名的巴黎铁塔就以他的名字命名。那时候，埃菲尔风洞是最出名的高效风洞（所谓风洞效率就是冲击实验模型的气流能量和驱动风洞断面的气流总能量之比）。埃菲尔风洞的这个比值（或叫能量指数）为3∶1。

当时莫斯科中央航空研究院刚宣布，他们成功地制造了一台能量指数达到5∶1—6∶1的新风洞，因此我不禁对能量指数关心起来。西欧科学家普遍认为那不过是莫斯科的宣传而已，效率不可能达到那么高。少数几个空气动力学家和我的观点一样，不同意上述占压倒优势的看法。我则认为，只要设计得当，就能达到高能量指数。

为了证明我的观点，我首先要说服小密立根和克莱因放弃埃菲尔型风洞方案，另搞一台结构与普朗特设计的哥廷根大学的风洞和我设计的亚琛工学院的风洞类似，再作些改进。这种风洞叫"循环型"风洞，是一种空气在风道内保持闭路循环的系统，它不受外界空气变化的影响。我到帕萨迪纳后，立刻在给密立根的信封背面上作些计算，又画了几张示意图。最后我指出，由于加州理工学院能够采用尺寸比亚琛大的风洞，因此能量指数起码能达到4∶1。我估计，要是设计精确，也许会更高些。要做到这一点，等于向苏联人表明，资本主义国家的风洞也能达到很高的能量指数。

然而，我的方案遭到了强烈反对。比如，克莱因博士就不同意把驱动螺旋桨的封闭型电动机安装在风道中间位置。他争论说，那样安装无法维修。他主张把电动机装在风洞外面，我要让电动机尽量靠近螺旋桨，以便取消长传动轴和附加轴承。后来，他终于同意将电动机装在风洞内部。我想，大概因为我是首席顾问，罗伯特·密立根博士又支持我的意见，他才勉强从命。

有趣的是，这台电动机在风洞里稳定运转了30年后才更换了一次。我提这一点并非标榜自己比别人高明，而只是说明过分讲究实际的工程师常常会想出一些不切实际的办法。事实上，他们所担心的情况并没有出现。我记得当初电冰箱刚发明时也有过类似的情况。一些讲究实际的工程师断言，把一台需要润滑的电动机装在密闭的箱体里肯定不行，电冰箱销路因而大受影响。

在这种情况下，爱因斯坦居然也开动杰出的大脑去研究无润滑电冰箱。后来，他还真想出了一种利用离子作用原理进行工作的电冰箱，而且取得了专利权。爱因斯坦夫人指望丈夫因此能发一笔大财,结果却一无所获。今天,成千上万台电冰箱的电动机都装在隔层里长期运转,不必加油,根本不存在润滑问题。我想,这一点也能说明,大人物有时也会作出错误判断。

三层楼的新实验室里要不要装电梯,我和"少校"也有分歧。"少校"认为只要有通到三楼的扶梯和一根消防人员使用的铜滑杆就够了。受德国古老学院的传统观念影响,我竭力反对使用滑杆。让一个大学教授从滑杆上滑进实验室,我认为不免有失体统。然而,电梯之争我输了。后来我下楼只得走楼梯,而我的同事们则都一个一个敏捷地从滑杆上滑下来。

这台风洞于1930年完成。第一次试车就令人大为振奋——能量比达到5.6∶1,和苏联人宣布的比值差不多。这个结果使许多科学家大为吃惊。美国国家航空咨询委员会主席乔治·刘易斯博士甚至立刻派空气动力学家伊斯曼·雅各布斯赶到帕萨迪纳了解取得这一高比值的详情。

1926年10月,新建航空实验室的初步计划完成后,我就去执行第二项任务:到美国一些大学和研究部门讲学。在东行的路上,我和珮波都想观赏观赏美国风光。

我们在亚利桑那稍作停留,游览了大峡谷。那里的景色使我们惊叹不已。那天,面对这大自然的杰作,我百思不解。为什么美国竟有如此巨大的奇观?为什么大峡谷、世界树王甚至世界上最大的陨石坑都在美国?毫无疑问,这谁也说不清楚。不过我觉得这些东西极大地影响了美国人的生活方式。有一次,一个美国教授到亚琛来看我。我陪他参观了旧城区,又带他到哥廷根去逛了一圈。后来他谈到此行观感时说:"现在我才搞清楚为什么欧洲人头脑那样狭隘。一个人生活在这么狭窄的街道里,根本不可能有远见卓识。"

碰巧他是衣阿华大学的教授,于是我忍不住说道:"您的看法也许有道理。衣阿华州有大片空旷的土地,要是您坚信地理环境能影响人的思想,那么,大片空旷土地也能说明某些美国人的智力特点了。"

15 初访美国

离开亚利桑那后的3周中,我参观了许多大学,包括古根海姆基金会资助的密歇根大学、纽约大学和麻省理工学院。前两个大学欧洲籍教授之多大大出乎我意料。密歇根大学航空学教授是一个名叫巴甫洛夫斯基的波兰人,他毕业于巴黎。纽约大学航空系主任亚历山大·克莱明毕业于英国。他是从伦敦东区移居到这里来的。这两个人对培养美国年青一代航空工程师都作出了重大贡献。

两个截然不同的原因使我对麻省理工学院之行久久不能忘怀。我于11月第3周的星期一到了坎布里奇。一到那里,著名的航空工程师、航空系代主任查尔斯·休·查特菲尔德教授就给我一份一周活动日程表:星期一,向学生讲学。星期二,学术讨论会。星期三,向毕业班学生讲学。星期四,出席感恩节晚宴。那时,我对美国生活方式一无所知,以为那是学校为我安排的欢迎晚宴,客人们在宴会上会向我说些承蒙帮助、不胜感激之类的恭维话,这样,我当然会感到很得意。星期三我到理发店去为第二天的欢迎宴会美容一番。幸亏理发师的指点,我才明白美国的感恩节是怎么回事,避免了出洋相。

第二件事更有意思。我讲学结束后,有个航空系学生走到我跟前自我介绍说,他叫弗兰克·华敦德,对我研究空气动力学的方法很感兴趣。他还谈到,在美国学习空气动力学基础理论的机会极少,请我介绍一个外国学校让他去完成他的硕士论文。我推荐哥廷根大学或亚琛工学院;并对他说,亚琛工学院已经有很多国家的留学生,但至今还没有一个美国学生,来个美国学生大家一定会很高兴。交谈之后,华敦德就去找航空系主任说:"我已经找到了一位硕士论文导师。"接着就说出了我的名字。当时,他只是随便说说而已,因为他的要求是很难兑现的。不料系主任竟非常热心,不仅成全他到亚琛完成硕士论文的心愿,还同意麻省理工学院承认这个学位。1927年,华敦德和他母亲一同来到亚琛。从那时起,我一直把他当作我的家庭成员。我们合作研究了许多课题,他始终是我最亲密的同事。

现在他是北约航空研究和发展顾问团主任[1]。

离开麻省理工学院,我就到华盛顿特区向美国国家航空咨询委员会和美国空军的同行们做了几场学术报告。在那里我见到了埃尔默·斯佩里[2],艾伯特·扎姆博士等航空界老前辈。斯佩里被公认为陀螺装置领域颇有建树的发明家和杰出的工程师。扎姆在国会图书馆任职。他在那里创立的航空学部是美国汇编文件资料和研究航空历史最重要的部门。他本人掌握了巨量信息,知识面广,就像一部百科全书。我就是喜欢这种对偏僻问题也能对答如流的人。

在俄亥俄州代顿会见奥维尔·莱特是我第二项任务中的高潮。他邀请我到工程师俱乐部共进午餐,后来又陪我参观他的私人实验室。尽管他已经名闻世界,但仍然是一个诚恳而谦逊的人。我早就听说,莱特兄弟的那架飞机是他们在代顿的一个自行车修理铺里造的。他们的首次飞行纯粹是实际试探法的一次伟大胜利。我发现奥维尔·莱特对空气动力学基础理论非常熟,这确实是件令人惊异的趣事。他告诉我,在基蒂霍克进行的那次历史性飞行之前,他们兄弟俩用自己小小的风洞对各种机翼外形的相对优点进行过 2 000 小时左右的研究试验。

后来,莱特基地的两位航空界老前辈,弗兰克·克拉德威尔和以利沙·法尔斯领我观看了他们为研究螺旋桨叶片运动建造的第一台高速风洞。那台风洞规模不大,却能产生时速 450 英里的气流。它代表了对促进喷气时代的到来起了关键作用的跨音速和超音速风洞发展的开端。

圣诞节到了。我先送珮波到纽约。她从那里上船,可以顺路去法国的科特达祖尔游玩,然后再返回亚琛。我坐火车到旧金山,从那儿出发去日本。

---

1 自 1963 年起任副主席。——原注
2 埃尔默·斯佩里(1860—1930),美国发明家和工业家,其发明涉及多种行业,以发明陀螺罗盘和陀螺稳定器闻名,一生创建 8 家制造公司,获专利 400 多项。——译注

16　日本

到了旧金山，我生平第一次接触美国新闻界。在火车站，有个新闻记者问我到美国来干什么。我回答说："参观实验室。"

大概我说话的匈牙利腔太重，不容易听清楚；我向记者的笔记本瞟了一眼，发现那上面记着"参观厕所"。我急忙解释说，厕所，我当然非去不可，不过它不是我到美国来的主要目的。

此后多年，我非常荣幸地得到媒体一些精彩的报道。最近，一家法国报纸刊登了一幅我跟一位苏联空间生物学家握手的照片。标题是："两位著名的生物学家会面。"有一次，西班牙一家报纸称我是"电子魔术师"。而美国有一家报纸认定我就是荷兰的范·德·卡门。1938年我访问布达佩斯时，那里的报纸刊载的一条新闻我珍藏了多年。那条新闻说："布达佩斯杰出的数学家西奥多·冯·卡门目前在加利福尼亚为日本海军工作。"那天，美国大使馆里显然没有人看过匈牙利报纸，不然，美国安保机构就该受训斥了。

日本与美国的接待方式不一样。美国是分秒必争。我一到那里，密立根博士和丹尼尔·古根海姆的私人代表康尼上将立刻跟我一起坐下来拟定好一份活动计划，一切都安排得井井有条。

1927年我到达横滨时，河西机器制造公司的主人对我的活动安排就完全不同了。他们说，经过长途航行我一定很疲劳。他们已经在东京附近山区的疗养胜地宝塚为我预定了一间套房。接着就躬身微笑说请我先休息十天八天的。休息好了再来议事。

这样安排当然非常舒服。我想，这回我可有空闲来领略领略日本人具有异国情调的生活方式了。日本人的生活方式我在欧洲早就听说过，但一到宝塚我不禁大为失望。原来主人为了让我高兴，在一家欧式旅馆里为我订了一间套房。

那天晚上我决定去探寻一下典型的日本生活方式究竟是什么样的。我踏进我见到的第一家日本餐馆。两三个穿和服的姑娘立即跑过来拽住我的双臂。我吃了一惊，但心中还是蛮欢喜的。各种可能发生的美事涌现脑海，可马上我就发现我对美国人的生活方式知之甚少，对日本人的生活方式了解得更少。这些叽叽喳喳的姑娘只不过是想帮我把鞋子脱了。最后我缴械投降，被引入一个房间，里面有一张低矮的餐桌，还有几个靠垫。我努力盘腿坐了下来，拉了个靠垫让自己坐得舒服一些，可是接下来我打算点餐时却发现点不了，因为那里没有人会讲英语或德语，更别说匈牙利语了。

一番徒劳的比画之后，经理最后找来了一个略微会说一点英语的人，终于让他们明白了我的意思。我没想到我这次小小的历险居然还有新闻价值。第二天早上我打开报纸，在第2版上看到了我的一幅照片，还有一篇文章，说德国航空学专家试图粗鲁地穿着鞋子闯入一家日本餐馆。

我在宝塚悠闲自在地休息了10天。第11天，河西公司来人用汽车把我送到在神户的工厂。参观之后他们才和我详谈工作。一是替河西公司飞机分部的研究机构设计一台风洞，二是向分部工程师介绍空气动力学最新发展动态。我心里有数，表面上我按照河西公司的合同办事，实质上，整个活动的后台是日本海军。

后来在交谈中我逐渐对河西公司有所了解。它野心勃勃，企图使日本成为世界空军强国。照当时的实际情况看，他们还存在很大一段差距。那时，海军虽然已经与河西公司合作，但整个军界和工业界还没有结合起来。因此，日本工业界进行航空研究的动力还不足。然而，类似河西的一批老谋深算的工业家却对欧美航空发展非常关注。河西本人很有眼力，又具有自由主义政治倾向，深知研究工作的重要性。日本唯一的私人航空研究实验室就在他手里。

我同意为他们搞一台风洞，结构跟亚琛工学院的那个相似，但我指出，需要有其他专家协助才行。由于日本没有熟悉这门技术的专家，公司同意请我在亚琛的助手埃立希·凯泽来协助工作。后来，凯泽成了建造这台风洞的主角。他很迷恋东方，我走后他继续留在那里。后来，他到中国去开了一家工厂，又娶了一个中国姑娘。中国共产党取得全国政权后，他又迁到东京，直到现在仍在那里定居。

把1920年代日本的技术状况和第二次世界大战后突飞猛进的日本技术对比一下是很有意思的。那时候，日本工程技术人员擅长模仿，缺少创造性。实际上，他们的主导思想就是抄袭外国技术。记得有一次，我准备开喷气推进讲座时发生过这样一件事：当时，喷气推进是超越时代的课题，欧洲的工程技术人员已经开始探讨它了。为了表演喷气推进原理，我采用一台小车和一只压缩空气钢瓶做示范。当空气从钢瓶中喷出时，反冲力就会推动小车前进。不料钢瓶的阀门喷嘴方向正巧和车架垂直。这样，放气时空气是垂直向下喷的。因此，阀门上需要装一个直角弯头，把喷气导向水平方向。我按照需要画了一张草图，用两条粗线表示要钻两个互相垂直的孔，构成空气从钢瓶中放出来的通道。然后我把草图给了车间里的一个工程师。

幸好我有先见之明，在讲课之前先试试这个设备。我转动阀门后毫无动静；再拧动几下，小车还是不动。毛病很快就查出来：原来那位工程师没有叫工人把两个孔互相钻通，因此，阀门根本就放不出气来。我不禁有些恼火，责问他为什么不把两个孔互相钻通。他气冲冲地回答说，他是严格按照图纸加工的。这话一点不错；日本人对零件上每毫米长度都照抄不误，至于这些尺寸有什么用途他们就不管了。

从此以后，我觉得向河西公司工程师讲课需要多强调基本功训练。基本功虽然很简单，但却具有重要价值。我坚信，只有这样，日本的工程师才可望养成独立解决问题的习惯[1]。

当时的日本社会制度和旧传统是科学发展道路上的另一块绊脚石。日本人过分讲究礼节，缺乏灵活性，这对科学进步起了阻碍作用。有一次，我到德川公爵府上拜访。德川是家财万贯的海军军官，门第之高仅次于天皇。日本上层阶级普遍认为科学只是一种爱好，根本不是什么正经严肃的事业。德川公爵正是这种不幸看法的典型代表。他的花园里有一个专做船模试验的水池。就在那个水池里，他向我表演船模试验。他的试验程序在我们欧洲人看来实在离奇：试验前公爵先发命令。接着，公爵夫人走了进来，身后跟着3个仆人，其中一个手里捧着试验船模。他一看到公爵的手势，就把船模交给公爵夫人，夫人再把船模送到公爵手里。然后，公爵再把它交给另一个仆人。最后，船模才由这个仆人放下水池，开动马达，使水流动起来。到了这时候，公爵才命令对他要求的数据进行测量。

用这种方法到底能不能获得重大发现我不大清楚。不过从表面上看，这跟我在哥廷根做类似试验的气氛却大不相同。

日本建造第一个风洞花了一年多时间，于1928年竣工。这个风洞标志着日本现代航空工业的新起点。正是那一年，河西开办了一家独立的飞机制造公司。谈到这些往事，我心里依然感到有些不安。第二次世界大战期间，河西公司成了为日本海军制造转塔炮台、水上飞机和战斗机的主要生产部门。仿佛我撒的种子已经开花结果似的，河西飞机公司的技术人员

---

[1] 日本以抄袭别国的设计闻名，许多外国人都断言日本成不了第一流空中强国。在第二次世界大战中，日本性能优良的零式战斗机投入使用后，世界各国大为震惊。它表明日本人已不再生搬硬套抄袭，而吸取精华为己所用了。我在日本的时候曾经敦促过他们加强基本功训练。我认为，这才是他们的正确途径。现在我也不得不承认，模仿有时也会出优秀成果。——原注

还创造了不少帮助他们获得成功的出色的创新工程技术。

此外,还有一件事我既不想沾光,也不愿受指责。将金属螺旋桨介绍到日本去的也是我。住友飞机公司请我设计一种轻型高效螺旋桨,用以代替容易受潮的木质螺旋桨。我提议采用杜拉铝制造的里德式螺旋桨。那时这种螺旋桨很新颖,美国的吉米·杜立德靠它夺取了1925年飞行竞赛的施耐德奖杯,从而为发明者、美国人艾伯特·里德赢得了许多荣誉和奖赏。为了改善这种螺旋桨的空气动力性能,我还提出采用扭转成型工艺取代压制法加工螺旋桨。1928年,住友公司(后来成了日本最大的飞机制造厂)采纳了我的意见,搞出整套螺旋桨制造工艺后就开始制造铝合金螺旋桨,从而对日本航空工业的迅速发展起了关键作用。

1927年初,我离开神户返回德国,留下凯泽负责河西公司的风洞。在船上我遇见一位德里的印度科学家。他对我说,甘地将在加尔各答上船去孟买,为印度抵制英国货大量涌入而引发烧毁英国布匹一事上英国法院打官司。我知道甘地在他的信徒心目中是圣雄。我生平最爱见见大人物,于是就问能不能见见他。

我的朋友说也许能行。轮船离开加尔各答几天后,他带我到三等舱去看望甘地。甘地身缠腰布,盘膝坐在地板上;周围是一批信徒。经我的朋友说明来意后,我和甘地谈论了许多问题,谈得最多的是关于新印度的崛起。我们交谈得十分愉快。然而,我对印度人崇拜这位伟人的原因并没有弄清楚。实际上,甘地认为印度不需要工业化,也用不着技术。

曾有一刻,甘地对我说,印度人不应该买英国货,可用手摇纺车纺织自己穿的布料。

我问:"在价格上您怎么敌得过机器大量生产的产品呢?"

甘地回答说:"印度人要是不愿买自己的产品,就不值得活下去。"

我觉得这种看法并不明智。我之所以提到此事,是因为它反映了这位圣雄对自己事业强烈的信念。从谈话中听得出他反对科学,反对机械,是一位正统的原始主义者。我不赞成这种观点。我认为,向后看是不会促进文明发展的。

当我从亚洲和美洲返回德国时,多多少少觉得自己起了点传道士作用。我不敢自夸传播了航空事业,但觉得这门科学正在东方兴起,而我已经为此出过一把力。我坚信,航空将和天文学一样跨越国界,密切各民族之间的联系。不言而喻,要达到这一步还需要做大量工作。

17　湍流

回到亚琛后，我很快意识到自己已经跨入一个对航空有深远影响的研究领域。研究项目与空气的湍流运动密切有关。湍流是引起飞机减速和颠簸的一种自然现象。它是1920年代设计高速、高效飞机的一大障碍。

湍流过去是、现在仍然是科学上的未解之谜，连当时的一些科学权威都对湍流感到莫名其妙。1920年代德国著名物理学家阿诺德·索末菲有一次对我说，他盼望在有生之年能弄明白两个自然现象——量子力学和湍流。我看他去世前对开辟现代物理学发展道路的量子力学多少已有所了解，而对湍流的认识却依然如故。

在自然界中，无论在大气里还是在水里，湍流运动比空气动力学家称为层流的平稳、规则运动更为常见。人们到处都可以看到湍流，甚至在穿过星系的星际气体里也有。因此，科学家急于想知道湍流形成的原因，预测湍流运动的特性，这是完全可以理解的。很多早期的发现为层流转变成湍流问题提供了不少线索。下述现象是其中最令人惊奇的一大发现：无论在强风中飞行或是在空气湍流中飞行，飞机机翼四周薄薄的一层边界空气始终处于层流运动状态。在这一层层流外就是大量的空气湍流了。边界层内虽然也有少量湍流，但实际影响很小。这个发现不仅给风洞技术带来了革命性变化，还大大提高了飞机设计的水平。如何控制这一层空气令我为之着迷了一辈子。

此外，这一发现还鼓舞了空气动力学家，使他们坚信，湍流归根结底可能还是按某种数学规律运动的。当时，普朗特和他的助手正在哥廷根大学研究这个问题，我也在亚琛进行探索。1924年，我在代尔夫特国际应用力学会议上提出了关于湍流的一些概念，这些概念为湍流结构理论奠定了一定的基础。在提出这些内容时，我已经意识到它们会为实用湍流理论带来"佳音"。

两年后，普朗特在苏黎世国际应用力学会议上又提出一篇论文。这篇杰作大大推进了湍流运动的研究。他将湍流分解成互相交织在一起的许多单元，然后再确定每个单元和其他单元在碰撞中将自己的动量消耗完后移动的距离。此法称为"混合长度概念"。尽管这个概念与科学家用以预测任意条件下飞机飞行特性的湍流普遍定律还相去很远，但却为无序运动提出了一个初步的物理模型。这无疑是一项重大贡献。

普朗特的论文立即在我心中产生了影响。它使我突然意识到普朗特已赢了一局，还让我明白，从我回到亚琛那天起，我和我的老师就开展了一场世界性竞赛。当然，我俩的竞赛是君子之争，而且是第一流的对抗赛。我和普朗特，扩大一点说，就是哥廷根和亚琛之间在进行一场奥林匹克球赛。赛场是国际应用力学会议会场，发现湍流的普遍定律就是我们比赛的"球"。

下一届会议定于1930年8月举行。(我们决定每4年开一次这样的会。)大会再次邀请我和普朗特两人都提出关于湍流的论文。我开始全力以赴。

我当然了解普朗特是一位高强的对手。他的工作方法具有地地道道的德国科学传统：以大量艰苦的实验为基础来创立理论。他在哥廷根不断积累实验资料，如空气和水流过直管道、曲面管道和分岔管道时，管道各个位置上的压力和速度等。在创立理论的过程中，他先将理论和实验数据逐一核对，察看二者是否吻合一致，如果有矛盾，再回过来对理论进行修正。他治学态度十分严谨，干劲十足，而哥廷根一套完整的实验计划又不断为他提供大量崭新的实验数据。在实验方面他比我有利得多。

按照我当时在亚琛的具体条件，完全照搬普朗特那一套方法根本不行。因此我得先找出一种简化的湍流物理模型，然后通过它寻求一条捷径，推导出符合现有一切实验结果的湍流运动方程式来。

我邀请麻省理工学院来的美国学生华敦德（弗兰克）协助我工作。从1926年下半年起，他一直跟随着普朗特研究湍流问题，这期间我正在美国和日本。我把自己对湍流定律的一些基本假设和验证假设需要的资料告诉弗兰克以后，他一口答应协助我。我猜想他也很乐意参加到这场正在启幕的好戏中来。他匆匆忙忙赶回哥廷根大学，从实验记录中搜集了一切有用的资料。普朗特始终是个正派的对手，他甚至把还未公开发表的数据都让弗兰克带给我。

弗兰克到亚琛后，先用各种方法对数据进行整理，然后再把整理出来的数据画在坐标纸上。但是，能从数学上证明存在某条定律的直线，却始终没在图上出现。我建议弗兰克再用各种不同的对数坐标纸画画看。"要是在一种坐标上无法简化一条曲线，那么，可以用别的坐标纸试试。"我脱口而出说的这种办法并非是变戏法，而是实验的延续。有时候这种办法会把你的思路引向寻求新的函数关系上去。结果，这办法颇有效。曲线画得越多，我们的劲头越大。房间角落里乱七八糟的成堆图纸正是我们苦干的见证。

一天晚上，我请弗兰克把画好的图纸全部拿到我在法尔斯的家里。对这些图纸仔细研究后，一阵欢欣鼓舞的情绪突然向我袭来。我的路子走对了！由图纸上的结果很快能得出一个公式。这个公式不仅与我提出的、曾被我称作巧思妙想的湍流基本概念完全一致，而且也和大量实验结果相吻合。

那天晚上，我和弗兰克一直干到法尔斯开往亚琛的最后一班电车快开的时候才歇手；因为还没有搞完，我陪弗兰克走到车站，又在停着的那辆电车车厢上继续写开了方程式。这时，湍流理论的数学结构渐渐开始成型了。这种时刻真是令人振奋！售票员不停看表，拼命催弗兰克快上车，而我却又无法停下来。"再等一会儿，再等一会儿，"我一边打招呼、一边发疯似的把方程式继续写下去。

售票员实在等得不耐烦了，没好气地说："走吧，教授先生。"说罢就跳上车，拉动了操纵杆。电车起动了，隆隆地向远处开去。这时弗兰克才急急忙忙跳上车。后来他对我说，他只好沿途一站一站跳下车抄车厢上的方程式。直到亚琛，才把车厢上的公式抄完。

一回到寓所他立刻动手整理方程式。经过化简，他终于把那条关键曲线画出来，曲线基本上与手头实验数据吻合。第二天，他便把最后结果送到我手里。

我运用新曲线（其中大部分是根据普朗特的实验数据绘出的）马上动手写论文。

写完论文后我心情非常激动，自信在与老师的对抗中这一局是稳操胜券了。这时离斯德哥尔摩会议还有几个月时间。由于普朗特一直以合作精神让我使用他尚未公开发表的实验资料，我觉得应该先向他亮亮底，不能在斯德哥尔摩会议上，面向各国科学家突然打出这张牌。

我告诉普朗特，我已经取得了值得一谈的新发现。于是，他邀我到哥廷根科技协会去做个学术报告。我接受了他的邀请。我的论文题目是"湍流的力学相似原理"。我在论文中公开了新发现的湍流对数定律，顷刻间受到了大家的高度赞扬和热情欢迎。老实说，我当时的心情就像童年做心算游戏受到亲友们热烈鼓掌时一样高兴。

普朗特显得垂头丧气。后来，他表示过这样的意思："对卡门的才干我内心是矛盾的。一方面，我为他感到骄傲，我从前的这个学生和助手没有辜负我的期望；我始终认为他前途远大。另一方面我又感到委屈，眼看到他工作干得比我少，却又一次运用他那众所周知的去粗存精的才能取得了成功。"

那一年，普朗特决定不向斯德哥尔摩会议提交论文，只发表一些最新实验资料。他用这些资料证明我发现的定律对流速和密度的适用范围更广，从而为我增光不少。几年后，普朗特在公开出版的一本书里介绍了湍流对数定律的数学推导。接下来他写到了对数定律由另一种形式发展过来的历史过程，因为"卡门在我之前先得到了结果"。

湍流定律虽然是我在流体力学领域里完成的一项研究成果，但它还需要进一步用实验验证。我在美国期间就及时转到这项工作上来。我采用一种叫电热丝风速仪的特殊仪器来测定湍流。这种测量方法其实就是在风洞内安放一根细电热铂丝，当风速加快时，铂丝冷却得快，电阻便发生变化，然后再用适当的仪器记录电阻变化，从而将每一瞬间湍流区空气运动的大量信息反映出来。这些信息是探明湍流内部结构的基础。

那时普朗特和赖卡特也在用这种方法研究湍流结构。这使我又意识到，我们两人虽相隔千里，而新的一轮竞赛又开始了。为了快出成果，我必须先物色一位热线测量技术专家。我了解到美国标准局的休·特莱顿博士和阿诺德·基西博士一直使用热线法做实验，就请德莱顿大力协助，给我派一位热线测量专家来。他同意让基西来短期协助我。

这时，到阿克伦去设计新飞艇研究所的华敦德已如期返回。我让他负责空气流动的全面研究工作。测量仪器的电路由当时还是加州理工学院研究生的小赫伯特·胡佛设计。胡佛决心要在热测量法方面向前跨越一大步，他采用两根互相保持一定角度的电热丝测试湍流运动的相关参数。此法如果成功，将能从另一侧面提供湍流运动的情况。

新成立的纽约航空研究所两个月后将举办成立大会，作为它的荣誉创始人，按原订计划我要在大会上做重要报告。我想借此机会将小组的研究成果公之于众，因而迫切需要小组的研究成果。我几乎天天都到帕萨迪纳航空实验室3楼去找正在那里搞试验的华敦德和基西。我满怀希望审视着

139

每一张曲线图,搜寻进展的迹象。然而,很长时间都一无所获。我不禁感到失望,甚至想临时换个报告题目。

到了临开会前几天,弗兰克到我家里来,带来了令人鼓舞的消息:研究人员已经取得第一批令人满意的实验结果。他马上把数据交给我,于是我们两人就动手把资料整理成适当形式,然后再画成曲线。然而结果再次令我失望。图上有一处按照我提出的理论应该是直线的地方却出现了明显的曲线。毛病到底出在哪里呢?

我和华敦德对计算步骤冷静地核查了又核查。时间悄悄地过去,室内弥漫着雪茄烟雾,梅子白兰地也渐渐喝光了。在核查过程中我心情很沮丧。最后,问题终于露头了:毛病出在忽略了一个简单的修正系数上。对数据作了必要的修正后,我们把那些坐标点重新画出来。结果非常令人鼓舞。将那些坐标点连接起来后,在适当位置上果然出现了一条挺括的直线,跟我原先预测的完全一样。这个结果不仅肯定了我对湍流波动中函数关系的直观感觉正确无误,而且也证明了湍流的内部结构机理是有序的。

我带上这些资料急匆匆赶到纽约,第二天在会上宣读了有关湍流理论的论文。我当初在1930年发表的论文至此有了充足的实验支持而告完善了。

这段时间一直用双线式热线法研究湍流的普朗特和赖卡特也在哥廷根发表了一篇内容相仿的论文。整个湍流问题虽然还远没有完全解决(实际上,直到今天也没有完全解决),但我们的发现证明,表面上杂乱无章的湍流运动,内部存在着可预测的某种有序结构。正如我父亲教导的那样,不管什么混乱现象都受某种自然法则支配。湍流概念今天说起来并不深奥,不过对我来说,它却是宇宙间伟大和谐的一个环节。这伟大的和谐在背后支配着宇宙间的一切运动。

上述两篇论文提供的方法很快就成为当时预测飞船表面空气阻力的手段,不仅如此,它还为测算管道中液体运动情况提供了公式。这些公式在石油工业上很有用途。论文提出的数学概念日后我在设计喷气式飞机时也派上了用场,至今在火箭学上有着广泛应用。

湍流定律在教育上也许比在工业上影响更大。由于大学规定要讲授湍流运动原理,从而使一代一代工程师愈来愈相信,复杂的自然现象并非一定是"不可解决的",而是可以用数学来加以阐明的。一项数学成果给工程技术人员带来那么多好处,能在探索它的过程中出了一把力,我确实感到由衷的高兴。

18　在德国的最后日子

我在亚琛虽埋头工作，但早在1928年就察觉到德国种种大难临头的不祥迹象。反犹情绪不断高涨，民族主义精神甚嚣尘上，纳粹党的势力日益壮大，这一切都是未来灾难的征兆。

不过当时正在集聚的这股阴云，对我还没有多大影响。记得那年我仍住在荷兰法尔斯的那个村里。每天照常开车到亚琛工作。有一天，我偶然碰上一件可笑的事。我旅美时购买的那辆别克牌豪华轿车，每天要在德国边境往返4次。平时只要在车内向边防军点点头就行了。不料那天我发现边界突然关闭，我和汽车都得接受检查。这不仅麻烦，而且严重挫伤了我的国际主义感情。哨兵解释说，关闭边界是为了追捕走私犯，抓获之后边界才会重新开放。这种解释并不能使我释怀，但我也无可奈何，只好保持沉默。

后来有一天，车到边界时正下雨。由于路面潮湿，我停在路上的汽车不知不觉溜车了，直到撞坏了木栅栏我才知道。这时，3个德国军官从哨所飞奔过来，其中一个幸灾乐祸地对我说，罚款，还要外加修理费。当时我心里不禁冒出一股无名怒火。

"不该我付钱给你们，"我大声吼道，"你们应该付钱给我！"一听这话，那边防军显出一副木然不解的样子。"那是为什么？"

"因为我拆除了两个友好邻国之间毫无必要的障碍嘛，"我得意地回答说。

他脸上毫无笑容,我想那是为了装出一副不苟言笑的威势。当然,最后我还得把钱付了。尽管如此,在这种艰难时刻,能为两国之间的团结斗那么一下,我心里感到舒坦。

1928年冬,我第二次访美时遇上一件对我个人前途至关紧要的事情。那时我在加州理工学院审定风洞发展计划的工作已临近结束。有一次,密立根博士把我拉到一边谈到实验室发展前途的问题时,他问我愿不愿意来担任实验室主任。碰巧过不多久,斯坦福大学机械工程系主任威廉·弗雷德里克·杜兰德博士又对我说,明年他就退休,想把系主任职务让给我。

显然,这两个职务都很令人向往,但我没有接受。因为,首先,德国科学界朋友警告我说,到了我这样大年龄(接近50岁)应该安土重迁,千万不要轻率地移居美国。大学教授在美国的社会地位比在德国要低得多。我觉得这话很有道理。其次,母亲也反对我去美国。她坚信欧洲上流社会的信条:只有混不下去的穷光蛋和家庭败类才会到美国落脚。我舅舅的情况就是如此。他年轻时因为在布达佩斯使用假支票,被迫漂洋过海到美国去,他走后,家里不得不替他偿还债务。后来,他在纽约做木材生意发了财。尽管如此,母亲对他从前的错误行为还是耿耿于怀。

顺便提一下,几个月之后我们就离开德国了,但直到临行那天,母亲依然固执己见。她第一次见到密立根博士就温和而直率地问他:"您为什么一定要我儿子到这里来呢?像美国这样一个大国,难道没有几个像我儿子那样的人才?"

母亲最初的反对和同事们的规劝令我拒绝了密立根和杜兰德的首次邀约。然而根本原因还在于我喜爱亚琛的生活。我既不想离开亚琛工学院,也不愿中断多年来在欧洲科学界建立的那些老关系。

不过,说句老实话,这两个职位我也并不是轻率地谢绝的。我一向以填平理论科学和应用技术之间的鸿沟为己任,而在美国完成这项使命我觉得特别富有挑战性。两度访美后,我内心已不知不觉萌发了在美国搞教学和科研的念头。

美国航空工程在理论方面是非常落后的。自从林德伯格横跨大西洋的著名飞行以后,美国的航空事业空前地活跃起来。不过在人们的心目中,航空仍然是一种业余爱好。谈到飞机的科学设计,我觉得美国大多数主要工程师都无视理论的重要性,美国大学开设的课程也不讲诸如优化设计之类的概念。

正如前几年菲利克斯·克莱因在哥廷根大学指出的那样,他们对待理论的态度是由得天独厚的自然资源造成的。由于材料多得很,因此,工程师根本不考虑使用得合理不合理。资源短缺的德国情况正好相反,工程师绝不能浪费材料。用材必须要尽量压缩,真正做到物尽其用。为此,他们非得搞优化设计不可。

上述情况在德国技术上处处都有所体现。比如,德国汽车要按耗油量最低进行设计,因为德国缺少石油,汽油靠进口。比较起来,对汽油来源很丰富的美国汽车工业来说,工程师就不大考虑耗油量问题,而侧重强调汽车零件的可靠性。美国修理费用昂贵,一次修理费相当于德国的一个月汽油费。因此,美国那种做法也无可厚非。

在我看来,美国汽车工业不搞优化设计照样能发展,至于航空工业那就另当别论了。在航空发展初期,人们的注意力集中在新设计的飞机能不能飞,不大考虑节省材料问题。那时,每架飞机的用材确实有很大浪费。但到了1920年代,情况发生了急剧变化。这一点完全好理解:不管怎么说,一架飞机如果使用不必要的材料,就会降低飞机的性能,更别提还会影响到飞机的起飞。由此可见,飞机设计必须进行复杂的理论计算。

最终促使我到美国定居的倒不是科学,而是政治。1928年底到1929年,由于纳粹党活动日益猖狂,德国政局迅速恶化。不过那时我还没有觉察到种族迫害的兆头,因为我对政治兴趣不大,除了在匈牙利革命时期有过一段简短的政治经历外,充其量也不过是看看报纸而已。不幸,纳粹控制德国的魔影终于投到了亚琛的科学生活上来。一天,一个犹太人助手向我抱怨说,有个研究生上衣钮洞总别着一枚"卐"字徽章来上班。碰巧此人正是很尊敬我的学生。于是我就把他叫到办公室来对他说,霍屯督人[1]和某些原始印第安人部族佩带标记是为了表明他们的血统和出身。为什么德国这样一个文明国家的公民也要别上这刺眼的玩意儿?我百思不解。当时,他确实有些惶惑不安,把那个"卐"字徽章摘了下来。

就在这件事前后,又发生了一件令我不安的小事:我班级里有个学生是匈牙利犹太人,因为很自负,我并不怎么喜欢他。有一天,他和一个大学生联谊会成员发生了殴斗。事后,联谊会的那个学生向院长写了一份恶意中伤的报告。报告中用的称呼是"某某匈牙利闪米特人先生"。这份报告送到院领导部门后,问题从两个学生之间的冲突转变为报告称呼是否正当的争论了。

在接下来的一次院务会议上,与会者对这事进行了激烈辩论。有些教授认为,这事是我班级里那个学生惹起的。一听到这话,我不禁勃然而起说,我不想为这个学生的行为辩解,不过我要问问,德意志共和国到底有没有种族平等?一个联谊会学生用种族来称呼另一个学生,这样做对不对?大家都认为这样做不对,还责成院长不仅要处罚那个联谊会的学生,还要正告全体联谊会成员,今后不许再发生类似事情。那时,绝大多数教授委员会成员还通情达理。但是,一年以后情况就大不相同了。

1929年夏,亚琛工学院决定为新落成的航空实验室举行揭幕典礼,并以东道主身份召开一次国际学术会议。新实验室专门用于研究崭新的超音速空气动力学。它是两年前制定的实验室发展规划中最高级的设施,兴建资金由普鲁士教育部提供。当时,全世界70多位空气动力学家接受了出

---

[1] 霍屯督人,西南非洲民族。——译注

席这次学术会议的邀请。

非常遗憾，当安排会议程序时我正在日本。返校后，我才发现会议开幕日期正巧和所谓的"国耻日"（即《凡尔赛和约》签订日）是在同一天。那天，许多德国人要举行抗议集会，而比利时驻亚琛地区的督察（1929年亚琛仍由比利时军队占领）明令禁止德国学生在那一天举行集会和游行。这道命令等于火上加油。当学生知道学校在这次学术会议上将向英、法、丹麦、日本和意大利这5个前敌国的科学家授予荣誉学位后，大家的情绪更加激愤。其中有个学生组织的成员向院长大发牢骚："因为教授们不是德国人才会出现这种咄咄怪事。"学生还说："卡门教授也是外国人，他才会在每个真正的德国人都感到悲痛的日子，把外国专家请到亚琛来，向他们赠授荣誉学位。"有些学生则威胁说要举行罢课。

在学生的压力下，院长没向我透半句口风就擅自取消了授予学位的议程。由于我把这事早已通知了那些接受荣誉学位的科学家，现在取消太使我下不了台。我这人一辈子只有过几回大发雷霆，这就是其中的一回。在院务会议上，我痛斥了院长的这一行为。我指责说，一个院长，甘愿让学生对学校大事指手画脚，肯定是个懦夫。出席院务会议的我系代表路德维格·霍普特教授竭力要我先平平气。"卡门，您犯不着去跟学生斗，"他劝我说。"您应该尊重他们的民族感情嘛。"

"学生到这里是来读书的，不是来搞政治的！"我极其反感地驳斥他。霍普特也是犹太人，1934年希特勒上台后不久，他首当其冲地被赶出院务委员会。这对他以前的态度简直是可悲的嘲笑。

在学位问题上，我和院长后来总算达成了协议。他同意授给荣誉学位，但不举行仪式。早先跟我一起组织首届国际应用力学会议的意大利莱维-西维塔教授不在此限，院长同意在私人场合为他颁发荣誉学位证章。日本领事到场要求替日本荣誉学位候选人宣读一份发言稿也遭到了院长拒绝。

那时，还有一件事让我感到不安，那就是德国航空方面的秘密武装不断增长。开初，人们认为秘密武装只是谣传。后来，接二连三的事故使我觉得事出有因。有一次，柏林运输部一名代表到我实验室来，他看了试验设备后拉我到旁边个别交谈。他说，有些公司可能要求用这里的风洞做高速测试。"对您的工作他们会付大价钱，但是，不许过问测试的目的，"他又警告我说。

这等于向我暗示他们在搞军工研究。更明显的是，1929年某天，我接到一个口信说，我以前的助手西奥多·比安能因一架阿拉哥型飞机失事身亡。听到这个消息我感到震惊。我了解到，那架飞机是在作高速翻滚特技飞行训练时坠毁的。我简直目瞪口呆，因为只有军用飞机才进行这种特技飞行训练。

后来，比安能事件终于真相大白：1929年他离开亚琛到德国交通部技术处工作。所谓"技术处"，其实就是军事航空部，他一直在那里搞军事工作。这时我才恍然大悟，众说纷纭的德国非法武装部队，即所谓"黑国防军"并非谣言，而是确有其事。瞻念前途，我确实感到不寒而栗。

就在这一系列事件接二连三发生期间，1929年7月我又接到密立根的来信。他要我再次考虑一下担任加州理工学院古根海姆实验室主任的建议。如果我仍然不想去，就请我推荐一位助手担当。他还提到，古根海姆基金会打算提供25万美元，在俄亥俄的阿克伦建立飞艇研究实验室，作为帕萨迪纳实验室的分部。鉴于我以前与齐柏林公司合作的经历，我也许会对指导这个新研究中心的发展感兴趣。他还强调指出，这是我为美国民航事业发展奠定基础的绝好机会。

回想起来，那些日子我一直感到心烦意乱，留在德国还是离开德国终日缠得我苦恼不堪。然而，这时纳粹攫取德国政权的步伐已经十分迅猛，因此，到了10月我就决定接受密立根的建议，到加州理工学院去从事我的新事业。妹妹很赞成我的意见，而76岁的老母亲却无视德国与日俱增的动乱，不肯轻易动身。经过一番劝说后，她才答应跟我们一起走。可能是出于爱子心切，她才勉强同意。由于她会说英语，这是劝她同意移居美国的有利条件。后来，她对那个充满匪徒和恶棍的国家的看法也慢慢有了改变。1929年12月，我们一家三口就出发到帕萨迪纳去了。

密立根要我带上一名助手，我选择了前两年一直跟我一起干的华敦德，并叫他先行一步去美。后来，弗兰克告诉我，加州理工学院的那位院长问他："你英语怎么会学得这样好？"弗兰克对院长说，他出生在波士顿。院长一听愣住了。"我的老天爷，"他说，"原来我们从德国进口了一个美国人呀！"

那时，我和亚琛的工作关系还没有中断。由于我和欧洲科学界的联系非常密切，因此我没有提出辞职，而是同意每年到亚琛工作一段时间。1931年夏季，我就在亚琛工作，到了秋季，我又返回帕萨迪纳。1932年，我又到德国去了一次。

可悲的是，纳粹活动愈来愈猖獗。1933年，希特勒接管了政府。有一天，德国教育部来函通知我说，教育部不同意我继续缺席。从下一学年起我必须出满勤。如果办不到，就提出辞呈。这样，我除了辞职别无选择。虽然，断绝老关系总不免有些伤感。几周后，我的辞呈[1]批准了。批文上附了几句话，对我为德国科学和教育所作的贡献深表谢意。

赫尔曼·戈林的新航空部的新任航空研究主管阿道夫·鲍姆克博士一直跟我保持着联系。有一次我回德国时，他甚至让我去参观了航空研究设备。这是1934年希特勒政权初期的事。后来，鲍姆克终于使我明白，（用谦虚文雅一点的说法，）由于大学排斥非雅利安人任职，戈林办公室曾经想让我到航空研究部门去当顾问。众所周知，戈林说过："谁是犹太人，谁不是犹太人，得由我定。"对此，我只付诸一笑，仍旧留在帕萨迪纳。

---

[1] 我在辞呈背面写了这样几句话：
　　最尊敬的部长：
　　　今年您为外国的科学做了不少贡献，鄙人衷心希望在未来的岁月里您能为德国的科学作出同样多的贡献。
　　　　　　　　　　　　　　　　　　　　　　　　　——原注

19 初到加州理工学院

1930年代初,加州理工学院的教学与科研声誉蒸蒸日上。这一点主要归功于密立根本人和他的精选人才规划。我第一次访美至今已有4年。4年来,这位有远见卓识的科学家兼行政领导人为物色高质量、有干劲的师资四处奔忙。

很多大学认为,密立根网罗人才的某些方法太草率、太出格了。比如,1927年他以提供高压设备为条件,把物理学权威 C. C. 劳瑞森拉到加州理工学院来;而那些高压设备又是他早先争取南加州爱迪生公司为学校装备的。这种工业-大学的结合在美国尚属罕见,因为当时的大学都高高在上,从不屈尊去寻求工业界资助,非要工业界登门求教不可。然而,密立根这一手却为学校节省了大量资金。劳瑞森在实验室里研制成功了第一只百万伏级X射线管,它不仅是高电位真空设备的先驱,而且还把美国电气工业吸引到加州理工学院来。

1928年,密立根又用类似方法把在哥伦比亚大学执教了24年的美国遗传学权威托马斯·摩根挖到加州理工学院来。当摩根本人对远在加州的这所小小的理工学院几乎还一无所知的时候,密立根已经争取洛克菲勒基金会出资在加州理工学院建造了遗传学实验室。实验室建成后,他就邀请摩根来担任主任。摩根感到盛情难却,只好举家南迁,到帕萨迪纳定居下来。

当时,许多教授对密立根决定聘请一位生物学家到理工学院任职很不理解。后来事实证明，这是一项非常明智的决策。正是由于这一决策，加州理工学院对遗传学基础理论才能作出杰出贡献，从而使学校享有第一流科研高等学府的声誉。摩根本人也获得了1933年诺贝尔医学奖。这更使加州理工学院名声大振。

我初到加州理工学院会见密立根时，他就对我说，他为摩根的果蝇研究工作感到自豪。密立根还说，他期待能亲眼看到空气动力学和流体力学也有类似的基础研究。

"我们没有那么大财力来发展所有的工程技术科学，"他解释说，"但我坚信，航空工业一定会被吸引到南加州来。我觉得依靠你的大力协助和古根海姆基金会的支持，加州理工学院一定能办成全美国的航空中心。"

我十分欣赏密立根开门见山的谈话方式和乐观主义精神，因为我认为，这不仅能促进航空工业而且也能激励航空科学的发展。加上加州理工学院又是一所年轻的大学，规模不大，每年只招收160名新生，因而有条件精选优秀学生。它也许是我推广欧洲教育思想的理想试验场所。

日后的情况确实如此。记得在美国时，我首先注意到那里缺乏尊师风气，真正得到学生尊敬的教师寥寥无几。一天，有个学生到我这里来谈起他在芝加哥大学读过数学。我问谁是他的数学教师，他回答说忘记了。这个回答简直使我大为吃惊。试问，在哥廷根大学，哪一个学生能忘记杰出的菲利克斯·克莱因和大卫·希尔伯特呢？我觉得这件事如果有代表性，它就是美国教育的真正缺陷。这个缺陷到底能弥补到什么程度，我就说不上了。

到了加州理工学院，我又看到教育方面的另一个特点：教学计划很死板。学校明确规定每天讲授几页教科书。讲课教师只管在黑板上书写方程式，学生拼命往本本上抄。至于其中的道理，能懂多少算多少。有些课程还接二连三地进行考试。显然，这是搞死记硬背，根本不是培养学生的创造性思考能力。在这种情况下，学生当然会把教师忘却了。

我在多年教学实践中形成的一套教学法与此迥然不同。前已述及，在德国，我讲课总是从基本概念出发。这样讲授能较快提高学生运用原理的能力。我觉得原理和具体细节比较起来，突出讲解原理更重要。后来我在加州理工学院上课也着重强调这一点。比如，电子是怎样"感知"周围事物的？为什么电子具有这种运行特性？什么力使机翼在空气中上升？等等。为了讲解一类问题，首先要用一个简单的物理模型。这种物理模型就像一幅速写，只包含现象的主要参数。有了物理模型，然后再进行数学分析。

我在亚琛工学院很少考试。我认为在加州理工学院也没有必要去改变这种做法。不过，有些学生并不喜欢我这一套。我任教的一个班级，整整一个学期都没有考过一次试，因此全班学生有些惴惴不安。我觉得这种情况非常奇怪。原来是因为学生对我的评分方法根本不了解，怕我只根据期终考试成绩好坏一锤定音。由于学生对评分方法十分关心，班里同学推出几个代表来问我，能不能发个大考复习提纲。

"为什么只给提纲呢？"我说。"我很乐意把全部考题都给你们。"

一听我这样回答，他们都不吭声了。我猜想，他们一定认为我不是愚蠢就是故意耍弄他们。于是我马上把考题写在纸上交给他们。尽管如此，从这些年轻人的脸上看得出，他们的顾虑并没有消除。"这样不行，"有个代表大家意见的学生最后开口说，"要是大家知道试题答案，那全班就都得100分了。"

"你们的100分标准是什么？"

"全部题目都答得正确。"

"我的标准跟你们的不一样，"我对他们说道，"因为任何一个工程技术问题根本就没有百分之百的准确答案。要说有，那只是解决问题和开拓问题的方法。如果有个学生的试卷对试题分析仔细，重点突出，方法恰当，因个别运算疏忽最后答数错了；而另一个学生的试卷答数正确，但解题方法毫无创造性。那么，我给前者打的分数要比后者高得多。"

话说回来，同事们也并非都那么赞成我这些观点。因此，我们经常在加州理工学院"特约雅座"进行争论。我来不久，爱泼斯坦和托尔曼就把我拉到那里。有十来个带点排外性的教师专门定期在帕萨迪纳餐厅的"特约雅座"聚会，这种聚会一般不邀请工程师参加。在争论中，有人坚持教学的目的在于掌握理论，另一些人主张教学应以实用为主。双方意见分歧很大。

持前一种看法的人，或者叫争论的一翼（很难说是左翼或右翼了）以已故的杰出数学家、数学系主任埃里克·坦普尔·贝尔为代表。他还用约翰·泰恩为笔名兼写侦探小说。贝尔非常强调理论，对应用技术不感兴趣。

我跟贝尔在教学观点上则大相径庭。我认为加州理工学院以至美国所有工科院校的数学教学法很不得当。讲授数学不教学生运用数学解决实际问题的方法，把数学搞得太抽象了。我教数学的主要目的正是实际运用。不过，我也无法使贝尔改变观点。于是，有一天我决心和他较量较量，亲自去开数学课（加州理工学院在这方面有充分自由）。我俩各开各的数学课，这样当然在学校里引起人们很大的好奇。有一段时间，布告栏上贴出通告：贝尔讲授数学分析，卡门讲授应用数学。

1930年代，在我们这批人中，诺贝尔奖获得者卡尔·大卫·安德森是佼佼者。他在宇宙射线方面作出了许多重大发现。他在我的实验室里工作不是由于我懂什么物理学，而是因为我的实验室里有强大的电源，能供他驱动实验用的电磁铁。他性格内向，喜欢离群独处，只爱和几个贴心助手一起工作。

安德森在我们的实验室里搞出了有名的云雾室。那是一种探测高能粒子的设备。当高能粒子进入云雾室与空气原子相撞时，就会将外层电子撞落，剩下带有电荷的粒子。云雾室中的水蒸气凝集在这些带电粒子的四周，形成一条可见的细线状雾滴，叫做"液滴线"。由于正、负电荷在磁场中会向相反方向偏转，因此很容易辨认出液滴线带的是正电荷还是负电荷。

我至今记得，1932年，安德森在云雾室里观察到第一条正电子的液滴线的那天他激动万分的情景。

一开始，他与其他观察到类似液滴线的人相仿，认为这是自己的错觉。因为电子总是带负电的。但是，他反复实验，多次得到了带正电荷的电子液滴线。后来，他终于明白自己发现了一种新粒子，这就是正电子。

于是，安德森写信给美国《科学》杂志，宣布了自己的新发现。在此后相当长的一段时间里，他一再重复实验，竟再也观测不到正电子"液滴线"了。这时，他开始感到忧虑不安，想写信给编辑，要求前函不予发表；但为时已晚，文章已经在杂志上刊登出来。

我看文章刊登出来是安德森的大幸，因为不久后，詹姆斯·查德威克爵士在剑桥大学也作出了与安德森类似的观察数据。要是安德森撤回自己先前的声明，那么，发现正电子的荣誉和诺贝尔奖奖金就会落到查德威克头上。我前面讲过，有些小事对人生道路往往有重大影响。后来，查德威克碰巧又发现了中子，因而也获得了诺贝尔奖。现在，中子由于被用来引爆原子弹，已是众所周知的了。

加州理工学院的首脑当然是罗伯特·密立根。他挺有意思，从不让人称他院长，他的头衔是院务委员会主席。有一次他对我说，加州理工学院的大事都由委员会决定，不是最高行政领导者个人说了算，因此，加州理工学院是美国唯一真正具有民主结构的大学。院务委员会由4名企业家和4名教授组成。他们集体掌管学校的预算、委任、晋级和加薪的权力。这种组织机构当时在美国确实不多。密立根把自己的行政管理工作称为"在沙皇和科学无产者之间搞平衡"。

在实际中，这意味着如果你去向密立根申请实验经费，而他不想给你，他就会说："要是我能给，我早就给了，但院务委员会不准我给。"密立根的行事方式常常使我联想到世上某些专门责怪他们的决策机构决策不当或缺乏决断的领袖人物。有一次我跟他开玩笑说，他和那种人颇有相似之处。

他笑笑说:"不错,但我们这里至少没有盖世太保吧。"

加州理工学院有着广泛的自由和独立思考的气氛,这种情况已持续了多年。我对这种状况感到由衷高兴。尽管是密立根个人治校,但他对各种思想,尤其是宗教问题,能兼容并蓄。比如,他知道摩根是公认的无神论者,但丝毫也没有厌恶之意。有一次我问摩根,在毫无肯定或否定的科学论证的情况下,他怎么能那样肯定上帝不存在呢?摩根反驳说:"上帝并非是什么至高无上的主宰,不过是人类心目中人格化的偶像而已。我真百思不解,卡门,还有你的朋友爱因斯坦对这一点竟然会不明白。"

密立根对待别人偶尔有的挖苦所持的态度,最能说明他的虚怀若谷了。记得在一次摩根担任主席的教授会议上,密立根介绍了一些学科的负责人。按照议程,在生物学之后是讨论天文学问题。摩根站起来,环视一下与会者,十分严肃地说:"我认为最好把我的位子让给我的朋友密立根,因为相比于我,他离天国更近。"听了这话,密立根也跟大家一起哈哈大笑。

将科学和宗教融合起来是密立根的根本愿望。对他来说,科学的目的是研究自然界事物的发展过程和规律,而宗教对人类的观念和精神发展则更为重要。这与我的观点完全相同。

然而,密立根融合科学和宗教的愿望却是以他意想不到的方式达到的。我参观过莫斯科的一个科学博物馆。那里有个无神论展览,采用威尔逊山天文台及其重大发现的照片作为开篇,还附有该台杰出的天文学家爱德温·哈勃博士论述天空的几句话。哈勃曾对银河系进行过深入研究。要是密立根看到由一个牧师创立、在一个虔诚的新教徒及牧师儿子主持之下的加州理工学院竟成了苏联反宗教宣传的前导,那么他会跟我一样感到忍俊不禁的。

20 从帕洛马天文望远镜到熟石膏模型

1932年初，我在全世界最大的帕洛马天文台5米直径天文望远镜工程中承担了一项富有吸引力的研究任务。帕洛马望远镜是当时最冒风险的工程项目之一，对天文学来说，那也是一台令人鼓舞的观测设备。按设计，这台望远镜可以观察到亮度仅为肉眼可见亮度1/600 000的天体，能使10亿年前宇宙中发生过的现象呈现眼底。它的观测距离要比当时最大的望远镜大1倍，直到现在，它仍是全世界最好的反射望远镜。

这台望远镜预计12年后竣工，当时正处于初步设计阶段。洛克菲勒基金会主任、主管天文台发展的物理学家马克斯·梅森博士邀请我参加他的天文小组。加州理工学院许多著名科学家和工程师都在这个小组里。梅森在哥廷根大学读书时就和我相识，因此，即使出于旧谊，我也乐意接受他的邀请。

天文台工程指挥部给我的项目跟光学系统的抛物线镜面有关，那确实是个独特而有趣的课题。由于巨型天文望远镜的大透镜很难达到要求的精度，因此往往用反射镜来代替透镜。帕洛马望远镜的反射镜直径为200英寸，差不多有17英尺，重量达20吨。反射镜自重引起的变形是个大问题。制造这面反射镜，首先对康宁玻璃制品公司的高级技工是一项挑战。其次，从纽约将它运送到3 000英里外陡峭的山顶上，又是对运输专家的一次严峻考验。

在望远镜系统中，镜面及辅助光学部件怎样支承才能使它绕自身轴线转动与地球自转严格保持同步，这是个很伤脑筋的技术难题：为了使望远镜能够相对静止地观察同一颗恒星，就必须使它保持稳定的同步转动。然而，镜面的中心和旁边都不能作为支承点。因为支承的微小颤动将引起镜面偏移，从而使镜面上的星像产生变形。初看起来，这问题似乎和空气动力学毫无关系。然而仔细分析一下就不难看出，实质上它是支承系统的油膜润滑问题。而油膜润滑又正是流体力学的一个分支。

解决问题的技术方案是，先做一个反射镜箍，再利用油膜作镜箍的支承油垫，使箍圈在油膜上保持缓慢而稳定的转动。我认为，只有深刻理解层流和湍流运动，才能精确地设计出这一润滑系统。当镜子转动时，油液中如果出现湍流，镜箍和支承面之间的摩擦力就会激增，从而破坏支承力的平衡。为了不产生湍流,油膜必须很薄。问题在于,油膜的厚度应该多大？油膜的临界条件是什么？

显然，一般工程师解决不了这种问题。只有具备坚实的理论基础和深刻理解流体运动内在机理的科学家才行。我成功地计算出摩擦阻力最小的一层极薄油膜中层流运动和湍流运动的临界条件，解决了油膜设计中的关键问题。

实际设计采用了两层油膜支承。望远镜总重约 425 吨，由油膜悬浮支承在底座上。这种支承的摩擦力仅为最佳滚珠轴承所产生摩擦力的 1/600，克莱因"少校"协助我设计的这个系统，一直顺利地运转到现在。

我在加州理工学院执教初期，觉察到美国在 20 年代和 30 年代有一股崇拜德国技术的风气。很多学生常跟我谈到，他们十分钦佩德国人做精细工作的本领。由于古根海姆基金会愿意提供资金，因此我打算请两位德国专家到加州理工学院来。一位是第一流的风洞专家莱因霍尔德·赛弗斯博士；另一位是优秀的数学家沃尔特·托米恩·托尔曼博士，现在他是哥廷根大学普朗特的接班人。他们来了，我的学生就有机会见识见识真正的德国专家，体验体验德国两位最出色的空气动力学家的治学方法。

托米恩的工作进展顺利，除了一个让我有点尴尬的习惯。我因讲课需要时不时地会问他要一些研究资料，他总是给我德语写的笔记。有天早上，我看过托米恩给的笔记后就径直走进了应用数学的课堂，然后不知不觉就开始用德语上起课来。我完全忘了自己是在美国的大学里上课。惊愕之余，课堂上鸦雀无声，更糟糕的是，同学们似乎还听得津津有味。不过当我在黑板上写一个方程式时，我发现自己在用德语说 X、Y、Z——我突然反应过来了，觉得自己出了错。我停下来，随即用英语继续上课。教室里静悄悄的，一点声音也没有，连纸张翻动的沙沙声也没有一丝。

我对这堂课感到有些不安，课后我问我的助手华敦德为何不阻止我。华敦德说："为什么要阻止？全班同学似乎也都听懂了你用德语讲的课。"

我和风洞专家赛弗斯博士有过一件趣事，它无形中体现出德美两国在教育制度方面的差异。这事的来龙去脉是这样的：我做一只试验模型时曾采纳了赛弗斯的一个建议，因为他是德国风洞权威。

大家都知道，风洞模型是"真刀实枪"的。试验时，模型在强风作用下，既不能产生变形，又要有较高的强度。在时速 500 英里以上高速气流中试验的模型一般都采用金属材料制造。低速气流中的试验模型通常用木材制作。而赛弗斯告诉我，他和同事们在哥廷根发明了一种熟石膏模型。这种熟石膏模型容易成型，做低速试验比木模型好得多。他想在加州理工学院也替我们做一只那种胶泥模型。

我说那很好，请他马上动手。赛弗斯就去做了。模型做好后，我请全班同学来观看熟石膏模型的风洞试验。要是我预先试一下就不至于出那么大的洋相了。同学们挤到风洞四周刚站定，风洞就开车了。头一阵风就把那模型吹得粉碎，机器里到处都是碎片。我们整整花了两天时间才把石膏碎粒清除干净。不用说，这位专家事前并没有跟我讲过他毫无制造风洞模型的经验。在德国，这种工作用不着教授动手，全是交给玻璃吹制工、家具木匠或其他技工干的。

在赛弗斯闹了那个大笑话之后,我有个学生喊来一个靠做家用熟石膏装饰品过日子的意大利青年。尽管以前他从无制造模型的经验,但替我们做的一只模型却相当出色;这甚至使不少学生产生怀疑,有无必要请德国人来传授这种高级技术。

我本来早就该知道,德国科学家没有动手实干的本领。他们天生就擅长理论和抽象思维。而美国同行在解决机器和材料方面的问题时却很得心应手。有人认为,那是因为美国小男孩都喜爱摆弄汽车,美国的中学里相当重视手工技艺。然而,美国孩子大都觉得数学很难,这恐怕跟人们普遍认为数学太烦琐、不干脆、不合美国传统精神有关。这里我举一件事作佐证:有一次我和查尔斯·凯特林"老板"共进午餐,这位杰出的工程师、发明家是通用汽车公司的栋梁。席间他对我说,他压根儿就不懂热力学。这话使我感到非常惊奇。他认为"热力学不过是一种驱邪的魔术而已"。尽管他在这方面一窍不通,但他却发明了许多汽车机件。他微笑着说,由于他发明了一种装置,美国成百上千的妇女才能够驾驶汽车。这种装置就是起动马达。有了它,汽车就不用靠笨重的手摇柄发动了。

赛弗斯让我出的洋相终于使我明白了德国大学生和美国大学生气质上的差异,从而促使我对加州理工学院的课程作了些变动:加强数学课,减少诸如测量和观察之类的手工操作。今天,由于电子计算机的发展,大量工程计算都用上电子计算机了。对现代工程来说,数学似乎不那么重要了。我对这种趋向感到惋惜。在我看来,数学思维比数学运算更重要,只要有可能,就应该尽量鼓励学生学习和运用数学思维。

随着时间推移,加州理工学院陆续新开了一些课程。一般,我开的课总排在新班级的上半学期。我先开了"理想流体空气动力学",教了一段时候,就把这门课转给克拉克·密立根去讲授,我再另开新课。我教的"航空应用弹性理论",后来让给了 E. E. 塞克勒博士。虽然我不是气象学家,但我也教过一学期"动力气象学基础"。动力气象是气象学上的崭新概念，后来，我就把这门课交给 W. C. 洛克菲勒去教。

这个办法使我对开设的课程能判断出哪些课程是年轻的航空工程师的必修课。同时，我对自己能紧跟与我专业有关的科学上的新事物感到十分欣慰。普郎特说过："学懂一门课的唯一方法就是去教这门课。"我的办法就是向他学的。

从一开始我就想在加州理工学院创造一种与亚琛工学院类似的国际气氛。以前我推荐过不少研究生进加州理工学院，现在我希望继续有一定数量的、有代表性的留学生在学校里攻读。他们能给学校带来新思想，同时也有助于推动世界科学的发展。

我鼓励外国学生到加州理工学院来攻读。当一个外国学生写信告诉我想进加州理工学院读书时，我总尽力予以帮助。例如，我的朋友邓肯·兰尼（现在他是加州理工学院教授）从多伦多给我来信说，他希望跟我深造，但他需要有研究奖学金。我回信告诉他不必多虑，尽管来，我们会设法解决的。现在许多大学规模不断扩大，机构搞得愈来愈复杂，这实在不是件好事。这些学校寄出的登记表格，往往会得罪有才华的学生，并把他们拒于门外。

我始终这样想，只要有人给我来一封有见识的信，他就会得到绝好的机会，成为一名出色的学生。我为学校招揽了许多杰出人才，与此同时，当然也出过些差错。

记得有个名叫芬克·费歇尔的美国人从长岛打电话给我。他在电话里说："我是美国海军的，在这儿服役。"

"好啊，"我问道，"您是哪一位？"

"教授，我这个人恐怕您从来没有听说过，"他答道。"不过，我久仰您的大名，想跟您学习。海军已同意给我时间，但我没有钱，因此我致电请您替我谋一份奖学金。"

我对这个青年这样直截了当地提出奖学金的要求印象很深。甚至在见到他之前,我就给他办好了这件事。因为他是海军军官,我就通过民航飞行员训练计划替他安排。事实证明,他确实是个有才华的学生,后来他还跟我们一起搞"喷气助推起飞"项目。

偶然有个把教授发牢骚说,加州理工学院快变成外国人的天下了。我记得,麻省理工学院的一位大教授有一次来参观我的实验室。他看看那些头缠印度头巾、有着一双东方人眼睛和黝黑皮肤的学生,又听了他们古怪的言谈,开门见山地问我为什么那样重视外国学生。

我一听这话不禁乐了。于是我反问道:"难道我应该只用土著印第安人吗?"听了这话他就缄默不语了。

有时,我选用人也出些差错,不得不设法纠正。对那些不合适的学生,一般我总采取帮他另谋个位置的办法。我不愿直接辞退一个人。你要为他做点事情,这样,既达到了你的目的,又能保持与他的友谊,即使他对你这样做的真实意图有所怀疑。

1932年,由于我的一个在海军飞艇部门当头头的朋友推荐,军方开始派学生来听我的课。那时,主管研究生学习的军官打算把一些海军军官送到德国研究空气动力学。我的朋友认为那样做是白费钞票。"他们到帕萨迪纳冯·卡门那里就能学到这一切,"他说道。"何必要把他们派到德国去呢?"

这样,三四个海军军官就进了我任教的班级。陆军看到海军这样做的效果很好,接着他们也派了一些人来。这些年轻人后来都当上了将军,他们在我日后为空军所做的工作中起了重要的作用。

我在加州理工学院执教多年,自信对工科教育沿正确方向发展是有所推进的。我做的工作有助于培养出美国需要的工程技术人才。然而,后来却出现了一种怪现象:这些年来,我一直强调工科课程中要加强化学和物理课，又尽力促进科学和技术紧密结合。我甚至还提议为有志于从事管理的工科学生开设社会科学方面的课程。这样一来，许多教育工作者开始考虑：既然少量科学知识对工科学生有那么大益处，那多教一些岂不更好。于是他们层层加码，给学生增加的物理和化学课越来越多。目前，这种倾向看来已走到另一个极端，工科和理科简直毫无差别。

我非常遗憾地说，我对这种倾向很不满意。工程师不是科学家。工程师不仅要掌握基本科学知识，还必须具备设计新的硬件的独创能力。工科院校若对这种双重要求没有足够的认识和鼓励，就是在教育上的失责。

像目前这样，工科的基础课程学 4 年或 5 年到底行不行，我也很难完全肯定。我认为工程技术领域现在已经极其复杂，学 4 年到 5 年的时间恐怕是不够的，看来还得增加一些教学时间。至于学位问题，美国的 3 级学位制——学士、硕士、哲学博士——很难适应时代发展的要求。将来选拔人才，必然要制订新的科技学位条例。在这方面，我们应该把重点放在诸如科学技术硕士这类专业学位上。取得这种学位资格的学生，不一定非要会做某种科学工作，但必须具备搞实际工程设计的能力。

我在布达佩斯的时候，为了取得工程师证书，不得不设计一种新型涡轮机的供水调节系统；不是搞整机设计，而是设计全部零件。在现代工程设计中，设计师手下一般有 20 个制图人员，因此他用不着处处自己动手。我认为这种情况很不好。在技术学位的实践考核上，我倒是赞成恢复老章法。如果说，每个学生都能搞出一项创造性设计的要求是过高了，那么教师可以给学生一张总装图，让他把图上的实际零部件都设计出来。

来美国之初，我看到美国工程技术人员身上还存在另一个问题。与其说这跟美国人气质有关，不如说这跟美国教育的关系更密切。记得我在伯克利出席过一次学术会议。有个青年在会上宣读了一篇论文。后来我发言说，他的研究工作做得不错，但没有达到应有的深度。我还指出另外有个人已经完成了这项研究工作，比他要出色。处理这条批评意见的工程师的反应令我大为惊讶。他们认定,鉴于那个大教授竟然批评了他们的人,那么,允许他在会上发言就是个大错误。

我认为这是典型的美国式花腔。在德国,我经常在各种学术会议上发言。对某些问题有什么看法,我总是开门见山,直抒己见。而在美国,人们发言时对论文作者照例是先恭维吹捧一番。即使是一篇普普通通的论文,也要吹捧为是一篇杰作。我不敢自诩在改变这种学术会议会风上起了多少作用;然而,此后几十年随着工程技术界的学术水平不断提高,人们对开展批评已经有了比较正确的认识。

从30年代开始,美国工科院校出现的另一种麻烦事,就是学生的专业思想不稳定。这个问题严重影响了整整两代工程技术人员。此后几年,由于对核科学和"核学派"的大力宣扬,使很多原来志愿学工的中学生不愿意考工科院校,而去改学物理学和化学。人们普遍忽视十分重要的工程技术问题,一心一意去追求新发现了。

这种现象在科学史上并非初见。多少年来,由于学校没有给工程技术人员打好坚实基础,从而使他们丧失了许多有所建树的良机。比如,当初我在学校里学电学时,学校只教发电机、变压器等电力拖动方面的知识。麦克斯韦和赫兹发现的电磁波传播,我也一点也没有学过。麦克斯韦和赫兹是物理学家,他们的发现导致了无线电报的诞生。无线电报本是技术问题,而这两位物理学家收获了发明的荣誉。

不久,工程技术人员开始研究电磁学,于是下一代学生就通学了电磁学知识。现在这一代学生呢,却又不学习电子,他们只学到电磁现象是一种和光类似的场为止。由于他们没有学过电子方面的知识,结果,发明雷达的又是一位物理学家;而雷达也是工程技术课题。

从此以后,工程技术人员开始学习各种电子知识,但却不去触及原子核,他们把原子的核心问题让物理学家去解决,甚至连核反应堆设计这种工程问题也得由物理学家去搞。尽管核能发电并不是物理学家的课题,而是工程师的项目。

现今这两种工作都结合在一起了。不过我认为，工程技术人员更应该在关键工程项目的设计上发挥应有的作用，让工科在青年学生心目中具有更大的吸引力。这一点完全能办到。我们还要去敦促各大学开设一些必要的课程，出版专题论文丛刊，举办学术研讨会。通过这些渠道让学生明白：当前最重要的课题既不是核物理学，也不是探索新发现，而是核工程学。解决核反应堆使用的抗高温材料问题正是当务之急。这是目前核发展计划的绊脚石。这个问题理应由核工程师解决。

至于未来的职称，究竟是叫科学家、物理学家还是工程师，我觉得无关紧要。纠正上述科技界的跛足状况，促使工程技术人员既懂基础理论，又能运用理论不断创造新设备，这才是问题的关键。我认为，这样搞不仅为工程师增光，更能为科学技术的阔步前进作出实质性贡献。

21 轻于空气

1930年某日,我接到老友沃尔夫冈·克勒姆佩雷尔的来信,他是我从前在亚琛搞滑翔机的助手。信上说,他跟他的"上司"、飞艇设计师卡尔·阿恩斯坦正在为阿克伦的固特异橡胶公司搞新结构飞艇设计。他们问我是否愿意重任旧职,当美国齐柏林飞艇制造商的顾问。我也知道,固特异公司早在6年前就把齐柏林飞艇专利及设计专家都买下了。

在我心目中,华丽的飞艇是早期航空工业有生命力的出色产品,也是远程航行向舒适发展的一项实际成就。从技术上讲,当时的飞艇并不亚于飞机,是一种高效运输工具。诚然,飞机的速度比较快,但在远程航行上,其效率和舒适程度都远不如飞艇。再加上我曾乘飞艇游览瑞士与德国交界处的康斯坦茨湖,那次愉快之旅更增添了我对齐柏林飞艇的好感。我毫不犹豫地接受了克勒姆佩雷尔和阿恩斯坦的建议,从而开始了我和美国航空工业长期合作中的一段不平凡的经历。我本来就喜欢工作有连续性;这一次同老朋友搞老项目作为与工业部门协作的开端,我觉得是个好兆头。

固特异公司要造齐柏林飞艇固然出于对洲际飞行的关注,但主要目的是为了做海军生意。第一次世界大战结束后,海军负责主管飞艇。从1919年至1923年,海军在德国L-33和L-49型军用飞艇的基础上,建造了美国第一艘刚性骨架飞艇——"谢南多亚"号。初航后刚满两年,"谢南多亚"号就在一场席卷俄亥俄州的暴雨中坠毁,扎卡里·兰斯多恩艇长和13名乘员丧生。

海军对事故进行详细调查后得出结论:飞艇强度不够,顶不住暴风袭击。飞艇的基本结构是可靠的,但需要改进。一年以后,国会批准海军再造两艘更大、更牢固的齐柏林飞艇。

哈里·古根海姆早就预见到这方面工作有研究的必要,他手下人承包了大部分飞艇性能和结构的试验研究工作。他要把阿克伦市搞成世界飞艇研究中心,在阿克伦机场兴建了一所4层楼的飞艇研究所。该研究所名义上附属阿克伦大学,实际研究工作由我在帕萨迪纳指导。当初密立根请我担任古根海姆实验室主任时谈起过一个宏大规划,飞艇研究所就是其中的一个项目。

我让西奥多·特罗勒博士负责建所工作,他是我1931年从亚琛请来的高级助手;我还从亚琛邀请了总设计师汉斯·布肯;此外,我还向加州理工学院借调华敦德来工作一年,协助设计空气动力学试验设备。1931年研究所建成后,特罗勒就留在那里当常务主任。

在研究所建造过程中没发生什么特别的问题,但我真切地记得其间发生的一桩逗人发笑的事情。我曾计划造一个垂直的风洞,而非常规的水平风洞。对某些设计人员来说,这就好比向教练建议造一个方形足球一样荒谬。有一些实验室用小型的垂直风洞来测试飞机尾旋,但未曾有人考虑用这种风洞来研究飞艇的空气动力学特性。但是用这种风洞有一大优点。飞艇模型可以通过相对简单的支撑,像肥硕的香肠那样悬挂起来,如此,既可以使实验更易操作,又可节约可观的实验空间。于是便设计了垂直风洞,并于1923年初在研究所安装妥当。

一天,我注意到镇上有一场飞行特技表演,有一个姑娘是跳伞表演的主角,我马上半开玩笑地建议道,我们应当请她来我们的风洞亮相。她可以漂浮在上升气流中,让我们测试不同风力对她的降落伞所起的作用。我对这种直接而令人愉悦的实验法向来是赞成的。可惜的是,这位漂亮的空中飞人吃惊地看了一眼深达 30 英尺的黑黢黢的风洞，马上就拒绝了。她说风洞不安全。我没忍心告诉她，没有什么比从气球上跳入毫无防护的空中更危险的事了。但不管怎样，既然记者们要拍她在飞艇研究所的照片，我们就在风洞口安了一块防护屏，让她非常安全地摆好姿势给记者拍摄。

研究所的第一个军用项目是研究飞艇飞行的空气动力学特性。飞艇承受的各种作用力中，有一个主要阻力源——湍流。早先德国人搞齐柏林飞艇就研究过湍流，为了按空气动态条件科学地设计飞艇，我们必须对湍流进行更深入的研究。

湍流是我们的老相识了。读者或许记得，1930 年，就是我在阿克伦开始工作的那一年，湍流正是我跟普朗特老教授进行国际性竞争的焦点。从那时起，我一直在研究湍流，但规模不大，只是对管道中流动的空气和水进行观察研究。为了在飞艇设计上有所建树，现在我必须扩大视野，考虑艇体四周空气湍流团块的动态及其与艇体表面的摩擦特性。本来我打算在阿克伦搞些适当的试验，由于试验规模太大，在实验室条件下很难办到，于是我就想在自然界寻找一种与飞艇飞行状态类似的天然湍流体系。

最后，我注意到了云层飞经派克峰时形成的空气运动，跟飞艇在一定气候条件下飞行的气流运动情况非常相似。这个条件我在加州理工或阿克伦的实验室是根本无法办到的。

派克峰上云层缓慢流动的慢镜头影片显示出了大量湍流的产生过程，快速放映时则出现了涡旋面，其形状与我做风洞模型实验观察到的完全相似。至于尺寸大小不同，那无关紧要。因为自然界的一切物体，不管大小都是美妙和谐的。无论在浩瀚无垠的太空，还是在注射器的针孔里，或是在帕洛马天文望远镜的支承油膜中都一概如此。几年后，我写了一篇论文，题目叫《太空中的湍流》。文中谈到，即使是遥远太空中巨大的银河系，它的运动跟气体或喷泉的分子微观运动也完全相似。

可惜的是，美国的两艘大飞艇，倒霉的"阿克伦"号和"梅肯"号，都出生得太早。它们跟飞艇研究所同时动工兴建，没有能从上述实验得益。

1931 年举行命名典礼的美国"阿克伦"号飞艇比早先的"洛杉矶"号更大，因而有飞艇之王称号。有一次，我乘坐"阿克伦"号在伊利湖上空试飞，航速是 70 节。我觉得这个雪茄形的巨大气球华丽又壮观，兼有齐柏林飞艇的优点——舒适、平稳、安静。乘员在宽敞的艇舱里活动，不像在飞机上那样受限制。

时至今日，那情景我还记忆犹新：我坐在垂直稳定翼下方的艇舱里凭窗俯瞰，伊利湖的美妙风光和四周秀丽的田野景色尽收眼底，看上去真是令人心旷神怡。

海军少校查尔斯·罗森达尔担任试飞艇长，他是"谢南多亚"号失事的幸存者之一，是美国最著名的飞艇艇长。大约一年后艇长由海军中校阿尔杰·德雷斯尔接任，后者又把接力棒交给了海军中校弗兰克·麦考德。"阿克伦"号于 1933 年 4 月 4 日这个倒霉的日子奉命出航，海军航空局局长、海军少将威廉·莫菲特也在艇上。莫菲特是个飞艇迷，他向记者们夸口说："在美国建造的飞艇中，数这一艘最安全、最可靠。"

不幸，莫菲特是过分乐观了。飞艇在空中航行时，新泽西海岸一带起了一阵暴风雨。暴风雨势头愈来愈猛，"阿克伦"号在暴雨中扭来扭去，像个不幸的布娃娃一样被掷来掷去。接着，无线电联系中断，暴雨猛击飞艇的银灰色蒙皮，狂风一阵紧似一阵，终于把艇体压垮了。"阿克伦"号向大西洋一头栽下去，顷刻之间，化为乌有。76 名乘员中 73 人丧生。余下 3 个人拼命抱住飞艇残骸才死里逃生。

我非常关注这次飞艇失事的原因。其中有一点我特别感到疑惑不解。飞艇失事当天，美国气象局的天气预报说：风雨不大，照常航行。那么问题到底出在哪里呢？是制造工艺上、空气动力学上，还是天气预报上出了差错呢？

我回到帕萨迪纳后向加州理工学院好几位教授请教了这个问题，但他们的见解都没有超出我知道的范围。不久，有个在地质部地震专家贝诺·古腾堡教授手下工作的青年研究生给我打来一个电话说，他已经揭开了飞艇坠毁的奥秘。

我请他马上就来。不一会，我家里就到了一位风度翩翩的青年。他自我介绍名叫欧文·克里克。他一边摊开好些图表，一边解释说，新泽西沿岸出现的那种天气，美国气象局并没有认真对待。当时有两股巨大的气团，正以极快的速度面对面地飞移过来。气团前锋互相冲撞的位置刚巧就在"阿克伦"号出事的地方。这两股气团的前锋犹如两支钢铁大军，"阿克伦"号无形之间成了它们搏击的牺牲品。

对这个解释我感到很满意。其中，我的老相识——美丽的双涡街又出现了。双涡街是由一股上旋压力气柱和一股下旋压力气柱交汇形成的。"阿克伦"号根本想不到会受到它的巨大作用力。我把托米恩请来一起研究。我们认为克里克的解释虽非完美无缺，但约莫八成是正确的。对我来说，依据它就足能作出判断了。当天我就把克里克对"阿克伦"号坠毁的解释转给报社发表。从此以后，克里克和他的气象学原理开始受到普遍重视。

加州理工学院的同事们都认为，适宜的天气是飞艇航行的一个重要条件，同时还具有相当重要的军事意义。我向密立根建议，流体力学将来的实际用途之一是创立一门"合理气象学"，学院应该开始讲授这门课。当时学者们普遍认为气象学是一门捉摸不定的科学，因此几乎没有人肯教这门课程。而我却认为气象学是能够站得住脚的。由于密立根也同意我的观点，于是在课程表中加上了一门"气象学"。

我还主张派克里克到挪威的卑尔根去向当时搞动态气象学研究的主要人物毕尔克尼斯教授学习。后来，克里克学成返校，担任加州理工学院新设置的气象学系主任。那时，陆军航空兵司令H. H. 阿诺德将军（哈普）对这门新学科很感兴趣，就派了一些军官到加州理工学院来专修这门课。

第二次世界大战期间，克里克和他的同事都担任了美国空军的气象专家。艾森豪威尔率领盟军在诺曼底登陆的日期就是他们负责选定的。他们还替阿登战役和横渡莱茵河选择发起进攻的时间。由于克里克预报莱茵河不会有大潮汐，使盟军横渡莱茵河进入德国本土的时间比原定计划提前了两个多月。战后，克里克与加州理工学院闹翻了，就离开学校去从事商业气象预报工作，成了一位世界闻名的气象学家。

我提的另一项建议是，对各种飞行条件下飞艇承受的作用力客观地进行理论和实验研究。这就是后来制定的湍流综合实验计划，它的某些研究成果前两章已经介绍过了。

尽管作了种种努力，我们对决定飞艇未来命运的那些作用力仍然无法驾驭。

1935年2月12日，比"阿克伦"号更大、更豪华的"梅肯"号坠毁的消息简直让我们惊呆了。"梅肯"号于返回桑尼维尔停泊场途中，在加州苏尔岬沿岸1 250英尺高空飞行时，一阵强风突然把飞艇上的垂直稳定翼板刮飞了。艇壳上立刻出现了一个大窟窿。曾从"阿克伦"号飞艇事故中幸存下来的威利艇长立刻操纵损伤的飞艇向海面飞去。艇尾刚刮到水面，有个乘员吓得魂不附体，从125英尺高的艇头上跳下去，结果在水面上撞死，另一个人也因跳水送了命，其余81人却全部得救了。

"梅肯"号出事后，很多人，包括罗斯福总统，对飞艇的价值产生了疑虑。于是一夜之间，形势大变。"梅肯"号事件与"阿克伦"号大不一样：人们普遍认为"阿克伦"号失事是无法避免的，而"梅肯"号坠毁的原因很难说清楚。甚至专门调查事故的海军调查会议也无法作出明确结论。事实上，飞艇运行情况良好，结构设计无懈可击，艇长驾驶也很得当。在受力计算上，不仅考虑到我悉心研究的"骤风效应"，而且对飞艇可能受到的各种作用力都作过精确计算。除此之外，它遇到的气候条件并不险恶，根本没有坠毁的危险。但是，事实毕竟是事实，在一长串坠毁的飞艇名单上，"梅肯"号终究还是列上去了。

这一次我又把克里克请来，看看是否又有什么因素被忽略了，希望他再能从气象上说出个名堂来。讨论中我们发现了一个有意义的现象：实际上"梅肯"号碰上了一股隐藏的湍流，或者按现代气象学家的说法叫"锢囚锋"。我们在报上发表一篇文章，阐明这一有助于解释事故原因的大气现象。回想起来，这篇文章对我个人生活还起了意想不到的重要作用呢。当时我正申请加入美国籍，并为此对美国历史和宪法知识认认真真作了一番准备。我一到法庭上，法官开口就说："哦，您就是西奥多·冯·卡门教授，我在报上见到了您的大名。现在请您说说'梅肯'号到底是怎样失事的。"

法官全神贯注听我解释锢囚锋现象，不时还点点头。然后他什么也没有问就让我举起手来进行入籍宣誓仪式。从此我就再没有机会显摆我来之不易的美国历史知识了。

对"梅肯"号事故众说纷纭、莫衷一是，一度引起极大的混乱。海军对轻于空气的飞艇也愈来愈感到失望。

然而，在全盘否定飞艇计划之前，海军部长克劳德·斯万森责成海军科学顾问团主任卡尔·康普顿博士组织一个不带偏见的委员会，先总结一下现状，然后对飞艇计划的前途大体上作出一个明确的判断。飞艇特别委员会里有许多当代第一流的工程师和科学家，如麻省理工学院的威廉·霍夫加德、加州理工学院的罗伯特·密立根、斯坦福大学的结构力学专家斯蒂芬·季莫申科、贝尔电话实验室主任F.B.朱厄特、通用汽车公司的C.F.凯特林、斯坦福大学的W.F.杜兰德以及麻省理工学院的A.V.德·福雷斯特，组长是杜兰德。我也是小组成员。

委员会的工作并非总是一团科学和气的。我记得1935年5月，负责材料调查的德·福雷斯特教授向杜兰德报告说，从总体上讲，飞艇材料非常可靠；毛病出在垂直稳定翼板的结构上。他把问题归咎于海军，指责海军没有听取固特异-齐柏林公司阿恩斯坦博士的意见。阿恩斯坦对稳定翼板深入研究后，提出过结构上要加固。7月，德·福雷斯特向阿克伦一个女记者透露了自己的看法,并指明问题出在海军方面,尤其那些往返于华盛顿的中间人责无旁贷。接着就产生了一场混乱。海军部长斯万森要杜兰德对这件事作出解释,并让罗森达尔艇长等人来说明国会调查情况。

我对这件事也非常恼火。我不仅认为国会或别的什么外行小组不适于对技术问题进行调查和作出判断,而且对飞艇部门主管加兰·富尔顿海军中校深信不疑。8月,我在给密立根博士的信中指出,海军已经听取了阿恩斯坦关于加固垂直翼板和支架的意见。一方面,海军向固特异公司咨询后看不出有采取紧急措施的必要;另一方面,飞艇继续在太平洋上空巡航更为重要,因此才没有在桑尼维尔停泊场进行加固。

我怀疑德·福雷斯特攻击海军可能与固特异-齐柏林公司的利益有关。公司方面企图把责任推出去,自己从中滑掉。我个人认为,哪一方面都不该因飞艇悲剧受到指责,因为设计飞艇时,我们对飞艇的空气动力学知识还没有全面的了解。因此,把是否加强翼板作为决定性因素看待仅仅是一种主观判断而已。

杜兰德对德·福雷斯特信口开河使委员会陷入困境要进行惩处。我劝他还是克制为好,因为把德·福雷斯特开除出委员会,人们会认为此举是海军为了掩盖自己的丑行,这样一来,他反而成了委员会里唯一的英雄了。最后,杜兰德决定让德·福雷斯特留任,以免使问题有挟带"丑行"之嫌。

就在小组审慎研究问题期间,一个讨论飞艇现状和科学地估价齐柏林飞艇的国际会议在阿克伦召开了。会上,轻于空气的飞艇派和重于空气的飞机派意见分歧很大,双方进行了激烈争论。所有那些充满激情的发言我都已忘却了,唯独剑桥大学威廉·法伦爵士那几句缓解紧张气氛的话至今还言犹在耳。他引用一个故事作开场白:有个外地人在都柏林大街上看到两伙爱尔兰人大打出手。于是他走过去对一个斗殴者说:"劳驾,请问这是一场私人打斗,还是一场任何人都能参加的打斗?"

接着法伦就摆出了自己的观点:他对飞艇的价值表示怀疑。

说句老实话，我也同意法伦的观点。由于当时很难想象飞艇航速能大大超过70节，既然风速常常大于70节，飞艇在暴风中就有失去控制、耗尽燃料的危险。飞艇尽管是经济实惠的飞行工具，但用它来横渡经常有狂风暴雨的大西洋，看来是很成问题的。

1935年底，飞艇特别委员会完成了大部分工作。1936年1月16日，委员会向斯万森部长作了汇报。总的来说，我们认为海军及其他一些部门对飞艇的适航性估计过高。在没有作过实尺模型的深入试验之前就安排大量正规巡航任务，显然是操之过急了。委员会研究报告指出，有了过去毁艇事件的教训，现在再造的飞艇，其再次发生事故的可能性可望降低到正常服役可接受的水平。委员会建议海军贯彻一项"深思熟虑的飞艇建造计划"。这一点我完全赞同。我认为，海军若把飞艇研制完全让德国人去干是不明智的。

1937年，飞艇之王德国"兴登堡"号在新泽西州莱克赫斯特上空不幸烧毁。这等于给了飞艇支持者迎头一棒。虽然大家都明白，德国人如果用氦气代替易燃的氢气就不会发生这场灾难，但只有美国拥有大量氦气，而1927年通过的一项法律禁止向外国出口这种稀有气体。我记得我的老友齐柏林公司的雨果·埃肯纳博士整整花了10年时间，试图让美国修改这项法律，以便能实现横跨大西洋飞艇航线的梦想。

1937年他终于获得成功，美国修改了这条法律。但这时太晚了，希特勒已经上台，正疯狂地鼓吹一场新战争。国际形势迫使美国政府改变主意，又禁止向德国出售氦气。埃肯纳再次向美国内政部长哈罗德·伊克斯提出请求，但毫无结果。

1942年，齐柏林飞艇受到了最后的致命打击。那时希特勒下令拆掉伟大的"齐柏林公爵"号，用拆下来的铝材造飞机。一年后，纳粹航空部长戈林在古老华丽的飞艇前摆出一副侮辱的架势，命令把飞艇诞生地腓特烈港的飞艇库全部炸光。

从科学上讲,"兴登堡"号烧毁并不能全盘否定飞艇;但从心理上讲,飞艇是彻底完蛋了。从此以后,再没有人去支持这种动辄失事的庞然大物了。

尽管如此,我对飞艇却一直怀有好感,甚至到了 1962 年,我的观点也没有改变。我觉得如果为飞艇配备上喷气推进螺旋桨,航速就能大幅度提高。这样,飞艇还有再生希望。我们可以采用罩盖式螺旋桨推进,并将它装在艇尾。这种飞艇比螺旋桨推进的齐柏林飞艇的效率要高得多。我估计航速可能达到每小时 200 英里,在一般高度上飞行,它比齐柏林飞艇速度要快 3 倍多。如果能办到这一点,飞艇就能成为高效、安静和经济实惠的远程客货运输工具。

最近有人提议,用飞艇把上千吨重的巨型土星运载火箭的部件从制造厂运到相距千里的卡纳维拉尔角[1]去。空军没有采纳这个方案,理由是不经济。他们采用了内河驳船运输。我看,一旦田纳西河上某个水闸承受不住驳船的重量而引起塌方,驳船运输就会遇到很大麻烦。到底该不该抛弃飞艇,我还没有最后吃准。最近我在报纸上看到一条消息:大阿克伦研究中心的不动产正分割成小块块出卖。对此,我不禁感到一阵悲怆。30 年代初期,我曾经在那里度过一段时光。如今,那昔日的繁荣已一去不复返了。

---

[1] 美国空军和航天基地,1963—1973 年间称肯尼迪角。——译注

22　DC-3飞机和"飞翼"

正如罗伯特·密立根早先预料的那样，四季常春的气候正把飞机制造商纷纷吸引到南加州来。道格拉斯飞机公司于1930年代在圣莫尼卡建立，洛克希德飞机公司也在伯班克开张了，康瓦尔飞机公司的前身联合飞机公司正在圣地亚哥建造一个庞大的综合工厂。这些公司都是美国商业航空的先驱。

在研制加州理工学院那台风洞期间担任我助手的克莱因"少校"也兼职为道格拉斯公司工作。有一天，他对我说，道格拉斯公司想使用加州理工学院实验室测试DC-1飞机的一些问题。DC-1是开创商业航空时代的大型客机DC-3的前身。向飞机工业提供试验设备，使加州理工学院随同新兴的航空工业一起成长，一直是密立根梦寐以求的良机。由于当时飞机工业还没有看到委托研究的好处，因此第一批试验费用实际上是由古根海姆基金会支付的。

我对DC-1飞机和道格拉斯公司的辉煌历史都很感兴趣。我认为，正是由于1932年罗斯福总统和航空公司之间的一场政治斗争，道格拉斯公司才被迫开始建造商用飞机的。罗斯福总统的邮政部长詹姆斯·法利指责航空公司为自身利益操纵邮件收费率，并怒气冲冲地取消了与它们的合同，把邮政业务交给了陆军航空部队。这一行动对创办不久的航空公司是一次致命的打击，它们在绝望中迫不得已转向了客运。阿特·雷蒙德设计的DC-1型飞机是最早的大型客机，不久，另一种更大的改进型DC-2客机就接踵而来。DC-2 在当时著名的伦敦—墨尔本 1 万英里飞行竞赛中获得优胜，以 71 小时 28 分飞完全程，从而为唐纳德·道格拉斯在飞机制造业中确立了主导地位。1939 年，道格拉斯推出了第三种型号 DC-3 飞机。DC-3 是 DC-2 的扩大，并设有卧铺，当初叫做"道格拉斯卧机"。不久，它就成为出名的美国客机。

根据我的意见，我们在加州理工学院研究 DC（道格拉斯商用飞机）的基本结构。我们提出的设计思想终于使 DC-3 成为名副其实的大型客机。我们研究的第一个大问题是机翼上的涡流引起飞机颤振的可能性。由于 DC 型飞机的机翼与机身在下部相连接，因此这个问题非常突出。在飞行中一旦出现这种颤振，飞机极易失去控制。幸而在 DC-1 之前，有一种叫诺斯罗普"阿尔法"的下单翼机已经解决了这个问题。

克莱茵"少校"和小密立根已经对"阿尔法"飞机模型进行过一系列风洞试验。当他们将风速加到每小时 200 英里时，飞机模型开始摇晃，接着就发生强烈振动。经过一番探测，他们找到了振源，那就是机身和机翼接合处的湍流。接合部位的尖锐拐角使掠过的气流减速，从而形成了涡流。涡流掠过翼梢后便冲击尾翼，造成振动。

我毕生都在研究涡流，特别是研究卡门涡街的形成，因此，要我认同毛病出在涡流上并非什么难事。后来事实表明，解决这个问题非常简单，只要在机翼和机身连接处装上一块小小的整流板就行了。这块整流板使飞机性能发生了惊人的变化，它消除了空气涡流，使机尾不再振动。这是风洞测试结果救活一架飞机的实例。

由于道格拉斯 DC 型的机翼与阿尔法型飞机相似，因此，我们决定在 DC-1 上也采用整流板。我带上一团油灰，高高兴兴地爬进 10 英尺深的风洞。我想象自己就是一架飞机，试试看自己哪些部位感受到局部空气压力。为了显示出飞机模型上的气流运动情况，我们在模型的各部位用带子绑扎上一束束羊毛丝和细线，然后观察哪些部位上的丝线平稳飘动，哪些部位上的丝线激烈拍打，以便确定气流怎样从模型表面上分离，怎样在湍流运动中消耗它们的能量。通过这个办法，我们发现如我们所预料的，空气在流过机翼和机身连接处时就激烈颠簸起来。在拐角处嵌上油灰，气流颠簸现象就立刻消失了。目睹整流板竟有如此奇效，可真令人兴奋啊。

加州理工学院小组为 DC 型飞机设计了一个与飞机模型上的油灰嵌条有同样整流作用的圆角嵌条。DC 系列飞机安装上这种圆角嵌条后，再也没有出现过其他结构相似飞机深受其害的那种振动。

出乎意料的是，圆角嵌条的效用竟引起了全世界飞机设计师很大的兴趣。比如，1933 年，在 DC-1 初次开航前后，我应一群飞机制造商的邀请，到巴黎介绍美国空气动力学的进展情况。除了其他内容外，我也介绍了圆角嵌条。法国人听了简直目瞪口呆：这么个简单玩意儿竟能解决如此重大问题，而目前让法国飞行员在飞机上挨颠的正是这个问题。从此以后，他们就把圆角嵌条跟我的名字挂起钩来，管它叫做"卡门"。法国人根据圆角嵌条的尺寸大小分别称为"大卡门"和"小卡门"。说实在的，我认为它应该叫做"克莱因"，因为基本工作都是跟我们加州理工学院小组合作的克莱因[1] 干的。不过，对某些语言学家来说，"大克莱因"这个名称也许有点自相矛盾吧。

过了一段时间，道格拉斯公司的工程师跟加州理工学院小组的磋商又进了一步。公司对早期的 DC-1 型飞机不满意，因为它的飞行速度比不上当时刚问世的美国第一架全金属运输机波音 247。DC-1 的最高设计速度为每小时 150 英里，道格拉斯公司希望速度能更快些。

速度问题，实质上就是如何解决气流掠过开式风冷发动机气缸时产生的湍流问题。我们小组建议公司采用美国航委会设计的发动机罩壳。这种罩壳能将发动机封闭起来，控制空气在气缸周围循环。我认为这是道格拉

1　克莱因（Klein），在德文中意为小，大克莱因可理解为"大的小"。——译注

斯公司可以采用的一项重大先进技术。我们还建议把装发动机和螺旋桨的短仓移到机翼上。

道格拉斯的工程师们对原先设计修改后发现,不用增加发动机功率,飞机的巡航时速就能提高 30 英里。

对道格拉斯公司来说,我们在加州理工学院进行的飞机结构研究也很重要。那时候,飞机结构件是采用木料及纺织品制造的,而且很粗糙。飞行中承受载荷的梁、桁架、支柱一类的构件很少采用金属。早在第一次世界大战期间,飞机设计师们就对金属构件进行过试验(其实,我也协助容克设计过第一架全金属悬翼飞机,那架飞机在 1915 年试飞)。但总的说来,直至 30 年代初期,设计师都避免采用金属材料,他们认为金属蒙皮或金属构件既不能使飞机重量明显减轻,又不足以承受飞行中的载荷。

我对金属结构问题感兴趣是由加州理工学院的一次学术讨论会引起的。在讨论会上,有个名叫欧内斯特·塞克勒的研究生(现在是加州理工学院的航空学教授)对国家标准局的金属薄板强度研究报告作评价说,标准局的工程师们认为,金属板容易断裂,因此不能用于制造飞机结构件。在他们看来,金属板的抗弯强度极限是使用的顶点;根据材料手册上的数据,当金属薄板受到远比飞机飞行时承受到的载荷小得多的力时就会屈曲变形。塞克勒的报告使我感到好奇,因为我从年轻时候起就一直对屈曲问题感兴趣。接连几天,我研究了这个问题,很快发现,如果沿金属板依次布置一些加强筋,就完全能够承受得住载荷了。这样产生了"有效宽度"理论。设计师在飞机设计中很快就运用了这个理论,它在木料和纤维织品飞机过渡到全金属飞机中起了关键作用。

在 1935 年底投产的 DC-3 飞机上,上述设计和结构方面的指导思想都有所运用。DC-3 作为经久耐用的飞机,从此便开始了它的漫长历程。我坚信,这种飞机再也没有出现过其他严重问题,我也敢断言,我们的研究工作和风洞的作用已经使加州理工学院在新兴的飞机制造业中赢得了重要的地位。

DC-3飞机连续不断取得成功,促使南加州的航空工业生意兴隆。有"苏格兰铁汉"称号的唐纳德·道格拉斯,在毫无政府资助的情况下把航空开拓成一项伟大事业,他本人也因此而将名垂史册。由于业务不断扩大,他经常与我会面。随着时间的推移,我也渐渐认识了其他许多航空工业的先驱人物;其中有创立洛克希德飞机公司的格罗斯兄弟,我初到加州理工学院时担任道格拉斯飞机公司总工程师的"德国佬"金德尔伯格,他在通用汽车公司的资助下于1934年办起了北美航空公司。第一次世界大战时的两位王牌飞行员格林·马丁和埃迪·里肯巴克现在也成为航空工业家了。在这个航空迅速发展时期,他们都成了我的朋友。

在这班人中,最令人难忘、其实也是航空史上最有趣的一位人物是洛杉矶的诺思罗普飞机公司的创始人杰克·诺思罗普。他既没有上过大学,也没有正规地学过空气动力学,但对航空颇有直观的理解力,而且搞出了不少重大而杰出的飞机设计。其中最精彩的就是"飞翼"式飞机。令人遗憾的是,这种飞机既是诺思罗普梦想的顶峰,又是他最惨的败笔。

1930年代后期,我开始和诺思罗普合作。那时,这位道格拉斯公司和洛克希德公司的前设计师正在创办自己的飞机制造公司。他要求我介绍一位优秀的空气动力学家当他的技术参谋,我推荐了威廉·西尔斯博士。目前,西尔斯是康奈尔大学航空工程学院的院长[1]。我也答应等他的公司在1939年建成后去当一名顾问。

诺思罗普很崇尚无尾飞机的飞行原理,并经常谈论它。他管这种飞机叫"飞翼"。从科学观点看,他的设想非常有趣。其实,飞机并不需要用尾巴保持平衡。既然机尾会增加重量和阻力,那么取消飞机尾巴看来是合理的,因为这种结构能提高飞机效率,降低制造成本。像这种无尾结构过

---

[1] 从1963年9月起,西尔斯担任康奈尔应用数学研究中心主任。——原注

22 DG-3飞机和"飞翼"

去曾有过一些先例。早在1910年,第一架没有尾巴的飞机就在英国试飞过。容克也握有一种飞翼的某几项专利。1920年代后期,英国范堡罗的皇家飞机制造厂、德国达姆施塔特的乔治教授都设计过无尾飞机。记得我在给日本河西公司的信中曾经指出,这种飞机没有什么发展前途。但无尾飞行的梦想却不断影响全世界许多飞机设计师。海因里希·福克博士和亚历山大·李比希博士就是两位动过脑筋的德国设计师。然而,所有早期热衷于无尾飞机的设计师们,没有一个比得上诺思罗普的宏伟设想——制造一架巨型无尾轰炸机。

诺思罗普向我和西尔斯询问过很多有关无尾飞机的专门问题。比方说,在没有尾巴的情况下,飞机的稳定性可采用机翼大幅度后掠和扭转、翼梢冲角小于机翼中心冲角来解决。这种扭转翼梢能产生与机尾相同的空气动力效果,实际上能取代机尾。

我们的建议帮助诺思罗普将"飞翼"式飞机推进到样机设计阶段。不过,诺思罗普的主意总是比别人来得快。1942年秋天,他兴冲冲地来找我。他听说我们在搞喷气助推起飞研究,马上想出一个点子:造火箭推进的轻型"飞翼"去拦截伦敦上空的德国轰炸机。这种飞机可能比当时任何飞机更快、更有效。

我和西尔斯都赞成这个想法。接着,诺思罗普就和一些小公司签订了制造这种新飞机的合同。由于这种飞机的发动机有特殊要求,我们就计马丁·萨默菲尔德暂时放下喷气助推起飞研究工作来承担动力装备设计。

稳定问题由普林斯顿大学的考特兰·珀金斯教授研究解决,当时他还是莱特基地的一名年轻工程师。由于预计到推力极大,稳定问题相当重要,珀金斯提出的解决办法是安装一个垂直尾翼,而诺思罗普和西尔斯对此却很不赞成。作为折中的办法,西尔斯同意暂时装上一块硕大的胶合板垂直稳定翼,但如果试飞结果像他预期的那样,不一定需要尾巴,那么就得允许他把那块垂直翼板锯掉一部分。

然而，西尔斯根本没能用上锯子，因为试飞员将这个问题彻底解决了。他在一次试飞后坚持说，他可不愿去开一架没有尾巴的飞机。这样一来，那架无尾火箭飞机后来试飞时就装上了一条非常引人注目的垂直尾翼，看上去简直像一面三角形船帆。

1943年，这架称为MX-324的火箭"飞翼"试验样机准备在加州慕洛克机场上空试飞。由于用胶合板试制，所以飞机做得很小，飞行员只能趴在驾驶舱里用脚控制飞行。试飞时，用一架P-38型飞机牵引，以使飞行员有火箭飞行的感觉，也为制造推力大10倍的全金属截击机提供有用的技术数据。

更大的飞机后来终于造了出来并进行了试飞。然而，那架飞机第一次试飞就出现怪毛病，在飞行中莫名其妙地失控，飞行员因跳伞速度稍微慢了一点而被机翼刮死。事故原因始终没有查清楚。这时大战已临近结束，因此，截击机项目也就不了了之。

在此期间，诺思罗普正着手进行最新式螺旋桨推进大型"飞翼"轰炸机的试飞工作。我和西尔斯经常一大早就开汽车赶到试验现场观看试飞。当"飞翼"像一只大鸟从平坦场地的上空掠过时，我仿佛感到又重新回到了航空诞生时期。40年前，我清晨5点钟曾经驱车赶到巴黎附近的伊赛机场观看法尔芒的飞机进行欧洲首次2公里飞行，当时的那股激情现在又涌现出来。

几次试飞虽然都成功，但"飞翼"却不受飞行员的欢迎。他们抱怨说动力装置不好，而工程师们则认为发动机冷却系统有问题，这意味着发动机不能开足马力。奇怪得很，在一架新式飞机上我们遇到的却是老问题。不过，动力装置确实太复杂了。封闭在巨大机翼内的几台发动机有各种各样的冷却叶片、许多冷却孔和不少根长传动轴。这种结构不仅设计工作量大，而且检查故障也很麻烦。

在那些埋头苦干的日子里，我对杰克·诺思罗普逐渐有了更深的了解。

我发觉他态度温和、待人宽厚、富有天才，是个有胆有识的人。老实说，有时他胆子大到非要有人加以约束不可的地步。他一直在运用特殊材料搞一些特殊结构。这种工作我也很喜欢搞。但是他常在自己搞的新东西上又加新东西，结果使原先搞的新东西过于复杂。此外，他对试验缺乏耐心，只相信自己的想法。这一条就够呛了。有时，他的技术参谋们不得不很有礼貌地向他表态说，他认为很完美的设想是不切实际的。

诺思罗普为人非常直率，这往往会给他招来不少麻烦。比如，有一次他接受《时代》杂志记者访问，在谈到创业的情况时他说，刚开始公司规模很小，"其实，我们在霍桑一幢黄色大楼里先搞了个技术科。原先那幢房子是个非法活动的场所，由于警察进行了一番'大扫除'，我们方能搬进去"。

那位记者觉得这事颇有点儿美国西部色彩，因此想记下来作为报道题材。然而诺思罗普的同事们认为，把一家重要的国防工厂说成这副样子不符合公司最高利益，经他们向上级反映后才把这个内容取消了。时至今日，我重提这件有趣的往事，想来杰克是不会见怪的。

空军通过3种XB-35实尺比例试验样机继续支持"飞翼"计划。其中YB-49型，正如字母符号表示的那样成了现役飞机(X代表试验，Y代表服役，B代表投产)。YB-49型跟前两种型号飞机的唯一不同点是，原先的4台往复式发动机和螺旋桨推进改成了8台喷气涡轮发动机。飞行员一旦不用对付过分复杂的许多机械附件，对"飞翼"的看法就改变了。最后的型号开始受到他们欢迎。事实上，他们非常喜爱它，有人甚至把飞行速度拉到超过铭牌规定(时速500英里)。由于这个速度大大超过飞机结构允许的界限，因此飞机开始振动并丧失了稳定性。

1948年6月5日，美国空军上尉格伦·爱德华兹在一次俯冲中可能将飞机速度拉到顶了，结果造成机毁人亡。

第二年，空军撤回了对"飞翼"计划的支持，因此它只好下马。作为挽救"飞翼"命运的最后一着棋,有人提议用它做航空测绘飞机。军方拒绝了这个建议,并决定采用更为稳妥可靠的 B-36 飞机取代它。

"飞翼"是注定要失败的,因为它生不逢时,出现在航空史上的时机不当。诺思罗普坚持要将乘员、燃料以及其他构件都放在机翼内部。这些负载必然使机翼厚度增加。以 300—400 英里的时速飞行,厚机翼非常合适,然而,这时空军已开始对 500—700 英里的时速感兴趣了。事实上,贝尔 X-1 型飞机在连续试飞中已多次跨越过音障。

在这样高的速度上"飞翼"是不行的。在跨音速和超音速区间,薄机翼具有经济、稳定、容易制造等优点。即使低速飞行,"飞翼"在稳定性和操纵方面仍存在不少难题。结构简单、重量轻的薄机翼与动力装备、包括发动机都装在机翼内的厚机翼之间的矛盾是很难解决的。

由于诺思罗普无法为公司挣到钱,他只好辞去公司总裁职务。我始终认为,让诺思罗普的"飞翼"飞机下马是丢脸的。他坚信,美好的东西总是正确的,他的那些大胆而富有想象力的设想本来应该获得成功。

23　玻尔、费米、爱因斯坦

在帕萨迪纳,我的家庭生活跟在亚琛完全一样。

母亲和妹妹在马伦戈大街看中了一幢西班牙式单层住房,其中有一个大餐厅、一间起居室和左右两间厢房。这样我既可独处一室,一家三口又能团聚在餐厅的橡木桌旁。有一段时间我们因请不到一个匈牙利厨师而感到苦恼,但我们在南加州却意外地结识了不少匈牙利移民。不久,这些朋友就邀请我们去赴晚宴,用匈牙利特色饭菜款待我们。

家事安顿好之后,不出数月,我们就敞开大门,欢迎学生和客人光临。这样,我们在亚琛所喜爱的国际性愉快聚会又开始了。军队里来听我课的那些学生很快也成了我家的客人。这时母亲因长期患病,行动不便,只能坐在轮椅里。尽管如此,每次聚会她都要出来认识认识每一位来客,亲自向他们表示欢迎。直到1941年去世前,她老人家对待客人的态度始终如一。

珮波妹妹很爱跟电影界人士交往,因此来客中经常有一些编辑、制片人和演员。当时匈牙利人当电影明星很时兴,因此很多匈牙利人都拥到好莱坞去碰碰运气,闹得有位著名的制片人不得不公开表态说:"光凭自己是匈牙利人不管用,还得有表演才能才行。"通常,妹妹请来的客人中还有关亡巫师、游方术士和其他各种各样稀奇古怪的人。我发现南加州这类人物多得很。

除了上述轻松愉快的聚会外,不时也有举世闻名的大科学家光临舍下,这使我感到不胜荣幸。有原子物理学之父称号的丹麦物理学家尼尔斯·玻尔和夫人玛格丽特,每次来帕萨迪纳准要到我家看看。我跟玻尔家有多年交往,在哥廷根,我就认识他的哥哥、数学家哈罗德。1911 年,我跟玻尔在英国初次会面,正是那年,他提出了振奋人心的原子结构新理论。

玻尔是个身材高大、态度和蔼的人。他在各种社交场合都能怡然自得。有件趣事,至今我一想起来还感到忍俊不禁。他在星期日家宴上出了一个洋相,让我看出了他也是那种心不在焉的大学教授。那天晚上,我在他面前放了一只彩色酒杯,我给别人酒杯里倒满了法国白兰地,却忘了给他斟酒。

玻尔一边畅谈自己的原子结构理论,一边拿起那只空酒杯喝酒,他这样接连空喝了三次后,我再也沉不住气了。

"尼尔斯,您喝的是什么呀?"我问他。

玻尔愣了一下,再往酒杯里看看。"啊哟!"他惊奇地说。"我也奇怪,怎么一点儿酒味也尝不出呢?"

前已述及,我初见玻尔时,他正在剑桥卢瑟福实验室为揭开原子结构的奥秘埋头苦干。1913 年,他公开发表了关于原子辐射后继续保持稳定的新理论,一举成为世界闻名的科学家。由于这个发现,他获得了 1922 年诺贝尔奖。整个 20 年代,玻尔原子理论不仅是物理学的发展动力,而且也开始推动化学发展。

后来,玻尔和爱因斯坦一起在普林斯顿继续深入研究原子的能量,又在哥本哈根理论物理研究所单独进行这方面的探索。研究所是玻尔在嘉士伯啤酒厂的赞助下成立的。我相信这一定是科学史上第一次发现啤酒除了令人爽快外还有别的益处。

第二次世界大战前夕,玻尔从逃离纳粹德国的莉泽·迈特纳[1]那里获悉,

---

[1] 莉泽·迈特纳(1878—1968),奥地利女物理学家,1918 年与德国物理学家哈恩(O. Hahn)共同发现镤,1938 年又与哈恩和斯特拉斯曼(F. Strassman)共同发现中子诱发的铀裂变。后移居瑞典。——译注

德国在分裂铀原子方面已经取得了惊人进展。他立刻把这个消息告知哥伦比亚大学的恩利克·费米和约翰·邓宁。后来，费米和邓宁在制造原子弹上发挥了主要作用。1939 年，玻尔在华盛顿的一次物理学会议上宣布，分裂原子已经成功了。他激动地声称这是现代世界形成以来的一个重大事件。

第二次世界大战期间，玻尔在研制原子弹这件事上做的工作并不多，然而，战后他在谴责核武器用于战争上却发挥了很大作用。他和爱因斯坦都认为原子弹的国际管制是决定世界命运的关键。后来，玻尔又花费很大精力去筹备日内瓦第一届和平利用原子能国际会议。

这一时期，玻尔本人虽然竭力反对原子能用于军事上，但是他的哥本哈根研究所对核物理学的发展却不断产生重大影响。每当我看到这个研究所从世界各地广招学生时，心里总觉得奇怪：为什么目光远大的密立根却没有考虑到请一位有能力筹集必要设备的大物理学家，到加州理工学院来办个第一流的核物理研究所呢？当然事后说起来都是容易的，就像阿德莱·斯蒂文森曾经说过的那样。我看，当时加州理工学院有一点没有搞清楚：搞核物理和其他科学领域不一样，研究人员需要大量投资和重型设备。而同步回旋加速器的发明者劳伦斯博士早就觉察到这一点，让加利福尼亚大学伯克利分校集中力量搞功率巨大的核研究设备，从而使加州大学在核物理方面一直保持领先地位。可惜密立根没有能预见到物理学会发生如此巨大的变革；要是他对物理学家的工作环境有所了解，看到现代物理实验室与当初剑桥大学的卢瑟福实验室以及他自己原先工作过的芝加哥实验室相差多大，他在九泉之下也会感到懊恼的。

恩利克·费米是最早完成原子裂变实验的杰出的意大利物理学家。他每次到帕萨迪纳也总要来我家。1939 年，费米之所以移居美国，一方面因为对美国感兴趣，另一方面因为娶了一位犹太血统的意大利海军上将的女儿。墨索里尼上台后大搞反犹主义，于是他当机立断，取道斯德哥尔摩到美国安家落户。此前几年,他曾在斯德哥尔摩因人工放射线方面的成就接受了诺贝尔奖。他第一次到帕萨迪纳来看我时,我和妹妹特地为他举行了家宴,还邀请了许多社会名流出席作陪。在宴会上他有些局促不安,后来到了深夜,他把我拉到一旁。

"亲爱的卡门,你帮我办件事。"

"什么事?"

"我想到好莱坞去看看。"

这时我才恍然大悟,他心神不定原来是为了这件事。这可把我逗乐了,我问他为什么对电影那样感兴趣。

"一个人到了罗马总想见见教皇,"他回答说,"我到了加利福尼亚总该去见识见识拍电影吧!这难道不是很自然的吗?"

我和妹妹在好莱坞有不少朋友,其中著名的有匈牙利明星保罗·卢卡斯、贝拉·罗葛西。因此我不费什么事就在电影制片厂为费米准备了一个午餐会。我们一同参观了布景设备,又跟一些男明星和漂亮的女明星畅谈了一阵。事后,费米眼睛里流露出愉快的神情对我说,光凭这一点就值得到美国来。

后来我和费米还探讨过科学史上一个奇妙的现象:天才人物为什么会在不同时间、不同地点突然涌现出来。触发这种现象的导因与民族特点有什么关系还弄不清楚,也许教师具有一定的影响。比方说,费米本人是罗马大学科比诺教授的学生。我认识这位教授,他是个很出色的物理学教师。虽然他在自己的事业上缺少创见,但却很有能力把费米、塞格雷[1]、拉赛蒂那样一批青年聚集在他身边,并激励他们上进。正是由于这批青年提出的新颖独到的见解,核裂变的实际应用才得以实现。

---

1 埃米利奥·塞格雷(1905—1989),意大利裔美籍物理学家,因发现反质子与张伯伦(O. Chamberlain)共获1959年诺贝尔物理学奖,著有《核和粒子》。——译注

科比诺是一位伯乐,很善于识别和鼓励潜在的天才。他在罗马大学"底层"实验室搞研究,经常提出一些问题,推动学生去创造崭新的试验方法。他本人完全有条件去干一番大事业,但却像他的前助手、现为美国著名商人的加布里埃尔·贾尼尼所说的那样,心甘情愿当一名"知识渊博的科学园丁"。

据我所知,其他国家也有类似的情况。匈牙利的利奥波德·费耶在培育一批对数学作出重大贡献的数学家方面就起到和科比诺相同的作用。

我在这一点上感到欣慰的是,我的某些见解也曾经在青年科学家思想上激发出探索的火焰。比如,1940年8月法国沦陷后不久,爱德华·特勒和汉斯·贝特[1]到帕萨迪纳来问我,为了在科学上对盟国作战有所贡献,他们应该干些什么工作?当时正是他们全力以赴搞美国核武器发展计划的前夕。我立刻想到空气动力学家还没有揭示出冲击波的动力学规律,此外,我们对支配冲击波形成的某些化学规律也一无所知。这个建议显然对特勒和贝特产生了很大影响,推动他们继续深入钻研这些问题。后来他们终于写出一篇论文。这篇论文从来没有公开发表,不过我知道它对核武器发展计划和导弹重返大气层的运动特性研究起了相当大的作用。

阿尔伯特·爱因斯坦也是我家的常客。在他身上我发现了一个诚恳而善良的灵魂。他具备的一切品质正是我在探索自然的道路上毕生所追求的。

1911年我在哥廷根大学第一次见到爱因斯坦。那时他到学校来和希尔伯特、闵可夫斯基共同指导一个学术讨论会。这个欧洲最著名的学术讨论会曾经推动很多人去钻研物理学上的新课题。此后过了好多年,我们才在柏林的一次学术讨论会上重新见面。在那次会上,他和能斯脱、普朗克宣讲了热力学基础理论。1931年,他应德国政府资助的费城德美文化协会邀

---

[1] 汉斯·贝特(1906—2005),德裔美籍物理学家,因在核物理学和天体物理学中发现热核反应是太阳和恒星的能源的理论而获1967年诺贝尔物理学奖。——译注

请,以德国政府代表身份初次访问美国。他到达美国时受到了德国驻洛杉矶领事的欢迎;从帕萨迪纳回国时,领事又亲自到场送行。爱因斯坦到美国不久德国政府发生更迭,希特勒取代了兴登堡。爱因斯坦离开美国不到一个月,那位领事就被希特勒召回德国。

爱因斯坦到达帕萨迪纳时,我随好几个达官显贵去迎接他。那天场面很大,四周挤满了欢迎的人群;儿童们手里都拿着鲜花。在市政府大礼堂前面举行欢迎仪式的过程中,他看到我也在那里就满面笑容走过来和我握手。

"啊,亲爱的卡门,"他说,"在这里见到你我真高兴。我有个问题要问你。"他把我拉到一旁用手指指广场上的喷泉,那喷泉顶上有一个翻滚、弹跳着的小球。"你解释解释为什么小球在喷泉顶上不掉下来。"

我对他说,如果小球的重量和喷水的动量之间保持某种恰当的关系,一旦小球出现在喷泉顶部,就会停留在那里按水力学规律运动,它一偏离平衡位置就自动进行校正,因此始终不会掉下来。

"Sehr gut(好极了),"他点点头,然后又回去参加欢迎仪式。

数月之后,我对爱因斯坦有了更深的了解。一头卷曲的白发、一件普通的羊毛衫加一只烟斗,加州理工学院人人都知道这个形象是谁。由于要求他写自传的人络绎不绝,有一次他要我想个办法让他避避风头。我在洛杉矶奥列薇拉大街替他安排了一个住处。那是条艺术街,街上的行人以留长胡子、穿羊毛衫远近闻名,因此他在那里从未碰到过上述麻烦。我猜想,街上谁也没有认出我身旁的这个人就是举世闻名的大科学家爱因斯坦。

爱因斯坦为人坦率,心口如一,直言不讳。有一次他应邀出席一个《面向全国》的广播节目。有个播音员蓦然发现了这位科学巨匠,就擅自宣布爱因斯坦要向全国听众发表讲话。爱因斯坦非常反感,立刻站起来说:"我没有话要讲,因此讲不出什么话;今后如有话讲,再来向各位奉告。"说完这两句他立刻就坐下去。

我和爱因斯坦曾多次促膝长谈，科学对人类的意义这个话题谈得最多，他有些观点使我感到非常惊奇。我一直认为，我这一生中科学的最大进步在于消除了不少偏见。由于偏见来自日常生活和一般常识，所以一般人总认为它不可逾越。在消除偏见方面，爱因斯坦是我的榜样。他发现，人们只有抛弃物理过程中时间和空间的绝对观念，才能对一些天文学和光学现象作出正确解释。他抛弃了绝对时间和空间观念，宣称时间和空间是同一度量单位，然后循序渐进，提出了"相对论"。

　　20世纪物理学的另外两大理论是"量子力学"和"测不准原理"（或称"不确定性理论"）。这两个理论也排除了由一般经验所产生的偏见。比如，在"测不准原理"看来，任何移动中的物体的速度和位置都可以精确测定这就是一种偏见。这种观点显然是和因果律相抵触的，因为如此一来就会使基本事物的产生都显得是偶发的，因此当这一理论公开发表后，就在物理学和哲学上引起了极大的混乱和矛盾。

　　我大惑不解，在物理学上以提出激进理论闻名于世的爱因斯坦并不相信"测不准原理"。他坚信任何过程都能用因果律来描述。位置和时间根本就不存在内在的不确定性。因此，他认为"测不准原理"的基本思想完全是胡说八道。

　　在这方面，我问爱因斯坦："为什么您不相信测不准原理呢？您年轻时就消除了绝对时间这样一个大偏见。现在提出测不准原理的海森堡也是个青年，他消除另一个偏见——任何事情的发生都是确定的，而您反而不赞成了，这是否表明您年事已高了呢？"

　　爱因斯坦回答说："并非如此。亲爱的卡门，以前我就说过，我绝不相信仁慈的上帝会用掷骰子来统治世界。"

　　这个回答使我感到高兴。我面前这位伟人观察问题的方法竟和我父亲一模一样；宗教和科学分别对待。爱因斯坦曾经说，上帝主宰万物，因而也创造了物理学定律。同时，他认为宇宙是有序的，即一切事物，只要知道它的现状，便能了解它未来的发展和变化。而"测不准原理"却包含着这样一层意思：未来是无法确凿预知的，结果可能多种多样。

我父亲有个比拟说法，很能阐明海森堡所面临的困难。我父亲常说，把一个城市的全体居民或整个民族与单独一个人比较一下吧；单个人在下一时刻的行为取决于心理学规律，然而历史学家研究历史绝不能采用这样的方法：先运用心理学对千百万个人逐一加以研究，确定每个人在下一时刻的行为，然后再把每个人的行为简单相加起来。历史只着眼于一般过程，也就是说，只观察大多数人活动的平均效果。可以这么说，当海森堡提出一个基本粒子的位置和速度不可能进行精确测定时，他头脑里的观念和上述情况完全一样。因为无法对所有微观粒子的历史都进行研究，所以他认为无法测准单个粒子的运动状态。正如历史学家那样，他测定的只是运动状态的平均效果。

在我看来，这是人类观察上的局限性。要是我们一定要合理解决无数微观粒子的运动状态问题，那就得对要描述的粒子逐一加以研究。由于一个人的寿命有限，在短促的一生中是无法办到的。因此，在这个问题上我和我的朋友爱因斯坦来个小小的妥协：我认为"测不准原理"并不完全是胡说八道，但我补充说明一点，目前我们的水平有限，无法彻底解决这个问题。有朝一日，这种局限性是会被科学研究突破的。

爱因斯坦在加州理工学院指导过许多次关于物质结构的学术讨论会。有一次，他和奥本海默一起主持讨论会。参加讨论的有密立根、托尔曼、鲍林和爱泼斯坦，这是个多高水平的学术小组啊！我记得，爱泼斯坦的论述清澈明了。而奥本海默表达问题的方法太复杂，因此难于理解。他在黑板前动作迅速，推导方程式常跳过好几步，又以为听的人都能跟得上。爱因斯坦接在奥本海默后面登上讲台，首先他表示非常抱歉，他比不上奥本海默那样敏捷，不过他将尽力而为。

爱因斯坦是个思考缓慢的人，但却是一位渊博的思想家。奥本海默的表现引起了我的回忆:要不是早年父亲及时教导我懂得坚韧而深刻的思考的价值,我也可能会滑到耍小聪明的老路上去了。

我在爱因斯坦身上打过一个主意,结果却完全失败了。谢天谢地,幸亏那不是一件科学方面的事情。有个匈牙利才华出众的钢琴家名叫尼里基·哈齐。我发现由于时运不济、人地生疏,他被迫在帕萨迪纳一家大餐厅里当个钢琴伴奏者。从前在布达佩斯他是个公认的神童,有个心理学家还写过一本专门介绍他的书。我和妹妹对他的处境感到很惋惜,觉得他在美国需要有个显显身手的机会。于是我们决定拉他一把,把南加州的一大批艺术家和音乐会代理人请来听听他的演奏。为了达到这个目的,我们特意举办了一个欢迎爱因斯坦的宴会,把南加州有名的音乐会代理人都请来赴宴。一方面让他们见见这位数学大师,另一方面聆听他拉小提琴。不用说,到时候他们纷纷赶来了。

那天晚上,正如我们预计的那样,大家请哈齐弹了几首曲子。不料在这个当口,爱因斯坦夫人突然心血来潮,要她丈夫拉小提琴和哈齐合奏,大家对这个主意感到非常高兴。没想到这一下竟触怒了哈齐,他大声嚷道:"我从来不为任何人伴奏!"说罢就真掼纱帽不弹了。我们期望美国音乐界重视哈齐的计划就此成了泡影。而爱因斯坦却兴致勃勃,照拉不误。结果,所有来客都向他表示热烈祝贺,而把布达佩斯的神童忘记得一干二净。

我看,那位傲慢无礼的匈牙利朋友是大错特错了。其后几年,一位真正的钢琴大师卡扎德絮[1]和爱因斯坦合奏就丝毫没有感到屈尊。加州理工学院的地震专家贝诺·古腾堡教授也常为爱因斯坦作钢琴伴奏。有一次演奏后我问爱因斯坦,古腾堡钢琴弹得怎么样?他回答说,很难跟上。

"那是怎么回事呢?"我问道。"地震学家弹钢琴不是也有节奏吗?"

---

[1] 罗贝·卡扎德絮(1899—1972),法国钢琴家、作曲家,以演奏法国作品见长,作有7部交响乐、钢琴协奏曲、室内乐等。——译注

爱因斯坦笑笑说："他的节奏很好，但很难捉摸。"

1932年，爱因斯坦离开了加州理工学院，内中详情我不大了解。不过我料定普林斯顿大学另有一位"密立根"，此人名叫亚伯拉罕·费莱克斯纳。他不仅替爱因斯坦安排了一个终身职务，还向他提供了满意的生活条件。我在普林斯顿跟爱因斯坦只见过一两次面，但在第二次世界大战后却经常接到他的来信。有一次他来信要我参加他发起的"科学家反对使用原子弹紧急行动委员会"。我对这类组织从来就不感兴趣。比较起来，我对在以色列办一所医科大学或向西班牙提供促进艺术发展奖学金倒是更为关注。我以恕不从命回复了爱因斯坦，并说："幸好我不是原子科学家，作这种决定要简单多了。"

24　环球使命

1930年代中、后期,航空有了举世瞩目的飞跃发展。在这场惊人的发展中,我也起了一点作用。我母亲一向认为飞机是魔鬼的玩具,这时也关心起航空来了,因为航空事业正在召唤她的儿子到世界各地去完成各种各样的使命。

1937年初,华敦德邀请我到北平去,看看中国的第一流高等学府——清华大学新办的航空工程系。我告诉母亲说,我打算去趟中国。她对这件事丝毫也不反对。

我欣然接受了华敦德的邀请。借这个好机会,我一方面去探望我的老助手,另一方面亲眼看看航空这门新兴科学在那个文明古国的发展状况。我上次访华至今已有8年了,那时我就提议通过兴办航空教育把孔夫子的故乡推进到航空时代。这一次临行前,我听说中国人已经取得了一些进展。我看他们聘请弗兰克这样的专家去办航空系,至少在一定程度上说明了这个问题。但我仍渴望亲自去看看具体发展情况。

到了中国后,我才明白这次中国之行和我原先的设想大不相同。本来我以为此行只是一次会会老同行的平静的学术访问,然而,由于军事形势极度紧张,与中国当局头面人物进行了几次秘密会谈,这次访问竟渐渐演变成为一项富有戏剧性的使命了。

我接受访华邀请时,俄国人从道格拉斯飞机公司已取得制造DC-3型飞机的许可证，因此大批俄国工程技术人员纷纷向南加州涌来。其中有个俄国工程师打电话问我，他能不能到久闻大名的古根海姆航空实验室来开开眼界。我说，欢迎光临。

在教工俱乐部吃午饭的时候，那个俄国人也在旁边，我谈到即将访华的事，并打算秋季动身。他听到后马上插话道："您何不取道欧洲去呢？走这条路线您就能在莫斯科稍事停留并做几场学术报告了。我们将十分荣幸地欢迎您光临。"他看到我有些犹豫不决，又笑笑说："当然，从巴黎到莫斯科、从莫斯科到满洲[1]的旅费一概由我们来付。"我觉得这话听上去颇合情理，因此也就同意了。

6月间，我发了一份电报给华敦德，把这次访问计划通知他。他答应到边境上来接我，然后一起到北平去。我在巴黎美国大使馆拿到苏联的签证后就登上开往华沙的列车，从华沙再转车去莫斯科。隆隆的列车在无边无垠的原野上奔驰。这时，我自然而然考虑了一些问题：通过这次简短访问，我能对俄国了解多少呢？又能从苏联的科学发展中学到什么呢？罗斯福政府最近刚刚承认苏联。我觉得中断20年后重新恢复的外交关系，对打通科学交流渠道是个良好的开端。我们对俄国科学发展情况一无所知，尽管早先卡皮查[2]在物理学上的成就和李森科[3]在遗传学上的突破名闻美国，但是空气动力学及其有关领域的发展情况就不清楚了。因此，对这次访问，我还是抱有浓厚的兴趣和期望的。

列车在波苏边界上停车后，我马上下车找外币兑换处兑换一些卢布。兑换牌价是1美元换5卢布。我想，换2美元（10卢布）该够我在车上花了。结果却大出我意料。在餐车上，10卢布只能买一杯茶和一片黑面包。

---

[1] 我国东北的旧称。——译注

[2] 卡皮查（1894—1984），苏联物理学家，研究磁学和低温物理学，获1978年诺贝尔物理学奖。——译注

[3] 李森科（1898—1976），苏联物理学家、农学家，苏联科学遗传所所长。——译注

因此，我只好挨饿。我把乘务员喊来对他说，我要用美元付饭钱。一听到这话，他连连后退。"不行，不行，"他大惊失色道，"苏维埃法律严禁这样做，犯法是要被枪毙的。"

当时我在车厢里东张西望，指望能找到美国人或是其他肯用卢布跟我换美元的旅客。结果，车上唯一的外国人就是我自己。这样，不仅当晚吃不上饭，连第二天的早饭也泡汤了。看样子，火车开不到莫斯科我恐怕就撑不住了。

经过漫长的等待之后，第二天中午火车终于开进了苏联首都。红场上的克里姆林宫和圣拜西尔大教堂看上去颇有气派。除此而外，莫斯科是一个单调而臃肿的城市。在帕萨迪纳邀请我的那个俄国人，这时正在车站上等我。我记得他本是个身穿便衣、个子矮小、貌不出众的人，此刻，他在车站上却是一身耀眼的空军将领制服，看上去比我高大多了。他负责接待工作。他说先请我参观中央空气流体力学研究所。一听这话我不禁心往下一沉。不用说，我对苏联的航空科学极感兴趣，但此刻我饥肠辘辘，最要紧的是吃顿饭。我出于无奈，只得喃喃地说，请吧。

研究所坐落于莫斯科东南26英里外的儒柯夫斯基镇。儒柯夫斯基是俄国航空学大师。我发觉俄国人有个好传统，喜爱用文学和科学伟人的名字命名城市。以20世纪俄国伟大作家高尔基的名字命名城市大家完全能理解，然而，用俄国空气动力学家查普列金这个名字来命名一个城市，那就只有严肃认真的俄国人才会这样做。

我们在所里兜了一圈。有个苏联杂志的记者跟我们一起走。我在参观过程中竭力克制，以免脸上露出饥饿的神色。陪我的俄国人都为他们的实验室感到骄傲，很显然，他们让我看的肯定是原先规定好的一些设备。

参观了苏联的这个主要航空研究中心后，我的观感有些矛盾：一方面那里进行大量研究工作，另一方面，我只看到一台风洞，而且还是沙皇时期造的老爷设备。听说该所正在搞一台新型大风洞，但我在参观中没有看见。

在休息当口,我小心翼翼地朝向导问起吃饭的事,这才知道俄国人每天只吃两顿饭。他对我说,参观结束后备有丰盛的宴席。接下来他领我进了下一个实验室。将近5点时,他又领我向另外一幢大楼走去。当他推门时,我简直要提出抗议了;没料到那里就是一个大餐厅,顷刻间我不禁满心欢喜。仔细一看,大厅里的长桌上摆满了可口菜肴:鲑鱼冷盆、鸡、牛肉、点心,蔬菜以及许多别的美味,冷菜热菜兼而有之。

大家站在桌旁都不动声色。我还以为他们出于礼让,等客人先下手呢。于是,我就先动手叉起一块冷鸡肉。正在这当口,大厅另一头的厨房门突然打开,走出两个手端大盆鱼子酱的服务员来,接着,大厅近旁的乐队开始奏《国际歌》。

我向坐在我旁边的尼加索夫教授请教那只鸡怎么吃法。他粗声粗气地说:"把它翻过来。"我就这么办了。席上的人都盯住我看,显出十分惊奇的样子。我猜想,我这种美国方式他们一定觉得很不像样。不管怎么说,我吃后才品尝出席面上的菜肴精美绝伦。

第二天,我到苏联最大的高等学府莫斯科大学做第一个空气动力学学术报告。我讲的话由旁边译员翻成俄语。我估计这一讲效果不错,因为听讲的学生提出了不少很有价值的问题。

后来,我又会见了许多俄国科学家,其中不乏第一流学者。像克里斯坦诺维奇就是一个空气动力学权威,他对边界层和粘性流动的研究非常出色。我也见到了鲍尔丁教授,当时,他是苏联科学院副院长。鲍尔丁是冶金学家,从前在美国钢铁公司工作过,非常熟知美国的炼钢技术。我们两人就谈论了炼钢技术方面的问题。我还和中央空气流体力学研究所的技术所长涅克拉索夫教授交谈过。

有一次讨论,偶然扯到了宇宙航行问题。我对俄国人在这方面的工作了解不多,但对他们的早期理论研究却怀有深刻的印象。我有个朋友安德鲁·哈雷是空间法律师，他喜爱挖掘历史。后来他对我说，现在大家公认世界上第一个火箭协会是德国人首先创立的，其实俄国人更早：1924年莫斯科至少就有了一个星际航行小组，3年之后，德国人才创立起第一个火箭协会，其时，俄国人已经举办第一届国际宇航展览会了。从1928年起，在4年之内，尼古拉·拉伊宁教授编辑出版了9卷一套的百科全书，书名是《星际交通》。这套百科全书是人类宇航知识的初步总结，具有一定的权威性。

俄国人最初对宇航感兴趣，主要是受康斯坦丁·齐奥尔科夫斯基的影响。他原是数学教师，经过自学成了一名科学家，他也是世界上第一个严肃认真研究火箭学的学者。早在1883年，他就从理论上研究了飞离地球的可能性，到了1903年，他首次提出采用以液氧和液氢作推进剂的单级或多级火箭进行宇宙航行，从而远远超越了自己所处的时代。在实践上能达到极大加速之前很久，他就开始研究大加速度对动物的影响问题了。

其后多年，齐奥尔科夫斯基又发表了许多宇航方面的专著。其中有一篇《飞离地球》本是科学论文，后来他改写成科学幻想小说，于1916年出版。这本书描绘了2017年一艘火箭飞船上的生活情景，还探讨了在人造地球卫星上建立生活基地的问题。

我读过该书的译本，文学水平并不高，但其中详细描写在空间洗澡的情况却给我很深的印象。书中的宇航员解释说："我们的浴缸很特别，是一个直径3米左右的圆筒。它一端开有孔口，能绕自身轴线旋转。筒里只放一半水，当宇航员要洗澡时，先开动圆筒，离心力使水保持在管壁四周，成为厚厚的水层。洗澡的人一个一个从孔口钻进去，由于失重，实际上我们都是飘进水里去的。这时，洗澡人在离心力作用下，个个头向中心，脚朝筒壁，像车轮的辐条一般，这样洗澡好不快活。"

作为一位出色的科学幻想家，齐奥尔科夫斯基生前就负有盛名。在漫长的一生中，他获得了许多荣誉。1935年他逝世后，苏联为他举行了隆重的葬礼。在资本主义国家,只有政治家和电影明星才能享受如此高的待遇。随着岁月流逝,俄国人愈来愈为这位"宇航技术之父"感到自豪。甚至连孩子们也将他视为大英雄,常常谈到他。下面这件事知道的人恐怕不多:俄国人原先计划在1957年9月13日即齐奥尔科夫斯基诞生100周年纪念日发射第一颗人造卫星,后来由于某种原因才推迟到1957年10月4日发射。

总的说来,通过这次访问,我对苏联1920年代和1930年代航空科学的状况还难以得出一个完整的概念。但有些情况确实给我很深的印象,那里一度时兴教科学技术的新教学法,经过一段时间实践后,原来的老一套又开始受到重视。俄国的工科院校正在超越革命前的水平,即使以欧洲最佳标准衡量,这些学校的水平也是相当高的。

有一件事令我印象深刻。俄国的中学对数学和自然科学要求很严,这意味着他们的工科院校讲授基础科学的起点比美国高。简而言之,俄国人正在培养具有扎实科学基础的研究工程师,这一点跟我的想法很接近。我的办学指导思想来自哥廷根大学的克莱因,又希望能把它移植到美国去;因此我相信,俄国第一流科学家也是受到哥廷根大学的影响的。

在基础理论和应用技术两方面,我觉得他们的研究水平都很高,而理论方面更为突出些,甚至超前很多年。比如,拿跨音速风洞排气"喉管"来说,苏联早在美国公开之前,于1949年就投入使用了。

另一方面,我在离开苏联时蓦然想到,在我访问过的那些部门,纪律松懈、东西乱掷,政治工作和科研工作互相搅在一起。对这种状况,俄国杰出的物理学家卡皮查就深感不满。第二次世界大战后,情况发生了根本变化。从那时起,科学和科学家的作用在苏联就和在美国旗鼓相当了。

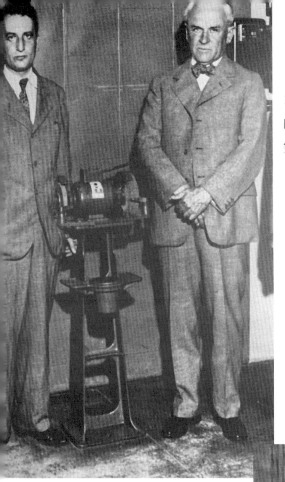

1930年，冯·卡门和罗伯特·密立根访问俄亥俄州阿克伦的古根海姆飞艇研究所。

1930年，冯·卡门和部分研究人员在加州理工学院10英尺风洞前合影。左起：哥廷根大学的W.托米恩教授、赛弗斯博士、W.鲍恩先生、卡拉克·密立根、H.贝特曼教授、冯·卡门博士、阿瑟·克莱因教授和华敦德。

历史性测试的前奏。冯·卡门在"艾尔考普"型飞机的机翼上作最后的计算,飞行员霍默·A.鲍谢(右一)在一旁观看。几分钟之后,鲍谢仅凭火箭动力的驱动将飞机飞上了天,使旨在显示喷气助推(JATO)潜力的一系列试验达到了高潮。在场的人左起还有:克拉克·密立根、马丁·萨默菲尔德、弗兰克·马利纳。1941年8月24日摄于加利福尼亚州马奇机场。

"我们谁也没有见过一架飞机以那么陡的角度爬上天空。"美国第一架用喷气助推起飞的飞机在飞行中。1941年8月24日摄于加利福尼亚州马奇机场。

航空喷气公司的创始人及早期的董事,左起:西奥多·科尔曼董事、约翰·帕森斯、爱德华·福尔曼、保罗·戴恩上校、A-20轰炸机飞行员、安德鲁·黑利、冯·卡门、弗兰克·马利纳、马丁·萨默菲尔德和爱德华·比汉。背景中为道格拉斯A-20"浩劫"轰炸机,这是美国第一架采用固定的火箭动力装置起飞的飞机。1943年1月摄于加利福尼亚州慕洛克空军基地。

美国第一枚远程导弹"下士"在新墨西哥白沙试验场发射升空。

"在德国北部布伦瑞克附近的松林里发现了一个秘密研究所。"摄于1945年。

"普朗特说他很高兴,来接管德国科研机构的是美国人,而不是俄国人。"左起:普朗特、钱学森和冯·卡门。1945年摄于哥廷根。

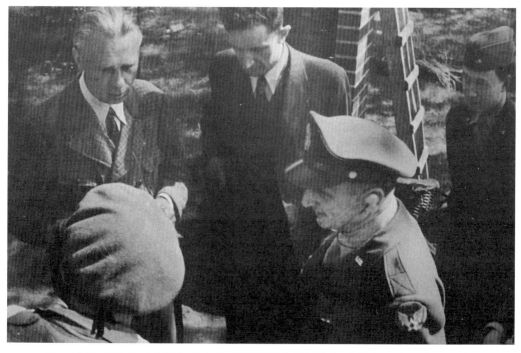

冯·卡门和钱学森正在讯问著名的后掠翼设计者阿道夫·布斯曼(穿黑色西服者)。1945年摄于德国布伦瑞克。

"我在参观过程中竭力克制,以免脸上露出饥饿的神色。"冯·卡门与俄罗斯科学家们在苏联中央空气流体力学研究所外,1937年。

"横跨多瑙河的那些美丽的大桥已扭曲成一堆堆废铁。"1945年摄于布达佩斯。

"我心中从未怀疑阿诺德将军就是美国军人最伟大的榜样——不仅拥有完美的逻辑思维能力,且富有远见,为空军作出了卓越贡献。"哈普·阿诺德将军向冯·卡门颁发空军功勋文职服务奖章,1945年。

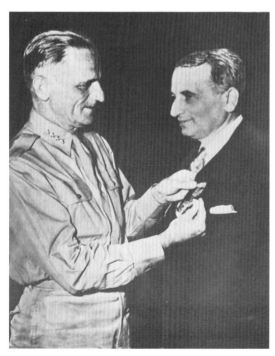

空军司令卡尔·斯帕茨将军为冯·卡门佩戴卓越勋章(在美国,这是颁给平民的最高奖),1946年。

25　中国航空发展初阶

1937年6月底时,我在俄国的讲学活动全部结束,准备从莫斯科乘横穿西伯利亚的火车到中国去。华敦德来电报说,他已买好去北平的车票,在边界上等我。我这次访华的主要目的是到清华大学讲学,同时看看清华航空工程系的进展情况。

离开旅馆前,我才发觉自己身无分文。想起来车上那段挨饿经历,我不禁感到胆怯,于是我只得硬着头皮向一个俄国朋友叹了苦经。他说这事不成问题,他负责解决。结果,事情办得挺离奇:在开车之前有个人上车来找我,他从口袋里掏出一叠卢布数也不数往我手里一塞,回头就走了。这一手可露出了俄国会计制度上的漏洞,当然,我并没有当场说穿。

在车站上我还碰上一件小事:俄国铁路客运没有普尔曼式的卧车系统。不管性别与家庭情况,任何乘客都可能同坐一个包厢。有个一脸严肃的英国中年女教师发觉自己刚好和一个陌生的中国男人共坐一个包厢后,变得焦虑不安,几乎要哭出来。看到我这个外国人,她慌忙跑过来请求帮助。

我说试试看吧,我在火车站转了好一会也没有找到换票的地方。于是我干脆就去找那位中国人。到了那里我大吃一惊,此人竟是我在美国的老相识曹教授。我俩坐下来谈了一阵,然后我又下车去找那位英国女教师。这时,她正坐在车站一角的长凳上发愁。我告诉她根本不必担心,包厢里的那位教授是数学家,为人很正派。她将信将疑地向我道谢后就上车了。

横贯西伯利亚的火车整整开了10天10夜,在此期间,我想他们两位一定相处得很熟了。一直到了满洲我才又见到他们。曹教授笑容满面,还在那里请我们两人品尝了一顿中国美餐。分手时,我看得出他们俩已和睦相处,毫无隔阂。这也算我对中英友谊的一点小小贡献吧。

火车旅行本身并没有什么特别有趣之处。火车既开得慢,又经常停,我在车上与几个去西伯利亚工地的工程师下棋消磨时间。

列车在靠近边界的一个小站上停靠后,我下车到站台上去活动活动手脚。这时,我突然想到了口袋里的那一叠卢布。俄国是禁止携带卢布出境的,这些钱怎样处理呢?于是我就到那个边境小镇上去,瞧瞧店里有什么可买的东西。看来,伏特加酒是能带走的最有用的东西了,因此我就买了两瓶,装进手提包,用它在中国的寒夜里御寒。

火车开进中国停靠的第一站是山海关。比较起来,这里的市面活跃多了。当时日本入侵迫在眉睫,中国时局十分动荡不安。路上早有人提醒说,日本人对从俄国进入满洲的外国旅客都要严加检查,但我下车的时候连一个日本人也没看到。突然间,不知从什么地方冒出一辆满载日本兵的卡车向我们这边猛冲过来。关卡人员慌忙打开大门;要不然,卡车准会撞倒大门硬冲进来。日本兵从车上跳下来在车站各处站定,但没有直接动手搜查旅客。我看,这一套不过是他们在旅客面前摆摆占领者的架势而已。

我一出站,华敦德就迎面走来。经过漫长的旅程后,一见到他,我的精神又振作起来。

他说,他在北戴河已经待了一星期。由于吃不准这趟俄国列车什么时候到站,只好每天来等候。因去北平的车票已经买好,当晚我们就起程了。

旅途上,弗兰克先简要介绍了一下中国的情况,然后才谈到我这次访华的实情:访问清华,察看航空工程系不过是个幌子,背后文章是帮助中国政府建立一支现代化空军,因为蒋介石指望靠这支空军去抵挡日本的侵略。我兴致勃勃地听弗兰克侃侃而谈。为了对付日本威胁,蒋介石政府在

1930年代中期就着手筹建空军。他不在铺设铁路、增强国防上下功夫追赶工业化国家,想直接跨入航空时代,能在空中领先一步。面对日本侵略东北,蒋公开采取姑息政策,让日军长驱直入,占领了东北三省。据说,送掉东三省是哄哄日本人,让他们感到平安无事。蒋暗中在禁止外国人入内的南昌建立一支独立的空军,以图等待时机,靠空军反攻过去。

这支空军的主要基础是从美国和意大利进口的飞机。当时中国技术条件很差,不适应使用这些现代化飞机,中国技术人员也嫌外国飞机的操纵和维修太复杂,宁可采用结构简单、适合国情的国产飞机。在我来前不久,他们在南昌已经开办了一个飞机制造厂。这时他们正盼望添置一台风洞,用来检验他们的飞机设计思路。

按照空军发展规划,风洞的设计和运转工作由清华大学承担,请弗兰克担任技术指导。弗兰克到南昌住了两个月,在得到当局信赖后,他才弄明白自己在中国的真正使命。

中国官员们向弗兰克摊牌后,他提议让清华大学负责搞一台直径为15—18英尺、长为200英尺或300英尺的风洞,容积足以放进整只机尾、机翼或一台发动机这类的部件。这是应该搞的最重要的研究设备。用它研究现有的外国飞机,找出改进措施,使这些飞机适合中国的具体使用条件。

他们也赞成弗兰克提出的方案,但认为风洞规模宏大,不仅需要巨额资金,而且要外国公司来施工才行。他们认为,如果没有外国援助,他们是无论如何也承担不了的。接着,弗兰克又提出了第二个方案:让清华大学学生来承担风洞设计和施工管理任务。这样既能让学生经受一次极好的锻炼,也有助于消除中国人无所作为的偏见。弗兰克曾来信向我提过这件事,我觉得这是个好主意。

中国官员们吃不准这样干到底行不行,但同意试一试。于是,弗兰克就带领航空系的25名学生准备进行工程设计了。他告诉我说,做设计动员的那一天,他到教室去一看不禁大吃一惊:学生们知道这项计划后,想

冯·卡门：航空航天时代的科学奇才

方设法搞到 25 块图板，一个个都端端正正站在图板旁，一手拿丁字尺，一手拿削尖的铅笔，正等着为挽救中国的宏图大业出力呢。

弗兰克以这班学生为骨干，并争取张教授来协助。张是一位很高明的设计师，一位非常得力的助手，目前他是华盛顿天主教大学的教授。1937 年夏末我到达南昌时，风洞已快竣工。主体混凝土外壳已经浇注好，发动机和螺旋桨也订了货，平衡设备正在制造。这台风洞比加州理工学院那一台要大一半，是当时世界上最大的风洞之一。

风洞造好之后，弗兰克提议添置一些空气动力学辅助研究设备，但这事须经空军批准学校才好表态。我就在这个当口到了中国。官员们称呼我是中国名誉顾问，希望我对中国航空研究发展长远规划发表意见。耐人寻味的是，他们非常关注我帮助日本搞航空的路子，认为我完全明白，一个技术上落后的国家要急起直追首先应该抓什么。由于当时日本的航空领先于中国，因此他们想走类似日本的道路赶上去。看来，就办好空军的最有效途径向蒋介石和当时主管空军的宋美龄进行游说的任务，该落在我的身上了。我也乐意去完成这个使命。

7 月 6 日我和华敦德到了北平，紧接着在北平饭店和政府官员及清华的领导进行秘密会谈。我们离开北平前，他们又对我说，正在安排一个会议，让我与空军大员们会会面，然后再去见蒋介石和他的夫人。

北平饭店会议一散，我马上就到清华大学去。清华大学是庚子赔款退款所建，我于 1929 年第一次到访，当时清华采纳了我的建议，首次开设航空工程方面的课程。这一次到那里，航空课程已经发展成一个航空系了。清华与日本的航空研究部门相仿，迫切需要培养学生运用实验设备解决航空重大问题的意识。走这条路发展中国航空要比凭许可证造外国飞机更切实际。我特别强调指出，那后一条路不过是生搬硬套外国人的设计而已。我说，这一代学生只要坚持不懈钻研航空理论，不断提高独立试验能力，那么，依靠自己的力量肯定能把中国的航空搞上去，而且能有所突破。

西方人都认为，由于历史传统关系，中国人在理论数学方面非常出色，但在实验方法上却略逊一筹。华敦德跟我讲过中国学生第一次做皮托管实验的事，这件事证实了这种观点。皮托管是一种测量管道截面流速的普通仪器。弗兰克布置学生用皮托管测定一根管道两端的总过流量。后来他有事出去了，等到一小时后他回来时，学生都走光了。桌上留了一张纸条："教授，指定的实验已经做好，由于您不在，我们不知道下一步该做什么，因此我们先走了。"

华敦德立刻把能找到的学生都叫来。他问道："你们说实验做好了是怎么回事？纵向各个点的数值呢？"所谓纵向各点数值，就是沿流动方向的各个截面上测出的一系列流速大小。而做实验的学生一共只测定了两点：一点是管道粗口，另一点是管道细口。中间截面上一个数据也没有测，就按流体流动连续性原理作了简单计算，得出了实验结论：管道任一截面上各点的流动速度完全相等。

弗兰克耐心地解释说："实验的目的正是要阐明简单的假设是不行的，其实，截面上各点的流速并不相同。由于管壁和运动流体之间有摩擦，所以离管壁愈近的流体流速愈慢。"

学生回答说："噢！老师，这一点我们完全知道。不过，那是由于管道的缺陷引起的。我们原以为您只注重理想条件下的定律。"

这正是孔子哲学。中国文人一向习惯于纯粹推理的治学方法，只从尽善尽美的角度考察事物。他们认为一切事物天生都有缺点，既然如此，缺陷就不足为虑。因此，他们常常说："要找碴儿，准能找到。"华敦德说，他的不少学生都坚信这种哲学。

从那次实验后，华敦德上实验课只布置一些基本操作试验。尽管学生对这样安排不太满意，但这些试验不仅是工程师应知应会的基本功，而且为南昌风洞的设计和运转工作奠定了良好基础。

对中国古老的思想方法，我自己也有一点体验。有一次我应中国政府之请,在南京草拟一份全国科学研究机构设置规划。有个代表过目后就表态说,我这个规划根本行不通。他说:"第一研究所非天文莫属,而您却把天文学漏了。"

"不过,天文学不是中国的当务之急呀!"我争辩说。"为什么不从实际出发呢?"

这位代表答道:"朋友,在中国,不按老章法办事,不把科学的王冠天文学放在首位,根本就谈不上搞什么科学教育研究机构。"

我知道南京有源于明朝的举世闻名的天文台。如果我再固执己见,岂不成了600年老传统的反对者吗?因此,我只好修改规划,列进了天文学。

我们在北平逗留了一天,就乘坐开往上海的特别快车到南京去。在南下途中,我们应邀参观了防空学校及其他一些蒋介石对外界秘而不宣的航空设施。

列车向南行驶了一夜。第二天清晨,我们被吵醒时已经到了济南。月台上人们冲向报摊抢购报纸,一个个还大声高喊着。我们问列车员出了什么事,他回答说,打仗了。据说有个日本兵在卢沟桥被打死,日本人就以此为借口侵略中国。天津以南的铁路线中断,北平和华南的联系已经隔绝。我和弗兰克乘的这趟列车,竟然是华北开往上海的最后一班车。

那天傍晚我们到了浦口,然后坐轮渡过长江到了南京。我们在南京住了一宿,第二天清晨会见了周将军,周的职务相当于美国的空军部长。经过磋商,我们决定星期六飞往中国空军司令部所在地南昌。经蒋特准,我们在南昌参观了他赖以抵抗日本的核心空军基地。

基地布局还可以,若按欧洲标准衡量未免有些简陋。基地上只有寥寥几个机库。风洞正在施工,脚手架全是毛竹搭的。当地工人灌注的风洞外壳却是3英寸厚的薄壳结构。这一点使我大感惊讶;因为这种薄壳结构在工业化国家才刚刚开始采用。大批建筑工人在工地上睡竹席,为3角钱一天的工资昼夜不停地出苦力。

我还参观了意大利人承包建造的一个工厂。厂里正在生产意大利飞机。不过据基地司令官毛将军说，这种飞机太复杂，不适合中国使用。

我在此间偶然碰到的一件小事，足以反映出国民党达官显贵们在动荡时期的处世之道。有一天毛将军告诉我，他在市内一家商店看到一些罕见的中国古瓷花瓶。他知道我和我妹妹都是东方艺术迷，问我有无兴趣去观赏观赏。我到那儿一看，果然件件都珍奇不凡，于是我买了两件带回去给妹妹做礼品。另外一只精美绝伦的花瓶，因价格太贵我只得忍痛放下。我跟毛将军谈了自己想法。不料，翌日清晨，那只花瓶已放在我的房间里，原来是毛将军好意馈赠给我的礼物。

多年之后，我和毛将军在华盛顿不期而遇，他在那里担任国民党使节，糟糕的是，他不得不急匆匆逃离美国，因为国民党当局给他200万美元采购军用设备，但始终没有到货，于是就怀疑这笔巨款被他鲸吞了。他逃亡到墨西哥，住一幢华丽的公馆，雇了4名仆人，过着十分奢侈的生活。后来他还自我辩解说，这笔钱要是他不捞，照样被台湾当局吞掉。这时，我才对他买花瓶的钱感到来路可疑。

我这次访华的高潮是与蒋介石共进午餐。那时他正住在牯岭距离长江约1英里的避暑别墅里。

那次活动我还记得清清楚楚。我们乘一架意大利轰炸机在九江附近山麓的一个机场着陆。那天天气酷热，水稻田直冒热气。下了飞机，每人又坐上一顶滑竿。转眼之间，我们从最新式运输工具转上了最古老的运输工具。

苦力先把我们抬上牯岭山坡，然后就沿着一条羊肠小道前进。悬坐在半空，脚下是万丈深渊，滑竿随着苦力打的号子一上一下晃荡，我着实感到有些畏惧。不过，我对苦力们的扛轿本领深信不疑，他们步履轻捷、稳健，如此神奇地利用竹杠的弹性。我担心的是，抬轿的竹杠有没有做过力学试验。

路上实际只走了两小时,我仿佛觉得挨过了两个星期。后来我们终于到了蒋的夏宫。蒋的住处完全是西式气派,异常舒适。入口处有两个武装卫兵把守。我们被领进别墅后,受到了宋美龄的欢迎。宋美龄是美国韦尔斯利学院的毕业生,说得一口流利的正宗英语。她把我们介绍给身穿长袍的蒋介石。蒋面色显得苍白消瘦。我们知道不久前蒋在西安被扣作人质关押过两个星期,这时,他身体还未复原。

进餐时,蒋和宋美龄坐在餐桌两端。我靠宋美龄一边,弗兰克靠蒋一边,他们来自澳大利亚的顾问端纳居中就座。交谈中宋美龄担当蒋的翻译。不过我觉得蒋对英文谈话内容是听得懂的,由于怕在外国人面前讲蹩脚英语才不吭声。

午餐气氛轻松愉快,餐后吃冰淇淋,这与周围环境协调一致,显示道地的美国方式。实际上,这是我们在中国品尝到的第一顿美国大菜。席间,宋美龄一再客气说,美式大菜做得不佳,请多多包涵。这使午餐的美国色彩更浓厚了。我们谈到卢沟桥事件时,蒋说,那件事无足轻重,他认为日本人不会发动一场全面战争。他在南方把武装力量组织好之前,将听任日本人一步一步跨进中国来。他把全部赌注都押在空军上。

后来话题转到了航空研究。这个问题我先开了个头,宋美龄拿出空军部长的派头,转过脸来很客气地对我说:"现在,作为空军部长,我请您先介绍一下风洞。"

我尽力把风洞原理描述一番;介绍了风和飞机之间的相对运动以及在实验室运用风洞模拟飞机在空中飞行的情况。

听我谈完后,她微笑说:"嗯,您刚才所谈的内容我并没有完全理解,不过,看您谈起风洞来的那股热情,我相信风洞是很重要的。我赞成中国要有一个风洞。"

这意味着我的游说已大功告成。我还指出,试验与研究应该齐头并进,一批缺乏经验的研究人员需要做大量的试验工作。

返回上海后有人劝我不要再到北平去，因为日本的侵略已近在眼前。我留在北平饭店的行李朋友们决定派人送过来，以免我去冒险。后来，送行李的那个清华大学学生说，伪警把行李彻底搜查了一番，"充公"了两瓶什么液体，其他东西都没有拿。那两瓶液体正是我在中俄边境上买的伏特加。这样一来，俄国人给的卢布我一个子儿也没有享用上。

1937年7月23日，我和弗兰克应邀离华赴日，到东京帝国大学讲学。在濒临战争的两国之间，尤其是在美国和多数欧洲国家都认为是侵略者的日本活动，朋友们常问我有何感想。回顾起来，我觉得那时我对朋友的个人感情超过对国家间是非曲直的判断。我在东京希望会会阔别10年的老友，看看我早年访日时播下的研究种子如今有了什么结果。

然而，我在东京一跨出旅馆大门，就遇上一大群人在街上大声狂喊"帝国万岁"。我极其反感,觉得日本人在20年代比在30年代还理智些。20年代，他们开明、达观、关注科学进步。在这10年中，军国主义的癌瘤在日本国土上生根、扩散开来。在许多日本人心目中，征服中国竟然成了他们的最高目标。

与老朋友河西交谈后，我对形势的看法又乐观一些。他们仍然掌管着日本最大的飞机制造厂，但是政治上属温和派的河西父子对日本的事态发展感到不安。作为明智的资本家，他们坚决反对1937年出现的社会主义者和民族主义者的联合，他们的观点使我相信，日本还没有完全落在极端分子掌握之中。十分遗憾，河西家族并不统治日本，因而，他们的政见很快被全国性战争狂热所淹没了。告别河西时我有一种预感，在对冲突双方整个访问期间，这种感觉越来越明朗：人们应该以长远的观点看问题。到头来，科学的发展将湮没各种短暂的纠纷，持久造福于人类。

我在东京帝国大学的讲学很受欢迎。在回答学生的提问中，我再次看到了日本人的好学精神。日本人遵循中国的尊师传统，和德意志帝国一样，日本尊大学教师为皇家教授,离天皇只差一步。在美国,教授只是个普通人,在德国和日本,对教授却奉若神明。要是能让我自由选择的话,我个人情愿在这两者之间来个折中。

离别东京之前,帝大同仁设宴为我饯行。席面十分丰盛,其中一道餐后点心是一种混合食品。我不识货,向身边陪客请教。

不知这位先生生性好闪烁其词,还是因语言隔阂,他朝我看看,思索一下说:"这和美国的奶酪类似,但又不完全相同。"

这个模棱两可的解答等于将了我一军。不过,我不想立刻回敬他,因此没有吭声。正当我要起身告辞时,此人问我对日本的航空研究有何观感。为了使回敬不露声色,我就对他说:"您允许我直陈己见吗?"

"敬听高见。"

"嗯,日本的航空研究和美国类似,但又不完全相同。"

几天之后,我乘船返回美国。弗兰克坚持要回到日军占领下的北平去。他认为自己是美国公民,不会受到伤害。他要留在清华,防止自己长期搞成的那台风洞遭到日军破坏。

他乘日本轮船先到天津,再转坐火车到北平。后来他告诉我,到了那里,大多数同事逃的逃、躲的躲。日本兵开进清华大学时,他正在办公室的写字台前坐着。日军头目查看了他的护照,又客客气气还给他。日军头目说,日本兵驻扎清华大学只是为了防止崭新的空气动力学实验室和珍贵的实验设备落入中国坏人手里。

他还对华敦德声明,接管是暂时性的。他命令副官拿来一张纸,一本正经地写了一张接收实验室和风洞的收据。他一边把那张收据交给弗兰克,一边说,一旦恢复和平,他保证把实验室完整地归还。弗兰克认为,从侵略军手里拿到一张实验室和风洞的收据,恐怕只有他一个人。

1937年8月,中国局势每况愈下,日本侵略军向中国发出了最后通牒:限中国3天之内投降;否则就昼夜不停地轰炸南京。最后通牒遭到中国人拒绝后，日军就开始轰炸南京。其时，华敦德从北平南下正路过南京。他口袋里藏着一张清华大学30万美元资产的保付支票和一小盒镭。这两样东西是他设法避开日军耳目从北平偷带出来的。

接着，日军又对中国不断进行狂轰滥炸。这时，华敦德身染恶疾，造成下半身瘫痪。他被送进长沙的湘雅医院。后来又从那里转到香港，再坐船返回美国。日后华敦德虽然治愈了瘫痪，但走路却一瘸一拐的了。

今天，要正确估价中国航空科学的实际状况还有一些困难。因为美中关系的现状使中国无法接受美国人访华。幸而有不少外国朋友不时就目前研究工作向我咨询，我从中了解到中国航空科学研究已有了巨大发展。北京航空学院拥有6 000名学生，东北还有一所学生人数相当的航空学院。清华大学虽然仍在使用华敦德搞的那台风洞，但规模也扩大多了。有人在1962年估计，中国在10年之内，航空学科招生人数增长了100%。中苏两国的科学家还定期进行学术交流。

我很不理解，为什么成百上千的美国专家日夜监听苏联的航空活动，而直到写作本文时，却很少有人注意中国的情况[1]。我坚信，中国已经摆脱了许多技术发展的束缚，一旦解决了眼前的内政和外交问题，它的巨大科学潜力将会充分发挥出来。

---

[1] 此后几年，由于中国的核力量发展及其在世界政治上所发挥的崭新作用，这种局面已完全改变了。——原注

26 空气动力学的新篇章

返回美国后,我继续做我的传播空气动力学的工作。但不是四处奔波,而是把空气动力学介绍给许多新的工业领域,诸如从蒸汽轮机到风力发电机等过去从未与空气动力学发生过关系的项目。

例如,我记得早在 30 年代,我就应通用电气公司动力设备分公司总裁 A. R. 史密斯的邀请,去解决汽轮机上的一个问题。我在他的办公室里刚坐定,他马上对我说:"我请您来是为了我们需要您的帮助。我们通用公司生产的汽轮机性能优良,畅销世界;本公司很多工程师都认为它已尽善尽美,毫无改进余地。而您有个老同事却说,您能够运用空气动力学进一步提高它的性能,这使我感到很惊奇。"说到这里他把话刹住,仔细观察我的反应。

"这是有可能的,"我答道。

"我的要求很简单,"他接着说。"请您运用空气动力学提高蒸汽轮机的效率;或者证明空气动力学对此无能为力。对我来说,不管哪一种都具有很大的经济效益。"

"行,"我对这种开门见山的说法报以赞赏的一笑,"我一回帕萨迪纳就动手研究。"

"噢,不,"史密斯马上接过话头,"请您就在这里搞。"他提出要我 6 月份在他那儿干一个月。我说不行,家里还有好多事要安排。再说,这里天气也太热。

他坚持他的主张，并列举出我当通用电气公司顾问的许多好处，但我们始终未能达成协议。我离开的时候，他提出陪我一同乘火车去纽约，我可以从那儿乘飞机返回西海岸。在列车上，我们闲聊起来。交谈中，我才知道他跟查尔斯·施泰因梅茨共过事。施泰因梅茨是著名的德裔科学家，通用电气公司的崛起主要依仗他的力量。我对施泰因梅茨的事业很感兴趣，因此，我俩谈得十分投机。

在火车上，史密斯要请我好好吃一顿。但餐车里座无虚席，他只好提议先喝点酒。话题转到汽轮机上后，我们又喝了一杯，话越谈越来劲，我把时间和此行目的都忘得一干二净。突然间传来列车员的喊声：纽约到了。其时，列车已抵达中央车站。

分手时，史密斯说："博士，非常抱歉，我没能在车上请您吃上晚餐。不过，我将送上一份按照您的意图起草的合同。"接着，他微笑地补充说："我可以告诉你其中的原因。我认识不少大学教授，唯有您喝了4杯苏打威士忌照旧头脑清醒。这可是个好兆头。"

我认为，通用电气公司的汽轮机问题实质上是个简单的观测误差问题。公司工程师们发现，根据计算，汽轮机效率应该比实际效率要高出百分之几；他们对这一点感到奇怪，但又不明白出现这个差值的原因。要是我能阐明原因，指出提高汽轮机实际效率的途径，那不仅意味着能节省数以百万美元计的动力费，而且会使汽轮机销售量激增。

由于当时没有任何理论能可靠地描述通过汽轮机叶片的蒸汽运动状态，为了解决这个问题，我得先动手拟定出一种计算理论。我一生都是和螺旋桨在空气中运动之类的问题打交道，所以搞这种事并不太难。经过一番计算，我概括出了蒸汽在汽轮机特殊封闭条件下运动的物理模型。在这个模型中，我立刻看出通用电气公司工程师们在计算效率时忽略了的一些因素：他们假设流经汽轮机每个叶片的蒸汽沿叶片全长的速度相等，因此算出的效率数值偏高。其实，这个假设只适用于汽轮机转子上的第一级叶片，其后几级就不适用了。因为蒸汽对后几级叶片的冲角在叶片不同部位大小并不相等，因此，相应的蒸汽流速当然也不同。蒸汽动能的损耗造成了机器实际效率下降。

为了消除这种损耗，我建议重新设计叶片。新叶片不应为了便于加工而采用简单的外形，而应用特殊的手段制成扭曲、叠合的形状，以与蒸汽对叶片的冲角与流速变化相适应。我提的这个方案，车间工程师们反对说根本不现实，扭曲、叠合的叶片制作既困难，成本又太高。他们认为，空气动力学在汽轮机上用不上。

我坚持我的观点。我认为只要他们肯干，制造工艺上的困难一定能够克服。但他们的意见完全和我相左，因此这件事只好搁浅。

然而，时过不久，一些有实践经验的工程师就创造出一种加工特殊形状叶片的经济方法。说来真有趣，目前它已经成为汽轮机行业普遍使用的加工方法。此外，实践证明，我提出的通过旋转电机的流体流动理论在超音速飞行方面也大有前途。比方说，运用这个理论能推导出扩大喷气涡轮发动机进气量的方法，使发动机吸进更多空气，从而加快转速。

每当回想起这件事，我不仅感到我已经向史密斯先生和搞汽轮机的工程师们证明了空气动力学的理论和方法确有价值，更重要的是体会到妥协的好处。如果某种加工方法初看上去既费事又费钱，管理人员最好不要立即拒之千里之外，而是设法尽可能地用最经济的方法先试一试。

从这以后，我和通用电气公司实验室继续保持着良好关系。那时候，这种关系并不多见。因为美国的大多数工业公司在问题解决之后就不再向大学咨询了，以后碰到同样问题，就再从头来一遍，因此它们的研究工作很少有连续性。

德国的情况也差不多。记得亚琛有一家公司曾经请我研究过一台过热烧坏的变压器。我们为此制订了一项传热研究计划。变压器冷却法搞出来后，问题就解决了。我们的传热研究计划也到此为止，没有进一步把研究工作推进到能解决其他同类问题的普遍高度。要是当初能继续干下去，那么，今天使科学家大伤脑筋的空间技术中的热交换问题，解决起来将会顺手得多。

我认为，通用电器公司取得成就的关键在于它坚持了研究工作的连续性。这种连续性推动了其他企业也纷纷制定出相应的研究规划。

1930年代中、后期，我们在加州理工学院的研究小组还应聘在两个领域里进行了一些特殊研究。虽然研究内容和航空毫无关系，但对加州甚至全美国来说都至关重要。第一个研究项目与大型引水工程有关。这项工程是把科罗拉多河水抽上来，越过落基山脉，输送到几千里外的洛杉矶。我们的任务是解决高效率水泵设计的计算问题，要求新设计的水泵效率比现有水泵高，以期替市政当局节省巨大开支。

那时候，土木工程师搞水泵靠查手册，按老套套设计。由于这项工程要将巨量的水抽送到极高的位置，因此手册里根本就没有符合要求的水泵。他们的设计准则是，不管水泵尺寸大小，原理完全一样，流量越大，尺寸也越大。由于水从亚利桑那州输送出来，越过落基山脉，行程遥远，需要有极高的水压，因此只有采用更大的水泵才行。

在此情况下，洛杉矶自来水公司就想到是否可以请空气动力学家运用流体力学原理来解决这种水泵设计的计算问题。老实说，这一点完全出乎我的意料。话说回来，离心式水泵是什么玩意呢？它不也是一组叶片吗？叶片对水的作用与机翼对空气的作用又有什么两样呢？一台离心式水泵就是一组叶片组成的螺旋桨嘛。因此我推想，必然有一种与计算机翼受力相似的方法，可以对叶片上的作用力进行精确计算，只是眼下还没有搞出来而已。我看，空气动力学之所以高度精确，乃源出于飞机的一个根本问题——它必须在空中支持自身重量。而一个水泵只要安装起来就能抽水，几个世纪来一直如此。由于没有刺激改进的动力，多少年来，崭新的理论才一直没有触及它。

对水泵叶片受力情况研究之后,我拟出了一个新的计算方法。这种计算方法对确定水泵中形成空穴的临界条件很有用。所谓空穴,就是液体内部出现的局部真空。由于叶片高速旋转引起液体压力下降,从而使部分液体蒸发,当气泡(空穴)被输送出水泵后,压力突然增大,它就砰的一声破裂了。空穴现象不仅使水泵效率降低,还要引起破坏性振动和金属叶片腐蚀。

我和加州理工学院的罗伯特·克纳普教授以及我在布达佩斯时的老友、工程顾问阿拉达·霍兰德共同研究了这个问题。根据上述新计算方法,我建议自来水公司在加州理工学院搞一台与风洞类似的试验设备——水洞。一经公司同意,我就让华敦德负责搞这台试验设备。这种类型的水洞是前所未有的,实际上,它还代表了水利工程上的一条新研究途径。当时,许多有经验的工程师对此颇有怀疑。现在回顾起来,我敢断言:我们的改进设计方法大幅度地提高了南加州的水泵效率(从原来60%—70%提高到90%左右),从而替纳税人节省下千百万美元。

不仅如此,从长远的教育观点看,意义更加重大。水泵改进设计向一代工程技术人员作了示范:怎样运用水力学和空气动力学的基本概念,去解决那些初看上去与它们毫无瓜葛的工程技术实际问题。

我们空气动力学小组在加州理工学院承担的第二个项目与美国经济大萧条期间发生的悲剧事件直接有关。1933年,全美国遭到大尘暴袭击。这场大尘暴毁了千万亩庄稼和无数家畜,使广大农民陷入贫困的绝境。

为防止大尘暴再度侵袭,罗斯福总统批准了一项造林计划:建造一条5 000英里长、横贯美国的森林防护带。一旦大风再起,森林将能防止酿成另一场大尘暴。总统宣称,这条防护林将大大有利于加强农业,帮助国家摆脱经济萧条的困境。

这是个惊人的设想,不过在付诸实施之前必须先解决一些技术问题。

其中有个问题是，搞清楚一棵树的"作用范围"，以确定植树的间隔距离。我们决定用加州理工学院的风洞进行森林模型试验，方法和研究飞机一模一样。1937年，一个名叫阿特苏米的研究生做了一系列实验。在实验过程中他测量了风掠过一排小小的"假树林"后风速减弱的程度，"假树林"是用棉花球做的，高5厘米。实验为真树林的防风效果提供了一些概念。但光凭这点知识还不够，必须了解风将尘土挟带到空中的方式，才能全面搞清楚森林的防风实际效果。关于吹沙的基本问题（如沙漠里的沙浪的形成、风把沙土吹扬到空中的机理），我都非常感兴趣。

所以到1939年，在弗兰克·马利纳博士和马丁·萨默菲尔德博士协助下，我们在加州理工学院搞了一台小型扬尘风洞。在这个基础上，我们建议政府出资造一台大型移动式露天扬尘风洞。我们打算将它运到不远的农业地区进行试验，用它变换吹风条件，来测量各种耕作方法的地表尘土的吹散效果，以便断定哪种耕作法防止扬尘的效果最好。

但是提出这项建议时大尘暴已经过去，政府对搞防风林不像以前那么急切了。此外，由于战争日益临近，我们另有更多紧迫的研究工作要做，因此这个项目只好下马了。

美国的大防护林带虽然一直没有造成，但这项研究让我们对风蚀的动态机理和森林防止尘暴的实际效果有了一定的认识。

1930年代，我还搞过另一项有趣的工作：检查大古力水坝故障的根源。尽管设计这个水坝的工程师们考虑了一切安全因素，但水位升高后，大坝还是产生了裂缝。当时请了许多专家（其中有好几位加州理工学院的工程师）来研究对策。专家们分析来分析去，怎么也解不开大坝裂缝之谜。

在束手无策的情况下，他们到加州理工学院土木工程系主任罗密欧·马特尔博士那里求教，问问有谁能助他们一臂之力。

"有个人也许能行，"马特尔博士说，"此人就是冯·卡门。"

"不过，他在土木工程上是个外行呀，"工程师们不以为然地说。

"这我知道，"马太说，"但他见多识广。退一步讲，去问问他对你们总不至于有什么损失吧。"

这样，他们才带着这个问题来找我。我说，对水坝我是一窍不通，不过，它也是按科学原理设计的一种结构件，而科学原理就是我的业务了。

他们滔滔不绝向我介绍了许多细节，仿佛要将我应该懂的东西一下子全教会我。"对不起，"我打断他们说，"请先谈谈总体情况，出现裂缝时具体是什么状况？坝宽、坝高、坝的长宽比为多少？水位多高？"

他们提出这些基本数据后，我仅仅作了一项简单的计算，即坝厚对坝总长的比值。

"我觉得出现裂缝毫不奇怪，"我告诉他们，"因为水坝的应力超过了设计的屈曲强度极限。"

设计大古力水坝的这班人和洛杉矶的水泵工程师们一样，也是采用手册里的标准设计数据，根据大水坝的尺寸按比例放大，搞出设计图纸。他们的设计方法实质是只考虑到水坝受静水压力作用，而没有想到这样大尺寸的水坝可能出现特殊屈曲的情况。

我在大坝结构上却洞察到了某些不同的因素。在我看来，大坝并非是坚固厚实的土石方，只不过是一块薄板而已。这样说似乎有些离奇，不过，要是用长度除以厚度的话，就看出它确实是一块薄板了。它跟我研究过的很多飞机薄板结构并无多大区别。我说，试把大古力水坝的弯曲部分设想为飞机机身壁板的巨大模型，按薄板基本条件对大坝所有数据重新计算，然后我建议像处理机身的方法一样，为大坝外加支撑筋，提高抗弯强度，使它足以承受引起裂缝的屈曲应力。这种处理方法对土木工程师来说是颇为新奇的。他们采纳了我的建议，从而使世界上这个巨大而壮观的水坝一直安然无恙。

26 空气动力学的新篇章

1939年间的某一天，新英格兰的精力充沛的公司筹办人帕尔默·普特南来找我洽谈业务，结果竟促成了我在加州理工学院经手的最不寻常的风力工程——风力发电机。普特南已经说通了许多电力公司出钱资助他，当时由于华盛顿批评了电力工业不搞现代化研究，电力公司正公开征求改进意见，所以办到这一点并非难事。有了电力公司撑腰，他就到宾夕法尼亚州约克市的摩根史密斯水轮机公司兜售制造风力发动机的方案。他邀请了许多专家组成一个技术顾问组，其中有麻省理工学院的结构专家J. B. 威尔伯教授、挪威气象学家斯维尔·皮特森教授，另外还想拉上我。

我仿佛命中注定一辈子跟风打交道，这又是一项我无法拒绝的风力工程。于是我和当时加州理工学院讲师威廉·西尔斯博士、助教邓肯·兰尼立刻组成了一个研究风力发动机的空气动力学小组。

到了动手设计时我才发现，除了几条经验法则外，根本就没有风力发动机设计理论。当时我按老办法提议先搞一个能反映风力发动机各安装现场气候条件的模型，然后进行大量的风洞测试，以便确定最佳安装地点。场地选定后我们就能定出机器主要尺寸，接下来再做一个按一定比例缩小的模型；这样一步一个脚印干下去，就能搞出满意的设计。

然而，项目资助人都急于求成。他们不想搞模型试验，要一上手就直接搞设计。在这一点上我和普特南有分歧。我问他，跳过好几个重要步骤究竟明智不明智："莱特兄弟能不能从在基蒂霍克第一次试飞的飞机一步就跳到设计DC-4型飞机呢？"普特南尽管点头称是，行动上却我行我素。

普特南的想法体现了美国人讲求效率的精神。他认为，在各种尺寸的众多设计方案中，准能挑出一个最适合给定条件的结构图，这种结构可能就是机器的最优设计。他讲求实效，说干就干，马上在费城租下布德制造公司大楼的顶层，又雇用了一批女职员，准备了几十台计算器，还亲手制定了各种工作计划进度表。他以为光凭风力发动机的各种参数，就能找出风洞试验的数据。然后，再把这些空气动力学数据列为一行，结构尺寸数据列在后几行,再留几行抄录气象数据。这些数据再用计算器运算一番,最优化设计就会脱颖而出。不仅于此,这种方法还能反映出风力发动机每年每美元投资的最大回报。

这个规划气魄可谓不小。可惜威尔伯教授无法按时提交结构数据,女职员们只好围坐在办公室里涂涂指甲油干领工资。后来,普特南把她们解雇了,把自己的优化设计也扔了。

有些人对自己要干的工作计划得过于周密,事情往往由于达不到计划要求而告吹。普特南就属于这种人。他使我想起一个老吃客在饭店里点牛排的故事:

"切一块牛排,要不多不少,正好 7 厘米厚,"那老吃客对侍者说。"加一小撮胡椒和半调羹盐,将蔬菜放在盘子左边,明白吗?"

那侍者点点头,转身就向领班厨师喊道:"来一客牛排加炸薯条!"

风力发动机初期尽管有些挫折,但是没有完全停下来。最后,我们终于定出了一个设计方案,挑选佛蒙特州蒙彼利埃附近一座名叫"爷爷头"的小山丘作为安装场地。风力发动机旋翼直径是 170 英尺,特殊设计的旋翼像飞机机翼一样,能适应各种风速变化。

风力发动机于 1941 年 8 月完工。自从这种发动机问世以来,这是最大的一台,每片叶片重 8 吨多,长 65 英尺。第一次试车发出的电力就足够一座小城市照明用。当时,筹建人员都感到十分高兴。

但好景不长,由于对设备的技术性能,特别对安装叶片的锥座机械特性缺乏了解,不久就出了问题:装在锥座上的叶片挠度太大,转起来就像直升机的旋翼那样抖晃扑打着。为了解决这个问题,我们只得增加阻尼装置,这样,叶片转动就有了额外负载,从而引起连接结构松动。

那年冬天,主轴要检修。技术工人卸下主轴后将叶片支承在轮毂上。不期碰上了一场暴风雨,狂风扑打着叶片,终于将一根叶片的金属蒙皮撕裂,并将叶片敲得粉碎。

事故发生后，资助者丧失了信心，决定将资金另作打算了。这时美国已经向轴心国宣战，材料供应越来越紧张，不过，关键还是资助者不愿再投资了。

目睹这个项目下马我感到非常惋惜。我觉得在燃料昂贵而难得的地区，如撒哈拉沙漠，风力发电还是有前途的。实际上，直到现在有些国家仍在用风力发电。前几年我在以色列时就见到过不少风力发电机。那些机器运转得很不错。

我们这个项目的问题出在经办人过于贪大。普特南在技术方面阅历不深，又无自知之明，不理解我提出的模型试验是设计之前不可或缺的步骤。如果我们踏踏实实干，就会及时发现锥座问题，最后将这个项目搞成功。

普特南后来转向了军需业。军队为他提供取得进展需要的条件。在军事需要的压力下，每个人都要快快工作，搞出点什么东西来，如果不行，就马上扔掉，根本没时间去做什么模型试验。这种环境正好适合普特南的胃口。他搞出一种以"水鸭子"出名的两栖战车，在第二次世界大战中为盟军出了很大力。

27 塔科马大桥的坍塌

1940年，我用空气动力学进行了一次惊人的"冒险"。此事起因于报纸上一条引人注目的大标题："塔科马海峡大桥塌落"。我认认真真阅读了报道全文。

华盛顿州耗资640万美元新造的这座悬索大桥享有世界上单跨桥之王的称号。这样一座大桥竟会被一阵不太强的大风刮垮，一头栽进了皮杰特湾。造这座桥的工程师莫伊塞在桥梁界颇具声望，是个很有成就的富翁。人们都认为这座长度位列世界第3、长达1英里的悬索大桥是他的最佳杰作，桥的结构已有了定论。大桥悬挂在海峡最狭处，把奥林匹克半岛和华盛顿州其他地区连接起来。它像一条薄薄的钢缎带，既富有弹性，又非常美观。人们做梦也没有想到，大桥竣工后不到一年竟成了一堆废铁。

然而从1940年7月1日大桥通车的那天起，甚至可以说在建造过程中，桥在结构上就明显存在问题。大桥在轻风中有上下波动，当风速在每小时3—4英里时，桥面就有4英尺的起伏。由于这种起伏运动十分引人注目，大桥很快就得了个绰号叫"舞动的格蒂"，许多参观者老远赶来一试颠簸之趣。工程师们曾经采用锚固在两边混凝土基础上的粗钢缆稳住它，也试用过其他稳固措施，但所有办法似乎对桥的快速摇晃都无济于事。

在研究人员对其运动特性进行持续的仔细观察下，"舞动的格蒂"在吵吵嚷嚷中通行了4个月。由于运动情况没有变化，行政当局对大桥的安全也就放心了。据说，他们还确实考虑过要把原先巨额保险金减少一些。

塌落的那天（1940年11月7日）早晨，大桥丝毫没有出事的迹象。尽管夜里起了大风，但大桥的晃动跟平时差不多，到了上午10点，风速增加到每小时42英里。这时，大桥出现了前所未有的严重情况。然而观察人员报告说，除了中跨的振幅有些增大外，整体运动并无明显变化。10点过几分，大桥的运动突然出现异常现象，有节奏的起伏运动忽然变成激烈歪扭的螺旋运动，正如一位观察人员所说的那样，大桥似乎马上要"翻身了"。当局立即发出警报，停止通行。

几分钟后，大桥歪扭、翻腾愈来愈猛烈了。据当时一位观察人员观测，桥面一侧一会儿比另一侧高出28英尺，一会儿又低了28英尺；主跨上的钢缆已不是通常那种弹跳起伏运动，而是反向扳扭，桥基被拖得歪来歪去，左右摆动达45度。桁架、悬索及混凝土桥面受这样可怕的折腾有半小时之久。最后，到了11点，大桥终于支撑不住了。路灯杆首先倒下，接着中跨开始翘起，600英尺长的桁架和桥面松散开来，最后发出震耳欲聋的巨响，一头栽进了皮杰特湾。10分钟后，中跨的其余部分也鱼贯而下，直坠海底。失去了支撑的两个边跨，猛然抽动后也塌落下去，把桥架向岸边强行拖倒。边跨塌落和大桥的主跨一样，产生的振动非常剧烈。当时华盛顿大学的F. B.法夸尔森教授正站在边跨上拍摄大桥经受考验全过程的影片，一下子被摔倒在地，他使劲站起来才逃离支离破碎的桥面。

大桥塌落时上面只有一辆抛锚的汽车，车主是名新闻记者。桥一开始激烈扭转，他就从车里被甩了出来。他拼命抓住桥边栏杆；过了几分钟，在桥稍微平稳的当口，急忙爬到安全地带。人们本想设法把那辆车和车上的一条狗救回来，但已经来不及了。狗和车随着大桥一起坍塌下去。在这场灾难中，只有那条狗送了性命。

我和千百万人一样，怀着浓厚的兴趣关注着这一不幸事故的详情。然而，第二天报纸上的一条新闻简直使我感到震惊：州长认为大桥的结构没有问题，并提出，按这座桥的基本结构再造一座新桥。我觉得这样似乎有些不大对头。那天晚上我从学校带了一个橡皮模型桥回家。那是一个机匠替我做的。我把桥模放在起居室的桌上，然后开动一台电扇对准它。这时，桥在微风中轻轻摇动。我逐步调节电扇转速，当风速达到一定大小时，桥模就开始振动起来。而当电扇的送风节奏和桥模的振动频率合拍时，桥模就出现了不稳定现象。而且越来越厉害。

事情正如我猜测的那样，兴风作浪的是"卡门旋涡"。

同天晚上，我就向克拉伦斯·马丁州长发去一份电报。我强调指出，如果他批准新桥按老桥样式建造，那么新桥也会像老桥那样坍塌。为了对这个问题展开热烈讨论，我在《工程新闻记录》杂志上发表了一篇短文。在解释破坏原因时，我把大桥比喻为结构不好的机翼，在某种飞行条件下，会出现结构失稳：机翼偶然一扭，便产生附加作用力，这个附加作用反过来又扭转机翼，从而引起失稳现象。我给华盛顿大学法夸尔森博士寄去一份短文的抄件，因为他一直在指导大桥运动的研究工作。

当时州长没有给我回电。过了一个月左右，现已过世的联邦工程局局长约翰·M.卡莫迪来电话通知说，联邦政府要我参加调查塌桥事故的一个专门小组。组长是纽约港务局的总工程师O. H.安曼，他是纽约地区的三区大桥及其他一些桥梁的设计师。另外，还有两个土木工程师任组员，分别代表桁架和大梁。我开玩笑说，我只能代表"风"了。

我以为几位桥梁专家应当先弄清楚塔科马大桥事故的罪魁祸首是"卡门涡街"，因为在我看来，这事是一清二楚的。由于大桥有一部分实体侧壁，强风连续吹打壁板，终于形成了周期性涡流。正是这股涡流强迫大桥振动，最后把大桥给报销了。

为了便于别人理解这种解释，我决定把那些能说明"卡门涡街"造成大桥塌落的资料准备好之后，再到西雅图去。我请我的助手路易斯·邓恩（他后来担任加州理工学院喷气推进实验室主任）在加州理工学院用各种风速对桥梁模型进行试验。我们发现，开始时桥模静止不动，当风速达到某一特定大小，桥模开始振动；当发送涡流的节奏和桥模振动频率同步时，桥模就产生剧烈振动。邓肯·兰尼教授在进行运算后写了一篇关于悬索桥振动的论文，那是一篇重要科学著作。邓恩和兰尼的试验与塔科马大桥事故完全吻合。因此，我觉得已做好充分准备，能去西雅图向与会专家说清楚这个问题了。

然而，我没料到桥梁工程师的门户之见有么深。到这时候，他们的思维还局限于重量和压力这一类的"静力"上，而不考虑能产生或改变运动的"动力"。以前人们都看到过桥在风中的振动，但谁也没把它当回事。他们仍把大桥的破坏归咎于别的原因。更有甚者，这些杰出的桥梁工程师们竟然弄不明白，研究飞机翅膀那类小玩意儿的理论，怎么能用于桥梁那样固定的庞然大物上。

这种观点使我们之间产生了潜在矛盾。记得有次开会时，安曼先生在讨论了空气动力学后，直截了当要我拿出桥梁受力分析数据。我就把报告拿给他，他也从口袋里拿出一沓数据记录，上面标着资料来源：华盛顿大学法夸尔森教授提供。

"请看，"他一边念记录数据，一边得意地说，"我们算出的桥梁负载要比您的大3倍呢。"

我感到非常厌恶。这正是我多年来一直要克服的那种思想方法。安曼先生谈的是静载荷，他拒不承认那样小的动载荷引起的振动会危及桥梁。

在另一个场合，我向工程师们建议，造新桥之前，最好做些风洞试验。一听这话，安曼先生马上酸溜溜地打断我说："您不是要我们造一座桥，把它放到风洞里去吧？"

我肯定他完全懂得我的意思，但长期的习惯使他作出了这样的反应。

尽管我和与会的工程师有些分歧，但应该承认这次西雅图会议终以大多数出席者承认空气动力学对桥梁建筑具有相当价值而结束。会议结束时，大家一致同意在新建塔科马大桥之前先要进行各种模型试验。因此华盛顿大学和加州理工学院都取得了一项"空气动力学研究"合同。据我所知，签订这类合同还是破天荒第一次。

我跟有些工程师还存在一个分歧。不过，在这点上，他们比我有能耐，并很快就令我折服。有个政府代表问我的咨询费要多少，我刚要开口说50美元一天（这是我当时替政府干事的收费标准），他们立刻挡住我，说此事由他们来谈。他们商定按大桥总值抽取一定百分比，而大桥的保险额为600万美元。这时，我才明白，桥梁及大型工程的建筑师和工程师们原来是以这种方式拿报酬的。与他们相比，我们空气动力学家只能算是"高级苦力"而已。从这次经验中，我懂得了不少工程技术之外的门槛。

西雅图会议概括出两条建议。一条是桥侧壁用开有大孔的钢板来代替原先的整块钢板，另一条是在大桥路面上开槽，以防止路面上下承受的压力不均引起的桥面振动。这些建议都要贯彻到几年之后建造的塔科马新桥上去。

这次会议后，联邦政府又制定了一份计划，以空气动力学观点对金门大桥、三区大桥和奥克兰湾大桥等大型悬索桥进行一次普查。检查结果，这些大桥都安全可靠。拿金门大桥来说，风是从桁架网络孔中吹过去的。只有当风速达到每小时110英里，而且要刮相当长时间，才会使桥出现危险的振动。而那个地区还从来没有过这么大风速，因此，我看金门大桥是相当安全的。

塔科马大桥坍塌的后事如何呢？从人性角度看挺有趣：州政府直到索取600万美元的保险赔偿金时，才发现代理人侵吞了保险费，根本没有投保。后来，那倒霉鬼终于在监狱里了结了一生。

28　高速飞行的曙光

俗话说:"想要的总比到手的多。"这话用来形容1934年的航空发展状况倒是十分贴切的。那年,一架红色水上飞机在意大利测好距离的航线上轰鸣着疾驶而过,时速达到440英里,打破了当时的一切飞行速度记录。这是人类当年拿到手的成就。一年后,在第5届沃尔特会议上,科学家们又郑重其事地提到了时速数千英里的月球火箭问题。这就是1935年人们想要达到的水平。

第5届沃尔特会议邀请了世界上主要的空气动力学家,是首次专门探讨高速飞行的国际性科学大会。意大利伟大的无线电发明者伽利尔摩·马可尼向一些科学家发出了正式请帖,要求他们为会议提供科学论文。我也接到这样一份正式请帖。

这次会议标志着超音速时代的开始,因而具有一定的历史意义。从这一点来说,首先,会议为高速空气动力学成为研究飞行的重要工具打开了出路;其次,从那时起,高速空气动力学便得到了飞速发展,到了1946年,即11年后达到一个高峰——查尔斯·耶格尔上校驾驶的X-1型飞机水平飞行突破了音障。这次罗马会议唯一令人不能赞同的是,揭开未来飞行发展序幕的会议竟在一个法西斯中心召开,而且又跟法西斯国家的扩张主义野心搅在一起。

我先来简述一下与航空有关的国际形势。1939年,纳粹德国空军元帅

戈林公开宣称德国自1935年3月底起就已拥有一支空军。这表明德国政府公开破坏了《凡尔赛和约》。它虽没有使列强们感到震惊，却使德国长期重新秘密发展武装的真相大白于天下。其时，欧洲各国，尤其是意大利和俄国，正加紧制造军用飞机，主要是高速轰炸机。日本在东方正对中国东北进行狂轰滥炸。但总的说来，1930年代初的航空大事件是美国造出多引擎运输机，开创了民用航空的新时代。当时，这种多引擎飞机比其他各种飞行工具都优越，并且跟火车和汽车一样，能进行标准化生产。

那时还没有横跨大西洋的空中航线，我只能乘坐客轮去意大利。在船上，我碰到了几位社会名流，其中有罗斯福总统的财政部长亨利·摩根索，因此一路上倒也并不寂寞。在旅途闲暇中，我对沃尔特会议的背景回顾了一番：它的发起单位是意大利科学院。意大利科学院是意大利法西斯党在1920年代后期按法兰西学院模式创办的一个文化研究机构。说来真可笑，当初法西斯党办这个机构本是为了抵消"猞猁学会"的权威与尊严。"猞猁学会"是伽利略及其弟子们于1603年创立的，它名闻全国，是世界上最古老的科学研究组织。当时这些科学家秘密聚会，讨论天文学及其他一些教会严禁的"黑艺术"，由于这个缘故才取名"猞猁"。伽利略和其他科学家们觉得，他们的活动只有像森林里的猞猁那样目光敏锐、行动诡秘，才能避免冒犯教皇所带来的危险。

后来随着科学地位的不断提高，教皇对科学的态度也变得宽容起来。到了1930年代末，梵蒂冈也创办了天主教科学院，设有许多学科；现在又增设了一个天文学部。

1962年10月，我曾经到罗马出席该院天文学部召开的会议，在那里聆听了约翰教皇的训谕，并亲眼看到了这位教皇对科学的开放态度。我发现他是个愉快而又诚实的人。离别时，我不禁对他说，他完全应该得到全体与会科学家的衷心感谢。

"此话从何说起呢？"教皇彬彬有礼地问道。

"我认为，像您这样一位靠近天国的人支持地上的天文学研究，当然应该受到人们的尊敬。"

教皇听了微微一笑。我想，这话把他逗乐了。

第5届沃尔特会议是当时第一流的航空会议。大会为出席的科学家支付了横渡大西洋的旅费。1930年代，大学教授得到这种待遇是绝无仅有的。会议在卡比托利欧的一座文艺复兴时期的建筑物里召开。在神圣的罗马帝国时期，那里曾经是罗马市政厅。服务人员一律身穿礼服，侍立在古老大厅各处，随时为与会者服务。在这样一个地方开会，真称得上是立足过去、放眼未来了。

西方各国和苏联都派来了代表。很多意大利科学家都身着军装，显示自己和政府关系密切；然而有一位科学家却与众不同，一身便服出席会议，公然对法西斯主义表示蔑视。此人就是我的好友、来自帕多瓦杰出的数学家图里奥·莱维-西维塔。第一次世界大战后，他曾经帮助我筹组了第一届国际应用力学会议。当时，墨索里尼对反对派还保持着温和态度，没有对他进行迫害。

大会由主席加埃塔诺·阿图罗·克罗科将军致欢迎词。当这位意大利航空先驱、前空军研究部主任讲话的时候，会场里似乎有一种要宣布大事件的气氛。果然，墨索里尼挑选了这个机会，在会上宣布了入侵埃塞俄比亚。墨索里尼的侵略行径遭到苏联政府的严厉谴责。除了这件事，那天的会议开得还不错。苏联数学家尼古拉·拉伊宁在会上宣读了一篇论述火箭的论文，那是一篇远远超越了时代的文章。接下来，苏黎世大学的雅各布·阿克莱和路德维希·普朗特作了关于超音速的报告。阿克莱是我1921年在不莱梅认识的老友。我以1931年在帕萨迪纳的研究为基础，提出了一篇论述超音速流动阻力的论文。在这篇文章里，我论述飞机以声速飞行时，为了克服阻力，发动机需要多大功率。文中关于高速飞行主要阻力源之一的表面摩擦阻力的计算方法，今天仍然在使用。据说，这篇文章推动了不少青年科学家深入探索超音速运动。

关于未来飞机的发展问题，最有价值的一篇论文是德国青年科学家阿道夫·布斯曼博士向大会提出的。此人是普朗特的学生，目前在美国航天局工作。布斯曼对超音速飞机的升力进行分析后，首次公开提出采用后掠翼，并阐明了如何解决后掠翼以超音速或亚音速飞行的许多空气动力学问题，从而为第二次世界大战中德国的喷气式飞机设计奠定了空气动力学基础。老实说，当时我对这种提法并不十分重视，尽管著名女飞行员杰姬·科克伦说，我在1930年代初曾画过一张后掠翼飞机草图送给她，图上的标题是"未来的飞机"。当时我的努力方向不是飞机设计，而是创造超音速飞机理论。

在航空学上，超音速空气动力学是理论走在实践前面的一个分支。从1918年以来，克罗科将军对高速飞行就很感兴趣。他写过不少有关火箭和冲压式喷气发动机的科学论文，甚至探讨过利用原子能做宇宙飞船动力的可能性。他还是第一颗导弹"远程炸弹"的发明者。这种导弹从飞艇吊舱发射，导弹上装有定向用的自动陀螺仪和操纵方向的弹翼，使得它能够自动飞向目标。

早在1922年，普朗特也探讨过高速飞行的机翼问题。后来，他和一个名叫格劳特的英国科学家一起提出了高速飞行升力大小的计算法则。这个法则只适用于亚音速，不适用于超音速计算。很多科学家都为探索新计算法则努力过，其中以道格拉斯和伍德在风洞中对飞机螺旋桨运动所作的研究最引人注目。他们发现，当螺旋桨转速接近音速时，升力骤降，而阻力激增。

一个敏锐的观察家可能会将这种现象与18世纪弹道学的一项发现进行类比：当子弹飞行速度接近声速时，空气阻力就猛增，这就是著名的"音障"。后来，X-1型飞机实现了突破音障飞行。有趣的是，在那次举世闻名的飞行以前，科学家和工程师早与"音障"打了好几个世纪的交道了。

very 多人问我,为什么飞得比声音快那么难。问题不在声音,而在于物体在空气里飞行时所产生的压力,压力传到人的耳膜才成为声音。由于子弹以每小时1 900公里左右的速度飞行,或者说以两倍声速飞行,因此,有人说,从来没有人能听到击中自己的子弹的声音,这话倒是千真万确。因为物体以接近或等于由自身产生的压力波的速度前进,压力波便在物体头部聚集起来,形成了所谓"激波",从而引起阻力激增。这种现象新闻报道上常称为"声墙"。

早在1908年,我着手写一篇关于激波和超音速空气流动现象的论文时,就开始对超音速现象发生兴趣。我那篇文章发表在匈牙利工程师协会学报上。1926年,我在亚琛初次拟定了搞一座超音速运动实验室的规划。3年后,我目睹这座实验室正式投入使用,心里感到非常高兴。遗憾得很,那时我已决心离开德国,因此,也就没有机会在那个实验室里工作了。1939年,我在帕萨迪纳定居后,才开始全力以赴地研究抛射体周围的超音速空气流动。"抛射体"其实就是一艘微型飞艇。既然早在20年代我就搞过齐柏林飞艇外围气流流动特性计算方法,那么,为何不用模拟方法来研究抛射体运动呢?

研究方法确定后,我就把建立各种形状抛射体外围空气流动模型的工作交给跟我读博士学位的诺顿·穆尔去做。1932年,我们联名发表了一篇总结论文。据说,这篇文章竟成了航空学的一个新分支——超音速空气动力学的起点。我们提出的方法不仅适用于抛射体,也适用于飞机或吊舱之类的主体设计。我无意对自己初期研究的动机表白一番,也不敢自诩已预见到超音速飞机即将出现(尽管我确实曾经考虑过这个问题),不过,我觉得自己选择了这样一个具有高度科学思想水平的课题,并发现其重要性与日俱增总是感到高兴的。

作为现代先进飞机设计基础的超音速空气动力学,其基本概念是比较简单的。甚至在有人驾驶飞机突破音障之前,从理论上已明显看出,超音速飞机设计最重要的因素是崭新的阻力源。这种新阻力源，我们空气动力学家叫做"波阻力"。波阻力与摩托艇驾驶员常见到的现象很相似。摩托艇低速航行时，船头吃水较深，一旦加速，艇身就要遇到较大的阻力。这个阻力是由艇身运动引起的波浪产生的。我在前面讲过，飞机飞行的情况与此相似，当飞机速度接近由机身引起的气波速度时，空气阻力就会激增。飞机一旦越过这个速度，机体外的气流运动反而平静一些。

摩托艇和飞机不同，它能克服这个新产生的阻力。一艘快艇高速航行时，船头会"翘高"，船体大部分能升出水面贴水行驶，这样就减少了很大的水阻力。飞机是不能"翘高"飞的，因为它是作三维空间运动。因此，飞机要减少高速飞行引起的阻力，必须另辟蹊径。

鉴于钻研这个问题的科学家大有人在，为了避免赘述许多发现的细节，这里只简要介绍一下最后提出来的一种理论。这种理论认为，机翼和机身只有一种最佳组合，这个组合与翼根处的机身横截面尺寸有关系。这个横截面尺寸缩小，波阻力也会随之减小，这一点已经由实验证实，它还为超音速飞机机身带来一个绰号，叫"可口可乐瓶"，或"玛丽莲·梦露"。要是你从侧面看这种飞机，马上就能明白为什么它会得到这个绰号了。

设计高速飞机的另一个重要问题，就是设法消除由空气可压缩性引起的飞机某个部分升力骤减现象。这种现象叫"激波失速"，它比整个升力减少更糟。比方说，机翼前一旦形成激波，升力就突然降低，而这时机尾的升力并没有下降，这一来飞机就会猛颠一下，这一颠足以把猝不及防的驾驶员从座椅上掷出去摔昏。布斯曼在沃尔特会议上提出的后掠翼，正是消除激波失速的一种方案。由于后掠翼避免了气流垂直冲上机翼，从而缓解了激波失速作用。最近，我应康瓦尔飞机公司之请，搞一种叫做三角翼的后掠翼飞机。看来，后掠翼结构形式可能会成为超音速机翼设计的一个关键要素。

以上谈到的一些发现，当然不是超音速空气动力学的全部内容，但都是关键问题。人们一旦知道并理解了这些要素，那么提出推力和结构的正确组合，突破声障以超音速作连续水平飞行就只是一个时间问题了。

在沃尔特会议进行过程中，意大利人迫不及待要显示显示他们的航空成就。有一天，他们带领代表们到罗马附近的圭多尼亚参观，那里以拥有现代化空军基地和研究设备而闻名。我在那里看到了一个超音速风洞，它是在苏黎世大学雅各布·阿克莱教授设计的风洞基础上建造的。那时，阿克莱是意大利空军顾问。这台风洞在同类设备中是王牌，它能发出每小时2 500英里的巨大风速——这个速度比世界上任何人使用的试验风速要快得多。对这台设备我印象极深。

当我被领进航空实验室后，有个向导说，现在他要带我去看一样我个人感兴趣的东西。他打开一扇门，在房间的一角，我看见了往事的影子，那就是1915年我为奥匈帝国空军建造的一架老式直升机。我记得，奥匈帝国战败后，意大利没收了这架飞机，其实，它对意大利毫无用处。不过，重新见到老相识，又得知意大利人对航空史特别关注，我当然感到非常欣慰。

圭多尼亚之行还有一些令人难忘的事情。一是见到了安东尼奥·费里，他是才华出众的科学家，现在担任布鲁克林工学院航空系主任[1]。1937年，他在圭多尼亚主管超音速风洞，1943年他离开那里去领导一支在罗马—波伦亚地区活动的游击队，与美国战略情报局密切合作。

另一位我印象很深的青年就是克罗科将军的儿子路易吉，现在他是普林斯顿大学教授。我和他是不期而遇。以前我经常引用一篇关于超音速飞机发热问题（超音速飞机表皮摩擦效应）的论文，一直以为那是克罗科将军写的。后来发现这篇论文竟出自克罗科将军的年仅26岁的儿子之手，

---

[1] 费里现任职于纽约大学。——原注

简直使我大为惊异。

我感到欣慰的是,我帮助这两个青年在美国都取得了教席,为美国空气动力学的国际特色又增添了意大利色彩。沃尔特会议进行到第三天,克罗科将军和大会组织者到旅馆来通知我,意大利"领袖"要接见我们。由于那天下午轮到我任大会主席,因此他们说,我理应代表大家致词。

那天下午我们组成了一个代表团,到富丽堂皇的威尼斯宫去见墨索里尼。那次接见的情景我久久不能忘怀。我们走过一条大理石长廊,在两扇厚实的大门前站住。有个军官立刻过来把门打开。进门后,我们又走入一间铺着地毯的小会客室,会客室通向一座宽敞的大厅。大厅的一角放着一张小写字台和一把椅子,此外别无摆设。写字台边坐着一个人,前面亮着一盏灯。那人的面庞有一部分沉浸在阴影里。他就是意大利独裁者墨索里尼。

到了这里,我们还得和在大舞台上走路一样,要在光滑的地板上再走100英尺,才能到达他近前。由于经常有人到墨索里尼面前请安,墨索里尼要从心理上压倒来人,显示自己的威势,才别有居心这样布置,目的是使在他面前的人感到谦卑渺小,惶恐不安。

我作为当天的大会主席,先用法语向墨索里尼寒暄了几句,然后郑重其事地把一份会议议程和一本会议论文集赠送给他。他说了几句意大利语就接受了赠品。他随手翻了几页后,用流利的法语说:"这书很有意思,不过对我来说数学太深了。"接着,他又问我对意大利印象如何。他还问及美国和加州理工学院的情况,我都一一作了回答。在谈话过程中墨索里尼面孔铁板,毫无笑容。尽管他身材短小,不过告别时,我倒觉得他确是一位装腔作势的大师。

当晚,我从他那里出来时,上述印象更为强烈。街上大群人流吵吵嚷嚷,大声号叫:"领袖!领袖!"这时,威尼斯宫一片漆黑,只有一个窗口灯火未熄。人群反复叫嚷着单调的口号已经有一小时了,街上除了人潮几乎什么也看不到。有人仿佛看到了坐在那扇窗后写字台边的墨索里尼身影，于是吵闹和喊叫声就越来越高，达到无法忍受的程度。这时，上边的那扇窗门蓦然打开，墨索里尼走到窗前。刹那间，窗口阳台上灯火通明，看上去真是一出绝妙的闹剧。他走上阳台，摆好拍照的架势，然后大谈战争。下面的人群报以狂热的欢呼。我走出威尼斯宫，一边挤过人群，一边在想：这场面多么滑稽又多么可怕。墨索里尼向我问及未来问题时是那么富有幻想；转眼之间，他又在煽动人们去干毁灭未来的勾当。

29 向超音速迈进

1939年底,我从意大利返美后不久,便到了华盛顿。我觉得应当提醒政府注意高速飞行方面的项目及其对航空业发展的意义。在华盛顿,我向几位陆军将领介绍了当时举世无双的意大利高速飞行中队,也谈到德、意、瑞士等国的现状。到分手时我才明白,美国军界认为高速飞行不是当务之急。

民用机构与军事部门的观点也大同小异。比如,我曾向主管航空基础研究的航委会建议,要他们把前几年搞的那台每小时650英里风速的小型风洞扩建为大型超音速风洞。我认为,美国要想在超音速研究方面与世界各国并驾齐驱,一开始就得加倍努力。不料航委会主席乔治·刘易斯博士却对我说,每小时500—600英里的翼尖速度是螺旋桨效率最佳的速度。他认为没有必要再搞一台风速更快的大型风洞,因此拒绝了我的建议。从日后喷气推进的发展来看,这真是个目光短浅的决定。

我怀着沮丧的心情返回帕萨迪纳,在无可奈何的情况下,不禁想起了一句古老的格言:正确的判断靠经验,但经验却又出自错误的判断。

当时,意大利和德国都拼命想搞一支无敌空军,因此他们紧紧抓住布斯曼和其他一些科学家的设想。由于在适用于高速飞行的发动机问世之前,布斯曼的设想根本无法兑现,于是德国在1935年至1936年间开始搞涡轮喷气发动机了。两年后,第一台汉克尔型喷气涡轮发动机样机开始试车。

设计师是哥廷根大学的研究生汉斯·冯·奥海恩,目前此人在美国莱特基地工作。德国空军部一听到这台发动机的消息就紧抓不放。1939年首次飞行成功后,军方立刻就向汉克尔发动机投下巨额经费。

1940年,意大利第一架卡普罗尼型喷气式飞机开始试飞。这种飞机是一位名叫坎皮尼的工程师在1939年设计的。严格地讲,那还不是真正的喷气式飞机,因为飞机上安装的是一台带套管风扇的往复式发动机,速度并不很快。尽管如此,它却表明了航空发展的方向。

德、意两国对超音速研究设备不断改进提高时,其他国家却逡巡不前,一直围着短期目标兜来兜去。哥廷根的阿尔伯特·贝茨博士听了布斯曼的设想后就向德国专利局申请后掠翼专利。不久,梅塞施密特公司的一个工程师通过风洞试验,证明后掠翼肯定能行。由此可见,1941年前,轴心国能把第一架Me-262型后掠翼喷气式战斗机投入实战是毫不足怪的。

1937年,我从欧洲返美后不久,再次力图说服政府造一台现代化超音速风洞。这回不仅遭到拒绝,预算局还来个背道而驰:在面临导弹研究对超音速资料需求不断增长的情况下,竟以避免设备重复为名,召开了几次限制建造一切新研究设备的听证会。言下之意,我提议的风洞都大同小异。

此举的最大恶果是使美国在喷气推进方面遭到了重大挫折。1938年,美国海军高级工程师小组经过调查研究后郑重其事地写了一份正式报告,声称燃气涡轮发动机和压缩机机组只适用于装备船舶,飞机上根本不能用,因为它们过于庞大和笨重。最后还附加一笔,说在可预见的将来,机组重量无法减轻。这样一来,1938年美国发动机工业自然就把喷气推进发动机扔掉了。结果,在此后20年内引起运输革命的这一领域,美国坐失了成为先驱者的良机。说来可笑,我也是这个海军小组的成员。这事使我得到一个永志不忘的教训。在其位,谋其政;当小组成员,就该参加小组活动,阅读小组报告。起草关于燃气涡轮发动机的报告时,我正在日本,内容没有过目就同意签上自己的名字。等我返美后明白了事情的底细,不禁懊恼不已。从此以后,美国高速飞行研究工作将近一年时间无声无息。1939年某一天,陆军航空兵司令亨利(哈普)·阿诺德来电话要我去华盛顿出席一个会议。

与将军的交谈总是令人兴奋的。我初次与他相遇是在1936年,当时他是帕萨迪纳附近马奇机场的指挥官,曾多次来加州理工学院参加有关轻于空气之争的特别会议。密立根从第一次世界大战时起就认识将军,正是他介绍我俩认识的。我见到阿诺德第一眼就留下了深刻印象。这位虎背熊腰、粗壮的西点军校毕业生有一双好奇的眼睛,喜欢单刀直入的提问方式,这很对我的胃口,愿意回答他的问题。他还是个文化人,当我得知他像我父亲一样也写过儿童文学作品时,我不禁喜欢上了他。

我再次见到他是在1938年,就在他当上空军司令后不久。这次会面相当好,因为我们讨论了用火箭发射炸弹的事情。我心中从未怀疑他就是美国军人最伟大的榜样——不仅拥有完美的逻辑思维能力,且富有远见,为空军作出了卓越贡献。现在到了1939年,阿诺德将军向我指出,他坚信没有试验设备推动航空技术发展,美国陆军航空兵不可能达到航空事业的顶峰;就是达到了也无法保住。他希望听听我的意见,航空兵要在飞行方面取得巨大进展,究竟需要哪些设备。

"将军,"我毫不犹豫地答道,"依我之见,首先需要搞一台完备的风洞。其大小足以容纳一套实尺比例的飞机发动机组,起码能发出每小时400英里的风速。"接着我又指出,人们在这方面的无知已大大阻碍了美国军用飞机的发展。

一看到阿诺德显出迟疑神色,我马上接着说:"当然啰,这样大一台风洞,功率可能需要4万匹马力。阁下也许不打算在这样一台带有革命性的大型设备上下本钱吧?"

"恰恰相反,那正是我们迫切需要的设备",阿诺德回答说。"一旦有了这种风速和容积极大的设备,陆军航空兵跟在其他部门后面拖拖拉拉的局面很快就会结束，代之而起的将是后来居上。"

接着他就批准了为莱特基地设计第一台 20 英尺、4 万马力的大型风洞合同。

由于这个决定与航委会观点相抵触，因而在航空研究的发展远景问题上爆发了一场激烈争论。航委会主席刘易斯直截了当地宣称，为陆军部门搞风洞一类研究设备是航委会的职责。但实际上，刘易斯对军方搞研究都是一概加以排斥的。他甚至告诫我，作为加州理工学院教授，我唯一的工作目的是替航委会培养出色的研究人才。我对这话极为反感。

说来可笑，刘易斯和阿诺德在一次碰头会上偶然谈到了风洞问题。他说，假如一定要搞 20 英尺的风洞，那么应该由航委会负责。他刘易斯能物色出一个人来设计，要搞好这台风洞非他不可。

"那么，此人是谁？"阿诺德问道。

"卡门。"

"您已晚了一步，"安诺德露齿一笑说，"此刻他正在替我设计这台风洞呢。"

事实的确如此。这时，我在麻省理工学院的约翰·马卡姆教授和老朋友华敦德的协助下，已经动手搞风洞的基本设计了。弗兰克从中国回来后一直在波士顿医治麻痹症，这时他已逐渐康复，正急于恢复工作。我觉得，弗兰克成功地建造了远东最大的风洞，接下来就搞世界上功率最大的风洞，这正合适。

1939 年，弗兰克来到莱特基地，主管风洞的设计和施工。他一头扎进这台巨大而新奇的设备就干了两年。尽管这台 20 英尺的风洞的最高风速只有每小时 450 英里，按今天的标准，算不上什么真正的高速风洞，然而对于研制 B-36 轰炸机和研究许多高速航空问题来说，它确实是一台关键设备。上述问题的解决对我们赢得第二次世界大战的胜利起了很大作用。

有了这台风洞，美国陆军航空兵就开始按照自己的试验计划进行工作了。这一点更为重要。就我个人而言,这台风洞又是我先与阿诺德将军、后与美国空军进行大规模富有成效合作的标志。

风洞研究工作也引起了工业界的关注。有一天,西雅图波音飞机公司试飞和空气动力学部门负责人埃迪·艾伦来找我。他是个出色的试飞员,后来在 1943 年 B-29 样机初次试飞中丧生。他说,波音飞机公司想搞一台高速风洞,但公司的工程师认为风速只要每小时 300 英里就行了。这是当时标准的飞行速度。

我的看法与他们截然不同。在获悉欧洲情况后,我更加坚信,每小时 300 英里航速只是航空发展的过渡阶段。速度很快就会达到每小时 500 英里、600 英里、700 英里,甚至更高。我看,波音公司要是只停留在时速 300 英里,将会丧失进行高速飞行研究的机会,对将来的飞机设计影响较大。最后,他们终于同意照我的意见办。

波音公司根据我的建议又把在莱特基地建造 20 英尺风洞大显身手的马卡姆教授请来。我们同心协力设计了美国工业界风速最快(达到音速)的风洞。后来,波音公司代理人宣称,这台风洞对 B-47、B-52 等高速轰炸机及其后的 KC-137、波音 707 的研制发挥了巨大作用。实际上我还听说,这台当时非常先进的风洞为波音公司获得空军大宗订单也起了重要作用,从而使波音公司在其发展的关键时期在轰炸机领域占有一席之地。

众所周知,弹道学家一直是以超音速在"飞"的。由于他们长期干这项工作,因此我的注意力又转向他们。马里兰州阿伯丁靶场的陆军弹道研究实验室主任 H. 佐尼格上校好几次来加州理工学院找我探讨某些空气动力学问题,他对"外弹道学"很有兴趣。外弹道学与内弹道学不同,外弹道学专门研究子弹在空气中的运动特性;而内弹道学是研究子弹在枪膛内的运动。由于外弹道学某些问题和超音速空气动力学一些问题完全相似,阿伯丁靶场就成了这两门学科结合的第一个弹道学研究中心。

当然,并非人人都那么清楚弹道学到底是什么。比如,我有个学生是土耳其炮兵部队的一名军官,被送到美国学习美国的炮弹发射方法。他到美国后,土耳其大使馆请美国国务院推荐一个最好的学习单位。国务院(不知道是出于无知还是出于某种古怪的目的)推荐了华盛顿大都会警察局的弹道部门。于是,这个几乎不懂英语的可怜家伙在接下来的几个星期里每天都随警探去枪击案现场,学习如何根据各种线索确定嫌犯所使用枪支的口径以及子弹的飞行线路。直到某一天他突然明白土耳其政府不可能派一个炮兵军官来美国学习探案。

于是他向大使馆抱怨,大使馆随即意识到了错误,并把他从警察局招了回来。打了许多通电话之后,他被推荐去了阿伯丁试验场。在那里他认识了我的一个好朋友罗伯特·H.肯特博士,后者建议他去加州理工学院跟着我学习。

他来帕萨迪纳后,我不知道怎么带他,因为他并未接受过空气动力学的高级训练。我四处搜寻,最后在实验室一处地下室里找到一挺机关枪。我们设定了一个射击范围,然后我让他学习拍摄弹射体飞行轨迹的纹影法。配制眼镜的技师就是使用此法来测定眼镜度数上的差错的,但空气动力学家却将这个方法应用于拍摄弹射体移动造成的"激波"或其他空气波动。其原理就是,空气的密度会随着空气的波动改变,而这种改变可以通过使用光束和透镜探测到。我认为操作起来不会太难。

某天在我们研究人员的每周例会上,我问他进展如何。他很开心地说已拍到了第一张照片。我看了一下,见到图片上有一条条纹,却没有物体。

"这的确是某个东西的照片,"我说道,"但是弹射体在哪里?"

"这里,"他指着距离照片大约10英寸的空中的某一点笑着说。

显然他还有很长的路要走,但我必须得说,他后来终于学会了如何使用纹影装置,并成为土耳其军队一名出色的弹道专家。

前已述及,我提出过一种新理论,用于计算弹射体和空气动力学家所称的"一般旋转体"在空气中运动的阻力。这种新计算方法是我搞超音速的理论基础。佐尼格上校对我的计算方法很感兴趣,请我去当陆军兵工署顾问,兼任兵工署指导委员会成员。我愉快地接受了他的邀请。这样,我又跟约翰·冯·诺伊曼一起共事了。当初,我在欧洲发现他数学才华出众时,他还是个17岁的小伙子。

合同签订后,佐尼格上校立刻请我推荐一名空气动力学家来整理射程实验室的记录资料。所谓射程实验室,其实就是一个密封长筒,用于试验子弹不同飞行阶段的运动特性。记录资料的大部分是飞行的子弹和子弹周围空气的照片。这些资料在确定子弹形状的初步阶段十分重要。子弹在试验研究后才进行露天射击试验。

我对佐尼格上校说,光有一个空气动力学家不行;还要造一个超音速风洞,用于研究子弹的飞行特性。由于风洞有充分的观察时间,因此,风洞试验比射程试验法更方便、更有效,不用改变什么条件,就能重复进行试验。我在加州理工学院的试验表明,采用纹影法拍摄弹道,完全能把子弹运动特性持久地记录在一张照片上。这对新子弹设计非常有用。从1939年5月初起,我多次正式提出搞一个超音速风洞。

佐尼格上校赞成我的建议,阿伯丁的首席非军人专家肯特博士也同意,连负责指导阿伯丁工作的美国科学院一个专门小组也认可了,最后,却被军方的上级主管机关否决了。射程试验法弹道学家已经运用了300年,军方看不出有什么理由因为空气动力学这样一门新科学就该改变试验方法。

后来,1942年的某一天,兵工署研究部主任G. M. 巴恩斯将军出差去了一趟英国。巴恩斯是弹道导弹的鼓吹者,因此英国有人让他看了一个超音速风洞的模型,英国人计划建造这样一个风洞以研究导弹性能。不言而喻,这位将军一定深受触动,因为佐尼格上校向我读了一份他拍来的电报,命令我立刻为超音速风洞作好初步设计准备,并限两周内把一切都准备好。看来,搞军工就是这模样:开头说不行,接下来又将信将疑,最后要立等可取。

作为第一步，我向国防研究委员会主席范尼伐·布什博士先申请5万美元模型费，然后进行模型试验，以便取得建造大型风洞的重要技术数据。布什的答复简直使我终生难忘，他告诉我说，委员会只提供风洞模型试验的经费，并对我说："难道您就是这样为国家办事的吗？"我对这话大感恼火。我认为，花5万美元进行研究，以创建一台价值50万美元的超音速风洞，这绝不是无足轻重的小项目。我记下他这句话，作为智者难免目光短浅的一个佐证。

我的助手艾伦·帕克特博士那时还是研究生，现在他是休斯飞机公司的总裁。他在阿伯丁协助搞风洞设计和施工。这台风洞的规格是15英寸×20英寸，功率为13 000马力，是美国第一台现代化大型超音速风洞。风洞竣工后，阿伯丁宣称没有风洞操作人员。我建议加州理工学院把风洞接过来，在阿伯丁按合同进行管理。但是，陆军部律师认为那样办不合法。阿伯丁又把它交给当时国家标准局局长休·德莱顿博士。德莱顿不想接，就推托说陆军的风洞他们管也不合法。阿伯丁被弄得垂头丧气，最后，决定采取措施，启用他们自己的设备研究子弹飞行。

目睹空气动力学的应用不断扩大，又有幸参与这些崭新的工作，我感到非常欣慰。比如，1942年陆军试验从飞机投放第一批"制导的炸弹"（当时还不叫导弹），其中之一名叫"阿松"（Azon），取自英语"按天体方位控制"（Azimuth Only）的词头。它的弹尾装有控制投落方向的导向机构，必要时，投弹手可以用无线电信号操纵炸弹自动调整弹道。第二颗制导的炸弹叫"拉松"，投弹距离和方位都能自行校正。

这两颗炸弹代表了美国导弹研究计划的初阶。我出席过一次秘密会议，（后来当上了将军的）莱斯利·西蒙上校向与会者解释了制导的炸弹的工作原理。他指出，炸弹危险区是根据概率论计算的。这种炸弹的危险区比旧式炸弹算出的大了一倍，这就是说，根据预测，制导的炸弹准确命中的可能性反而减少了。

231　　这个解释可把我逗乐了。没有导向装置的炸弹,用牛顿定律还能近似地确定着弹点;加上了导向装置,反而无法知道它落到哪里了。

　　1940年,欧洲正进行疯狂的大战。其时,美国各家飞机公司开始设计第一批速度接近音速的飞机。这样高速空气动力学就与航空工程师挂上了钩,我也专门致力于军械和航空研究工作。从此以后,军事技术有了突飞猛进。

　　洛克希德公司新造的双引擎P-38型战斗机成了引人注目的中心。P-38试飞的俯冲速度达到每小时500英里—600英里。它性能良好,是第二次世界大战中著名的"闪电"式战斗机的前身。但是有一天,P-38飞机却出现了一种怪现象:当飞机以0.8马赫(时速约610英里)飞行时,飞行员报告说,机身开始剧烈振动,并失去平衡。飞机坠毁前,只有飞行员西格纳·吉尔基上校一人设法跳伞逃生。这使洛克希德公司大为震惊。

　　一天,在我家晚宴上,洛克希德公司董事长罗伯特·格罗斯和总工程师霍尔·希巴德说,他们对P-38的前途感到担忧。他们认为,也许我能助一臂之力,因为几个月前我提出过一条有效措施,帮他们解决了"哈得孙"轰炸机前身M-14商业运输机的"翼尖失速"问题。所谓"翼尖失速",就是着陆时机身翻滚失控现象。我一边听他们谈,一边想:M-14飞行时,空气是一团一团地脱离机翼的,先离开左翼,后离开右翼,为了使飞行平稳些,最好使气流跟机翼"粘"着点。因此,我提议采用拉赫曼创造的开缝机翼。那种机翼可以让空气从机翼的下表面流向上表面,从而延缓脱离机翼的时间,使飞机获得必要的稳定性。洛克希德公司的工程师为了降低着陆速度,增加升力,在设计中采用了平滑翼面,却没有想到采用附加翼缝来维持飞机稳定性。公司采纳了我的建议,在M-14机翼上开了与拉赫曼机翼相似的翼缝,效果很好。这个问题本来很简单,但也让洛克希德公司对我判断力的信心有所提升。

P-38出现严重故障后，洛克希德公司又请我以顾问身份帮助解决问题。P-38俯冲试验产生的机毁人亡大事故使公司焦急万分，他们急忙请了一批空气动力学"医生"，分成几个小组检查出事原因。一个小组认为，事故是由襟翼或尾舵高速振动引起的高频颤振（一种共振现象）造成的。只要将飞机各部分质量重新合理分布，问题就解决了。另一小组认为，事故和飞机结构强度有关。我则提出建议，飞机可能已经达到它设计的限度，一般的修修改改恐怕解决不了什么问题，只有到超音速空气动力学这一新领域去找出路。

为了尽快解决问题，阿诺德将军命令全部P-38停飞，又从莱特基地拆下P-38的一截尾翼，送到20英尺风洞内进行研究。因为只有那台试验设备有足够的大小和风速能测出全面分析的必要数据。经风洞主管华敦德和全体工作人员昼夜不停地测试，终于找出了病因：空气可压缩性产生的累积压力引起了尾翼蒙布[1]皱折。弗兰克马上把我叫去。

摆在眼前的数据有力地支持了我的论点：在高速飞行时，由于机翼的某些部位和尾翼截面的曲率关系，气流掠过这些部位的速度远大于飞行速度，实际速度超过1马赫，从而产生了"激波"效应。如果这个过程是有规律的，那它仅仅削弱飞机的升力，影响机翼和尾翼的载重能力。不幸，激波的运动捉摸不定，毫无规律；正是它造成的强烈振动毁了P-38。即使到了今天，尽管我们对激波现象已有比较深刻的理解，然而稳住激波、消除上述振动仍是一大难题。

1940年代，英、德、法、美诸国都对激波现象进行理论和实验方面的研究。美国的研究工作侧重在投弹方面，例如，陆军兵工署在一份报告上说，炸弹的目标误差是在投落速度越过声速前后这段范围内产生的。因此，我认为P-38试验大概是研究飞机激波现象的先声。

---

[1] 当时为了节省金属，很多P-38采用帆布做代用品。——原注

事实上，当时并没有一个专门术语表示产生激波的气流速度范围，因此我们得给它想个名字。它是这样来的：有一次我与已离开标准局调任国家航空咨询委员会主任的休·德莱顿一起从阿伯丁坐火车去华盛顿。我们谈到了上述情况，决定要给它起个名字，介于亚音速和超音速之间，以表明机身以"直达"音速的速度飞行，而后又回到音速以下。我们选了"跨音速"（trans-sonic）这个词。但我们俩为了用一个"s"还是两个"s"争论了一番。我选一个，德莱顿选两个。

"从逻辑上讲，我赞同你的观点，"我说。"这个词是要有两个's'。但我也赞同德国诗人歌德的一句话，讲点逻辑是可取的，但太讲逻辑是可怕的。"

德莱顿闻言哈哈大笑，然后我们同意用没有逻辑性的一个"s"，并这样沿用了下来。

顺便提一句，我在给莱特基地的一份报告中用到了这个新词。尽管这个词是我们刚造出来的，但没有一个人对此有疑问。人们直接接受了这个词，就好像它本来就存在一样。

其后几年，高速飞行，特别是推进方面的发展越来越快。1941年，美国参战前不久，阿诺德在英国第一次看到的喷气式飞机推进装置是弗兰克·惠特尔爵士发明的喷气涡轮发动机，于是他急忙命令美国陆军航空兵赶紧动手研制喷气发动机。这就是美国喷气推进的起跑点。1942年10月1日，第一架美国喷气式飞机上了天。

留在莱特基地继续搞另一台10英尺截面跨音速风洞的华敦德，到1944年，终于又搞了一台超音速风洞。从当初我第一次催促政府抓高速飞行起到美国空军采用大型超音速风洞进行有系统研究，屈指算来，整整经过了8年时间。

1943年初，美国空军才第一次开始严肃认真地考虑超音速飞行问题。某个周末，莱特基地工程处处长富兰克林·卡罗尔准将邀请我去代顿。他和副手唐·普特上校在那儿向我提了一个简单的问题：搞一架速度达到1.5马赫即时速1 000英里的飞机行不行？唐·普特是个很有进取心的军官，后来他成了我一个非常好的朋友。

卡罗尔还补充说："不管采用拖动起飞，还是靠自身动力起飞，关键是能不能飞到每小时1 000英里。"

这个问题涉及了从世纪转换年代以来我所从事的一切超音速运动和超音速飞行的理论顶峰，向我们提这样的实际问题还是破天荒第一次。难道人们在理论和技术上都能进行实际设计的激动人心时刻已经来临了吗？我对这位将军说，先让我思考思考，然后我就回旅馆了。我与弗兰克稍微磋商一下，就从莱特基地请来几位工程师。我们把图纸资料摊在地板上，星期六干了一整天，星期天又接着干一整天。到了星期一，我就上莱特基地去，手提包里装着一套初步设计文件，包括飞机跨度、强度及重量等主要数据。我把图纸资料往卡罗尔将军及其助手面前一放。

"行，"我说道："造一架每小时飞1 000英里的飞机完全能办到。"

接着，我又强调指出这个设计的一些限度，并建议结构设计放在下一步进行。

卡罗尔将军和助手们一定非常激动，因为，后来我看到，他以我的初步设计为基础作了一项重大决策。结果，1946年著名的贝尔X-1型飞机问世，那是世界上第一架水平飞行速度突破音障的飞机。

我和高速飞行发展的关系中还有下面这段小小的记录，那就是对人类不断追求高速飞行的价值表示怀疑，这多少涉及我性格中不够虔诚的一面。若干年前我和我的朋友G.加布里埃利合写过一篇文章，题目叫《速度的代价是什么？》。文章从工程技术观点阐述了人们在速度上进行无休止竞争所造成的损失。从那以后，我曾扪心自问：从人道主义角度看，追求高速有没有损失呢？我觉得毫无损失。高速自有高速的用处，高速使人与人之间互相靠近了,高速能及时发挥出神奇的力量。

不过,就个人而言,我倒宁愿慢慢地走。尽管我经常坐喷气式飞机旅行,但我总觉得不如在巴黎的林荫道上坐马车舒服,就像我的双亲当年在古老的布达佩斯乘坐两驾马车那样。

30 火箭和"自杀俱乐部"

1936年的一天，三个年轻人走进加州理工学院我的办公室。他们满怀希望地向我提出一个非同寻常的要求：支持他们搞一支探空火箭。

现今，火箭已不是什么神奇的东西。不过，要是对年轻人说30年前的火箭只是一种幻想中的东西，他们也许会大感惊奇呢。这三个青年，弗兰克·马利纳、约翰·帕森斯和爱德华·福尔曼，已经向学校其他教授寻求过帮助，结果都被拒绝了。那时候，火箭在人们心目中是不切实际的玩意儿，甚至在科学上也毫无研究价值，小密立根早就规劝马利纳，还是到飞机制造部门找个美差为好，不必在一项没头没脑的研究计划上空耗时间。由于我这个人有些爱标新立异的小名气，又是好好先生，因此，这三人在失望之余再到我这里来碰碰运气。

当时，我立刻被三个年轻人的恳切和热情所吸引。当然，大多数年轻人对待自己的理想都极其认真。不过，我感兴趣的原因不在于此，而在于眼前要搞火箭的这三个人都有坚实的基本功和勇往直前的精神。马利纳是加州理工学院航空系的研究生，他要以"火箭飞行和推进"为题写博士论文。1934年，他获得得克萨斯 A & M 学院奖学金后进了加州理工学院。他还是个富有才华的画家，曾经为我和 M. A. 比奥特正在写的《工程学中的数学方法》一书画过插图。这本书后来出版并在工程学校中被广泛使用。

另外两个不是大学生，帕森斯是自学成才的化学家，具有丰富的想象力。福尔曼是火箭迷，他对火箭发动机跟机修钳工对汽车发动机一样熟悉。他们两人的情况与德国及俄国的早期火箭科学家差不多，跟写过不少论述火箭飞行著作的德国人威利·莱伊是一个类型。他们对我说，他们家后院的地面已被火箭炸得坑坑洼洼。当他们知道马利纳正在写火箭推进的论文后，就来请他指导。

火箭是一项十分古老的发明。工程学书上称火箭的运动原理叫"反作用力推进"。在技术上，"反作用力"有时就可以产生推力，火箭就是这样利用向后流动的空气推进的。孩子们玩的气球当球里面的空气突然溢出时，气球就会"嘶"的一声蹿飞。有一次我把火箭的原理讲给来自东欧国家的一位女记者听，她很迷茫，说："请问我怎么才能在一份进步报纸上说清楚进步是由反动[1]实现的呢？"

据说，中国人早在 11 世纪就使用火箭做燃烧弹。开始可能是采用弓箭发射燃烧物质，当他们发现燃烧产生的气体反作用力能推动射出去的箭后，才做出火箭。1500 年前后，他们已经考虑载人飞行火箭。传说有个名叫"万户"的发明家造了一辆两轮椅，椅子上装了 47 支黑火药火箭做起飞动力。他坐在椅子上手握两个大风筝，一旦升空后即以之继续飞行。据说，火箭一点火，椅子、风筝和万户在一阵浓烟与火光中一去不复返了。

此后，火箭和火炮几乎并驾齐驱发展。1803 年，俄国人在俄土战争中使用过火箭。英国人在 1812 年战争中也用过火箭。然而，从 1860 年起，火箭就开始让路给杀伤力更强的自旋式炮弹。到 1865 年，炮弹的优越性已十分明显。英国参谋总部正式宣称火箭在战争中没有多大用处，并把它从军事装备中剔除出去。有趣的是，第二次世界大战期间，饱和轰炸比命中准确性显得更重要，这时，英国人又回过头来拣起火箭。实践证明，造火箭比造高射炮更省时省钱。

---

1 英语单词 reaction 兼具"反作用力"和"反动"之意。——译注

至于运用火箭探索空间,那也不是什么新鲜事。下面这件事使我多年来对应用火箭探索空间十分关注:1920年代,我出席德国航空科学研究院在但泽召开的一次会议。德国火箭先驱赫尔曼·奥伯特教授在会上做了一个论述摆脱地心引力的学术报告。有位叫洛伦兹的德国名教授紧接着宣读了一篇冗长的论文,说明根本无法摆脱地心引力。他论证说,奥伯特的飞船无法达到每秒7英里的逃逸速度。因为,一支火箭要达到如此高速,需要的能量实在太大了。其实,他的意思是说,即使采用当时最好的燃料,光携带的燃料重量就要等于火箭自重的34倍。他据此下结论说,这在工程技术上是力不能及的事,还是不去考虑为好。

我觉得洛伦兹在基本原则上错了,就站起来为奥伯特辩护。"要是我们算一算一磅煤油或其他碳氢燃料能够转化成多少机械能,"我说,"那么立刻可以看出,这个能量把一磅重物体发射到外层空间,不是不够,而是绰绰有余。"由此可知,从理论上讲飞离地球是完全可能的。因此我认为,不能由于当时的机械还无法实现这种能量转换而全盘否定奥伯特的设想。

从根本上讲,能不能进入外层空间完全取决于三个要素:火箭大小、重量和燃料。我还指出,这仅仅是个技术发展问题。我指出这一点,并非想跻身于火箭先驱者行列,而是着眼于下述事实:许多计划和设想,由于技术上没有成功的先例,往往被人们轻易地抛弃。我在前面讲过,我对理论坚信不疑,如果理论正确,那么技术肯定能跟上。

不过,我得补充一下,光把人送入太空还不够,到时候,去太空旅行的人总希望能返回来吧,那么,返回来的速度要相当慢,不然,火箭同大气的激烈摩擦会将它烧成灰烬。既然设计师希望到太空去的人在空间以每小时3万—4万公里的速度飞行,他就得想出重返大气层前减低飞行速度的办法,而做到这一点,几乎需要与飞出大气层一样多的燃料。当时,我们还没有考虑到利用空气进行制动。

尽管我在会上支持奥伯特的论点,遗憾的是,奥伯特飞船当然还无法装载来回所需的双倍燃料，后来我和奥伯特还讨论过这个问题。

探讨太空飞行虽有上述背景，然而，在1930年代中期，马利纳、帕森斯和福尔曼带着他们的设想来找我的时候，科学界根本还没把火箭当一回事。不过，有关火箭学的文献却在日益增多。前几章已经述及，早在1903年，俄国火箭先驱康斯坦丁·齐奥尔科夫斯基首先提出用单级或多级火箭进行太空飞行。比如，在三级火箭中，当第一级和第二级火箭燃料耗完后，就自动脱落，第三级火箭继续进入太空。单纯从历史上讲，远在齐奥尔科夫斯基之前，就有人提出过这种串联火箭的概念，这个概念最先出现在狄德罗和达朗贝尔编辑、1751—1772年间出版的《百科全书》里。今天，它依然是一切空间飞行的思想基础。

1912年，法国罗伯特·艾斯诺-佩尔特里撰写的一篇火箭学论文，对登月飞行和星际航行作了基本论述。这是另一篇具有重要历史意义的文献。为了让庄严的法国物理学会接受这篇论文，他给文章取了个既难懂又文气的题目："发动机重量无限减轻的结果之探讨"。即便如此，学会也只同意发表论文的结论。1930年，他把利用火箭探索空间的研究结果收入《星际航行学》一书中。我想，采用星际航行学（astronautics）这个名称要算这本书最早。不过就我所知，法国物理学会会员、科学记者J. H. 罗斯尼使用这个词比他还要早3年。

英语沿用了这个词。老实说，我认为它并不怎么贴切。要是其含义指恒星之间航行，那么，即使飞向最近的一颗恒星，恐怕根本就办不到，至少在可见的将来无法实现。我的朋友德莱顿博士曾经提出采用宇宙航行学（cosmonautics）一词取代星际航行学，表示太阳系内行星之间的航行，但美国对这点从来没有理会，或许是因为俄国人已经用了这个词吧。许多读者都知道，苏联对空间飞行员的正式称呼是宇航员（cosmonaut）。

美国的罗伯特·戈达德教授和德国的奥伯特教授在早期宇航文献资料方面都作出了实质性贡献。戈达德以成功地发射第一枚液体火箭而闻名于世。奥伯特因培育了一批德国火箭专家而享有盛誉,波罗的海沿岸佩内明德V-2火箭基地的负责人沃纳·冯·布劳恩就是他的学生。不过,在30年代,科学界大体上持这样一种看法,认为火箭著作不过是一种科学幻想小说而已。由于火箭发动机性能的试验结果和实际空间飞行的要求相去太远,因此,根本无法引起科学界人士的重视。

跑来向我提出要搞火箭的3个青年完全了解这种状况。他们希望制造和试验一批能推进到20—50英里高空的液体火箭和固体火箭。这虽然还不是空间飞行先驱者所憧憬的登月飞行,但这样一支小小的火箭,要是再配备上一些探测仪器,就能发射到气球无法达到的高度,从外层空间边缘带回宇宙射线和气象方面的信息。因此,我认为很值得一试。当时的情景又使我想起了第一次世界大战后到亚琛要我帮助制造滑翔机的那些青年。

那天晚上我下了决心,答应这些小伙子在古根海姆实验室空闲时候使用实验室设备。在他们需要时,再给予指导,并且同意马利纳写关于火箭推进及飞行特性的博士论文。同时,我还让既不是加州理工学院学生又不是工作人员的帕森斯和福尔曼跟马利纳在实验室一道工作。这一下,他们简直欣喜若狂。不久,又有两位火箭热心者加入了他们的行列。一位是阿波罗·密尔顿·奥林·史密斯(绰号阿莫),另一位就是钱学森。仿佛命运注定了这两个人对火箭技术要起关键作用,从此以后,加州理工学院就成了美国第一所严肃认真地研究火箭的大学。

一开始时,火箭小组就为筹措研究经费动足了脑筋。管接头之类材料,他们到废料堆去找,特殊构件就自己掏腰包购买。那时候根本没有什么火箭研究津贴费。我记得,马利纳曾经请当时为电影制片公司搞天气预报的克里克教授向富商们游说,请他们为火箭研究慷慨解囊。与此同时,马利纳本人也为争取法国宇航学会一年一度的艾斯诺-佩尔特里-赫希最佳火箭学论文奖而奋斗。该奖系法国银行家、火箭迷安德鲁雷·路易·赫希所设立。1939年,马利纳终于获奖。因战争使音信隔绝,直到1946年,他才知道自己得了奖。这时,火箭状况已大为改观了。

1937年的某一天,火箭小组收到了一笔意想不到的款子,实际上,这也是小组唯一的基金。有个叫韦尔德·阿诺德的学生坚信火箭有发展前途,要求当火箭小组的摄影师。如果小组同意,他愿意出1 000美元研究费。马利纳欣然接受这个要求,阿诺德马上用报纸包了500美元现钞送来。后来不知道为什么,他一声不吭地离开了加州理工学院,从此便杳无音信。直到最近我才打听到,这位资助加州理工学院火箭小组的伟大慈善家是内华达大学的校董,已于1961年去世。

火箭小组既搞液体火箭试验,又搞固体火箭试验。液体火箭采用氧和酒精作推进剂,固体采用无烟火药作推进剂。这种无烟火药就是诺贝尔发明后一直用于制造军火的炸药,技术上叫双硝基推进剂,是硝化甘油和硝化纤维素的混合物。这种环形炸药一经点燃,在几百分之一秒内能产生极大的爆炸力。

火箭小组最先搞到试验阶段的液体火箭和后来美国火箭学会制造的液体火箭类型相似,发动机为非冷却型,使用氧和酒精做燃料进行了一系列试验。到了1937年初,小组取得的试验结果使我确信整个试验计划完全值得继续干下去。

在试验中,有些火箭性能大大出乎青年火箭家们的意料之外。记得有一次在推力测定试验中采用二氧化氮作氧化剂。他们将一台小型火箭发动机吊挂在位于实验室底层的50英尺长单摆下端,摆的上端固定在三楼天花板上。火箭发动机点火后,推力将使单摆摆动。然后根据摆动幅度算出推力大小。这原是俄国灿德尔提出的一种标准测试方法,戈达德使用过。不料火箭小组进行试验的发动机竟会点不着火,顷刻之间,整个试验大楼充满了一片令人窒息的烟雾,所有设备上都落满了灰尘。

事发后有些人抱怨说,在实验室里搞火箭太危险了。这一来,我只好将火箭小组迁出实验室,在靠近大楼角落一块空着的混凝土平台上暂时落脚。不久，又接连发生了两次爆炸，实验大楼被震得激烈摇晃。第二次爆炸特别厉害，竟将仪表上一个零件炸飞，从马利纳平常站立的位置上飞过去，深深地嵌进了墙壁。要是他当时正站在凳上观测，准会击中他脑袋把他砸死。由于我要他送打字机来，爆炸时他正坐在我家里，这真是万幸。从此以后，加州理工学院学生就挖苦说，火箭小组是"自杀俱乐部"。

为了避免校方找麻烦，我就让火箭小组尽量在校外进行试验研究，试验场地离建筑物越远越好。经过一番物色，终于在帕萨迪纳西郊鬼门坝背后的阿罗约塞科找到了一块合适的地方。现今著名的喷气推进实验室就在那里附近。那地方能搞些简便的试验台，做实验也比较安全，至少不会危及加州理工学院。几年后我才知道，在第一次世界大战期间，戈达德和火箭筒发明者克拉伦斯·希克曼也在这地方做过无烟火药军用火箭试验。

火箭小组在那儿连续干了一年左右，大部分时间研究各种火箭推进剂性能。那时，根本没有制定液体火箭和固体火箭技术规范的文献资料，所以火箭小组一切都得用分析法和试错法从头做起。

在此期间，马利纳曾经到新墨西哥的罗斯威尔去向戈达德教授求教，去时还带了支持戈达德研究的古根海姆委员会成员密立根博士的介绍信。

据说，戈达德是世界上最早发射液体火箭的人，他在马萨诸塞州发射火箭的时间是1926年，比俄国人要早上4年。这枚火箭只达到42英尺高度。当然，它具有历史意义，不过，我始终认为，最早的人物和最伟大的人物不能等量齐观。比如，人们交口赞誉第一架飞机，毫无疑义，莱特兄弟的飞行是具有重大历史意义的事件，但实际上，它并不比乔治·凯利以及库塔和儒柯夫斯基等人提出的升力理论更重要。

正是由于升力理论，科学的载人飞行才能够实现。为了互相促进，我们加州理工学院火箭小组当然希望能从戈达德那里多获得一些资料。不料戈达德却坚持保密。后来马利纳对我说，他跟戈达德到发射场观看了发射塔和试验台，然而，戈达德既不肯让他看火箭发动机，又不愿拿出测试数据。我猜想戈达德可能认为，任何来客不是想套出他的设想，就是要挖苦他，因此对来访者都抱怀疑态度。他拿出一张《纽约时报》的剪报给马利纳看，那上边就是一篇嘲笑火箭的文章。马利纳对这次访问结果虽然颇感失望，但他依然决心同火箭小组坚持干下去。

保密有保密的坏处，它往往会使科学家不知不觉犯方向性错误。比如，我听说戈达德花了三四年时间为自己的探空火箭搞回转仪。其实，这纯粹是白费时间，因为高空火箭在飞行中根本就不需要用回转仪这样复杂的仪器来保持稳定。发射前，火箭靠发射塔保持稳定，这种发射塔比戈达德使用的稍高一些。火箭一飞出发射塔，达到一定速度时，靠固定尾翼就足以保持稳定了。1945年，马利纳和喷气推进实验室小组发射"女兵下士"火箭完全证明了这一点。"女兵下士"火箭是美国首次发射成功的高空火箭，飞行高度达到25万英尺。

经林德伯格推荐为戈达德研究项目出经费的古根海姆，对戈达德的进展速度也感到怀疑。于是，1938年秋天，他把克拉克·密立根、戈达德和我请到长岛他府上参加一次工作午餐会，同时出席的还有航委会和空军方面的代表。古根海姆致词说，各位都在为美国防务出力，因而应该齐心协力，互通情报。

大家都回答说，应该，应该！结果，戈达德只愿把液氧泵图纸拿出来交给加州理工学院小组干，那是因为他手下只有两个机工，自己造不了。至于火箭发动机资料，诸如燃烧室和喷嘴结构等，他一点也不肯给我们。我只得给古根海姆去了一信，非常抱歉地声明：由于不了解全面情况，我无法开展工作，因此，我将不得不退出原先的协定。

我相信，戈达德晚年一定很生气。因为他在火箭方面毫无成就，而通用航空喷气公司和其他一些部门却使火箭日渐成为一门工业。戈达德之所以和现代火箭技术无直接关系，正因为他自己走进了一条死胡同。戈达德是个有发明创造的人，并且具备良好的科学基础，然而他却不是个科学创造者，而且为人又过分谨慎。要是他信任别人，我认为，他早就把实用高空火箭搞成功了，这样的话，他的成就要大得多。可惜，他既不听别的专家意见，又不肯吐露自己取得的成就，结果使自己原地踏步，停滞不前。

戈达德的情况并非绝无仅有的一例。笃信闭门造车而丧失发明良机的优秀科学家大有人在。有个名叫勒迪克的法国人发明了一种冲压式喷气发动机，而且还拿出来展览过。接着，他又花几年时间去研究弹射座椅，反把这种发动机扔在一边，因为他觉得应该亲手搞出冲压式喷气飞机上的每样东西。因此，当洛杉矶马夸特公司的头儿罗伊·马夸特把冲压式喷气发动机工业大规模发展起来的时候，勒迪克还在单枪匹马搞他的弹射座椅呢。他本来应该把座椅设计交给别人去干，这与其说是科学上的悲剧，还不如说是心理上的悲剧。

到了1938年，我们在火箭方面已经取得一些可喜的成果。马利纳和钱学森对火箭发动机的热力学特性作了理论分析，他们发射了一些自制的小火箭，对理论研究的一些结论进行验证。为了耐高温，火箭的排气管和燃烧室采用了碳衬。时至今日，大型火箭仍使用这种材料。那年，由于克拉克·密立根的推荐，美国航空学会破天荒第一次接受了一篇关于火箭飞行的论文，作者是马利纳和阿莫·史密斯。这时他已改变观点，认为火箭大有发展前途。

火箭小组这时虽已引起许多公司注意，然而，无论是工业界或者政府部门，对火箭的实用性仍毫不关心，但也出了个大冷门，那就是圣地亚哥的联合飞机公司总裁鲁本·弗利特。他预见到火箭具有一种崭新的潜在用途——用于重型飞机的助推起飞。于是，马利纳就到圣地亚哥拜会了弗里特。接着他起草了一份报告，详细介绍了这种火箭发动机大有希望的发展前景。

那时候，我们根本就想不到军方会对火箭感兴趣；在我们心目中，陆军兵工署跟火箭是风马牛不相及的。不料在1938年5月，陆军航空兵司令阿诺德竟到我们实验室来了一次,这大大出乎我们意料之外。

阿诺德将军对火箭研究工作很关心。后来到了秋天,他邀请马利纳和我去华盛顿参加一个会议。结果,这次会议终于使火箭局面大为改观。那一年,世界大战的危险日益增加,有识之士都已预见到战争不可避免。阿诺德深知科学对战争具有巨大作用,组织了一个挂在美国科学院名下、协助陆军航空兵工作的委员会,我也是该委员会委员。由于他要给委员会下达一些研究课题,才召集大家到华盛顿开个会。他提出了一些课题,其中有结冰条件下提高轰炸机窗口能见度的方法和重型轰炸机火箭助推起飞装置的研制。运用火箭助推起飞装置是为了让重型轰炸机能在一些小型机场起飞。太平洋上许多岛屿都有这种小型机场。

我这是第一次听到官方公开声称对火箭用于军事感兴趣。会议结束后,我们几个人就讨论完成这些项目的可能性,并考虑课题分配问题。麻省理工学院航空系主任杰罗姆·亨塞克博士最后说:"好吧,能见度问题由我们接下来,那件玄妙的差事就让卡门去承担吧。"

我以为亨塞克是开玩笑,不过,我觉得他这话却代表了当时许多科学家的观点。甚至像范内伐·布什这样一位有影响的科学家,有一次也对老密立根和我说:"我真百思不解,一个科学家或工程师为什么要在火箭上忙活。"听说麻省理工学院还拒绝接受古根海姆提供的火箭研究基金,认为搞火箭是白费钱。正因如此,麻省理工学院才一直置身于火箭领域之外许多年。说来有趣得很,"火箭"这个词如此不受欢迎,当初我们为了容易打交道,写报告干脆就不用这个词。

事后表明,亨塞克把"玄妙"差事踢过来,我真该谢天谢地,因为这件事为我的事业开创了一个最佳时期。不过当时我最满意的是,山姆大叔终于要拿钱出来帮助孩子们搞火箭了,这样,孩子们就不用再掏自己的腰包。第一个合同金额是1 000美元。一年后,由于火箭研究工作卓有成效,我们就要求签订金额达1万美元的第二个合同。

30 火箭和"自杀俱乐部"

阿诺德将军的助手、后晋升为空军装备司令部司令官、现为汤普森·拉莫·伍尔德里奇公司副总裁的本杰明·契德劳少校到加州理工学院来跟我商谈第二个合同。在谈到某处时,他问道:"卡门,你坦率地讲,航空兵在火箭这玩意上花费1万美元到底值不值得?"

今天,当我看到美国航天局仅空间计划一项的年预算就高达50亿美元,总觉得契德劳的话比第一次世界大战后说搞民用航空是件蠢事还要可笑。

陆军航空兵的第二个合同于1939年7月签订。这个合同不仅为超级性能飞机的研制开辟了道路,而且是我开始主动承担喷气推进研究任务的标志。我时年58岁,正是承担一项全新任务的大好时光。两个月以后,希特勒入侵波兰,第二次世界大战接着就爆发了。整个火箭计划也随之出现了新局面。

当时,由于火箭小组的工作重点是研制重型飞机的火箭助推起飞装置,我们的注意力自然就集中到推进剂上来。我们希望搞出一种既能产生适当推力又可以控制的推进剂。也就是说,推进剂在火箭燃烧室内的燃烧速度要平稳,火箭排气压力在保持飞机起飞的临界期间不致降低。

不久我们就明白了:普通小型武器中使用的双基火药,即1937年我们开始研究火箭时采用的那种推进剂,根本不行。因为这种环形火药燃烧速度太快,排气产生的猛烈冲击会把飞机震垮。因此,我们必须另行设法,搞出燃烧速度要慢得多的火箭燃料,点燃后燃烧时间要能持续20秒。做到这点看上去似乎不难;只要把火药压实,做成圆柱形,像香烟一样,从一头点起,再调节燃烧面大小来控制火药的燃烧速度,从而达到控制推力的目的。情况果真如此,那么,只要"香烟"长度选择适当,我们就能获得任何需要的推力持续时间。然而,这仅仅是原理而已。由于从来没有人用无烟火药或别的炸药这样试过,很多炸药专家认为,我们这样干完全是胡来,燃烧平稳的大尺寸固体火箭燃料根本就不可能搞出来。

1939年,我们制定了加州理工学院古根海姆航空实验室(GALCIT)1号计划。这是美国陆军航空兵的第一个火箭研究计划。尽管从前在学校里搞试验出过纰漏,但银行账户里有了1万美元经费后,校方就另眼相看了。我请学校向帕萨迪纳市在阿罗约塞科河西岸靠近火箭小组1937年初次试验火箭的地方租了几英亩土地。

我们的室外火箭试验虽是新起炉灶,但也免不了出些洋相。一天,我正在马利纳狭小的办公室里和他讨论试验结果时,一个机工飞跑进来,结结巴巴地说:"有个日本间谍,正在小山上偷看试验台。"

那时,谣传日本将入侵美国,加利福尼亚海岸外曾出现过一艘日本潜艇。由于当局命令我们的研究工作要保密,因而,我便到小山上去看个究竟。那位不速之客确实是日本人,不过,他在那儿已经居住了10年。我跟他愉快地闲扯了一阵,才了解他原来想在这块不毛之地搞个花园。

1939年的夏季和秋季,我们全泡在这项火箭研究工作上了。我清楚地记得,帕森斯搞火箭的爆炸声有时接连传来,有时偶尔听到。这种情况真令人情绪低沉。这时候我对最初那种香烟燃烧的设想是否行得通也开始怀疑起来。后来,我对火箭中实现缓慢燃烧必须具备的条件仔细思考以后,终于又向我的备用法宝数学求助。我列出了几个方程式。"把这些方程解出来,看看它们包含的物理意义,"我对马利纳说。"如果方程的解表明,在火箭条件下,限制燃烧过程是不稳定的,我们就只好撒手不干。如果是稳定的,我们就该让帕森斯继续试下去。"

马利纳求解了这些方程,运算结果表明:我们要搞的这种火箭发动机理论上是行得通的。帕森斯由此明确了前进方向,沿着下述目标坚持试下去:搞一根长度适当、没有裂纹且能均匀燃烧的火药棒。接下去,我又不断听到更多的爆炸声,这些声音说明他行动很迅速。

帕森斯在化学方面很有才华。他经过一番努力,终于搞出了一种合用的火箭燃料。他把配制的黑火药推进剂，按一寸厚一层塞进一个用纸衬垫的圆管。管中的火药被一根引信点燃后，就在管内从头到尾均匀地燃烧下去，从而产生了可控的预期爆炸效果。我确信，这种型式火箭在世界上是第一次出现，整个小组简直欣喜若狂。

但是好景不长，储存的第一批推进剂很快在质量上出现了一系列新问题。使用前，如果把它在柜里存放几天，就会膨胀和裂化，继而发生爆炸。因此，帕森斯和几个同事想方设法采用各种组合方法来进行补救。后来，他们又提出了用次氯酸钾和煤焦油组成的新型推进剂。次氯酸钾作氧化剂，煤焦油作燃料。这种混合物现在叫复合推进剂，优点是浇注起来和单一材料完全一样。

帕森斯想出的火箭燃料制造方法非常巧妙。他把煤焦油先放在一个搅拌器内加热成液态，然后加入环型氯化物，最后把搅拌器中的混合物注入火箭发动机的燃烧室，冷却后凝结成坚硬固体。为了使燃料和燃烧室的金属壁之间密封良好，他先在燃烧室内浇注少量融化的柏油，在内壁上形成一层薄衬，然后再把燃料灌进去。

这种大型火箭燃料的制造方法目前仍在使用。事实上，正是由于这一发展，美国才能搞出像"北极星""民兵"一类高性能火箭，从而在大型固体火箭发动机方面居世界领先地位。

1940年是个紧张的年头。我无法把更多的时间用在火箭研究上。战争在欧洲愈演愈烈，德国已经征服了法国和荷兰；对诸如鹿特丹那样不设防城市的狂轰滥炸激起了全世界极大义愤；美国对英国的援助在迅速增长；那一年，美国首次开始在全国征兵。

5月的一天，罗伯特·密立根来对我说，财政部长摩根索请我们两人到华盛顿去一次。我1935年在去意大利参加沃尔特会议的路上曾经偶然见过这位部长一面，此外并无交往。由于我们这些教书的在钱财方面都是外行,突然受到这位专管货币的部长召见,确实有些茫然不解。不过,他很快就亮了底牌。原来他坚信美国不可能置身于这场大战之外,而且认为,美国武装部队在应付突然事件方面没有做什么准备。此外,一些大公司,尤其是福特汽车公司,对战事根本无动于衷,他们强烈反对援助英国,不愿让美国卷入对德战争。

  这位忧国的部长决定向科学家求助,把我们请到华盛顿来出谋献策。我们立即组织成立了一个委员会,每个委员会成员都分担一项专门任务。我的差事是为军用教练机标准化准备资料。对一个理论空气动力学家来说,这不是什么高深项目,但从实用观点看,倒是件大事。这令我想起了1921年我的职业生涯的初期,我竭力要求确立空气动力学的基本标准。在随后的数次国际航空专家会议上,我的提议被偶然地采纳并得到了详尽阐述。

  摩根索的委员会总共只存在三四个月,因为到5月份,罗斯福已经号召每年生产5万架飞机,这个数目大大超过了以前需要的水平。一个月后,阿诺德将军向顶头上司马歇尔将军汇报说,为了增加飞机生产,目前正在动员一切力量加快制造装备的标准化。政府的决策把全国的商人纷纷吸引到华盛顿来。一天,一群制造商对财政部长说,干实际工作的专家完全能办到的事,何必去跟那些理论家胡扯淡呢?部长也觉得言之有理,于是这个委员会在正式开张之前就被解散了。然后,让一批实干家取而代之,把工作接了过去。我有几个同事感到大失所望,他们认为来接替的人太差劲了。但是我反而觉得高兴。因为这样我就可以集中全力去搞航空方面更重要的工作。

  由于防务工作不断增加,政府召集科学家也越来越频繁,华盛顿真正成了我们常来常往的地方。对我来说,这是一种崭新的生活方式。那段时间,我在列车和飞机上搞了许多富有创造性的工作。记得有一次,华盛顿国家科学院把军方提请院部解决的一个弹道学问题送到我手里。军事工程师们急需掌握爆炸对建筑物影响的计算方法,以便制定机库及其他建筑物的安

30 火箭和"自杀俱乐部"

全规范。

在返回帕萨迪纳的列车上，我集中精力思考解决这个问题的方法。有几个朋友邀我到餐车去坐坐；我过去曾应邀去过多次，跟他们在一起有说有笑。在谈笑中，我忽然心血来潮，想出了一个解决方法。我立刻站起来打声招呼，就返回自己的包厢。几分钟内，我在车厢里的一张纸上写下了这个弹道学问题的数学解。在隆隆车轮声和旅客的喧闹声中，我简简单单地运用了自己的老办法：先简要地核查一下工程师们的假设，然后又考察他们的计算方法是否范围太窄；接着，上述数学解法就突然在我脑海内涌现出来。

参加科学院爆破问题会议的工程师们在计算爆炸对建筑物影响时，假设建筑物是完全弹性体。这样，只要知道材料的弹性极限，就能提出计算公式。表面上看，这似乎挺合理。实际上，这仅仅是一种假设而已。如果冲击产生的应变量超过材料的弹性限度，那结果会怎么样呢？从前我的博士论文解决了欧拉古典挠曲理论在弹性极限之外的应用，它跟眼前的爆炸影响计算是同一类型问题。我把两个问题联系起来一考虑，爆炸影响计算问题就迎刃而解了。

我一旦明确了解决问题的主攻方向，就会一头扎进去，把周围的一切都置之脑后。幸好我的旅途颇远，否则就会乘过站了。我列出的这些方程组日后称为"塑性波理论"。后来，我把这些公式写在一份报告上转交国防科技委员会主席范内伐·布什，要求在科学院学报上刊载。鉴于这些公式对防务非常重要，布什迅速采取了保密措施[1]。

为了用这些公式取得实际效益，我考虑，最好接下来签订一份深入研究的合同。这时，我从前的研究生保尔·杜维兹从纳粹占领下的比利时逃

---

[1] 第二次世界大战后我才知道，剑桥大学的G. I. 泰勒爵士在研究其他问题时，差不多和我在同一时间提出了相同的理论。1945年，我访问莫斯科时又发现俄国学者也在同一时间独立地提出和解决了这个问题。——原注

出来，刚到帕萨迪纳，我就让他承担这项试验研究工作。研究的主要结论发表在1942年的一份机密报告上。后来，又不断有人继续探索下去。这样，从奔驰的列车上开始进行的思考后来终于形成了材料力学的一门新分支。

31 喷气助推起飞获得成功

我从华盛顿返回帕萨迪纳后,马利纳跟我谈了在飞机上试验喷气助推起飞(JATO)火箭的初步计划。

陆军航空兵选择靠帕萨迪纳最近的马奇机场做试验场地。我的学生霍默·鲍谢上尉(后来成了空军的一名将军)愿意驾驶"艾尔考普"型飞机试飞,这种飞机是陆军航空兵找来试验我们的微型固体燃料火箭的最轻型飞机。帕森斯与一位名叫弗莱德·米勒的爆破专家一起研究确定了火箭枚数。火箭的设计燃烧时间为12秒左右,每枚火箭发出25磅推力。

鲍谢在试飞前一周到阿罗约塞科靶场观看火箭试制情况。这时,帕森斯已把一组火箭安装在飞机的火箭基座模拟框架上。大家到达安全观察地点后,帕森斯就开始倒数计时,接着便按下发射按钮。刹那间,响起了一片爆炸声,那情景简直跟国庆节放焰火一样,火箭喷嘴被炸得四处乱飞。试验真是糟透了。

面对这种情况,马利纳和帕森斯忧心忡忡,我想飞行员鲍谢恐怕也顾虑重重。可是,鲍谢的试飞勇气实在令人钦佩,他对火箭计划坚信不疑,照旧愿意试飞。帕森斯立即动手查找这次意外爆炸事故的原因,发觉爆炸和推进剂储存质量有关。如果火药装入燃料室后迅速发射就不会出什么问题。要是延迟一段时间发射,就会发生爆炸。因此马利纳和小组成员决定一大早先把试飞火箭燃料装好,然后尽可能赶快发射。我记得为了尽量减少燃料储存时间,他们作了这样安排:火箭装好燃料后马上搬上卡车,尽快运送到马奇机场去。

马利纳和帕森斯为鲍谢试飞做好准备后,决定让鲍谢坐进驾驶室,然后再把飞机锚固在地面上先进行一次初步试验。大家都认为这一次不会再出什么纰漏了。可是,事与愿违,刚刚点火,第一枚火箭就轰的一声炸开了,炸飞的喷嘴嗖的一声向后飞去,把尾翼击穿了个窟窿。有人走过去看了看,说:"嘀,幸好洞眼还不算太大。"

这次试验尽管又出洋相,但每个人都感到试验已触及问题的关键,应该继续按计划干下去。其时,克拉克·密立根和研究生霍默·乔·斯图亚特已经计算出在不同的火箭推力下飞机起飞距离的缩短量,因此,下次试飞除了其他几项研究,还要验证他们的计算是否正确。

1941年8月初,一切准备就绪。8月6日进行了第一次试验。这次试验是在飞行中的"艾尔考普"型飞机上测试火箭的功率。一周后,即8月12日,我们为下一步重大试验——火箭助推起飞作好了准备。那天,当鲍谢爬上飞机后,肯定人人都感到既紧张又激动,因为大家心里有数,火箭能不能取得陆军航空兵的认可,成败在此一举。当时我们都忐忑不安,害怕还有什么因素没有考虑到,吃不准飞机会不会再出毛病。

鲍谢先启动发动机,松开刹车后,飞机在跑道上急驶起来,不断增加冲势。接着,他猛按点火开关,刹那间,火箭喷出一股巨大烟雾,飞机犹如弹射一样离开了地面。我们谁也没有见过一架飞机以那么陡的角度爬上天空。鲍谢先把飞机拉成水平,然后再绕机场盘旋,几分钟后降落到地面上来,他哈哈大笑走下了飞机。我们大家都欣喜万分。

这是美国第一架用喷气助推起飞的飞机。根据可靠的历史记载,这并不是世界上最早的火箭助推飞行。德国汽车大王的儿子弗里茨·冯·奥佩尔于1929年在法兰克福已经进行过火箭增力滑翔飞行。我相信,俄国人在1940年也独立地进行过火箭助推滑翔飞行;不过当时我们并不知道。

"艾尔考普"型飞机在马奇机场的试验结果比我们的最佳期望还要好很多。试验表明,喷气助推起飞能使跑道缩短一半,这意味着重轰炸机能够在更短的跑道上起飞。

8月23日,鲍谢准备进行另一次历史性飞行——美国首次单纯以火箭为动力的有人驾驶飞行。我们把一架拆去螺旋桨的"艾尔考普"型飞机拖上跑道,在上面组装了12枚固体燃料助推火箭。开始时,我们本想静止起动。利用助推火箭把飞机送上去。由于这样干不行,只得使用一辆卡车先拖动飞机,由鲍谢在机上控制拖索。当卡车速度达到每小时25英里,他就把拖索甩开,接着点燃火箭,飞机便嗖的一下弹上了天空。在跑道终点着陆前,飞机升到10英尺高。

以上试验的全是固体火箭。与此同时,齐头并进的液体火箭计划也开始有了进展。在加州理工学院获得物理学博士学位的纽约人马丁·萨默菲尔德于1940年7月也加入了GALCIT计划,负责设计液体火箭发动机。

与老式固体推进剂相比,液体推进剂燃烧后排气的分子量较轻。因此,重量相等的两种推进剂,液体推进剂的排气速度和推力比较大。1920年代和1930年代,戈达德在美国进行的试验,30年代桑格尔在维也纳进行的试验,都证明液体火箭发动机在技术上是可行的。戈达德的液体火箭最佳飞行高度达9 000英尺。但是,戈达德和桑格尔使用的氧化剂都是液氧,由于液氧必须在极低温度下保存,对我们来说,这一点就大成问题。因为航空兵表态说,在战争中使用这种低温储存设备根本办不到。

幸好,帕森斯一直在进行别的氧化剂试验。在他的试验成果基础上,我和马利纳选择了比液氧容易存放的发烟硝酸。就在我同意进一步试验的当口,我对液体火箭发动机计划是否可行突然产生了疑虑。这种火箭到底能不能达到需要的效率呢?这个问题事出有因:我看过一张戈达德火箭的照片,火箭尾部拖着一股巨大的黑烟柱。很显然,这表明燃料燃烧不充分,效率肯定不高，这支火箭不能超过 9 000 英尺的高度是毫不足奇的。可是，这种火箭戈达德已经搞了 12 年了。他搞不上去，必有重大原因。于是，问题又回到老路上来：搞一种具有足够推力的机载小型实用液体火箭，究竟对路不对路？戈达德在这方面肯定帮不了我们。此外，对他的那些专利技术我们同样也无能为力。

一天，我对萨默菲尔德说出我的疑虑。我的话显然引起了他浓厚兴趣。他接下来就去图书馆搜集有关液体燃料燃烧问题的文献。后来，他找到了一本英国出版的旧化学书。书中谈到一种碳氢液体燃料，在空气中燃烧只要 1‰ 秒的时间。萨默菲尔德以此为基础进行了精确计算。计算结果表明：从理论上讲，在狭小的燃烧室内获得需要的燃烧时间是完全可能的。然后他带了计算结果来找我，实际上，燃烧室可以做得比我们设想的还要小。我对计算进行了复核，结果完全正确。

在根据这一发现作出决策之前，我又请来几位第一流化学工程师，向他们请教这个问题。有一位锅炉燃烧问题专家开门见山地说，我们的狭小燃烧室根本不可能达到必需的燃烧要求。每秒烧完 5 磅燃料（产生 1 000 磅推力的需要量），恐怕需要一台一间房子那样大的锅炉才成。因此，他劝我趁早放弃这种想法。

这一下弄得我进退两难。究竟哪一种观点正确呢？是依据旧的英国化学书进行复杂计算的青年物理学家对呢？还是天天跟燃烧问题打交道、实践经验丰富的专家对呢？我反复考虑了这个问题，越想越偏向于理论计算。于是我决定叫萨默菲尔德继续干下去。

事实表明我这个决心下得对。后来我们终于成功地造出了一台高效液体火箭发动机，一年后就超过了戈达德。多年以前我讲过一句话："搞实际工作的工程师就是重复前人错误的人。"这件事的全过程为这个说法又提供了一个明显的佐证。

我们刚开始搞发烟硝酸试验时，就出现了一个新问题：火箭使用发烟硝酸和汽油或煤油混合燃料,燃烧起来极不稳定。有时火焰极旺,有时熄火。后来我们才知道,德国人在佩内明德试制早期V-2火箭时,同样也碰到了"燃烧不稳定"的麻烦。

几乎有两年时间,燃烧不稳定成了加州理工学院研究液体推进剂的最大难题。我们既不知道问题症结所在,又无专家可请教,能不能找出可行的解决办法,心中实在无数。经过一系列令人沮丧的火箭试运转之后,我们终于明白了脉动压力是产生燃烧不稳定的根源。接着,萨默菲尔德就向我提出一个很有意义的假设:发动机燃烧不稳定与燃料从喷射到发火的间隔时间有关。间隔时间越短,燃烧越稳定;越长就越不稳。发烟硝酸正是这种情况。

我觉得这一见解颇有启发性,就进一步提出解释这种现象的简单理论,并用数学形式表达出来。现今,这种"不稳定燃烧理论"已经成为火箭学和一般燃烧理论的一部分。直到目前,这一理论在火箭和喷气式发动机设计方面仍然非常有用。可惜当时我们还不知道缩短燃烧时间滞后的方法,无法解决我们的实际问题,我们试过用添加剂,但大都见效甚微。

后来,在1942年2月的一天,马利纳走访在安纳波利斯海军中服役的朋友罗伯特·特鲁瓦克斯上尉,看看他对液体燃料有何高见。特鲁瓦克斯在安纳波利斯学习时就是火箭迷,在海军中任职后继续研究火箭。他正巧被分配到一艘驱逐舰上当技术军官。舰长知道他的情况后火冒三丈,他大声吼道:"兵舰的锅炉房里绝不能要玩火箭的人。"

事实上,这反而成了好事。由于上述原因,特鲁瓦克斯的朋友、前加州理工学院航空系学生卡尔文·波尔斯特海军上校就建议在安纳波利斯搞个小型火箭实验室,让特鲁瓦克斯在那儿继续搞火箭研究。

马利纳的访问不仅了解到特鲁瓦克斯的液体火箭还没有眉目,而且还摸到一个情况:特鲁瓦克斯的实验室里有个名叫恩赛因·雷·斯蒂夫的化学家,正考虑采用苯胺加硝酸发出火箭燃料输送系统所需的气体压力,要是行得通,就能取消辅助压气罐。马利纳牢牢记住了这个设想。他想,要是把此法引用到火箭发动机上,同样的化学反应能否把激烈的火焰稳住呢?在去代顿的夜车上,他被这个想法深深地吸引住了。第二天清晨,他发了一份电报给加州理工学院的萨默菲尔德,要他采用苯胺代替汽油试一试。

试验结果之好简直令人吃惊。硝酸和苯胺互相结合得好极了,几乎一接触即发火,根本不需要辅助引燃措施。由于我们摆脱困境的关键在于发动机的火焰要十分稳定,这样,液体火箭的燃烧稳定问题便迎刃而解了。接下来的试验表明,这种组合反应的时间滞后非常短促,能够保持稳态燃烧。

这种燃料和氧化剂的"混合自动发火"就是通过这些小小的幸运事找到的。后来我们才知道,德国人几乎在同一时间也发现了这种双组份火箭燃料,而且很多火箭装置都使用了这种燃料。

由于这种燃料有剧毒,开初,空军器材供应部反对使用这种燃料,但后来终于也同意了。我看是因为道格拉斯 A-20"浩劫"轰炸机安装两枚 1 000 磅推力火箭的起飞试验迫在眉睫,他们才勉强点头的。地面试验表明,试飞若采用汽油作燃料就会酿成重大事故,这才使空军信服。(10 年后,美国空军有个新成立的研究小组显然不相信加州理工学院科学家的结论。他们决定再搞硝酸-汽油火箭发动机,在耗资百万、历时数年试验后,由于同一原因,即燃烧不稳定,只好下马。)

1942 年春,我们准备对硝酸-苯胺燃料火箭发动机进行第一次飞行试验。我从前的学生保罗·戴恩少校驾驶试验用的 A-20 轰炸机从俄亥俄州代顿飞到加利福尼亚的伯班克来安装火箭发动机,然后再把飞机开到慕洛克机场(现在叫爱德华兹空军基地)。试飞将在莫哈韦沙漠的干湖床上进行。

干湖床上画有约 3 英里长的观测线,一辆加油车的车身上漆了几条醒目的粗黑线条,以便让飞行员尾随。爱德华·福尔曼的堂兄弟贝弗利·福尔曼同意戴恩操纵飞机,他在后舱开动火箭。火箭发动机经过几次地面试车就装上 A-20 飞机,第一次起飞试验就这样决定了。

福尔曼和戴恩爬进机舱坐定,准备起飞时,有 50 来个人在场。他俩先把飞机发动机开起来,然后再开动火箭。刹那间,一声巨响,A-20 喷着滚滚浓烟,仿佛被猛抽一鞭,几乎垂直地钻上高空。那情景真是令人振奋。这是美国轰炸机第一次采用固定的火箭动力装置起飞,又是美国实际运用火箭的起点。

然而,从长远观点来看,创纪录和占首位是远远不够的。既然我们能为某种用途(譬如飞机起飞)制造一种小小的实用火箭,难道就不能制造让人进入高空以至进入太空的火箭吗?这本来就是加州理工学院火箭计划的目标嘛。

从实践上讲,这个目标所意味的太空火箭远非 A-20 轰炸机上燃烧 25 秒的那种单管炸药筒。它应该有一台像汽车引擎那样的发动机,能连续可靠地长期运转。这样,就需要更高的压力与热量混合比以及几分钟级的燃烧时间。为了让火箭发动机能连续运转,我们最关注的是发动机冷却系统。很明显,在遥远的太空飞行,唯一可用的冷却剂就是液体燃料本身。现在大家都知道,液体推进剂喷入燃烧室之前,围绕燃烧室和喷射器四壁循环冷却火箭发动机的方法叫"再生冷却"。

我们知道戈达德做过再生冷却试验。他的火箭发动机效率差,又在低温低压下燃烧,他的冷却方法究竟好用不好用我们就不清楚了。此外,能不能把他的那些专利作为实用范例,我们毫无把握。我们也知道美国火箭学会的詹姆斯·怀尔德出于业余爱好造过一台再生冷却的火箭发动机,但当时我们手头没有它的技术资料。(后来我们才知道怀尔德设计的装置取得了专利权,但这个消息来得太迟了,因此没有沾上一点点好处。)

对我们来说,这问题是个空白,因此,我们一如既往,自己动手去摸索实用的冷却装置。火箭发动机,说到底不过是某种形式的内燃机罢了。

而工程师对内燃机是积有多年丰富经验的。众所周知，无论哪种规格和类型的柴油机或汽油机，传入燃烧室四壁的热量都占燃烧总热量的25%左右，因此有理由推测火箭发动机传到四壁的热量大体上也是这个百分数。

我做了一个简单计算。结果表明，如果火箭发动机的情况果真如此，那就坏了。燃烧室四壁若带走这么大热量，那么，循环的液体燃料就要从正常加入温度升高到1 000度以上。显而易见，这是任何液体也承受不了的。汽车的情况不一样，它有一个水箱，发动机可以利用水箱里的水进行循环冷却。对火箭发动机来说，这是过于沉重、不胜负担的。

由此可见，冷却问题陷进了死胡同。用再生冷却法根本不能满足火箭发动机的冷却要求。此外，又无其他办法可资利用。

我在家里与火箭小组成员开了个碰头会，把我对火箭发展前途的忧虑作了简要说明。我说，如果我们想沿着航天火箭方向继续干下去，那么我需要得到某种保证:有关热传导的几个基本问题，我们肯定得解决了才行。

不料我这话竟起了抛砖引玉的效用。几周之后，萨默菲尔德提出了一份计算报告，他的计算表明，不管在任何情况下，传向燃烧室四壁的热量都不到25%，实际上只接近1%，因此，我们大可不必为冷却问题担忧。我仍持怀疑态度，不管怎么说，25%的数字是在其他工程师们多年经验的基础之上得出的。我对马丁的计算作了仔细检查，并加上一些我的见解。看来他的分析基本上是正确的。于是，在理论和实践之间作出抉择时，我再度陷入进退维谷的处境。不过，这次我又决意附和旋律微弱的数学，不去理会音调洪亮的经验。我对自己的抉择感到高兴。因为实践证明，它是科学技术的又一次胜利。

32　航空喷气公司开张营业

由于助推起飞火箭很有发展前景，马利纳在 A-20 飞机试验前夕，出了一个有意思的主意：开一家公司，向军方出售火箭。大家认为，现在开办还为时过早，至少等到液体火箭在 A-20 飞机上试验之后再说。但帕森斯和福尔曼却迫不及待，不断催促我尽快动手办起来。不管怎么说，海军和空军长期需要这种火箭是明摆着的。况且，阿诺德将军跟我也谈过，指望一个科研单位去生产火箭恐怕不行。他认为，搞一个独立的企业是好主意。问题是这个企业怎么搞法，是向其他厂商转让制造许可证？还是自己制造火箭，或是干脆撒手不管当顾问？火箭小组在这个问题上一连争论了好几个星期。

后来，为了消除分歧、统一认识，我就向一些行家请教。以汽车库办飞机制造厂起家的杰克·诺思罗普虽然没有明说我们是胡来，但却认为我们的想法不大现实。我从航空研究发展公司董事长克利夫·加瑞特和休斯飞机公司的几位朋友那儿得到的回答也大同小异。他们都认为火箭不可能成为一个企业。在他们看来，只有政府是唯一买主的一家独立公司，无论如何是支撑不住的。

对这些令人泄气的看法，我们进行了深入讨论。最后，大家决心不予理会，把公司开办起来。

为了办好公司，我们需要法律和商业方面的专门指导。为此，我和我的朋友安德鲁·黑利联系。他是华盛顿的律师,早在1941年,他帮我妹妹取得在美国定居签证时就成了我的知交。

黑利欣然同意协助,但他正在华盛顿忙于办理一桩诉讼案件,无法到帕萨迪纳来。我问了该案详情,他回答说,是一件向联邦动力委员会申请在衣阿华州建造水力发电站许可证的事。由于衣阿华大学的一位流体力学教授宣誓作证说,强风季节,水库里的大浪会把水面以上的大坝冲垮,使下游居民遭受严重水灾,因此,许可证遭到该州很多私营公用事业公司反对。换句话说,如果黑利能确证水坝结构坚实可靠,这场官司就打赢了。于是,我对他说,要是他肯到帕萨迪纳来帮我们料理公司事务,水坝问题由我们替他解决。他同意了这个条件,并把该案的详细材料给我们寄来。

这个问题涉及的计算工作量很大,我、马利纳、钱学森3个人整整干了个通宵。第二天早晨,我给黑利发去一份电报说,衣阿华那位教授搞错了,水坝超高部分设计是坚实可靠的。

黑利在当天立即赶到法院。他开口就请衣阿华州那位证人列举几位美国流体力学权威。那位教授稍加思索后回答说,第一位当数冯·卡门。黑利马上在法官面前挥动我拍去的电报,从而打赢了这场官司。

1942年1月和2月间,我跟马利纳、黑利、萨默菲尔德、福尔曼、帕森斯在我家里开了几次会,共同拟定了火箭公司的基金,大家都郑重其事地同意每人出资200美元。当时对于一个只精于理论的教授、两个曾经的研究生和两个年轻的火箭"三脚猫"来说,这简直就是一场大赌博,因为懂得生意经的只有黑利一个人。

不过,我们几个人做生意虽是外行,但才能和活动能力却绰绰有余。比如,拿帕森斯来说吧,他既是个出色的化学家,又是个寻欢作乐的怪物。他常常会一边踩脚、一边口中念念有词,面向天空唱左道邪门的祈祷诗文。这个前实业巨头的儿子身高6英尺1英寸,有一头黑色卷发和一对深邃勾人的黑眼睛,嘴上留着一小撮八字胡。他搞炸药有一套不可思议的本领,研究炸药之余，他还担当一个叫泰乐玛教派的地方会堂头头。我偶然听到过一些关于这个教派的传说，它是由前英国登山运动员亚历斯特·克劳力在欧洲创立的。有一本叫《巨兽》的书详细描述了克劳力的生活。教徒们常在帕萨迪纳百万豪富街的一幢房子里聚会，房间四壁采用雕花皮革装饰，每个教徒都要对天发誓遵奉下述教旨："尘世间没有限制汝等行为之法规，随心所欲即为法规。"在他们乱七八糟的活动中，也涉及性仪式。几个月后，联邦调查局向我调查帕森斯的情况时，我方才知道这件事。

258

公司开张之前首先要为新火箭公司定个名称。我提的第一个名称是"超级动力公司"。老实说，我也不怎么欢喜这个名称，因为它听上去和超人差不多，而且，一个不出名的后生弗兰克·惠特尔上尉在英国创立的一个公司也取了个类似的名字。小组凑来凑去，最后挑中了马利纳和黑利提出的名称"航空喷气公司"，大伙儿都喜爱这个名称。

1942年3月19日，黑利拿到了公司批准书。从此，航空喷气公司就开张营业了。我担任总裁，马利纳任司库，黑利任公司秘书，三个副总裁是帕森斯、萨默菲尔德和福尔曼。我们先向自己发行公司股票，转眼之间，黑利几乎已将公司据为己有；因为小组里他最富，公司的初期股票基本上都被他认购了。我们在帕萨迪纳东科罗拉多街租了一幢房子的底楼作公司经营部，那里原先是家果汁罐头公司，叫维塔果汁，老板叫亨利·吉布尔。不久，为了扩大办公地方，我们又搬到了科罗拉多街285号。那里原先是汽车拍卖行，以后很多年一直是我们的公司总部所在地。

未来的航空喷气公司就这样开张了，现今，它已成了阿克伦通用橡胶轮胎公司的子公司，是全世界规模最大的火箭与推进剂制造企业。在短短的20年内，公司从6个人、1 200美元资本开始发展到雇员34 000人、年营业额高达7亿美元的规模，并在美国现代防务计划方面起着关键作用。

公司一开张就有生意。海军航空局对我们这家小小公司的技术水平非常赞赏，先跟我们签订了一项研制固体起飞火箭的合同。接着，莱特基地飞机实验室要求我们在加州理工学院为道格拉斯中型轰炸机"浩劫"研制的液体助推火箭基础上,再搞一种实用型液体火箭装置。

几个月后,公司的生意开始兴旺了。不料,有一天我们接到莱特基地的一封信,通知我们空军已决定不再与我们签订新合同,但没有讲明原因。

我和马利纳又惊又恼,马上一同飞往代顿去见莱特基地的研究发展工作主管弗兰克·卡罗尔将军。他本人对我们的小公司是友好的,但华盛顿已作出决定,不再跟我们做生意,言下之意,我到陆军航空司令部去通通路子也许能解决问题。

我们俩心烦意乱,又赶忙飞到华盛顿去。在那里,我们会见了当初为1万美元火箭研究经费感到忧心忡忡的老相识契德劳将军。

"这是怎么回事?"我问道。"为什么要中断合同?"

契德劳叹了口气说:"您是一位教导我们怎样搞科学的学者,我们极其尊敬您,商人这个头衔对您可不合适。"

契德罗劳尽管讲得很客气,可是他的话却使我感到忐忑不安,吃不准自己到底出了什么差错。不过,他似乎暗示,只要有个精于理财和签订合同的内行来交涉,这笔生意还是能做得成的。

"那么,我该怎么办呢?"我问他。

"去物色一位精于跟华盛顿打交道的人,马上派他到这里来。"

我可不是对付这种情况的人,因此,我决定让位。大家在物色一位适当的总裁时,一致推我做董事长。这时我立刻想到了我们的律师安迪·黑利。经大家认可后我就跟他联系,不料黑利已应征服现役,当上了少校,正在华盛顿空军军法署担任军务处长。我叫他找上司谈谈,放他到公司来担任总裁。不久,黑利回话说他请求调离已被拒绝。他在电话上说,我个人去找阿诺德将军帮助是调他的唯一办法。

第二天早晨,为了能让8点钟到华盛顿办公室的阿诺德将军能接到我的电话，我硬着头皮 5 点钟就起床了 [1]。我跟他讲，我们这个小小的企业需要陆军里的某个人。

阿诺德问那人是干什么工作的。我回话说，是个律师。

阿诺德一听这话就吼叫起来，差点没把听筒震坏。"你要律师干什么？我可以调物理学家、化学家和工程师给你，可是为什么你偏偏要个律师呢？"

我把事情的来龙去脉向他解释一番，他讲考虑考虑再说，然后就把电话挂了。当天上午 11 点，即我去电话后 6 个小时，黑利就复员了。他口袋里装着一封介绍信，信文是，考虑到喷气推进发展对美国武装部队至关重要，特准复员。由此可见，军事部门的效率有时也会高得出奇。

1942 年 8 月 26 日，黑利开始出任航空喷气公司第二届总裁。事实表明，黑利是非常出色的行政管理人员。他办事机智、果断，能使公司上下团结一致。必要时，他甚至会向海军送亲笔信，要求预付款发放工资。有一次，为了弄钱发薪水，他派那年 11 月刚加入公司的比尔·齐施到华盛顿去。齐施在那里想方设法，终于弄到一张 7 万美元的支票，作为预付盈利。他嫌航空邮寄到帕萨迪纳太慢，就把这笔钱电汇回来。齐施洋洋自得地返回公司时，才发现自己被扣了工资。因为黑利有言在先，为了公司的利益，人人都必须节省开支。

黑利处理工作有一套不容违反的独特方法。他出差外地，经常会发回一份 200 词的电报，鼓励全体职工"既要不屈不挠、向着目标日夜苦干；又要发挥才智，力争上游"。结尾是："公司正处于十字路口，全体同仁信誉成败在此一举。"我不知道，这种奇特的电文效果到底如何，然而公司确实在一天一天地兴旺起来。

10 月份只有 15 名雇员领薪水，12 月就增加到 150 多人。1943 年 4 月，公司迁往洛杉矶东郊的阿祖萨。那是个产柑橘的小镇，离洛杉矶市 40 英里。

---

1 加利福尼亚州与美国首都华盛顿之间有 3 小时的时差。——译注

我们以每月45美元的租金向生产军用照明弹的日夜制造公司租下1英亩土地,在这块地上建造了第一个助推起飞火箭试验台。

公司第二个大宗合同是跟空军签订的,合同金额高达256 000美元这样一个令人眼花缭乱的大数目。这时,我们需要有一个小型试制工厂生产和加装固体火箭燃料。一般说,这件事在战争时期并不难办,因为当时设置的国防设备公司是专门供应这类设备的。然而,这事却办得并不顺当。由于卡罗尔将军有指示:"规定新成立的机构不得采用政府的设备。"因此,我们的申请遭到了拒绝。这时有人提议,干脆到堪萨斯州某个非现役基地去搞设备。

为此,我们又到华盛顿去申请。在某些出人意料的岗位上,我遇到几位朋友。早年我在阿伯丁靶场认识的搞近引发雷管的莱斯利·斯金纳上校,正是火箭发展部门的头头。转眼之间,他就成了我的支持者。由于我跟他不太熟,初会面时,他待我们很冷淡,但当他和拒绝我们申请的卡罗尔将军商谈此事时却表态说,依靠现有设备根本无法提高火箭水平,并说他本人对黑利和冯·卡门搞的任何新机构都很有信心。这样,问题一下就解决了。国防设备公司收回成命,再拨出149 000美元设备制造费。正是靠了这个决定,航空喷气公司才站稳了脚跟。目睹私人关系一而再、再而三地改变事态发展,我真感到有趣。

考虑到将来的发展,我们又以每英亩350美元向阿祖萨水陆公司买下了一些土地(现在这块土地的地价为每英亩25 000美元),试验小工厂就建在那里。不久后,它成了航空喷气公司的心脏。公司总部仍设在帕萨迪纳。

虽然我们有了上述进展,但还有个棘手问题尚未解决:怎样才能招揽到熟练的技术人员?我们就这个问题与几家大飞机公司的工程师们进行了接触,得到的只是嘲笑。由于老练的工程技术人员难请,我们只得转而聘用一些经验不足但敢想敢闯的年轻人。日后事实证明,在公司的各项决策中,要数这一条最见成效。一开始,我请加州理工学院同事来帮助,把一些出色的助教推荐到公司当职员。比如，就拿总工程师阿莫·史密斯来说，他原是加州理工学院毕业生，以前曾一度与马利纳在第一个火箭小组里干过，这时已在道格拉斯飞机公司任职。我们好说歹说才把他从那里挖过来，他在航空喷气公司一直干到1944年。加州理工学院来的另一位青年戴夫·扬是我们公司的第一个工程师，后来担任了远景规划室主任。比尔·齐施是我们公司聘请来的另一个年轻人。他原是古根海姆实验室的会计，公司开办之初，我要他来当公司出纳。密立根院长知道这事后，把他叫到院长办公室对他说:"冯·卡门博士是杰出的科学家，根本就不会做生意，他去搞商业冒险肯定以惨败告终。你留在我这里，不久便能升任学院总会计师。"

比尔对这个明智的劝告考虑再三，认定去航空喷气公司比待在加州理工学院更有前途，因此决定到我们这里来。后来他对我说，他担心把他拉进来的这班人马到头来会把公司搞成个烂摊子。我坚信，他对自己决定跟一个不懂生意经的大学教授搞企业从未后悔过，因为，日后他终于当上了这家世界上最大的火箭公司总裁。

1943年的一天，黑利提议要加强公司的研究部门。他把加州理工学院天体物理学教授弗立茨·兹威基请来当公司顾问。后来在1944年晚些时候，这位教授成立了一个研究部，亲自担任负责人。这位爱因斯坦的高足有出色的新颖思想。我深信，有朝一日书写航空喷气公司的历史，会把他视为使公司各种成功要素化为一休的催化剂。不过，尽管他是我的好友，我还得指出，在某些方面，他解决问题的方法过于缓慢，经常使讲求实效的工程师和企业家狼狈不堪。

比如，在朝鲜战争期间，公司接到一项订购无烟喷气助推起飞装置的合同，要求十万火急。那时我们已经有一种叫"Aeroplex"的无烟火药。但是，当温度一变化，这种推进剂会产生裂纹而失效。公司领导对此感到非常忧虑。因为政府已经向公司指定最后期限，届时若拿不出合格的推进剂，订货合同就转给别家公司，这个损失我们可担当不起。我提议请兹威基立即来解决这个问题。他回答说，确定裂缝的结构形态，就是说，观察存放现场和仔细研究引起裂缝生成的各种可能原因，大概需要 6 到 8 个月时间，然后才能找出防止裂缝的最佳措施。

幸好，几天后有个机智的年轻工程师欧内斯特·罗伯茨想出了一个点子：在固体燃料上开些沟槽，让它在膨胀和收缩时不致产生裂缝。这方法还真管用。有时候，想个简便方法解决问题比埋头于精确分析要强得多。

兹威基是瑞士侨民，他的安全执照有被吊销的危险。这一点经常给他本人和航空喷气公司带来不少麻烦，而且还闹出不少笑话。比如，他曾向海军提出过一个"签名计划"和一个"粉红色火焰"计划。这两项研究计划都有出色的思想基础。兹威基声称，他在 3 秒钟内就能断定从西伯利亚起飞的是一架飞机还是一枚火箭，并且能辨别出型号，他运用星空模板（或一系列连续的相片）就能办到这一点。因为，那架飞机或火箭在空中掠过某一星体的引力场时，该星体引力场的某些关键信号在模板上会出现叠加的电子及光学阻隔现象。世界各地的天文望远镜把观测到的资料立即发送到华盛顿，然后用一台电子计算机进行分析，就能把结果迅速计算出来。我觉得兹威基的这个想法很好，但还是对他说，海军恐怕不会采纳他的计划，因为很多军官弄懂只包含一门学科的计划已经很不容易，要他们弄懂跨几个领域的综合研究就更难了，退一步说，他的计划一旦被军方采纳，立刻就成了绝密资料，他本人肯定要被拒之于门外。

丹·金保尔担任航空公司总裁时，有一次向兹威基建议说，要是他想为航空喷气公司工作，最好加入美国籍。金保尔可能受到海军的压力后才向他提出这件事，可是兹威基却回答说，那用不着。要是美国国务院亲自要求我，那另当别论。他说："有朝一日，我也许会当上瑞士总统呢。要是成了美国公民，岂不是坐失良机了。反过来讲，作为一个中立国公民，我根本就没有资格当美国总统。"

兹威基还有个论点，他自称是第 5 种瑞士人，即侨居国外的瑞士人。

瑞士国内另外还有 4 种瑞士人，那就是德国人、意大利人、法国人和罗马教皇的臣民。他对自己身处国外、能向小小的瑞士议会施加一定的影响感到很得意。

兹威基是非常富有想象力的科学家。他在航空喷气公司开始搞的红外线研究项目，后来发展成导弹跟踪、自动寻的及其他方面都广为采用的专门技术。

有一次，他画了一台奇怪的机器，叫"喷气钻地机"。这种机器的发动机与 V-1 火箭发动机类似，能够自动推进，钻出一条贯穿大地的隧道。这种机器与用水推进的水力钻机一样，利用岩石推进。这种设备可以在大型石油钻机无法运进的地区打井。俄国人曾以同样的设想为基础，着手搞过一台这样的设备。不过，我怀疑它究竟是否实际可行。

兹威基还借助钠和水的化学反应，找出一种将喷气推进原理用于鱼雷的方法。此法是他 1944 年提出的。稍有化学常识的人都知道，钠和水在一起会产生剧烈的化学反应，释放出氢气。要是将释放出的氢气引向一个喷嘴排出去，就会形成推进力。

航空喷气公司对这一设想很感兴趣，赞同兹威基邀请年轻的工程师和发明家卡尔文·冈维尔来搞这个项目。此人在洛杉矶水厂设计水泵时跟我共过事，这时，他已经在新伦敦研究水雷。冈维尔提出另一种方案——高速水下导弹，利用燃烧推进剂产生的蒸气取代氢。这个办法当然要比用钠便宜。就我所知，目前水下喷气推进仍在积极研究之中，喷气推进鱼雷不久将会问世。

到了 1943 年夏天，航空喷气公司的营业额已达到 50 多万美元，而且无须进一步投资，还有潜力做更大的生意。当时，火箭行情突然起了变化。原先创办公司的指导思想是为轰炸机在短跑道上起飞提供火箭装置，可是到了 1943 年，轰炸机越搞越大，为了适应这一情况，跑道也越筑越长，另一方面，航空母舰上的海军飞机起飞事故层出不穷。随着战争向太平洋纵深发展，海军必须有更多的飞机迅速从航空母舰的甲板上飞出去。这时，我从前的两个学生、海军上校卡尔文·波尔斯特和海军上将詹姆斯·拉塞尔想到了我。于是，1943年6月，海军航空局购买喷气助推起飞装置的大宗订单就接踵而来。波尔斯特上校当时任海军航空局船舰装备处处长。他对我们说，他本人非常支持喷气助推起飞装置，但我们得向海军部长和高级将领们做一次起飞装置性能表演，订货合同才能敲定。

8月份，我们在诺福克的"突击者"号航空母舰上进行示范表演。当海军代表们在甲板的一边坐定后，我们试验用的一架格鲁曼飞机就准备起飞。帕森斯在甲板上向飞行员一发出准备完毕的信号，刹那间，飞机就嗖地一声飞离了甲板。可能我们有所疏忽吧，火箭排出的浓烟不偏不倚正喷向军官们坐的地方，把他们整洁的蓝制服熏得污黄。有个军官马上跳起来大发雷霆，指责这种装置根本不行。大多数人还算客气，只是说等我们找出一种除烟方法后再找他们洽谈。应该说，这件事反而促进了航空喷气公司加速发展Aeroplex无烟推进剂。现今，导弹上使用的就是这种燃料。

这事发生的时候，我还在搞古根海姆实验室1号工程。因此，我部分时间研究火箭，并与陆军军械署保持着联系。1943年夏季的一天，军械署送来3张空中拍摄的机密照片让我鉴别时，我丝毫没有感到惊奇。他们问我照片上是什么东西。我回答说，看上去好像是导弹发射台和储存仓库，不过，我以前从未见过这么大的设施。这些照片是英国情报机关在法国西海岸的一次侦察飞行中拍下来的。这是3张最早的德国V-1导弹发射装置的照片，也是德国人正在搞新式大型导弹最早的明显证据，因此，我催促军械署赶快对它仔细研究。

与此同时，美国陆军航空兵驻加州理工学院的联络官W. H. 乔伊纳上校请马利纳和钱学森搞一份远程导弹潜在能力的研究报告。实践表明，这份研究报告水平很高。他们两人以当时火箭技术水平为基础,认定一枚1万磅重的液体火箭的射程能达到75英里。1943年11月20日,我在这份报告上附了一份备忘录,强调指出立刻动手制定远程导弹发展计划的重要意义。接着,这份报告和备忘录一并送交军事当局。几个月之后,德国的V-2火箭开始袭击伦敦。我坚信,我们的建议是美国导弹计划的第一份正式记录,也是正式使用喷气推进实验室这个名称的第一份文件。喷气推进实验室后来成了美国发展远程导弹和空间探索的第一个研究中心。

令人不解的是,空军这个原先的发起单位这时候反而打起退堂鼓撒手不管了,支持这项计划的就只有军械署长格拉迪恩·巴恩斯少将了。1944年1月,我们制定了以研制带发射架的喷气推进导弹为目的"军械合同"(ORDOIT)计划。众所周知,那时,我们不仅在美国远程导弹计划上起了引路作用,而且还为各军种在导弹方面的角逐开辟了场地。这种导弹竞争的影响后来一直波及艾森豪威尔政府的各个部门,至于我们与军械署协作的情况则鲜为人知了。其实,我们的工作还为军械署同德国来美的冯·布劳恩小组的密切结合奠定了基础。

按照ORDCIT计划搞成的第一枚导弹,是8英尺长、定名为"列兵A"的小型武器,在1944年12月的试射中射程达到11英里。接下来,我们马上动手搞体积更大、射程更远的"下士"导弹。实际上,这是个比我们原来设想要花更多时间的长期项目。马利纳有鉴于此,便提出先搞探空火箭作过渡项目。探空火箭原是1936年加州理工学院火箭小组的最初愿望。按马利纳建议搞的探空火箭与高大的"下士"火箭相比,就是个矮小苗条的小妹妹了,我们将它取名为"女兵下士"。"女兵下士"长16英尺,重665磅,于1945年10月11日发射。它携带25磅有效负载,最大飞行高度达到23 500英尺。4年后,即1949年2月,在新墨西哥白沙试验场又进行一次"女兵下士"的发射试验。这次试验是将它从改装的V-2火箭顶部发射出去,最大飞行高度达到358公里244英里,从而成为美国第一枚进入外层空间的火箭。1953 年,"下士"导弹最后定型,成为美国武装部队用于实战的远距离战术火箭武器。至此,这个项目才宣告结束。

我们在发展早期火箭型号时采用了陆军军衔等级命名。巴恩斯将军问我打算把导弹的军衔搞到哪一级。

"当然不能超过上校,"我回答说。接着我又笑笑对他讲:"干这一行最高军衔也不过就是上校嘛。"一听这话,他也哈哈大笑起来。

实际上,导弹采用的军衔到"中士"为止。"中士"是我们搞的最后一种导弹,以后研究计划就改变了。现在回顾起来,我认为,要是美国在我们研究火箭之初就投入一定力量,那么早就能搞出超过德国 V-2 的火箭和更先进的人造卫星了。那时候,由于美国认为远程火箭并非当务之急,因此,没有给予火箭计划以应有的支持。

我和马利纳、钱学森、萨默菲尔德除了搞火箭之外,对其他推进方式也很感兴趣。1944 年 3 月,我们几个人对导弹和跨音速飞机采用的各种喷气推进系统进行了比较研究。

研究的结论是,无论导弹或航天飞行,最好采用涡轮喷气发动机-冲压式喷气发动机组合做第一级动力(或者作为火箭在助推起飞后的动力)。得出这一结论有两条理由:第一,涡轮-冲压式喷气飞船与一般大型火箭不同,这种动力机组用过后可以进行修复。第二,在地表上空 10 万英尺的大气层内含有足够的氧气,要是飞行器像火箭一样自己携带氧气,那么重量上就显得不大合算了。飞行器的火箭装置应该在越出大气层后才开动。除这两点理由外,若单纯从使用弹道导弹着眼,涡轮-冲压式飞行器在天空就跟潜艇在水下一样,是一座道地的机动导弹发射台。它虽无法避开敌方耳目,却能在高空快速巡航。由于涡轮-冲压式喷气机组具有这些长处,因此,我始终对它抱有信心,并认为它在未来的火箭和航天飞机上大有用武之地。

我们在加州理工学院抓的另一件工作是举办美国第一个喷气推进技术

训练班。它是克拉克·密立根和马利纳受陆军与海军的委托开办的，训练班的一半学员是军人，我在陆军、海军将领中的许多终身好友都进过这个训练班。

有了V-2火箭的可靠数据，再加上"女兵下士"火箭的试验成就，1945年，我们就开始严肃认真地考虑宇宙航行问题了。马利纳和萨默菲尔德研究了依靠火箭摆脱地球引力和进入太空的问题，然后把研究成果送交陆军部史迪威委员会。我相信，美国最早用数学证明多级火箭能飞离地球的就是他们两位。不仅如此，他们还提出了设计这种多级火箭的技术规范。说来有趣，1958年1月31日美国发射了第一颗人造地球卫星"探险者1号"，这颗人造地球卫星的有效负载与马利纳、萨默菲尔德两人在研究报告中提出的数据竟完全一致。

自从1936年我第一次鼓励马利纳、福尔曼和帕森斯搞火箭以来，火箭技术已走过了一段漫长的道路。今天，火箭科学已有了坚实的技术基础，无论液体火箭或固体火箭，都具有相当的可靠性，而且还具备其他各种类型动力装置所没有的特点。火箭终于开创了一个崭新的时代。

33 哈普·阿诺德的眼力

1944年6月,我因患肠癌在纽约一家私立医院治疗。著名的德国外科医生尼森博士替我做了手术。7月,我就住进了纽约乔治湖疗养院。后来,尼森博士对我说,他总算救了我这条命。可是我只看到切除手术却给我留下的一个切口疤。我跟尼森医生说,假如哪个飞机机械师在焊接金属时像他做手术时那样也留下一个凸出物,他肯定会被解雇。但医生一点也没有幽默感。他跟我焦虑万分的妹妹说手术带来的打击已影响到了我的心智。我唯一的安慰是,两个月他给阿尔伯特·爱因斯坦做手术后也给他留了一个疤。

在快康复时,我接到阿诺德将军打来的电话。他先问问我健康状况,接着,就要我到纽约拉瓜迪亚机场去跟他见见面。他是从华盛顿到魁北克去开会,中途在纽约换乘飞机,想利用这点间隙时间找我谈谈。至于要谈些什么,却只字未提。

见面前的一周内,我一直对阿诺德的电话感到特别好奇。到了那天,见面的安排也跟电话一样神秘:我到达机场后,一名副官驱车把我送到跑道尽头。那里停着一辆美国空军的轿车,然后副官就消失了。阿诺德将军正坐在车里,见我走过来,就把司机也打发走了。这样,车上就只剩我们两个人了。

阿诺德将军开门见山地说:"我们已经打赢了这场战争。从现在起,我不再集中精力去考虑战争。至于这场战争究竟是靠数量上领先，还是靠质量上优势取胜的，我们大可不必在这个问题上空耗时间。值得我们关心的只有一件事，未来空中力量及空战将向什么方向发展？怎样把喷气推进、火箭、雷达和电子方面的新发明互相组合起来？"

我出神地听着这些话。我本来对阿诺德的远见卓识就十分赞赏，此刻，不由得更加钦佩了。当时才是1944年9月，第二次世界大战还在进行中，其实，到了12月，德国人还发动了阿登战役，而阿诺德已经将自己的视线超越过这场战争，投向更远的地方了。他和以往一样，深知在军事或文职官僚机构中，没有能帮助他解决上述问题的科技人才，然而，在大学里和熟识的朋友中却大有人在。

"将军，您想让我干什么呢？"我问。

"我想请您来五角大楼，选择一批科学家，共同制定一项今后20年、30年以至50年的航空研究发展规划。"

面对这项富有挑战性的任务，我感到非常高兴。我回答说："将军，我实在不欢喜到五角大楼工作。不过，如果您能满足我一个条件我就去，那就是谁也别命令我，我也不命令谁。"

阿诺德笑笑说："博士，我向您保证，您唯一的上司就是我。至于命令，那就由我来发吧。"

我们谈到这里就分手了。第二个星期，我出了疗养院。12月，我到达华盛顿后就动手草拟一份人选名单，把我认为适当的人选都列进去。

我对这项计划考虑越多，就对阿诺德越钦佩。阿诺德简直是个空军狂，跟他从前的顶头上司比利·米切尔一模一样，笃信美国的生存取决于空中优势。阿诺德早在1940年就敦促美国政府对德宣战。正如他对我说的那样，这样做并非出于好战，而是因为"空中力量将决定这场大战的成败"，所以他才要求美国政府尽快参战。

这时，他又要动手为美国继续保持空中优势打基础了。他不愿美国再重蹈第二次世界大战前因毫无准备而几乎陷入灭顶之灾的覆辙。现在回想起来，我感到一个将军和一个科学家在一辆停着的汽车里进行的那次简短会见，比我们坐在五角大楼召开的任何一次会议都重要得多。

我一到华盛顿就很高兴地得知，由于两星期来五角大楼充斥着有关这项新计划的各种传闻，阿诺德将军已经宣布，有关空军发展规划由他亲自掌管。材料主管奥利弗·埃科尔斯将军准备了一个办公室和几名助手，要我为他工作；莱特基地研究发展部门主任富兰克林·卡罗尔将军提醒我说，在五角大楼搞科学研究可是寸步难行，还不如到莱特基地去。

然而，阿诺德将军要这项计划对指挥官负责，让我留在他身边。这样，我就在华盛顿留了下来。

在华盛顿，我仍能为航空喷气公司出力，况且喷气推进实验室又有马利纳和他的助手路易斯·邓恩经管。这些都不成问题，只是事情来得仓促，我还来不及向加州理工学院正式请假。因此，我对阿诺德说，我得向学校请个假。他说，这一点他已经替我考虑了。后来，我读了他的自传《全球使命》，才知道他已经和罗伯特·密立根交换过意见，两人一致推选我负责这项规划。

要取得五角大楼的所谓后勤支持，我们必须任用一名军官当规划办公室主任，而且只有让高级军官担任此职，才能调得动秘书人员、飞机和物资器材。经过几次试探，我们决定请弗雷德里克（弗里茨）·E. 格兰茨伯格上校来担任办公室主任，此人目前已是退休的两星将军。阿诺德将军在任命他之后对我说："到头来，是你把他改造成科学家，还是他把你带成个大兵，我就吃不准了。"

"第一种可能性较大，"我回答说，"要是出现第二种情况，那就完蛋了。"

后来，我跟格兰茨伯格成了好友。我们俩还一起搞过第二次世界大战期间德国创造发明的分析研究工作。他为人耿直，到退役时也没有利用空军中的人事关系替自己找份美差，而是去干推销互助基金的工作。

33 哈普·阿诺德的眼力

科学顾问团总共有 36 名科学家和工程师。这里，我特别要提一提以下几位的名字：当时在美国标准局任职的空气动力学家休·德莱顿博士、加州理工学院的同事华敦德博士和钱学森博士；还有，空军少校 T. F. 沃考维兹（泰迪），开初，他协助起草报告，后来担任顾问团秘书，现在是劳伦斯·洛克菲勒基金会的技术顾问。在组织顾问团期间，他们几位都是我最亲密的同事。

出乎意料的是，我从工业界挑选顾问团成员，竟遭到某些人强烈反对。有些空军官员只同意录用大学教授和政府雇员，而我不管什么部门不部门，唯一目的是要挑选有真才实学的人。我挑选波音飞机公司的乔治·谢勒时，已经有非难之音传来。有人话中带刺，说我醉翁之意不在酒，选择的是波音飞机公司，而不是谢勒本人。对此，我回敬说，这些人都是正人君子。由于阿诺德毫无保留支持我的做法，科学顾问团才能始终坚持一条明智的用人准则：要起用确有真才实学的人，不管他是哪个部门的。

值得我们庆幸的是，麻省理工学院已经完成了雷达研究，从而为顾问团增加了几位第一流的电子工程师，如杰出的 G. E. 瓦利博士、空军长期顾问艾凡·格廷博士、E. M. 珀赛耳博士以及电视显像管发明人 V. K. 兹沃尔金博士。珀赛耳博士后来因研究超短波雷达发射和磁控管而获诺贝尔奖。格廷曾在一家私人企业工作，现在是航空航天公司的总裁，该公司是向美国空军输送高级技术人才的源泉。与此同时，我们也得到了现今任加州理工学院院长的李·杜布里奇博士的许多帮助。在核科学领域，我挑选了哈佛大学的诺曼·拉姆齐博士，他后来担任了北约组织秘书长的首席科学顾问和 15 国基础科学合作委员会（现在叫北约组织科技委员会）的总设计师。

谈起拉姆齐，我不禁想起了一件趣事：1945 年初，阿诺德将军要我去见见当时曼哈顿工程的军方负责人莱斯利·格罗夫斯将军，请他指定专人负责把原子弹研制进展情况通知空军，因为空军需要了解未来的原子弹重量和尺寸,以便确定运载飞机类型,同时,我们也想摸摸搞原子能飞机的可能性。格罗夫斯是陆军系统的,可能不大欢喜跟阿诺德打交道。他不仅态度很不友好,而且想方设法找碴儿,拒绝合作。他打电话给五角大楼说,如果参谋长需要他那里的资料,起码也该派个说话让他听得懂的人来。说实在的,我在美国虽已生活了25年,但照旧说一口匈牙利腔英语。不过,我认为格罗夫斯肯定听得懂我的话,因为他整天和许多科学家打交道,而且又是个领导人嘛。关于这位将军,我记得当时还流传着一件轶事:格罗夫斯将军跟奥本海默在掩体里观看原子弹初次试爆。有个记者问他们:"在爆炸中你们看见了什么呢?"奥本海默回答说:"我看到了世界末日。"而这位二星将军说:"我看见了第三颗星。"

经过几次三番交涉后,格罗夫斯将军才同意接受拉姆齐为原子弹计划和科学顾问团之间的联络人员。尽管如此,我认为,顾问团由于缺少原子弹的关键资料,各项计划的进展受到了不少阻碍。

1944年,顾问团召开首次会议。阿诺德将军在会上作了简短报告:"我没有什么特别要讲的话。然而,逢到这种场合,我赞成大家敞开思想,把自己想法都谈出来。我当然也很高兴说说自己的看法。因为在广泛议论中肯定有不少高见……"

"我看到了一支无人空军。因为,在我看来,战斗机飞行员击落轰炸机是理所当然的事。损失一架轰炸机就等于损失了7 000—40 000个工时,而德国人从本土发射出的那个鬼玩意[V-2],制造一枚只消用1 000个工时。整整20年,空军建设一直都以飞行员为中心,飞行员越多越好。今后空军将要围绕科学家和精通机械的技术人员发展了。"

阿诺德接着又向顾问团谈了他自己的想法,深入到各门科学去探索,从中提取出那些能使美国在空中立于不败之地的基本开发项目来。他说道:"我们要飞越敌国领空;能透过密林侦察出是否有军事装备调动。"他还提出:"目前的雷达对此无能为力。为了搞出一种能穿透浓雾看清地面部队的雷达,在电磁理论、电磁波传播等方面,我们应该抓哪些研究项目呢?这理所当然地要请在座的各位科学家出题目了。"

他讲完后,会议由我掌握。我向顾问团提出,为了贯彻阿诺德将军的指示,我们应该明确一下分工界线。各位也许不愿过问军事和政治,但不妨指点指点研究项目在目前这场战争中、在防止未来战争的任何计划中如何运用。

会议记录中还有我在开场时讲的一段话,谈到一名顾问团成员因受暴风雨阻搁未能出席。"为什么我们的空气动力学和飞机设计方面的代表还没有赶到呢?正如格兰茨伯格上校谈到的那样,我们虽然有了全天候飞机,但似乎还没有一条全天候航线。"

此后几周,规划工作开始起步。我们召开了一系列会议。开初,大家海阔天空地漫谈了一通,然而,不久就有了一些头绪。到了1945年初,我们就动手积累高速空气动力学、动力和通信等许多专门领域的资料。

我们的规划工作并非人人赞成。比如,战时科学研究与发展局局长范内伐·布什博士就公开声称,军备研究和发展工作应该集中在现有武器的改进上。他说,创造新武器和提供崭新的科学思想应该交给民用机构去搞。作为对1944年罗斯福总统径直要求对科研进行评估的响应,布什的这番话无异于公开向空军猛击了一掌。

我向阿诺德谈了布什说过的话,并补充说,如果要摊牌,我就越过科学研究与发展局来搞军事研究和发展工作,即使遭到某些科学部门责难我也在所不惜。阿诺德说,这些事他自会适当解决。后来,我听说阿诺德当时的副手劳瑞斯·诺斯塔德将军拜访了布什,布什事后发表了一封公开信,重新阐明自己的观点,声称他的意见被人误解了。

那年3月,大战已临近尾声。尽管德国人还在柏林及其他几个城市负隅顽抗,但人人都明白战争快要结束了。阿诺德有感于此,就提出一个想法,他对我说:"到德国去找出能反映德国科研发展实际水平的第一手材料,怎么样?"

我觉得这是个极妙的建议。为了到德国去考察,五角大楼给了我一个少将虚衔,发了一套我十分喜爱的少将军服,此外,还替这次考察取了个似是而非但颇为中听的代号,叫"健壮行动"。行动小组成员有谢勒、钱学森、华敦德和德莱顿。1945年5月,大家集合起来乘一架C-54飞机向欧洲飞去。

34 大战结束

我们飞抵巴黎时，德国有些地方仍在负隅顽抗，我们的行动计划因而无法完全确定。本来，我们打算先去美军占领的第一个城市亚琛，如果可能，接下来就去德国两个主要航空研究中心的所在地慕尼黑和科赫尔。德国中部的大学城哥廷根也是计划中要去的地方，不过，要等到迅速向那里推进的美国第一集团军攻占这座城市之后才能成行。波罗的海 V-1 和 V-2 火箭基地佩内明德已经落在俄国人手里，因此就去不成了。不过我们已经了解到，佩内明德的全部技术骨干，包括瓦尔特·邓伯格将军和冯·布劳恩博士，都在加米希被盟军截获了。

我们正等候下一步行动命令时，巴黎美军司令部接到一个"热线电话"。来电报告说，在德国北部布伦瑞克附近的一座松林里，盟军发现了一个以前丝毫不知的秘密研究所，从来没有一份情报提到过那个地方，美军开进那个地区后才刚刚发现。听说那地方很神秘，是德国最后的秘密武器研制场所。因此，接到电话后我们就立即出发了。

我们的吉普车在通向沃尔肯罗德村的公路上颠簸前进，那是离布伦瑞克最近的村庄。一路上，这场欧洲浩劫不断在我脑海里萦回：人人都在战争带来的阴暗日子里苦度光阴。我也学会了过这种日子。然而，在阔别 15 年之后，我终于又返回德国。从前，我坚信德国是全世界科学发展杠杆的支点；眼前呢，德国却到处是断垣残壁和乱掷的武器，公路上的德国人个个精神沮丧。多少年的文明和智慧结晶都被破坏殆尽。眼前种种惨象都是纳粹党穷兵黩武造成的恶果。面对此情此景，我不禁感到一阵悲怆，而且久久无法摆脱沉重而忧郁的心情。

我记得，在路上我们看到一队排成V字形的美国飞机从邻近布伦瑞克的汉诺威上空飞过。对我们来说，这是盟国已经取胜的标志；对德国人来说，却是一个确证无疑的战败信号。当时，一小群德国人涌向我们的吉普车，纷纷伸出手来跟我们握手，仿佛我们是打赢了一场网球赛似的。这种情况确实令我大惑不解。我不禁勃然大怒，从座椅上站起来。当时，我已抑制不住自己的感情。我大声说道，面对自己犯下的罪行，他们应该进行忏悔，应该感到羞耻。德国人的良心到哪里去了？戈弗雷·麦克休上校对我的突然发作大吃一惊，命令助手立刻开车。我浑身发抖地坐了下来。

我们的汽车停在研究所外，小组人员作了分工就进入所内秘密实验室进行搜索。其中有几个实验室一片混乱，占领军大兵浑水摸鱼，把实验室里的钟表和光学仪器都捞走了，留下的尽是空抽屉、四脚朝天的台子和砸坏的设备。

情况尽管如此，我对布伦瑞克这个研究机构还是感到由衷钦佩。早在1939年，我在德国运输部的同事阿道夫·鲍姆克就开始精心筹划这个研究所。那时他身任戈林的航空研究室主任，一直干到第二次世界大战结束前夕。为绝密起见，开始施工时就把每幢房子互相间隔很远，一幢房子的建筑承包商丝毫不知道另一幢房子的用途。安装弹道、空气动力学和发动机研究设备的建筑物有56幢之多。为了隐蔽，房子都造得比树低；即使从空中侦察也看不出来。有些建筑物造得像农舍；有些建筑物部分埋在地下；有些建筑物混凝土屋顶种上树木伪装；飞机场上巧妙地撒了一层灰，从空中看不出这是一块平地。一切都布置得令人难以置信。虽然有1 000多人在那里工作，却没有一丁点儿风声传到盟国的耳朵里。

实验室里有一台原封未动的精密设备，几个同事察看后不禁对德国的技术水平大加赞扬。但我并不这么看,我认为,有些工作德国人干得不错,但并不拔尖。大体上讲,与其说技术高超,毋宁说是挥霍资金。大肆宣扬的德国谍报工作也并不像吹嘘的那样高明。在某些方面,德国人对我们的研究水平估计过高;在另一些方面,却又估计过低。当然,应该承认,他们有些情报也使我感到惊奇。比如,他们掌握了英国喷气推进发展的精确时间表,也知道阿诺德将军1941年飞到英国观察弗兰克·惠特尔喷气涡轮发动机的确切日期。阿诺德就在那次参观中用电报把研究合同拍回来,从而使美国开始研究喷气涡轮发动机。另一方面,德国人对雷达的发展情况却知之甚少,他们自己的雷达设备十分简陋。

话说回来,在布伦瑞克的稽查工作以及在科赫尔了解到的情况使我确信,如果德国人具有更高的组织才能,当时又能把已经掌握了的东西再向前发展一步,那么他们就能够坚持打下去,说不定还可能取胜。我了解到德国军方根本不重视发挥科学家的作用时真大感意外。在德国,没有一个科学家与军方的联系像我跟美国空军那样密切。军方认为,科学家都是些不切实际的书呆子,不宜让他们过多了解军事情况。德国科学家在这种环境下工作心情绝不会是很舒畅的。不过,他们要研究经费和设备却是有求必应的。科学家要什么给什么,他们从德国空军那里拿到的经费和设备远远超出了他们为空军工作所需要的,他们得到经费去搞他们想搞的一切项目。科学家要通过这种办法来达到自己的目的,我认为这是不正常的。但在一个不健全的国家中,这也许是最少病态的情况了。

在布伦瑞克,我的一部分工作是审问那些来不及逃走或不想离开的德国科学家。这些人当中,有些是我从前的同事,有些是我的学生,因此我的思想感情非常矛盾。有一次,突然有个人跑到我面前,仔细一看,原来是我在亚琛时候的助手德克森。我深知此人天真单纯,而且对我很忠心。1938年,德国有人力图把我从美国弄回来替第三帝国卖力,他却写了一封信从荷兰边境上寄给我,劝我留在美国,不要回来,并说纳粹制度是恐怖制度。那时我虽无意重返德国,但毕竟收到了他的信。

然而,他在沃尔肯罗德跟其他人完全一样,死心塌地为纳粹效劳。开始我觉得不能对他客气,所以没有跟他握手,一看到他脸上那副哭丧相我又犹豫起来。隔了几天,他妻子又来找我,申述她丈夫从未真心实意替纳粹出过力,只是被迫干活。她向我保证,德克森对我的忠诚从未泯灭。

过了一段时间,我态度开始缓和下来。这时,德克森还记得住我的生日。到了那天,他请我吃饭我也就去了,我无法恨那些热情庆贺我生日的人。饭后,他小女儿又送我一张亲手画的图画作礼物。儿童总是儿童,家庭妇女总是家庭妇女嘛,谁还能指望他们都是圣贤或英雄呢?德国已经垮了,但生活还得过下去。将来会怎么样?德国人或其他国家的人民,还会不会又一次无可奈何地成为恐怖的战争机器的一部分呢?

这些想法一直在我的脑际萦回,促使我拿定了下一步行事的主意。两年后,我把德克森介绍到北美航空公司去工作,因为我的学生威廉·鲍莱在那里当主管。德克森到美国接受了这份差事。不幸,他是个神经质的人,健康状况又一直不佳。有一天,他开车时可能神经太紧张,跟另一辆汽车相撞。他和他女儿都死于车祸,幸存下来的妻子从此一蹶不振,再也没有从那次惨重打击下恢复过来。

有一部分科学家认为,纳粹党是个恶党,他们只能奉命办事,除此之外,别无生路,德克森就属于这一类人。还有一部分人叫得很凶,竭力申辩自己是清白无辜的,调查下来,却都是纳粹分子。另外一些人说,他们纯粹为了搞科学研究,并且为自己评功摆好说,在党卫军下令烧毁文件的情况下,他们抢救出不少文件,因为他们要保卫科研成果。我发现这部分人当中也有一些无耻之徒。

此外,我们还同一些拒绝与美国合作的人进行了个别接触。其中有些人真相信德国人能征服世界,要对元首保持忠诚。有个青年握有大量火箭燃料方面的资料,他宁愿坐牢也不肯交代。当他知道希特勒畏罪自杀后,就把我们喊到牢房去对我们说，现在他已不必再忠于元首，接着把我们要了解的情况全部交代出来。

我记得还有一次，我们走进空气动力学大楼的一间办公室。办公桌上有一架我们从来没有见过的飞机模型，飞机机翼向后掠，外形像箭头模样。谢勒一看到那个飞机模型就十分激动，我也感到兴奋起来，那是未来超高速新式飞机的模型呀！几个月前，我们一直在研究的正是这个玩意儿。航委会的鲍勃·琼斯发表过一篇论述后掠翼粘阻力特性的文章，还提出一个与三角翼有关的后掠翼方案，我和同事们也打算过用阿伯丁靶场那台风洞对后掠翼进行试验。这时，我突然想到，在布伦瑞克实验室的迷宫里，可能有风洞试验数据。找到这些数据，我们就了解了这种飞机的设计资料，从而能对眼前这架飞机模型的实用性作出判断。我知道德国人已奉命将一定密级的文件资料全销毁了，我们也确实看到了几堆灰烬，它表明这里已经执行了命令。不过，我断定德国还来不及把全部东西都销毁或转移。这里很可能按照政府机构处理文件的方式办：销毁的文件都留复本。但能隐藏复制文件的地方简直不计其数。我向布伦瑞克研究所的德国所长查问了这件事。或许出于爱国心，也可能怕德军卷土重来，他回答说，不知道。这话我可不信。

我身边有个情报局派来的中士叫弗兰克·齐契林，他原是俄国人，而且还是俄国克伦斯基政府第一任教育部部长的亲属。我知道所长懂英语，当我从屋里出来走向汽车时，故意用英语向齐契林说：

"听着，齐契林，我们在这里已经彻底搜查了一遍，我看，现在可以通知俄国情报机构来接管了。"

其实，所谓俄国情报机构的接管完全是假话。因为我知道德国人很怕俄国人，这样讲一讲，也许能促使所长采取行动。果然，第二天所长就打电话叫齐契林去，把他领到一口枯井旁。齐契林向井下一看，里面是满满一井的文件资料。

资料里有关于后掠翼的论文和大量风洞试验数据。试验资料清楚地表明，在接近声速时，后掠翼具有优良的高速飞行性能。在同类试验资料中，这些资料确实是首屈一指。谢勒看了这些资料，马上写信告诉西雅图波音飞机公司的同事，并要他们立刻把正在设计的"马赫1"直翼跨音速飞机停下来。他把这些资料都拍成缩微胶卷，后来，他返回西雅图，运用这些资料设计了美国第一架后掠翼 B-47 轰炸机。

我打电报告诉阿诺德将军，我们已经有了重大发现，但由于资料太多，小组无法完成核查和分类工作，是否能再派些人来。于是，阿诺德又把霍华德·麦考伊上校派来。后来，我又从古根海姆实验室把克拉克·密立根的助手欧内斯特·罗比松请来分担这项工作。总共约有 300 万份文件，重达 1 500 吨，在欧洲进行分类后用微缩胶卷拍成照片。随着陆军和海军都要挖掘这个技术资源，后来就成立了美国国防技术情报局。由于这一工作不断发展，国防技术情报局又扩大为美国国防技术档案中心，这个机构成了西方国家国防科学最大的技术资源库。

在整理文件的过程中，一天，我以前的助手、负责处理这些文件的委员会成员泰德·特罗勒跑来对我说，他发现了一份特别有趣的报告。报告标题按这位会讲英语的德国中士的翻译为"营养不良之身体的抵抗"。特罗勒很奇怪在一大堆航空动力学资料中怎么会有这样一份报告。于是，他看了一下报告的作者，原来是冯·卡门。这是我 1931 年的文章《细长体的阻力》的德语译本。

由文件资料可以看出，德国人在布伦瑞克还进行过许多有趣的研究工作。比如，他们研究过风速对人体的影响。结果表明，人体能承受的最大风速为每小时 550 英里。他们也研究过带氧气瓶的充压救生衣，类似于美国空军用的救生袋。机舱在 7 万英尺高空一旦失压，飞行员只要猛拉一下丝带，马上能得到重新充压保护。这些研究项目对美国都很有价值。

34 大战结束

在布伦瑞克调查期间，华敦德和我决定去距离布伦瑞克仅 150 英里的亚琛看看。我们征用了一架 C-54 飞机。飞机飞过科隆时，我想不注意到也不可能，因为盟军的战略轰炸，除了大教堂，整座城市到处都是瓦砾碎石。

我们进入亚琛时，旧时的记忆闪现在我脑海。我还记得那些去过的地方，如我曾经饮过健康水的埃里森泉。曾经助我滑翔的那些塔尔博特猎犬朋友在哪儿呢？我很想再见到它们。

但是一个人也不见。人们全都撤到巴伐利亚去了。这座曾经有 17 万居民的城市——这座曾经陶醉于嘉年华的欢乐之城——变成了一座死城，一座因轰炸、侵害以及德国撤离时施加的破坏而变成的废墟。我发现整座城市几乎有 80% 已被夷为平地。然而，亚琛工学院仍然屹立在那里，尽管有 20% 被毁，包括从我曾经的办公室望出去能看见的那棵大树。英国人后来又毫无意义地毁掉了我那座旧风洞的驱动系统，我猜想是因为他们认为这样可以阻止德国人再次进行军用航空学研究。颇具讽刺意味的是，我曾经的助手帮着一起建造了这座风洞，现在却作为战犯被迫参与对它的毁坏。

吉普车载着我们穿梭在许多旧时的回忆中。我刚到亚琛时居住过的尼扎阿利一片混乱，弗兰克待过的路斯伯格街也是如此。

而法尔斯的那个村庄却奇迹般地幸免于难。我住过的那幢老房子仍在，被用木板封住了。隔壁是一家店铺，出售咖啡、烟草、巧克力和奶制品，店主叫威特弗劳先生。想着店主是否还记得我，我摁响了门铃。窗帘缓缓拉开，窗户后面出现一张脸。然后门就打开了，威特弗劳先生站在进门处。"早上好，教授，你好吗？"他面无表情地说道，眼中没有一丝笑意。

一股悲伤涌上心头，难以言表。我离开那里已有 15 年，期间打了一场可怕的战争，数百万人丧生或背井离乡，然而他却立即认出了我并向我问好，就好像我只是离开度了周末似的。他一开始没认出弗兰克，但弗兰克开玩笑说那是因为他自己穿了一套不合身的上校制服。

威特弗劳先生请我们进去，从地下室拿来了黑面包、奶酪和红酒。"我请客，"他说，"因为教授来了。"

"你是个魔术师吗？居然可以搞到这些！"我惊叹道。"没被德国人搜走吗？"

"如果被他们发现的话当然就没有了，但你知道，德国人蠢得很。"

"的确，看看他们都干了些什么。"

回布伦瑞克的路上我一直在想，愚蠢、无知和对真理的曲解给一个高度文明的民族带来了多少苦难啊。德国为什么会如此残酷地伤害她自己？1920年代时，如果你问任何一个聪明的德国人是否可以接受纳粹带来的后果，他一定会回答：绝对不！在我看来，知识似乎是解决暴力问题的唯一途径。这是我父亲教给我的。这也是为了下一代值得去反复实践的事。这世上的技术人员懂得如何相互沟通。要是能把所有的问题都放到技术层面上来解决，那这世界该何其幸运啊。

布伦瑞克的工作结束后，我们就到哈兹山区的诺德豪森去。那地方在布伦瑞克南面50英里，V-2火箭就是在那里地下盐矿的巷道里研制的。那个神秘的场所还为德国在第二次世界大战中使用的梅塞施密特263型喷气式战斗机提供了容克式喷气发动机，所有的苦役都是强迫集中营里的人去做的。

诺德豪森之行是我一生中最恐怖的经历之一，我是受查尔斯·塞德隆教授的妻子委托才到那里去的。塞德隆是我在加州理工学院的学生。他妻子对我说，他是法国抵抗运动战士，被捕后，纳粹就将他关进诺德豪森集中营，至今已有一年杳无音信，生死不明。她请求我们到那里去找找他。我和弗兰克不忍拒绝她的要求，就出发到那里去了。

诺德豪森集中营是一座名副其实的魔窟。纳粹在那里推行一种叫饥饿杀人计划，把关在集中营里的人一步一步完全消灭光。他们先规定好每个人允许活几个月，然后再规定每个人饮食的卡路里量，接着就以一定的比例逐步减少，慢慢把人饿死。在饿死前这段时间，纳粹还强迫他们在厂里做苦工。这是我闻所未闻的最恐怖的事件，它是比任何噩梦还要凶恶百倍的科学犯罪。成堆的饿殍、集中营"医生"记录的统计表、幸存者的经历一直在我脑海里浮现。

在集中营里，我和弗兰克到处打听；最后，终于找到了一个认识塞德隆的人。他说塞德隆那个小组在战争的最后几天被转移到贝尔森集中营去了，那个集中营比这里更可怕。果真如此，那么，塞德隆十之八九活不成了。因为我们知道纳粹警卫队已接到命令，把转移的被关押者在途中全部枪毙。

出乎意料的是，塞德隆在途中偶然抓住一个机会逃走了。于是弗兰克请当地美军进一步寻找线索。由于从诺德豪森转移出来的被关押者没有一个能活着到贝尔森集中营，线索就此中断。后来，就在我们毫无希望、正要放弃寻找的当口，有个陌生人步履艰难地走进集中营来，此人双颊深陷、胸部瘪塌，两条腿细得像竹竿。原来他就是塞德隆。这个从前身强力壮、爱说爱笑、体重200磅的人，现在已变成比小孩还轻的一具活骷髅了。

塞德隆谈了他令人难以置信的经历：他被捕后，纳粹判他活6个月。接着，当然就是挨饿了。然而，由于战事发展，德国急需技术人员，柏林不断向诺德豪森施加压力。后来集中营的技术督导提出暂时不把他饿死，以利用他的一技之长。纳粹把他从苦役队抽出来，给他增加了额外口粮，命令他去做发动机检验工作。他让坏发动机合格通过，把好发动机打上不合格标记退回。就这样，他痛痛快快地混了一阵。

后来，纳粹又决定处死他，把他编进转移到贝尔森集中营的那个小组，其实，这等于判了死刑。他感到第二天早上恐怕再也醒不过来了，因此就拼命寻找逃跑的机会。在一个大雨滂沱的黑夜，他果真碰上了一个好机会。纳粹士兵要木柴生火取暖，但又不肯离开被押送的人群，于是就问，谁愿意去找木柴。他瞅准了这个机会就回答说，他愿意去。这样，纳粹士兵就允许他到树林里去找木柴。一进树林，他就不停地向前走下去，踉踉跄跄一直走到俄国部队那里。后来，俄国人又把他转交给美军。

塞德隆现在是斯特拉斯堡大学高分子研究所所长。他还讲过诺德豪森集中营里的许多怪事，其中有一件是虱子黑市。集中营苦役工人发现，谁要是证明自己患了传染病，就会被隔离起来不出工，这意味着能休息上几天。这样一来，进隔离室就时兴了。在脱光的身上只要能找到一个虱子就是患传染病的证据，从此，集中营里就出了一批虱子培育专家，他们用虱子去换其他苦工的面包和限额口粮。

到诺德豪森之后，我们接下来要去的是哥廷根，这时它刚从纳粹手里解放出来。我们在那里看到救济工作很受欢迎，其实，在我所经过的德国城市中，哥廷根是第一个未遭到重大破坏的地方。因为地面部队和轰炸机都被限制攻击这个城市，而且哥廷根大学也不是希特勒计划中的关键研究机构，因为纳粹认为它离实际运用太远了，而希特勒对任何长期研究项目都不感兴趣。

我到那里时，先期到达的保罗·戴恩和弗兰克已由当地美军司令安排在普朗特的办公室里。弗兰克告诉我，他重返母校，又正巧坐在这位大教授的坐椅上，心里有种奇特感觉。此外，他的任务是听取公众申诉，而第一个提出申诉的正巧就是普朗特本人。普朗特一开头就说，他感到很高兴，他认识美国派来的人。前些日子他听说德军要撤，就和几个同事一起在学校的网球场上挖了个大坑，把他们的土豆埋下去。他要求准许他们马上去把它挖出来，以免珍贵的粮食受损失。弗兰克立刻同意他的要求。

过了几天，普朗特请我和弗兰克到他家去。我虽然接受了邀请，但担心见面时的气氛会过于紧张。实际上，他说来说去就是一件事：他的屋顶被美国飞机炸坏了，他要求赔偿损失。其实，美国飞机的轰炸目标是郊外的一个军事运输基地，不料投下的炸弹有一颗竟落到他的屋顶上，把屋顶炸飞了一大块。美国有意要把哥廷根原封不动保存下来，早就向轰炸机下过命令。我对这个差错作了一番解释后又补充说，美国飞机如果故意要炸像他的房子那样大小的目标，投弹命中率至多是 1 000∶1，但普朗特还是消除不了一肚子怨气。

在接下来的交谈中，普朗特声称自己不是纳粹分子，但他不能不忠于自己的国家。我直率地说，诺德豪森的惨状我记忆犹新。我认为，一个人对如此邪恶的行径根本就不该谈什么忠诚，忠诚也总有个界限吧。他回答说，他对诺德豪森的事一无所知，因此，不能以那里的罪行来指责他。我怎么也不信，像他这样一个知识分子，对自己国家发生的事情竟会一点不知道。我推断，有些人发现，两耳不闻窗外事是最方便、最舒服的。但我认为，了解事实真相总是不错的。

普朗特还说，他感到很高兴，来接管德国科研机构的是美国人，而不是俄国人。他们当中还有一个成员补充说："如果我们德国注定被征服，我很乐意由艾森豪威尔来占领。他有这样一个好听的德国名字，一切都会顺利。"

普朗特还问我，今后他的研究经费将从美国哪个渠道来。我吃不准，他这话是出于天真、愚蠢，还是抱有恶意。我宁可认为他是过于天真。

我在哥廷根忙于料理工作期间，弗兰克和休·德莱顿又赶到慕尼黑去。那里的一个大型航空研究中心尚未竣工，大部分研究设备分散在市内各个工厂。一台大型风洞（整个机组的组件之一）在郊区制造，另一台大型设备正在奥地利提罗尔州境内的阿尔卑斯山上安装。那是世界上最大的风洞装置，能试验整台喷气发动机组。为了使试验风速达到音速，驱动功率需要 10 万匹马力。德莱顿去查看时，德国人正在山里开一条隧道，把山上的水引下来推动水轮发电机组。

在慕尼黑地区，德莱顿跟 400 多名德国工程技术人员进行了接触，其中有多恩伯格和冯·布劳恩。他们从波罗的海佩内明德基地逃出来后，中途被美军截住，拘留在加米施的一家旅馆里接受审问。德莱顿在科赫尔附近又发现了一个鲁道夫·赫尔曼[1]领导的小组,他们正在搞风速达到7倍音速的新型超音速风洞。他对这个小组的研究工作印象极深,V-2火箭空气动力学性能研究主要就是他们搞的。我们从这个小组还了解到德国的洲际火箭的详细情况。这种火箭曾一度引起美国的恐惧,实际上它才处于运用风洞试验数据进行研究设计阶段。其设计的指导思想是,采用射程200英里的V-2火箭做运载工具,在V-2顶上装一枚小型带翼导弹。V-2射入高空后,再发动带翼导弹,最后靠惯性滑翔射向3 000英里外的目标。柯切尔确实已经画好了发射到纽约的火箭弹道轨迹。这种洲际火箭是第一枚供实战用的洲际弹道导弹雏形,它对美国的设计指导思想影响很大。

经过多次审讯,我们对搞"蜂鸣炸弹"V-1和远程火箭V-2的人事情况有了充分了解。V-2火箭设计部门的负责人是冯·布劳恩博士。他原是赫尔曼·奥伯特教授的学生。奥伯特只画过几张火箭图纸,从来没有接触过实际工作。然而,1932年,被委任负责发展火箭的沃尔特·多恩伯格将军却看中了柏林大学火箭学会的一帮年轻人。他还发现冯·布劳恩是个非常得力的伙伴。冯·布劳恩不仅仪表堂堂,而且很善于随机应变。让他去游说政府支持火箭学会十拿九稳能成功,因为冯·布劳恩能够影响像希特勒那样的人。比较起来,普朗特虽是个高超得多的科学家,但由于其个性不讨人喜欢,所以就不行。我对审讯中的口头供述不全都相信,但我发现文件上记载的内容却翔实可靠,不过,为了让柏林参谋总部批准研究经费,有些汇报内容显然被夸大了。

众所周知,虽然多恩伯格搞成功一种实战火箭,但V-2火箭的进展速度是十分缓慢的。1939年,德国军事当局把佩内明德基地的平民雇员全部遣散了。这时,多恩伯格办了一件事,才把这项工程挽救下来。他说服几个同僚,调几千名军人来接替被遣散的人员,把研究基地继续撑下去。甚

---

[1] 现在明尼苏达大学当教授。——原注

至到1942年第一枚V-2火箭试验成功后，据说希特勒还是不赞成搞火箭；因为他做过一个梦，梦见V-2火箭根本不行。从1942年到1943年，为了使V-2定型投产，总共出过65 000种方案图。德国人说，他们造了5 400枚V-2火箭，向盟国发射了3 600枚。

佩内明德火箭小组要比哥廷根核武器小组幸运多了。我从美国专门调查原子武器的小组那里听到这样一件事：哥廷根大学的物理学家在读了德国物理学家奥托·哈恩于1939年发表的那篇著名论文后，就想搞一种裂变炸弹。他们满以为柏林会为原子弹计划慷慨解囊，提供数亿马克研究经费。不料希特勒听了他们汇报后勃然大怒："为什么要浪费金钱？给我喷气式飞机！给我鱼雷！等到原子弹造出来，我早把全世界踩在脚下了！"

就这样，他们被撵出了希特勒的办公室。哈恩那篇论文同样也推动了一批美国科学家，并促使了爱因斯坦上书罗斯福，敦促总统赶紧制定原子弹计划。罗斯福总统采纳了爱因斯坦的建议，导致了完全不同的结局。

35 苏联和匈牙利

德国战时科学研究的稽查工作经过1个月已临近结束。这时,我接到一份苏联的请帖,邀请我于6月份去莫斯科参加苏联科学院建院220周年纪念大会。我用电话请示阿诺德将军,能不能接受邀请。

"当然应该接受,"他回话说。"去看看,回来跟我们谈谈见闻。"

我乘坐一架苏联飞行员驾驶的DC-3飞机飞向莫斯科,同机前往的有约里奥·居里率领的英法科学家代表团。飞机在柏林稍事停留,从空中俯瞰,柏林活像古罗马的庞贝城。那天,飞机在莫斯科机场着陆时已经很晚了。

这次赴苏,我感到情况今非昔比,大为改观了。1937年我第一次访苏时,那里情景非常暗淡。当时我记得苏联著名物理学家彼得·卡皮查对政府轻视科学家的做法牢骚满腹,这回完全不一样了。苏联政府对科学技术在战胜纳粹德国过程中所起的重大作用已经有深刻理解。大战期间,卡皮查和其他科学家对许多重要工程(从军用火箭到大规模制氧等)作出很大贡献。他们的工作得到了斯大林亲自褒奖。

苏联对待科学家的做法和德国人完全不同。他们让科学家参与最高决策计划,有些大学教授还穿上将军制服担任军事顾问。在苏联,科学家有资格得到最高档的食品配给,供应水平跟政治家、高级军官不相上下,这一条规定至今也没有变更。今天,一个理工科大学毕业生的工资相当于普通工人工资的3倍,科学院院士可以多四五倍。那时候,多数资本主义国家还普遍认为大学教授应该过清寒生活，而苏联就采取了这种做法，我认为这是个良好的开端。

1945年，莫斯科洋溢着一片欢欣鼓舞的气氛。邀请我参加的集会一个接着一个，真使我感到应接不暇。后来，我非常荣幸地被邀请登上红场检阅台，跟斯大林和政府部长们站在一起，观看庆祝胜利的群众大游行。红场上红旗迎风招展，有列队行进的士兵和隆隆驶过的坦克，喷气机群呼啸着掠过天空，那场面确实十分宏伟壮观。我还出席了在克里姆林宫富丽堂皇的圣乔治大厅举行的国宴。宴会由斯大林和莫洛托夫主持，他们频频向来宾祝酒，莫洛托夫讲得较多，内容主要是谈论胜利。

席间，同桌一个人问我："这打败德国的功劳，几份该归苏联，几份该归英美呢？"

我出于礼貌，就回答说："2/3归你们，1/3归我们。"

听了这话，他不以为然地说："朋友，您这样讲可错了。应该说90%的功劳归苏联才对。"

我对他说，这余下的10%让英美两国分摊起来可就犯难了，是四六开呢？还是三七开呢？

我认为他肯定懂我这话的意思，不过，也只好干笑笑而已。

我在莫斯科逗留了10天，又在列宁格勒待了5天。在此期间，不是出席各种会议，就是和科学界同行们进行学术交流。

在上述活动中，科学院建院220周年纪念大会是个高潮。当时，我不禁想到，苏联建国才30年，其实，我们是在庆祝两个世纪来俄国的科学而不是苏联科学的成就。不过，我想要是点穿这一微妙差别就太不礼貌了。

苏联科学院是全国科研机构的领导机关，也是苏联最高级科学研究机构。它拥有一个从乌克兰到乌拉尔的庞大的实验室系统。在莫斯科和列宁格勒，我参观了化学、动力、半导体和原子核工程等方面的一些实验室，担当东道主的几位苏联名教授还领我们参观了回旋加速器，然而跟军用科研有关的设备一台也没有让我看。他们解释说,那些设备不属于他们管辖。由于他们都穿军装,因此,我对这样的解释感到很惊异。我看,这是当时美苏之间互不信任的一个征兆。尽管由于大战需要,两国携起手来合作,互相分担了巨大牺牲,但是双方对这种友谊都小心翼翼,保持一定距离。

比如,就我个人感受而言,我发现不经过官方渠道很难和别人接触。一次,我跟几个大学生讨论空气动力学,谈得津津有味。接着,我就邀请他们下次到我住处来继续谈谈。到时候,才来了一两个人。当我再次约他们时,其中一个显得局促不安。他回答说:"我得考虑考虑看行不行。"

还有一次,我想去看看苏联杰出的作曲家德米特里·肖斯塔科维奇,他有个在宾夕法尼亚大学当教授的亲戚曾托我向他问候。当时肖斯塔科维奇正在莫斯科大剧院演出。我就对译员说,我想到后台去找他。译员说,那得要剧院经理同意。于是我就请她去联系,她回来说,我可以到休息厅去。

我在后台等了好久也没有见到那位作曲家。后来,苏联人解释说误会了:肖斯塔科维奇到包厢去找您,没有找到您就回家了。事实可能真是如此,不过我倾向于认为,苏联人不肯让我会见由他们指定以外的任何人。

外界都知道许多苏联人怕跟外国人接触的道理。比如,苏联一位第一流科学家从显要位置上撤了下来,西欧人士认为,他因说话太随便,特别是当译员不在场的时候,用外语和外国人直接交谈。

苏联国家出版社出版的书籍之多给我以很深的印象。他们不考虑书的销售量,无论什么技术书,只要有专家推荐就印刷发行。因此,他们出版了许多高度专业化的科技书。苏联很多科技人员学识渊博,与这种出版情况很有关系。我发现,不论在哪一门学科,他们比西方的同行了解得更广些。当然,不是所有出版的书都很有用,不管怎么说,这反映了苏联人酷爱读书。遗憾的是,西方世界对这一点却并不重视。

即将离开莫斯科的那天,我应邀到莫斯科郊外的清田村瞻仰俄国大文豪列夫·托尔斯泰墓地。苏联政府在那里修了一个托尔斯泰纪念馆,当时的馆长正是托尔斯泰的孙女。我虽无怀古雅兴,但认为这是一件很光彩的事,应该去。

纪念馆位于靠近铁路的森林中。汽车在森林边停妥后我们还得走上近1英里路。大家在林中缓步而行;我发现那里气候很奇特,先来一阵微风夹细雨,接着又云开日出。这个现象反复了好几次。我在加州理工学院讲授过动态气象学,知道这是一种涡街现象,其交变过程具有周期性。热空气使天空放晴,冷空气使水蒸气凝结降雨;接下来,这个过程再重复。我测算出变化周期为8分钟,决定跟苏联向导开个小小的玩笑。

我的译员玛琳娜是位年轻活泼的女士。她在莫斯科大学教英语,但不大懂科技。当云层又聚集时,我回过头来对她说:"玛琳娜,你笑笑,太阳就会出来了。"她以为我逗她,就勉强微笑了一下。嗳唷,不料云层真的一下散开出太阳了。隔一会云又聚集起来,我估计好时间,就又对她说,"玛琳娜,你再笑笑让太阳出来吧。"果然,太阳又出来了。向导们个个感到迷惑不解,我猜玛琳娜也会觉得奇怪的。

这个小插曲冲淡了我访问伟人墓地的沉闷情绪。

在莫斯科期间,我突然萌发了思亲之情,想飞到布达佩斯去探望我多年不见的胞弟。但没有签证不行,于是我就去找美国驻苏大使埃夫里尔·哈里曼帮忙,办一张通行证。他说,他直接去找苏联国防部长伏罗希洛夫元帅商谈。

然而,过了一星期却杳无音信。我又去找苏联科学院院长,他满口答应,结果也毫无着落。

由于剩下的时间不多了,我决心自谋出路。我坐出租汽车到莫斯科机场,直接向机场人员和旅客打听每一架飞机的去向。老实说,即使找到一架去布达佩斯的飞机,我也不知道怎样才能上去。不管三七二十一,我先打听打听再说。机场上一架飞机飞往哈尔科夫,一架飞往列宁格勒,还有一架飞往巴黎,就是没有飞往布达佩斯的飞机。我大失所望,正想回去的当口,面前突然走过一个匈牙利熟人,此人就是研究维生素获诺贝尔奖的生物化学家阿尔伯特·森特-哲尔吉博士。他在匈牙利土产红胡椒中找到了维生素 C,成了匈牙利人心目中的英雄人物。目前,他在马萨诸塞州的伍兹霍尔领导一个实验室,专门搞肌肉功能研究。这次,他是代表匈牙利来参加科学院纪念活动的。当他急匆匆走过时,我马上喊住他。

"您到哪儿去?"

"回布达佩斯。"

"是搭乘民航班机吗?"

"不,是军用飞机。"

"好,"我急忙说,"我跟您一起走。"

没有签证就这样走是很冒险的。以前有人采取过这种越轨行动,结果轻则判刑,重则枪决。我思亲心切,就不管这些了。

森特-哲尔吉说,有我做伴他非常高兴。

这段航程正常要飞四五个小时。不幸,由于大雾,飞行员宣布大家要在基辅停留一夜。这时我心里不禁慌起来,要是苏联人查出我没有签证就砸锅了。当我看到机场上站着一群军官,心情就更加紧张。原来他们是来迎接贵宾的欢迎代表团成员,为首的是基辅科学院院长,他邀请全部著名的外国科学家去他府上共进晚餐。

第二天,我们又登上飞机。约莫傍晚前,飞机已在布达佩斯上空盘旋。接着就在旧机场着陆。第一次世界大战期间,我曾在那里搞过直升机试验。这时,机场由苏联人控制,看样子我要从背冲锋枪的苏联卫队面前通过恐怕不容易。

这时,我忽然看见附近跑道上停着一架美国飞机,飞机前边有个美军中尉正要上吉普车。我走过去向他出示了美国空军证件,要他把我送进城。他问我有没有向苏联人报关。我说:"没有。""呀,"他马上回答说,"那不行,我不能带你。"

他这么一讲我简直绝望了。幸好，这时森特-哲尔吉大步走到一个会说德语的开军用邮车的苏军上尉面前。那人已答应带森特-哲尔吉进城，森特-哲尔吉问他能否让我一起搭车。

"你是匈牙利人吗？"苏军上尉问。

"是的。"

"住在布达佩斯？"

"老住户了，"我回答说。

他打量了我一下，随后两肩一耸，说："好吧，你要到哪儿？"

我告诉他我弟弟的地址后，他说不能送那么远，只能把我带到有有轨电车的地方。

汽车驶进市区后，周围满目疮痍：横跨多瑙河的那些美丽的大桥已扭曲成一堆堆废铁。欧洲最佳名胜之一、坐落于佩斯的皇宫已焚烧殆尽。其他建筑物都遭到一定程度的破坏。看来，在苏联人和德国人进行的一场殊死搏斗中，一切都在劫难逃。这一仗把布达佩斯打成了废墟，使30万人丧生。

苏军上尉在一家饭店门前停下来让我下车。承店主好意，给我弟弟打了个电话。随后，弟弟立刻赶来接我。看见我一身美国军装他大吃一惊。我们俩热烈拥抱了一阵。他身体还很健康，只是有些苍白、消瘦。他告诉我，他的房屋还是老样子，在布达佩斯被围困的6个月里，由于狂轰滥炸和猛烈炮击，他只好住在地窖里。

过了几天，我接到布达佩斯美军使团一位负责将军打来的电话，才知道这里还有一个美军使团。他非常激动地对我说，他接到格兰茨伯格将军从意大利打来的电话，阿诺德将军和华盛顿参谋部对我非常担心。听说我失踪，他们推测我不是被绑架，就是被枪决了。后来跟我一起到德国来的麦克休上校经过一番努力终于摸清了我的行踪。几天后，格兰茨伯格将军、麦克休上校和《时代》周刊记者帕特·福斯特小姐乘一架B-25飞机到了布达佩斯。他们把我从弟弟家里拉出来，驱车直奔机场。路上，我把这段经过的来龙去脉告诉了麦克休上校。当他听到机场上搭乘吉普车那件事，将拒绝带我进城的那个中尉臭骂了一顿。

到了机场，一个值勤的苏军士兵过来清点我们人数。他看了看登记簿，就以怀疑的口气问格兰茨伯格："这是怎么回事？你们明明来6个人，去怎么是7个人了？"

这一下大家都傻了。这时福斯特小姐上去向那个士兵飞了一个秋波。"唔，"她娇声娇气地说，"您这是指我们的博士啰。"

"哦，你们的医生[1]，那没有关系。"他马上点点头表示同意放行；并把手一挥，让我们进了机场。

---

1 英语中"博士"和"医生"是同一个词。——译注

"教皇虽然靠近天国,但依然支持地上的天文学研究,理应受到人们的尊敬。"冯·卡门在接受教皇科学院的聘任后,随众人与庇护十二世在一起,1955年。

"'飞翼'是注定要失败的,因为它生不逢时,在航空史上出现的时机不当。"YB-49喷气推进"飞翼"飞行在加利福尼亚州慕洛克空军基地的上空。

美国第一架后掠翼轰炸机波音B-47于1947年12月17日在华盛顿首飞。

弗兰克·马利纳和冯·卡门,1961年摄于巴黎。

"后来,我跟哈里·古根海姆结成了好友。一次,他在谈到家族时说:'我祖父管家时,不管哪一个家庭成员,如果他挣不到一大笔财产,就被认为没出息。到了我父亲这一辈,不能扩大家族财产的那个人,也被看作没出息。到了我这一辈就专管花钱了。他们对我唯一的期望就是,钱要花得高尚而有意义。'"丹尼尔和弗洛伦斯·古根海姆基金委员会,左起:(前排坐者)约翰·邓宁博士、西奥多·冯·卡门博士、詹姆斯·杜立德将军和考特兰·珀金斯教授;(后排站立者)爱德华·彭德雷博士、马丁·萨默菲尔德博士、乔治·赫尔曼教授、朱厄尔·加勒尔茨教授、W. D. 兰尼博士、A. M. 弗罗伊登塔尔博士、路易吉·克罗科博士、S. M. 博格多诺夫教授、布鲁诺·波利博士和汉斯·布莱希教授。摄于1960年1月25日。

"据我所知,没有别人能像您这样如此完美地代表这枚奖章所涉及的所有领域——科学、工程学和教育学。"1963年2月,肯尼迪总统在白宫向冯·卡门颁发了美国第一枚国家科学勋章。"我希望我的工作可以表明大学教授是有用的,"冯·卡门答道。

"我妹妹驾轻就熟地帮我张罗我的社交活动,让我能摆脱出来潜心做研究工作。"冯·卡门和珮波,1935年摄于帕萨迪纳。

冯·卡门以他惯用的姿势向航空研究和发展顾问团的代表解释某个观点。(有一次他的手臂受了伤,结果他一个月不能讲课。)

冯·卡门在普林斯顿大学讲学,摄于 1953 年。

冯·卡门尽管终身未婚,但他爱孩子们。图中所示为他与加利福尼亚大学 A. K. 奥本海姆教授的女儿泰莉·奥本海姆在一起,1959 年摄于伯克利。

1960年,冯·卡门和简·曼斯菲尔德在希腊相遇。

1961年,冯·卡门与3位迷人的匈牙利朋友一起庆祝他的80岁生日。

36 美国空军发展蓝图

7月,我们飞抵巴黎时,随同杜鲁门总统出席波茨坦美、英、苏3国首脑会议的阿诺德将军恰巧路过那里,他正在圣日尔曼附近的美国空军情报中心。我把在德国发现的情况向他详细汇报后,他要我将内容写成书面材料。我返回华盛顿后立即动手整理,最后写出了一份秘密报告,题目叫《我们在何处》。报告首次估量了这样一个问题:利用现有喷气推进装置和电子探测设备美国能搞些什么?同时对美德两国战时科学发展状况进行了比较分析。我们发现的关键问题是,凭当时的技术能力就能造出射程6 000英里的导弹,不管从哪个国家的基地发射,足以打击世界上任何别的国家。

然而,要向阿诺德提供战后空中力量态势的全面估量,我觉得光靠手头这点洲际弹道导弹(德国人叫越洋火箭)资料还远远不够;必须从德国挖掘出更多的技术资料。同时,我想去苏黎世探望老同事雅各布·阿克莱教授,他是研究高速飞行的权威之一,我想了解一下目前他在超音速领域研究什么。1935年意大利沃尔特会议以后,我俩只见过一面,而且已是战前的事了。我还希望到日本跑一趟,听说那里的高速空气动力学搞得很不错。

由于上述原因,9月我又到欧洲去了一趟。在苏黎世,我跟阿克莱及其助手沃纳·普费宁格(目前他在加州诺思罗普飞机公司工作)交谈之后,才了解到普费宁格正在研究"层流流动控制"问题。所谓"层流流动控制",

其实就是一种减少空气阻力的方法，使同样大小的功率能获得更高的飞行速度。此法系采用机翼上、下表面上的细狭缝抽走周围的空气，从而达到消除边界层内湍流的目的。因为对高速飞行来说，80%的阻力来自这层湍流。

作为空气动力学家，我一直惦记着边界层湍流控制问题。自从普朗特首次发现边界层以来，对能否将机身周围一小层空气中的湍流转化为层流，我始终怀有浓厚兴趣。前已述及，边界层中这薄薄一层湍流丝毫不受周围强风影响，这个现象曾使我大为惊奇。然而，要控制这层湍流谈何容易。如果使湍流慢慢转变为层流，结果将引起飞行阻力激增；如果过渡得太快，又会降低机翼的升力。1938年，我和阿克莱初次探讨了这个问题，令人高兴的是，从那时起，这一研究工作不断取得进展。要是普费宁格的方法能用的话，航空事业将得到很大促进，飞行效率会大幅度提高。只要加一次油，飞机就能在空中停留好几天。有些朋友预料，如果搞成功，洛杉矶到纽约的客机票价可能降低一半。

10月中旬，我回到德国威斯巴登，同格兰茨伯格、戈弗雷·麦克休一起做收尾工作，把零散的情报资料进一步搜集起来，以备起草报告时应用。一天，我们正在一家餐厅吃饭，麦克休被喊去接电话。华盛顿的电话传来一个出人意料的消息：阿诺德将军因患心脏病住院，电话正是他从病床上打来的。他询问工作何时结束，并说华盛顿急需了解空军的未来发展方向。

这可使我为难了。虽然我有许多设想，但当时心里还没有一个确定的主意，因为我吃不准报告到底应该写到什么深度。是建议美国空军全面改造？还是仅仅强调一两个特点，进行改进？

当晚，我决定返回华盛顿，就以手头掌握的资料起草报告。对日本的调查工作我委托给格兰茨伯格、麦克休、钱学森和华敦德负责进行。此外，由加州理工学院的弗立茨·兹威基教授、比尔·皮克林（现在担任帕萨迪纳喷气推进实验室主任）、兰迪·洛夫莱斯（后来任美国空军载人空间计划的空间医疗部主任)、泰迪·沃考维兹(现任洛克菲勒基金会技术助理)和莱特基地的弗兰克·威廉斯中校等人组成的一个新小组,跟他们4人同行,一起坐阿诺德将军的C-54专机飞往远东。

两个月之后的12月,报告初稿完成了。沃考维兹替报告起了个题目叫《走向新视野》。我觉得这个题目起得不错,可有些小组成员并不赞成。他们认为这个题目让人觉得我们之所以要寻找新视野,仅仅是因为我们目前的视野很混乱。我争辩说,我们必须寻找可以改变未来的基本科学潜能。这些就是新视野,我强调这一点。于是这个题目就留用了。

正在康复的阿诺德将军对我们的工作非常满意。他对我说,报告是一份指导性文件,它足够主管美国空军科研和发展工作的指挥官用上很长一段时间,后来他还在一份文件上写上了这句话。阿诺德于次年退休后只活了5年,不过,他还是亲眼见到了他毕生为之尽力的美国空军先进指导思想初现端倪。

当时,这份报告被列为机密文件,直到1960年才解密。解密之后,我一再催促空军予以公布,以供广泛应用。在一位同事坚持要求下,我把报告又浏览了一遍,其中有些内容给我的印象仍很深刻。报告中提到的一个论点我觉得今天还值得重提一下:

两次世界大战在结局明朗之前,胜利的摆锤似乎都摆向了敌方。第一次世界大战的胜败主要取决于人力,科学技术在战争中虽然发挥了一定作用,但毕竟是次要的。毫无疑义,在1918年战胜德国中,协约国的坦克优势以及使德国工业瘫痪的全面封锁这两者都至关重要;然而,人力消耗殆尽才是德国败北的决定性因素。

第二次世界大战一开始就具有明显的技术特色。德国在技术上的压倒性优势为战争初期在欧洲大陆取得惊人的胜利提供了保证。然而,德国空军在战略轰炸方面的弱点,陆军一味蛮干,两栖作战准备不足,终于使入侵英国彻底破产。盟国，特别是美国军事力量的猛涨，导致了空中力量成为战胜德国的关键因素。甚至在东线，骁勇善战的俄国部队诚然是扼制德军最重要的力量，但如果没有俄国自己的和美国提供的优势技术装备，他们就不可能向西方胜利挺进。

报告既论述了第二次世界大战的技术特征，也探讨了技术科学对研制新式武器所起的决定性作用。不言而喻，自古以来，一切战争都运用科学发现。比如，阿基米德曾试图用一面巨大的镜子使阳光聚焦，烧毁来犯的敌舰。然而，集中如此众多的科技人员，有计划、有步骤地把科学创见转用到军事上，确实是史无前例的。结果十分明显：盟国造出了雷达和原子弹，德国搞成了火箭和喷气式飞机。

报告正文对美国空中力量将来可能利用的大量资料进行了评估。我们不仅说明超音速飞行的可能性，而且提出了喷气式飞机的巡航距离。目睹现今超音速飞机的性能与我们当初的预测大致一样，我真感到由衷的高兴。

后来，我们还写了一系列专题文章，就诸如涡轮风扇、涡轮喷气发动机、脉动式喷气发动机和火箭[1]等新型动力设备对飞机前途的影响作了详细阐述。我们的着眼点并不限于当时某种设备的具体型式，而是力图推测和估量它的未来发展潜力。

我觉得，这种探讨方法对任何发展规划来说都极为重要。比如，要是你亲眼看一看1944年德国涡轮喷气发动机的结构，再测测它的重量和推力，那么你就能断定它绝不会把飞机推进得更快；然而，如果对发动机构件仔细观察一番，同时不要忘记，1944年的涡轮喷气发动机是推进系统新系列的雏形，那么你便能推断出超音速新式飞机的最终外形了。

---

[1] 有趣的是，阿诺德将军在致国会的补充说明中谈到，《走向新视野》这份报告中使用的这些"怪名称"有朝一日会成为英语中最重要的词汇。今天，这些词汇果然被广为使用，仿佛它们本来就是英语固有词汇似的。——原注

在天气预报方面，我的学生及朋友欧文·克里克作了关于德国空军气象学研究情况报告。概括地讲，德国空军对大范围天气预报的研究已经开始起步，只是由于希特勒对这一套不感兴趣才没有得到有力支持。我个人坚信，阿诺德将军对气象学的支持为盟国在欧洲获胜起了不小的作用。我也相信，有朝一日人类能够学会改变天气。事实上，办到这一点所需的时间恐怕比我的同事们预料的还要少些。

一般而言，我并不认为任何事物只要是新的就应该支持；我只相信有可能实现的东西。最近，海军想利用人工改变天气作为一种武器，对这种设想我很感兴趣，北约国家也一直认为这一点有可能做得到，值得从科学上作进一步探索。

最后，我们探讨了导弹发展对美国空军前途的影响。由于 V-2 的设计射程实际上只有 200 英里，袭击英吉利海峡对岸目标的命中率又不高，因而在人们心目中，不过是一种出出气的玩意儿。甚至连德国人自己也说，这第一个字母 V，本来就是"报复"的意思。然而，由于我们预见到多级火箭的可能性，才指出远程洲际导弹潜力巨大，能携带原子武器从 6 000 英里外袭击美国。新墨西哥和卡纳维拉尔角导弹试验场都间接来源于这一概念。后来，洲际导弹终于为作战方式和国际关系带来了崭新局面。

考察了火箭推力后，我们得出这样一个结论：发射一颗绕地球轨道运转的人造卫星肯定能行。不过，我们并没有考虑人造卫星的军事潜力。

我们对各种武器进行了仔细核查，概括的意见是："未来的空军主管人员应该牢牢记住，解决问题不会一劳永逸。只有经常保持向科学请教的态度和灵活地跟上最新发展，才能保证国家的安全。"

我认为，《走向新视野》加上附件《科学——空中优势的关键》是美军史上第一份详尽的调查研究报告。它充分肯定了这样一个论点：空军是美国的防卫主力。毫无疑问，空中防卫需要源源不断汲取技术和科学的新成就。从军事需要出发，空军的技术预测应该领先 5 年或 10 年，而且要创造出一种加强基础科学研究的气氛。此外,我还补充指出一点,范内伐·布什提出的限制民间机构的想法,对空军科学研究发展有害无益。这样的科研工作应该分散到私人和民间机构中去。任何个人,只要空军认为他能促进科研计划发展,就应该向他请教。这一点现在仍然很重要。

我相信,上述观点指导着整个1950年代的军事思想,并为今天美国空军的科学化发展发挥了很大作用。

1946年,起草报告工作结束了。我又把注意力转向了其他方面。一件事是恢复国际应用力学会议的活动。这是我在第一次世界大战后尽力筹建的一个国际学术机构,我曾以它作为与普朗特进行科学竞赛的讲坛。1938年会员们主张暂停活动,一俟国际形势好转,就在巴黎召开下一届会议。经过第二次世界大战,即隔了8年,我们履行了诺言。这次大会开得十分成功。各国代表欢聚一堂,正式决定会议名称改为"国际理论力学和应用力学联合会"。

然而,这届会议与第一次世界大战前的那一届明显不同:德国没有派科学家来。那是因为美国各军种已制定了一个网罗德国科技人才的庞大计划。美国有不少人认为,科学资料迟早要过时,而科学家则不会。我的朋友唐·普特将军,就是改装B-29运载第一颗原子弹的那个人,是这种论点的鼓吹者之一。后来,他成了1946年付诸行动的空军搜罗科学家计划的发起人。根据这个名叫"回形针行动"的计划,首先从布伦瑞克把布斯曼一类的科学家拉到美国来。

唐·普特将军的办法我虽也赞成,但是美国的整个抢人计划我却不以为然。我觉得,这样搞会造成德国国内科学人才奇缺,从而使德国的当务之急——恢复教育事业——受到严重阻碍。有些军事部门备有一长串德国科学家的采购名单,有一份名单甚至把我的朋友雅各布·阿克莱也列了上去,他是苏黎世大学的名教授,根本就不是德国人。对这种做法,我、格兰茨伯格和沃考维兹十分反感，联名向阿诺德将军发了一份措词强烈的抗议电报。我们指出，美国政府招揽第一流人才的做法本无可非议，然而，军方代表们像奴隶市场上的买主那样进行整批兜捕的做法绝不是招揽人才。我还着重指出，德国各大学对这种抢人做法非常痛恨。跟第一次世界大战后情况一样，这种行动将会促使德国的大学转化为向盟国复仇的温床。不过，这份抗议电报丝毫不起作用，美国的抢人计划照旧在糟蹋德国的科学。

说句公道话，"回形针行动"毕竟给我们增添了一些技术高手，对美国科研计划确有很大促进。这一点我也承认。

1946年，另有一件令我回想起来颇觉愉快的事，那就是在伦敦和剑桥举行的牛顿诞生300周年纪念活动。英国皇室也莅临大会，我代表美国国家科学院参加。

到卡文迪什实验室参观物理学最新成就示范表演，是纪念活动的一个高潮。第一件展品就使我个人感到莫大欣慰；这倒并不是展品本身新奇，而是因为那位讲解人说的英语有一口跟我一样的匈牙利腔。经过介绍，我才知道他就是奥罗旺教授。现在他在麻省理工学院任教，是固态物理学方面的权威。在英国古老的科学中心，能见到一位匈牙利专家真使我备感亲切。

参观后，我和妹妹应邀出席了白金汉宫茶话会。那天大约有2 000名来宾，我在往来应酬中不知道将一把小伞放到哪里去了。事隔两天，皇室派专人把伞送到我的旅馆来，还带上了张伯伦勋爵的一纸问候。这件事使我感到又惊又喜，从此我一直认为英国女王是世界上最出色的主妇。

隆重纪念科学家诞辰，特别是牛顿诞辰，我认为正是英国人的高尚表现。我崇拜牛顿，因为在科学上他是个人创造力的典范。他是一位理论大师，同时还是一位工程师。作为物理学许多分支的创造者，牛顿的贡献尽人皆知。在万有引力定律中，牛顿真正洞察出宇宙是和谐的统一体；其中任何一个物体和另一个物体之间都有着不可分割的联系。他为后世科学家指引了道路，坚信支配宇宙命运的规律，并尽力去领悟那些规律。毫无疑义，这一条教导始终予我以极大的鼓励。然而，埋头于理论研究的牛顿还抽空搞过桥梁设计。剑桥圣约翰教堂后面横跨剑河的那座大桥正是他的杰作。这件事虽不那么出名，可我觉得特别令人钦佩。

自牛顿时代以来，科学研究已经发生了巨大变化。今天政府资助的集体研究机构已经成了科研工作的主体。我很爱读《美国科学家》杂志上一篇关于牛顿的文章[1]。该文叙述了牛顿要是生活在现今空间时代可能遇到的情况；牛顿又怎样向国王陈述他研究苹果落地后的推想。

这篇脍炙人口的讽刺小品的作者写道：

牛顿首先宣誓绝不撒谎，并否认自己是反皇党；既没有写过黄色书，又没有去过俄国，也从未勾引过挤奶女工。然后，他遵命奉上自己的条陈。牛顿在简明精辟的10分钟即兴演说中，解释了开普勒定律，以及他本人偶然看到苹果落地时提出的推论。就在这当口，一个仪表堂堂、精力充沛的议员突然插话问牛顿，他有没有改良英格兰苹果种子的妙法。牛顿解释说，在他的假说中，苹果并非实质性内容。这时，很多议员马上打断他的话，异口同声地大喊起来：赞成苹果改良计划！这样一来，关于苹果改良计划一连讨论了好几周。讨论期间，牛顿一直正襟危坐，静候议会咨询。一天，牛顿迟到了一会。他发觉会议厅大门已经关闭。为了不打扰议会审议，牛顿就在门上轻轻敲了几下。一个门卫把门打开，他对牛顿说，会议厅客满，然后就把牛顿打发走了。牛顿根据自己的逻辑，断定议会已经不需要向他咨询。于是，他返回大学，继续做那份重要的议会工作。

数月后，牛顿接到邮寄来的一大包东西。他感到非常惊奇。打开一

---

1 詹姆斯·E.米勒（James E. Miller），《牛顿是怎样发现万有引力定律的》。——原注

看,原来包里装的是各种各样公文表格,每种一式两份。出于好奇的天性(这正是这位科学大师的主要性格),他对所有表格仔细研究了一番。经过一段时间推敲,他才得出结论:议会是请他对"苹果种子、质量和下落速度之间关系"这个研究项目的合同定个价钱。它要求最后能搞出一种苹果,不仅味道甜美,而且从树上掉下来的速度要缓慢,不致在着地时跌坏。嘀,这可不是牛顿当初向国王上书的本意呀。不过,牛顿还是讲求实际的。他深深懂得,这个项目当作副业或者叫副产品搞,肯定能非常出色地验证他的假设是否正确;况且这笔买卖既能增进国王陛下的收益,又能为科学做点小事情。

这篇讽刺文章读起来并不令人感到牵强,它使我联想到从前在美国搞过的一个项目。那个项目搞到年底并没有按期完成任务,但取得的一些成果对解决飞机设计某些问题极有价值。由于误期,主管官员要撤回研究经费。我对他说,按照他的逻辑,克里斯托弗·哥伦布的事业也是失败的。哥伦布跟西班牙王后伊莎贝拉签订的合同是寻找去印度的航路,而他发现的却是新大陆。我对他说:"阁下和我争论的是个科研哲理问题。"我想,他必定是受了这个比喻影响,后来才同意经费照付不误。我感到幸运,因为这位官员并不知道,哥伦布由于违反合同规定,实际上是被王后判刑的。

为避免误解,我要补充说明一点,我并非对集体合作一概加以排斥,只是反对科研部门过分衙门化而已。在我看来,有组织、按合同和定向研究对开拓性科研工作收效不大。搞这类研究,最好还是多创造一些研究气氛,多提供一些必要条件。

37 新式空军崭露头角

返回华盛顿后,我发现《走向新视野》在空军各部门引起了强烈反应。但雷声大,雨点小,如何实施报告的具体建议却毫无动静。战后初期,美国既陶醉于眼前的一派和平景象,又对原子弹威力感到洋洋得意;抗衡苏联还未提到国策高度。不仅公众对防务问题漠不关心,真正注意空军远景规划的军官也寥寥无几。当时关于空军科学顾问团去向问题的争论耗费了我很多时间。我认为,科学顾问团绝非元老们摆资格、挂空名的地方,应该是个发挥积极作用的组织。

1947年,空军从陆军部分出来成为独立的军种。第一任空军参谋长斯图亚特·赛明顿就职后,力图将报告中的建议,特别是我催促空军尽快上新式试验设备的建议付诸实施。其中一个主要项目是,建立美国喷气推进、超音速飞机和导弹研究发展中心。实际上,华敦德早在1945年视察奥地利境内的奥茨山谷巨型风洞后,就提出了这条建议。奥茨山谷风洞比美国任何一台风洞都大得多,它的规模和潜力都使华敦德大为吃惊。他观看后立刻写了一份备忘录送给我和莱特基地指挥官,请空军重新审核美国那些落后的风洞设备,然后再建立一个崭新的研究机构。这个新机构就是著名的超音速和无人驾驶飞机研究中心(当时空军正要脱离陆军成为独立军种,为了防止这个项目落到陆军手里,我们才使用这个名称代替导弹)。

赛明顿很赞同这项建议,有些工业家却表示反对。比如,我的朋友、北美航空公司总裁"德国佬"金德尔伯格对政府不把钱投到飞机上、反而花在研究设备上的做法非常不满。在赛明顿召集的一次会议上,莱特基地的富兰克林·卡罗尔将军提出了空军正在考虑的一项研究计划,其中包括建立上述研究中心。金德尔伯格听完后马上站起来说,要是我们固执己见,坚持照这个路子走下去,那么,无需很长时间就能证明,我们搞的是一种根本无车可洗的洗车机。

不管怎么说,我认为这个研究中心要搞的工作,其重要意义绝不是什么洗车机所能比拟的。然而,金德尔伯格的看法代表了当时一些工业巨头的观点。尽管他们都是飞机行家,但对即将到来的研究革命却很不理解(应该指出,后来金德尔伯格很快就转向开始经营火箭及其他新产品)。

政府的一些小组对建立超音速飞机和火箭研究中心也并非立刻表态赞成。由于杜鲁门总统不同意扩大空军,有些军界领导人持审慎态度说,政府正在酝酿将陆、空军分开,眼下最好还是等一等,看看空军成为独立军种后的情况再说。至于国会,它照例重弹节省开支的老调。

然而,赛明顿很善于斗争,即使面临这么多强大的反对意见,他仍然想方设法在国会里争取到足够的支持,搞到了1亿美元资金。于是空军赞成把建立研究中心的工作继续干下去,并任命一个小组到全国各地去寻找合适的场地。必要条件之一就是要有直接的水力资源,就像奥茨山谷风洞规划时所要求的一样,这样才能有数千马力驱动巨人的风洞。寻址小组最终选了3个地点。第一个是斯波坎附近的大古力水坝;第二个是亚利桑那州的科罗拉多河谷;第三个是田纳西河谷。第一个地点因为太易受攻击而被空军否了。我和弗兰克都中意第二个地点,因为它具有长期的工程优势,但有些人认为那个地方太落后了,所以反对去那里。但我们认为那里非常适合获取直接的水力资源,因为离我们可以建造风洞的地点数千英尺的上方有一个水库。另一方面,在田纳西河谷,虽然的确可以借助田纳西河流域管理局的力量,那里也比较发达,但它缺少地势落差,没有一个位于高处的水库可以提供直接的水力驱动。另外它附近也没有大学,而我认为大学是创造科学所需良好氛围的关键因素。

有关这3种选址方案来来回回争论了很久。最终,参院军事委员会主席麦克凯勒参议员提出,田纳西州图拉霍马附近有一座二战时的兵营,面积为4万英亩。空军如果把研究中心定在那儿,州政府是会同意让出来的。本届国会即将休会,来年,国会大概也不会在这个问题上做什么文章。空军对他的建议心领神会,立刻决定把这块地方拿下来。

1952年,杜鲁门总统到图拉霍马出席了研究中心落成典礼,后来它定名为阿诺德工程开发中心。尽管如此,我对这个研究中心仍不满意,认为它的规模比我原先设想的要小得多。然而,研究中心的人员配备我很赞赏,我也为后来的研究成果感到自豪。为了争取田纳西大学支持,我特意登门拜访[1]。最近,空军系统作战司令伯纳德·施里弗将军赞扬说,那里的超音速风洞对美国导弹计划作出了很大贡献。这话使我感到十分快慰。

我任顾问团主席期间,顾问团要解决的另一件大事就是"宇宙神"洲际弹道导弹问题。1949年和1950年,空军根据我们那份报告打算大规模搞"宇宙神"导弹,但国会没有批准研制经费。我记得国会的阻力主要是由战时科学研究发展局局长范内伐·布什博士的观点引出来的。布什虽是一位影响很大的政府科学顾问,却不相信人能够精确地控制远程火箭。不仅如此,他还规劝我们最好不要去动那个脑筋。当时由于陀螺式惯性制导系统还没有搞出来,布什就错误地下结论说,可供实战用的洲际弹道导弹还遥远得很。他根本不把麻省理工学院斯塔克·德雷珀博士正在研制的惯性制导设备放在眼里,也无视帕萨迪纳喷气推进实验室路易斯·邓恩博士的导弹惯性制导装置研究计划。

---

[1] 1964年10月,田纳西大学新成立的太空研究所举行落成仪式。在它的奠基石上刻有西奥多·冯·卡门和华敦德等人的肖像。——原注

我认为，在另外两个问题上，布什把话说绝了也很不得当。他公开声称俄国在 10 年内造不出原子弹。可是仅仅过了一两年（1949 年 11 月），俄国的第一颗原子弹就爆炸了。后来他又断言，既轻又小、能装在洲际导弹上袭击远程目标的高爆炸力原子弹是无法制造的。

我看这种说法也欠稳妥。我不是核武器专家，从原则上讲，没有资格对这个问题妄加评论。正因如此，我才向原子能委员会请教，不料原子能委员会不肯向空军透露新设计的核武器重量和尺寸。到了 1953 年初，在伯纳德·施里弗将军和托马斯·怀特将军催促下，为了解决这个问题，我决定动手组织顾问团自己的核武器专家小组，请普林斯顿高等研究院的著名数学家约翰·冯·诺伊曼担任组长。小组成员有：加利福尼亚大学的爱德华·特勒，洛克希德飞机公司的尤金·鲁特，军用特种武器计划主任赫伯特·斯科维尔，康乃尔飞机公司的汉斯·贝特，洛斯阿拉莫斯原子弹实验场的诺里斯·布雷德伯里，哈佛大学的乔治·基斯佳科夫斯基，以及当时的空军首席科学家大卫·格里格斯。这个小组所作出的那些决定后来在美国历史上起到了关键作用。

然而，从一开始，专家小组就在情感和技术上存在分歧。这还要从早些时候一些成员之间对一些问题所持的对立观点说起，比如对轰炸本身的看法，还有是使用战略轰炸（得到特勒和格里格斯的支持），还是使用战术轰炸，也即战场支援（得到贝特和布雷德伯里的支持）。原子能委员会在加利福尼亚州利弗莫尔和新墨西哥州洛斯阿拉莫斯的两个大型实验室也在这些问题上存在分歧。当时，在特勒的指导下，利弗莫尔实验室正在推动更为活跃和激进的氢弹研制方法，而曾在 1952 年 11 月于埃尼威托克引爆美国第一颗氢弹（被称为"迈克"）、由布雷德伯里领导的洛斯阿拉莫斯实验室则更为保守，注重对现有设计进行改进。1953 年 4 月，在奥本海默安全听证会进行期间，奥本海默安全问题被媒体披露，引起了轰动，也在专家小组中支持奥本海默观点的科学家和反对他观点的科学家之间产生了强烈的反响。有趣的是，站在技术问题一边的科学家们都支持对奥本海默进行质询。我没怎么参与这些争议，但我必须表达一下对冯·诺伊曼的钦佩之情，能干的他给专家小组带去了和谐，并促使小组于1953年秋向原子能委员会提出了第一份关于导弹运载核武器可能性的联合报告。原子能委员会根据这份报告得出如下结论：高当量氢弹能够安装在导弹弹头上，按新闻记者的说法，叫"小包装大棒"。接着原子能委员会就向军界头头和国会要人兜售洲际核导弹的设想。空军部长助理特雷弗·加德纳将军和伯纳德·施里弗将军把那份报告接了过来。俄国人爆炸了第一颗氢弹之后不久，我们又建立了另一个委员会，在冯·诺伊曼领导下专门研究把"宇宙神"导弹改装成洲际核导弹的办法，在此以前，从来没有明确地提出过这个问题。从这时起，国会的导弹研究拨款便源源而来。1959年，即冯·诺伊曼提出报告后5年，美国就搞出了可供实战用的第一枚洲际弹道导弹。

由于科学顾问团在一系列重大决策中的作用，它在空军中声誉日隆。尽管如此，一些空军头面人物对科学研究重要性的认识并非都跟我看法一致。很多作战指挥官依然习惯于从前的老一套，柯蒂斯·李梅将军则采取模棱两可的态度，他时而表示支持科学研究；时而又吹胡子、瞪眼睛说，书呆子那一套玩意儿并不比我们会打仗的人高明。

多年来，科学顾问团为革新美国防务出了不少重要点子。比如，顾问团一成立就面临这样一个问题：空军应该采取什么措施才能广开言路，从中择取确实可行的好主意？为解决好这个问题，阿诺德将军的好友、道格拉斯飞机公司前飞行员弗兰克·科尔伯姆提议，把有能力对空军科研的"高级设想"进行鉴定分析的专家召集起来，组织一个"思考"机构。

根据这条建议，圣莫尼卡的"兰德公司"便应运而生。开初，兰德公司原属于道格拉斯飞机公司，现今，兰德公司已独立经营。建立兰德公司也并非一帆风顺。我记得，当时阿诺德将军不断催促威尔逊和李梅将军尽快让兰德公司上马，但是，在削减军事开支期间，想从国会取得雇用民间机构人员的经费是极其困难的。到了 1948 年，空军为了聚集高级人才协助考虑问题，终于采用订合同的办法来建立兰德公司（从手续上讲，这样做不是聘用政府雇员），不再向大学或工业部门咨询。

今天，兰德公司一直在为空军搞高级分析研究工作。科学顾问团发现，兰德公司在推动空军参谋长作出重大技术决策时非常得力。

顾问团起主导作用的另一件事情是发展超音速飞机。我是最早鼓动空军制造第一架突破音障的 X-1 型飞机的发起人之一。我认为 X-1 型和其后的 X-2 型飞机非常出色地为空军提供了大量科研资料。不久，在进一步制造更快的高级研究飞机的问题上出现了分歧。我赞成继续搞下去，因为我从来就不信风洞能解决一切问题。顾问团也同意我的观点。

但是，几位有权势的空军将领都持反对态度。他们责问说，为什么要在一架试验飞机上耗费资金呢？其中有一位甚至批评说，实际上空军并不需要比声速快 5 倍的飞机。他认为，速度这样快的飞机根本就不能进行空中格斗。

遗憾得很，有些军方人员根本就不理解试验研究已经取得的巨大成就。我再三解释，搞试验飞机最好不受作战要求束缚，以便让我们抓住本质。几经周折，空军最后接受了这条意见，同意继续搞超高速试验飞机。

后来研制成功的著名的 X-15 型飞机，飞行速度比音速快好多倍，它为空军提供了许多宝贵的研究数据。我欣慰地看到，不仅空军为 X-15 感到自豪，而且 X-15 还是载人飞机发展的一个奇迹。

建立北美大陆防空系统，可以说是顾问团影响最大的一项成就。这个问题是在 1949 年苏联试爆了第一颗原子弹以后不久提出来的。美国人第一次害怕地意识到，别的国家也具备用原子武器攻击和摧毁美国的能力。

顾问团认为，由于高级飞机和原子武器的发展，采用雷达定位和无线电指挥歼击机拦截的常规防空措施显然已经过时，有些观察家甚至认为，这些手段根本无法防止原子弹的袭击。

不过，我们认为事实并非如此。当时为了防止苏联的原子弹袭击，组织了一个探索美国最佳防空方法的专门小组，组长由顾问团电子小组负责人、麻省理工学院物理学教授乔治·瓦利博士担任。接着，瓦利就邀请一批专家到坎布里奇来共商对策。横跨加拿大荒凉冰原的早期预警雷达网就是他们的研究成果。后来，林肯实验室接管了这个防空系统的维护工作，成了专门开发防空新途径的研究机构。目前，该机构已拥有1 600多名工作人员，其中有350多位科学家。

1949年，时任空军参谋长的霍伊特·范登堡将军要求从组织角度考察一下科学研究在空军中的作用问题。其实，我在《走向新视野》中已经指出，研究工作最好不要由政府一手包揽，因为包揽的办法使科研经费的分配有缺陷。后来，我又催促空军尽快派一名高级军官到顾问团来当军事代表，让他与参谋长联系，以便把科学家出的主意直接送到决策人手里。这两条意见实际上都已经兑现了。后边那条意见是这样定的：1948年4月某一天，我和当时的参谋长卡尔·斯帕茨将军和副参谋长范登堡将军会谈后，劳伦斯·克雷吉将军就被任命为顾问团的首席军事代表。

但事情的发展并没有那么顺利。很多空军军官对一帮"非军事人员"指导他们如何工作始终不满。这种情况范登堡心中有数。他不希望空军内部的矛盾闹大，于是就责成有关部门对消除双方分歧和提高科研工作在空军系统中地位提出一份详细报告。

为了办这件事，我们又组织了一个有杜立德参加的委员会，路易斯·赖德诺博士担任主席。委员会悉心研究后，提出了一份后来称作《赖德诺报告》的文件。这份报告指出，空军的思想观点必须要彻底转变。同时，报告还建议把科研部门下达命令的权力提高到相当于实战指挥水平。

这个观点反而使空军中的反对派结成联盟。尽管吉米·杜立德竭力在实战等级上推行这一观点，但平时认为科研在空军中只起次要作用的那些军官对改变原先立场还是犹豫不决。

1950年,朝鲜战争爆发了。空军作战指挥官们对首次投入作战的俄国米格飞机的性能大感震惊。在美国战斗机中,只有北美航空公司的F-86与米格机对抗时略占上风,而F-86的后掠翼还是基于缴获的德国空军资料设计出来的。这件事大大挫伤了空军的自大情绪,从而使空军中重视科研的气氛大为改善。不久,空军各机构对科研工作都开了绿灯,还成立了主管科研工作的副参谋长办公室。所有这一切向世界表明,我看也是向某些保守军官们表明,美国空军已经把重点转向科学研究了。可悲的是,科研的威力非得一而再、再而三地由敌方来证明才行。

阿诺德将军的眼力和我们的《走向新视野》报告最终带来了什么结果?空军不断搞科学研究和抓未知领域规划的紧迫感就是其中之一。

比如,1953年,空军参谋部要求我继1945年那份报告之后续写一份论述未来发展的报告。经过再三思考,我答复说不行,不能由科学顾问团单独起草,因为自第二次世界大战以来,航空领域已有了极大的发展,1945年那种绝好的机会,无论是我或是其他人,再也碰不上了。那时大战刚刚结束,我们能和每一位科学家定心坐下来对未来发展各抒己见。在目前这个冷战时期,世界的政治前景很难捉摸,再要像以前那样办可就难了。因此,我对参谋部说,目前以冷静地进行一系列连续研究为上策。

然而,空军这时反而又认为我们科学家对将来能未卜先知了。由于他们特别喜爱夸夸其谈的设想,因此当我以顾问团名义拒绝这项差事后,他们又转而求助于美国科学院。美国从南北战争时期起就规定,科学院有义务帮助军队解决问题,于是科学院应请制定了一项名叫"伍兹霍尔研究"的计划。

紧接着,由一批知名科学家组成的一个研究小组,在伍兹霍尔附近老惠特尼庄园集中起来,着手制定1957—1958年两年发展规划。空军对小

组的安排可以说是关怀备至。为了让出席的科学家能在我称之为"欢快不求效率"的气氛中生活和工作，他们可以携带家属一起来欢度暑假，仿佛不这样安排，科学家就出不了成果。据说这样安排对创造灵感会大有裨益。不言而喻，空军期望这项活动能提出对未来发展确有实效的若干科学创见。

工作气氛十分轻快；我在伍兹霍尔附近的库拿玛塞旅馆住下后，白天身着短袖衬衫、头戴水手帽到处转悠，晚上跟大家一起在登陆餐厅聚会，这地方由于乔治·盖莫教授和马文·斯特恩博士在那里合作写了一本书而在全国知识界负有盛名。两位先生在如此紧张的研究活动中，居然能挤出那么多时间来编一本精彩的数学游戏书，这足以反映出科学头脑的灵活性。

这次会议有个议程专门评价我1945年写的《走向新视野》。大多数人认为那是一份很出色的空军指导性文件，但对报告写得那么保守感到很惊奇。显然，1945年算得上大胆设想的那些东西，到1957年都是"旧货"了。幸好，报告中的大多数预测都已经兑现，而且兑现时间比我们原先预期的还要早些。报告还吁请科学家们要用"审慎的眼光"看问题，同时不要害怕可能有的各种设想。比如，报告在1945年就提出，凭当时的技术水平，完全能发射人造卫星。一年后，我的学生詹姆斯·李普可能受这个观点和喷气推进实验室在这方面研究的影响，就在兰德公司领导一个科学家小组着手拟定发射人造地球卫星的方案。李普就这个问题咨询我，我表示支持他。接下来他就到全国各地向各大机构进行游说。每到一处，人们就问他，发射一颗人造卫星要多少钱？他答道，2亿美元。一听这话，谁也不吭声了。

过了几年，人造卫星这个名字也不大听人谈起了。1956年，我接到哈佛大学天文学家弗雷德·惠普尔的一封信。他在信上说，科学家都认为发射人造卫星完全办得到，问我是否愿意支持国际地球物理年计划，全世界对地球研究一整年。科学界请我支持我长期渴望实现的东西可是件大好事啊。

然而，即使发展到这一步，阻力仍然不小。我在伍兹霍尔跟大家探讨了人造卫星发展前途，又拟定了一份详细的空间考察计划。空军不但不同意这个计划，还规劝我们少谈"空间"为妙，因为国会认为这是一个忌讳字眼，多谈了只会替空军预算经费招惹麻烦。华盛顿有位大名鼎鼎的政治家曾经对身边的一位将军说："小心点，人造卫星不过是教授先生头脑里空想的玩意儿。"

事隔3个月，到了1957年10月，一颗人造卫星飞上了俄国天空。读者诸君想必还记得，那时美国的局面发生戏剧性的变化的情景。人们都怀疑我们科学家是吃干饭的，纷纷提出许多尖锐问题责问政府。结果，1958年伍兹霍尔研究会议一反往常，搞了3个大刀阔斧的计划，远远超出在地球物理年科学家们梦想的任何研究项目，因为那些科学家要求放的人造卫星只有一颗葡萄柚那样大。由此可见，一旦制动闸松开，想象变为现实的速度多么惊人！这次会议还阐明了现代火箭技术的巨大潜力。连科学幻想小说都排除在外的东西——从低空实验室到发射外太空平台，现在都开始认真考虑起来了。许多讨论内容和结论都列为绝密，至今还没有公开。

从长远观点看，我无法预言在伍兹霍尔或其他地方所进行的一系列连续研究活动到底能出多少行之有效的科学创见。不过我有种积习，觉得让一批科学家在什么委员会集中起来思考问题并不像有些人想象的那样有成效。当然，这并不等于说，委员会搞什么都会变样，不过很可能在小组活动中把涌现出的创造灵感淹没掉。

我对科学的组织合作和小组攻关也持有同样看法。记得初来美国时，我到中西部一位著名工业家府上做客。在客厅墙壁上我看到一幅画。画面上是5头驴向5个方向拉一捆干草，标题是"个人单干"。旁边另一幅画上，5头驴向一个方向拉一捆干草，标题是"团队合作"。我看后不禁对这位工业家朋友说，这只能说明驴子干活，科学家跟驴可完全不同。

随着我在美国工作的时间增长，我对团队合作的看法开始有了转变。

在创造某些产品的过程中,我亲眼看到很多团队干得非常出色。现今,随着科学技术上巨型机械设备的发展,团队合作已实属必需。任何一个有所建树的科学家都要有一批合作者或专家协助。我自己就充分利用各个专业领域之间的互相促进作用。不过,我认为这一点不要做得过分。我发觉目前又有一种趋势:过分强调专业的意义,贬低个人在各个孤立事物之间综合出新观点的能力。在漫长的科学生涯中,我一直认为,最杰出的创造性思想出自个人潜心思考,而不是来源于集体或小组讨论。

38 中国的钱学森博士

我的朋友钱学森是1945年我向美国空军科学顾问团推荐的专家之一，当时他已是美国顶尖的火箭专家之一了。

钱是加州理工学院的火箭小组元老，第二次世界大战中为美国的火箭研制作出过重大贡献。他在36岁时已经是一位公认的天才，他的研究工作大大地推动了高速空气动力学和喷气推进技术的发展。我有鉴于此，才举荐他为空军科学顾问团成员。

1950年，美国情报机关无视钱的学识、名望以及对美国的贡献，竟指控他是外国的共产党分子，硬说他对美国安全构成威胁。当他要返回中国时，移民局将他逮捕起来，在拘留所里关押了14天，此后又违反他本人的意愿，将他强留在美国达5年之久，并不断受到押送出境的威胁。在经受了种种虐待之后，1955年他才得以返回祖国。

如今钱学森在中国拥有相当高的科学地位。媒体上一直有传言说他与中国研制核弹有关。这可能不是真的，但钱学森早期对核火箭的兴趣可能让他在中国的核研究和发展中发挥了一定的作用[1]。无论怎么说，美国实际上给中国送去了一个最出色的火箭专家。这一切都是怎么发生的呢？接下

---

[1] 这个预言被证明是相当准确的。1966年10月27日，中国宣布成功发射一枚携带核弹头的导弹。这项工作是由钱学森负责的。就这样在不到10年的时间里，这位前加州理工学院的科学家已使中国成为一个潜在的导弹强国。——原注

来让我从头说起吧。

钱出生在上海,在中国古老庄严的都城北京长大。他从那里一所专门培养高才生的中学毕业后,又去上海交通大学攻读机械工程。1935 年,他考取庚子赔款留学生,公费赴美国留学,在麻省理工学院获得硕士学位。1936 年,有一天他来找我,就自己进一步深造问题征询我的意见。这是我们初次会面。我抬起头来对面前这个身材不高、神情严肃的青年打量了一下,然后向他提了几个问题。所有问题他回答得都异常正确。顷刻之间,我就为他的才思敏捷所打动,接着我建议他到加州理工学院来继续攻读。

钱同意了我的意见。开初,他跟我一起研究一些数学问题。我发觉他想象力非常丰富,既富有数学才华,又具备将自然现象化为物理模型的高超能力,并且能把两者有效地结合起来。他还是个年青学生时,已经在不少艰深的命题上协助我廓清了一些概念。我感到这种天资是少见的,因此,我俩便成了亲密的同事。

钱来校后不久,就引起了加州理工学院其他教授的重视。我记得杰出的理论物理学家、物理系的保罗·爱泼斯坦教授有一次对我说:"您的学生钱学森在我任教的一个班级里。他才华出众。"

"是啊,他确实很好,"我回答说。

"哎,"爱泼斯坦诙谐地朝我挤挤眼,问道,"难道他也像你一样有犹太血统?"

钱很喜欢上我家串门。由于他的见解饶有风趣,态度直率诚恳,因此我妹妹非常欢迎他。他经常会提出种种新奇的设想。我记得,他在导弹试验初期已敏锐地感到导弹的重要性将日益增长。他半开玩笑地提出,美国应设立一个名称叫喷气式武器部的新机构,专门研究遥控导弹。当时他还指出,控制导弹与操纵常规武器的技术要求完全不同,因此,必须委托军事部门的一个新团体,以崭新的作战思想和方法进行管理。后来事实证明这个设想完全正确。他甚至还建议我们建立一个学会,以促进喷气推进技术的发展。他还幽默地加了一句:"我们或许能够成为比利·米切尔。"

钱对加州理工学院喷气助推起飞计划作出过重大贡献。后来,他接受我的邀请,加入了空军科学顾问团。第二次世界大战结束前,我非常高兴地带他一起到德国去稽查希特勒的秘密技术发展情况。他还和德莱顿博士、华敦德博士一起考察了著名的科赫尔和奥茨山谷风洞。华敦德从那里受到启发,提议在美国搞一套类似的装备,从而导致后来在图拉霍马建立了阿诺德工程中心。当钱和我在哥廷根大学审问我昔日的老师路德维希·普朗特时,我突然意识到这次会面是多么奇特。一个是我的高足,他后来终于返回中国,把自己的命运和中国联结在一起了;另一个是我的业师,他曾为纳粹德国卖力工作。境遇是多么不可思议,竟将三代空气动力学家分隔开来,天各一方。

钱在加州理工学院不能算是最受欢迎的一位教授,因为他对待学生态度严厉,性情急切,又显得有些高傲。不过我倒认为,学生跟他接触接触,看看他怎样解决技术问题是大有裨益的。他一直对我很尊敬,虽然我们已经成了挚友,他还是按中国的传统方式称我为"尊敬的老师"。在中国,这个称呼大概是对别人的最佳赞词了。1947年2月,我非常乐意地推荐他为麻省理工学院的终身教授。

此后不久,钱接到中国来的家信,说他的母亲去世了。他决定回去安慰年迈的老父,这是他12年来第一次回国。数月后,他写了一封长信寄给我,信里详谈了他目睹自己的家乡在国民党统治下的贫困和痛苦情景,还述及我以前几个学生的近况。信的结尾顺便告诉我,他已经与一位名叫蒋英的姑娘在上海结婚,并打算与她一起来美。蒋英颇具声乐才华,见多识广,先前在柏林学习德国古典歌曲,而后又在苏黎世接受过一位匈牙利女高音歌唱家的指导。钱很喜爱音乐,他显然感到很幸福。他找了这样一位具有广博国际知识的夫人,我也为他感到由衷高兴。

后来,我听别人说,他在中国时曾经受到聘请,担任他的母校交通大

冯·卡门：航空航天时代的科学奇才

学校长，但他没有接受；他要在美国继续深入进行研究。这件事钱本人没有跟我谈过。

钱返回麻省理工学院后，在麻省理工学院执教了两年左右，又返回加州理工学院，担任喷气推进戈达德讲座教授，兼任古根海姆喷气推进研究中心主任。这个研究中心是古根海姆基金会主席哈里·古根海姆于1949年创立的新机构，以鼓励研究崭新的推进技术为目的。钱对发展核动力发动机的可能性非常感兴趣，期望能在加州理工学院进行适当研究。事实上，他在1949年已经写出了第一篇论述核动力火箭的杰出论文，时至今日，这篇文章仍被认为是这一领域中的一篇经典名作。

然而，正在这时候，麦卡锡反共浪潮席卷了美国，掀起了一股怀疑政府雇员是否忠诚的歇斯底里狂热。对大学、军事部门和其他机构几乎天天进行审查或威胁性审查。在这种情况下，素以聚集古怪而独立不羁的科学家著称的小小加州学府，不可避免地要受到注意。凡是1936—1939年间在加州理工学院工作过的人都有可能被视为1940年代中的不可靠分子。后来，很多非常不错的人不得不通过令人困迫而可恶的审查程序证明自己清白。

有一天，怀疑终于落到钱的身上。事情可能是这样开始的：当局要钱揭发一个名叫西德尼·温鲍姆的化学家，此人因在涉及在一件共产党案件中提供伪证，当时正在帕萨迪纳受审。钱和温鲍姆是泛泛之交，只是替他介绍过职业，还不时去他家欣赏欣赏古典音乐。

我听说，由于钱拒绝揭发自己的朋友，引起了联邦调查局对他的怀疑。这事可能早在审讯温鲍姆及其友人时已经开始了。简而言之，结果是1950年7月，军事当局突然吊销了他从事机密研究工作的安全执照。

此举严重伤害了钱的自尊心。他去找李·杜布里奇院长当面申述，没有安全执照他无法留在喷气推进研究中心继续工作。他情绪激昂地说，与其在这里遭受怀疑，他宁愿返回中国老家去。杜布里奇以好言相劝，希望他先保持镇静，并建议他就此事提出上诉。钱不想上诉，他觉得在当时那种紧张气氛下,一个侨居的中国教授很难打赢这场官司,更何况他秉性高傲,认定没有必要去向美国司法当局申述自己不是共产党人。我想,在当时情势下,要是有人利用我曾经为匈牙利短命的贝拉·库恩政府干过事而诬陷我,那么我也会作出和钱同样的反应。

当钱的安全执照被吊销时,我正在欧洲,我从杜布里奇院长的来信中获悉此事后立即给钱去信,表示对这事感到震惊,并告诉他我将为他的事尽最大努力。其时,许多要人都站出来声援钱。杜布里奇与华盛顿许多部门进行了接触,后来任通用航空喷气公司总裁的比尔·齐施走访了五角大楼,要求海军情报局局长英格利斯海军上将复查此案,然而,一切活动都无济于事。

钱约见了负责他在喷气推进研究中心研究项目的海军次长丹·金保尔,当面告诉他,如果不发还他的安全执照,他决定立刻返回中国。当毫无结果时,他便下定决心,打电话告知那位次长说,他准备动身了。

金保尔接到电话后十分紧张,立刻将此事通知了移民局。后来,事情转眼之间就搞得如此不可收拾。有个同事对我说,移民局是政府中最专横的部门,看来确实如此。他们不仅拘留了钱,进行了搜查,还把他在特敏纳尔岛的拘留所里关押了15天,后以重金保释才放出来。

接下来事情发展到了顶点:海关官员没收了钱的行李,包括1 800磅书籍和笔记本,硬说其中有不少机密材料。接着,西方报纸又以"'共产党间谍'图谋挟带机密文件逃离美国"为题进行了大肆报道。不言而喻,这些都是谎言。事实上,我听说钱光明磊落,在装箱之前,他把全部资料让克拉克·密立根过目,接下来,帕萨迪纳地方检查官又复核一遍,确认钱没有携带任何机密资料。

尽管如此,移民局于1950年10月又根据麦卡锡法案发布了一项驱逐令,宣布钱是侨居的共产党分子,1947年重返美国是非法的。就这样,这个骄傲且有教养的人,仅仅几年前还得到美国政府的最高褒扬,现在却发现自己已不受信任，而且还面临被驱逐出他已决定在那里安身立命的国家的危险。

钱变得郁郁寡欢，连技术性问题也无法专心处理。很多同事尤其是威廉·西尔斯、弗兰克·马布尔教授都去尽力劝解和安慰他。当时我正在为北约国家筹建一个航空研究机构。我从欧洲打电话给他说，美国确实有很多人不信任科学家，尤其是那些带外国口音的科学家。我劝告他对这类事情要泰然处之，照旧去埋头攻读或著书立说。一开始钱似乎被我说动了，但不久又再度陷入沉闷。老实说，我一直为他的心绪感到不安。

我认为移民局所谓的证据是根本站不住脚的，我几乎所有的同事也都这么认为，包括克拉克·密立根、系主任欧内斯特·C.沃森、威廉·齐施、乔治·S.施里弗以及院长李·杜布里奇。这事曾经有好几种说法。马布尔教授告诉我说，其中有个说法是：两名洛杉矶警官说，他们在一个什么共产党员登记卡上看到过钱学森这个名字，但不是钱本人笔迹。此外，似乎还有其他许多疑点。

马布尔教授对我说，当局让一个共产党教授出庭作证，咬定钱也是共产党员。一开始那个教授拒绝作证，说当局对钱的指控纯属虚构，这一来他立刻被指责犯了伪证罪，要判4年徒刑。这时那个教授便摇身一变，立刻成了坑害钱的证人。他的陷害证词说，他"推想"钱是共产党员，因为他在一次所谓共产党会议上好像看到过钱。这就是"证据"。

帕萨迪纳移民局向钱发出了驱逐出境令，甚至还威胁说，如果他不承认自己是共产党员，将以伪证罪论处。结果是，钱被强留在美国达5年之久。这件事导致中国政府公开发表声明，谴责美国政府在违背本人意愿情况下监禁一名中国公民。

据说扣留钱的理由是，他所掌握的机密5年之后就陈旧过时了。钱继续在加州理工学院执教，但每月得上移民局汇报一次。对他来说，这是一种屈辱。他从未放弃返回中国的打算，他认为中国真正在营救他，只有在祖国他才会得到应有的尊重。此外，我也觉得，由于我与华盛顿关系密切，钱认为我本可以为他做得更多。但可悲的事实是，在那个非理性的年代，他所遭遇的这些事情一旦开始，个人即便有最强大的支持也几乎是无能为力的。

钱和蒋英及两个孩子于1955年离开了美国。1956年，我接到钱的来信，邀请我去北京出席本杰明·富兰克林纪念大会，并重游旧地，到我从前工作过的清华大学去看看，不幸我当时无法前往，只得婉言辞谢。此后，在1960年，他给我又来过几封信。在一封回复我邀请他参加一个国际会议的正式来函中，他语气坚定地说，世界上只有一个中国。如果会议邀请台湾代表，他绝不出席。

如今钱已是中国科学院力学研究所所长。我猜想他已是火箭技术的领军人物之一。我听说他住在大学附近的一个大院里，但很少出国，尽管至少有一次有人在莫斯科看到过他。我不知道他在北京是否比在这儿过得更快乐。

我认为，1950年代安全问题搞得过火了。我并不反对适当重视安全保障，然而必须指出，政府在这方面制定的一些法律往往是愚蠢而有害的。记得英国的艾伦·努恩·梅和克劳斯·福斯案件公布后，人们都在大谈特谈安全问题。这两个人因向敌人偷送秘密计划被判了刑。我看这类间谍事件在公众头脑里被过分夸大了。对我们来说，关键在于搞清楚对方对我们哪些目标最感兴趣；而我们往往无需花多大精力研究，就能发现这种问题。如果我了解某个问题的主要思路，就能够推断出它的细节。

记得有一次我在苏联时，有位女科学家问我，计算动载荷作用下的冰块强度有无理论专著。

我回答说："噢，您想必对坦克在冬季跨越贝加尔湖这个问题感兴趣吧。"

那位女士顿时脸色苍白,显得有些紧张起来。我微笑说:"别急,关于这个论题有一本名著,那是亥姆霍兹在1870年写的。"

政府部门在展望未来发展方面往往是无能的。说到底,它们的许多头面人物都是些吹牛放炮的空谈家。比如,拿纳粹德国来说吧,在第二次世界大战前,一个工人如果从工厂里违章带走一只螺丝钉,被发现后就要以间谍罪处决。然而,德国政府却不反对奥托·哈恩教授公开发表关于核裂变的论文,也不阻拦哈恩的同事莉泽·迈特纳离开德国到瑞典去。她在瑞典终于把分裂原子的情报传送给哥本哈根的玻尔。接着,玻尔又把情报转送到在美国的几位科学家手里。正是德国人亲手为美国研制原子弹提供了最关键的一个环节。

39　1 200 万美元的损失

在 70 岁时，我还是和以往一样活跃，担任包括航空喷气公司在内的好几个航空企业的顾问和空军科学顾问团主席，在世界上很多大学讲课，生活充实，无暇自觉已入老年。

但这并不是说一切都顺利。正相反，1951 年航空喷气公司面临的问题使我认识到大企业的经营内幕，同时也让我看到怎么会轻而易举地赚进或赔出上百万美元。

让我从 1942 年我们火箭公司成立初期几年谈起。从一开始我们就认识到，没有足够的财力，我们这小企业很难存活。可悲的是，没有银行肯向我们贷款，那时银行家还不相信火箭企业是可靠的企业。

此外，业务的起起落落、手头进行中的项目按进度付款的不确定，常常使经营者头痛。这些问题严重干扰了我的科学生活和其他事务。我的妹妹和挚友都一再劝我减少在公司中的职责。因此，1944 年春，在公司建立两年以后，我们便授权安迪·黑利寻求新的援助。

黑利与阿克伦的通用轮胎橡胶公司董事长威廉·奥尼尔进行接触，并和该公司在华盛顿的副董事长丹·金保尔（后任海军部长）、财务副董事长 W. E. 福斯开始商谈。作为律师，黑利是该公司的法律代理，他知道通用轮胎公司有兴趣接收，事实上，他以前也为该公司办过类似交易。黑利很快向他们谈了航空喷气公司的事。虽然这几位都不懂火箭，但他们都显得很重视,因为这里集中了一些坐在装着几百万美元海军订单的口袋上的能人。银行家可能不清楚这个组织的价值,轮胎公司却很了解。我们得到的第二个消息是,作为补偿,他们愿意给我们 50 万美元的信用贷款,并承担履行海军合同的责任。这是一个很实用的安排,但我们不知道事情进一步又将如何,我们只知道,我们急需要钱,但我们大家都已在火箭研究和这个年轻的公司上花费了大量心血,不愿放弃对公司的控制权。

1944 年秋,我们决定开价 225 000 美元把我们公司的一半股权售给通用轮胎公司。在我们看来,这个数目包括了对公司未来增值的合理估价,当然我们并不期望真能拿到这么多,但想总也不应差得太大。使我们失望的是,通用轮胎公司的还价仅为 5 万美元,这是谁也没有想到的。

当然,主动权是操在通用轮胎公司手里。他们知道海军方面也在施加压力,因为海军已经被人说得相信,通用轮胎公司不仅能保证火箭助推器源源不断,而且价格还会下降。自然,海军不会说得这么直接,但我们可以感到海军要我们接受他们的条件。

在这种情形下,最后决定的责任沉重地压到我的身上。从公司成立伊始,我就被授权拥有公司全部股票的投票权,这样安排是为了保证与加州理工学院在政策上协调,以满足政府官员(我们的主顾)希望公司能由我掌握的要求。

经过进一步的谈判,我带回 75 000 美元收购 50% 股权的最后报价。我勉强地建议接受这个价格,在 1945 年 1 月签了协议。在这之前,通用轮胎公司又购得了帕森斯和福尔曼的股权,到 10 月,通用轮胎公司已经控制了航空喷气公司的多数股权,并开始改变它的人事和经营方向。有趣的是,在新的管理之下,助推器的价格不但未减反而上升了。显而易见,政府的价格是由一些非经济的因素决定的。

虽然我们在这些事态变化下感到困惑,但公司在新经营之下却兴旺起来。1945 年上半年公司生产大幅度上升,开始根据海军订单每月生产

1 700套固体助推火箭,几个月后上升为12 000套,后来又上升为25 000套。其他的火箭产品如鱼雷和液体火箭发动机等也有需求。

日本投降后,一夜之间美国国防工业全部垮下来。到1946年3月,助推器降到每月300套,只好解雇75%的工人。很多人曾预言政府对火箭不再感兴趣,这好像是说对了。但在1950年6月,朝鲜战争爆发,军火又成热门货,公司的前景又好转。1951年,作为新成立的技术顾问团主席,我可以说,"喷气推进的前景比二战以来任何时候都好"。

尽管如此,通用轮胎公司董事长威廉·奥尼尔在第二年作出了我所不同意的改变,其中之一是收买少数股东的股权,包括弗兰克·马利纳、安迪·黑利、马丁·萨默菲尔德、克拉克·密立根以及加州理工学院的弗立茨·兹威基、航空喷气公司的爱迪·比汉、我妹妹和我。我们总共约有20%的股份,其中我妹妹和我又占1/3。

奥尼尔的行动引起了多次磋商,但我们觉得奥尼尔出的每股350元的售价不公道,我们谁也不想出售。

通用轮胎公司决心要买下我们的股权。他们想把航空喷气公司的财务并入母公司,以获取税务方面的好处,为此,他们必须至少握有85%的股权。为了迫使我们按他们的价格出让股权,他们威胁说要按每股300美元发放红利。这个数字差不多相当于股票本身的价格,这样做会使公司的资产大大减少。此外,通用轮胎公司的管理人员还宣称要将航空喷气公司与别的企业按极为不利的股票比例合并。所有这些将把公司创建人的股权削弱到令人泄气的地步。我们感到,要阻止这一变动并非易事。

在我这一边,因为税收,现金股息并不能抵消股权的损失;事实上,对我和我妹妹(她已于1951年去世)的财产来说,沉重的税收负担几乎相当于损失了全部股息。另外还有一种情况使我左右为难。我的弟弟米克洛斯当时住在布达佩斯,仍然是匈牙利公民。由于我妹妹没有留下遗嘱就去世了,匈牙利可以通过我弟弟,要求将她在这家世界领先的防务公司所持有的股份,收归国库[1]。

我们几个对通用轮胎公司的做法和他们提出的合并威胁十分担心,有人甚至谈到要上法院起诉。我在1953年给黑利的信中说:"关于法院我赞成中国人的讲法:有理无理,都别进法院。"

1953年,比汉和兹威基先卖掉了他们的股票,萨默菲尔德也跟进。克拉克·密立根坚决不卖,在巴黎联合国教科文组织工作的马利纳也如此,他接受了分红,把股票换成新公司通用航空喷气公司的股票,自己在巴黎郊区开了个画廊。现在他既是著名的活动艺术家,又是国际航天公司的创始人。

我坚持了几个月,经过几轮谈判,通用轮胎公司作出了让步,使我难以拒绝。轮胎公司答应,如果我出让航空喷气公司的持有权,它拿出5万美元以我妹妹的名义设立一项给艺术学生的奖学基金,对我的股权也给了比原先较高的价格。于是,我在1953年卖掉了我们的股份。

在过去10年里,我眼看着通用航空喷气公司股票疯狂上涨,我的一个朋友最近给我算过这笔账,我的损失估计约为1 200万美元。

我放弃股权代表了航空喷气公司创始人的最后解体,以后大家就各奔东西了。福尔曼投资了好多个企业,但不幸都没有成功,导致他的原始股本损失大半。现如今他在加利福尼亚的一家航空航天公司担任测试工程师。

帕森斯在好几家航空航天公司工作过,在固体火箭技术的发展上留下了自己的印记,但他总是在寻找通往幸福的私密大门。1947年,我听说他为以色列提供武器。几年后,墨西哥政府委托他在边境以南建立一家炸药工厂。他告诉我,墨西哥人正在装修一座17世纪的城堡供他入住。

但是帕森斯没能住进去。有一次当他把炸药装在屋子前的拖车里时,一瓶雷酸汞从他手中滑落后爆炸了。几个小时后他就死了。

---

1 后来米克洛斯被前美国海外情报局特工从匈牙利偷偷带到瑞士,几年后他在那里去世。——原注

比较令人愉快的是，马丁·萨默菲尔德加入了普林斯顿大学，现在是该校的航空学教授。安迪·黑利离开了喷气航空公司，转而担任美国参议院一个委员会的顾问，该委员会正在调查航空业的经济前景。后来，他又重操旧业，提供无线电法律服务。但他从未丢失对火箭的热爱，现在他是国际宇航联合会的一位领军人物（马利纳也是联合会的一名官员），还是众所周知的美国"太空律师"第一人,致力于制定未来踏足月球的指导方针。

至于我自己，我继续担任喷气航空公司的首席顾问，并领导该公司的技术顾问委员会。

1962年在航空喷气公司庆祝建立20周年时，我应邀讲了话。我不能不讲讲公司引人注目的成长过程——从开始时6个人在帕萨迪纳东科罗拉多街的一间卖果汁的房子里创办企业，到现在已是加州排名第8的大企业，职工人数已超过3万人。

有人称航空喷气公司为火箭业的通用汽车公司，它参与了国内大部分火箭计划，包括美国第一种发射人造卫星的火箭"先锋号"，航空喷气公司为它造了第二级火箭的发动机。以后的一系列导弹，如"宇宙神-艾布尔""雷神-艾布尔""民兵""波马克""胜利女神-大力神""大力神""北极星"等，航空喷气公司都起了重要作用，不是制造某一级火箭，就是提供了组件。而高空探测火箭"太空蜜蜂"则全部由航空喷气公司承造[1]。

作为技术顾问委员会的领导，如何就公司生产方向提出建议是我们的职责。使我们满意的是从1942年起我们就建议同时发展固体及液体火箭而不是偏重一方面，我想公司的成功是受了这两者齐头并进的好处。

另一方面我建议过公司发展核能。我一直对核能应用的潜力有深刻印象。以前在空军科学顾问团时，在别人都只重视化学火箭的情况下，我也

---

[1] 这一火箭是马利纳在"女兵下士"基础上发展起来的，仍用原推进剂，并在生产中，主要应用于许多高空研究项目。——原注

竭力支持核能火箭的规划。我的认识是，如果你要在火箭方面很快取得成功，当然只能用可能拿到的推进剂。但从长远观点来看，核能就更重要了，它可以淘汰化学火箭必须采用的复杂的多级火箭形式，从而大大简化了可靠性问题。有几位核物理学家反对我们的建议。

当然，在核动力火箭建造之前还有很多问题有待解决，例如，核能飞机由于要有很重的辐射防护层而很难成功。相对来说，在潜艇上就比较容易实现，因为重量问题对潜艇的影响没有对飞机那么严重。

核动力火箭，特别是不载人的火箭，是不需要防护辐射的，我想这是个很好的出发点，我应该劝公司及早动手以免被别人抢先。我指出，"德国佬"金德尔伯格的火箭发动机公司就有这个打算，同时，空军顾问团也作过一项研究，表明可能降低核动力重量、提高功率，其结果是空军在洛斯阿拉莫斯开始了以"漫游者计划"为名的核动力火箭项目，这是美国的第一个核动力火箭项目。

航空喷气公司的主管接受了这意见。公司买下了加州圣拉蒙的一个小型核公司，这是利弗摩耳原子能辐射实验室的几个工程师干起来的，现在它成了航空喷气公司的核分公司，从设计到制造核反应系统，活跃在范围广泛的各个核能项目中。

未来会如何呢？我觉得前景是好的，但航天企业有它的特别之处。公司专门请了一些退伍的海军军官来解决合同中的麻烦问题，因为合同上的条件、附加条件等等会引起很大的麻烦，例如最后期限的条款，如果超过了期限，公司就会损失一大笔钱，反过来每一个合同也有些机动条款（重新谈判条款等），利用它又往往可以使公司多赚些钱，而政府如果觉得你赚得太多了，也会援引这些条款。由于没人能准确说出多少利润量算太多，从事航天业务的公司常常很为难。

在购买航空航天设备方面，我不赞成像国防部长麦克纳马拉最近提出的那样进行协调。这在理论上是正确的，但在实践中，这样做把太多的权力放在一个人或一个机构的手中。如今，航空工业只有4个基本客户:3个军事部门，外加美国航空和航天局。这已经够糟糕的了。如果它只有一个客户，那对研发的进展就更不利了。我记得有一次，为了研究边界层和激波现象，我曾与莱特基地的卡罗尔将军申请15 000美元的经费。我研究的这个问题很重要。卡罗尔将军告诉我，华盛顿拒绝了我的申请，他建议我向另一个部门重新提交申请,要求拨给2万美元的经费。我按他说的去做了，结果得到了这个项目，还有额外多出来的钱。

没有协调就能让你找这个人不行就去找另外的人。如果只有一个来源，而你和那个来源没有良好的个人关系，那么你就什么事情也做不成。

近年来，像其他有远见的航天企业一样，航空喷气公司一直在寻求业务活动的多样化。其中有水下动力系统和仪表，甚至有特种民用自动化设备，如为美国邮政总局制造了邮包自动分拣系统，还研制了从分拣到分发全部自动化的自动邮局。

使我感到宽慰的是,公司仍然在生产我们20年前创始时的产品。今天，无论民用飞机还是军用飞机，都把火箭助推器作为起飞时的备用推力。

40 北约航空研究和发展顾问团的创立

1947年，联合国成立后不久，出任秘书长社会事务助理的法国著名生理学家亨利·洛吉耶教授写信给我，就科学家协助联合国维护世界和平问题征询我的意见。在这类严肃的国际事务中，正式要求科学家发挥作用还是破天荒第一次。

这事确实发人深省。1945年我在德国进行稽查工作期间，当时的情景曾经促使我考虑建立科学合作的必要性。现在，我的旧念头又重新浮上心头：科学家们由于工作和才识关系而具有国际主义的精神，他们能够向全世界显示如何和睦相处。我很快回复洛吉耶并呼吁，作为迈向世界持久和平的第一步，首先建立一个国际研究中心，把世界各国愿意交流思想的科学家聚集起来。我想，中世纪来来往往的那些行脚僧或游方学者，在促进国际友好方面恐怕是起了一些作用的。

我向洛吉耶强调指出，要是他们不加制止，我担心大国将会掠夺小国的科学人才，这会在战后的世界上再度造成灾难[1]。从前我是小国的公民，那里科学家的机会很有限，因此我特别敏锐地感到，一个国际研究中心会有助于增强小国的自尊心。弱小国家也许要经过一段漫长道路，才能顶住

---

[1] 在最近这几年，这已变成一个非常严重的问题，被非常形象地称为"智囊枯竭"（"The Brain Drain"，因科学家、学者等向国外移居而造成的人才流失）。——原注

这股掠夺人才的歪风。第一次世界大战后，这股歪风曾经引发出一系列紧张事件，导致了可怕的第二次世界大战。在世界人口中，科学家虽然只占少数，但是我觉得，在战争与和平的天平上，他们完全能通过组织国际研究中心的途径，将自己崇高的声望投放在世界和平的一边。

洛吉耶对这些见解很感兴趣，要求我提出具体设想。在我提供的几个方案中，他似乎对下述方案印象很深：由联合国出面建立一个亚非研究中心，专门研究世界干旱地区的成因，最终达到改造沙漠的目的。

联合国为这个方案做了哪些工作，我并不了解。不过到1948年2月，索邦大学理学院院长约瑟夫·佩雷斯教授就邀请我到阿尔及尔去出席联合同教科文组织召开的第一届改造沙漠专题讨论会。与此同时，法国空军首脑莱谢尔将军又请我到离阿尔及尔500英里的科洛姆-贝沙尔去观看法国的新式导弹试验。这两个邀请我都欣然接受下来。我想，若是导弹试验场地也能为寻求缓和世界饥馑问题的途径出点力，倒是非常合适的。

2月底我抵达非洲。一到那里，我立即被撒哈拉沙漠的瑰丽景色深深吸引住了。它跟我以往见过的沙漠迥然不同。夜空中深邃而明澈的星星，一堆堆沙丘的漫长阴影，沙尘滚滚的山丘，尤其是火红的残阳夕照，所有这一切，都成了我心中难以忘却的风景画面。

然而，最令我着迷的还是那些沙漠里的居民。我们去科洛姆-贝沙尔时雇了一名贝都因人做向导。他会说一口流利的法语和英语，他说那是他在法国军队里学会的。在交谈中，我们问他是哪一年出生的，他回答说，他从来没有想过这个问题。不过，为了不使我们扫兴，他可以去问问他的母亲。

他母亲先是摇摇头，接着慢吞吞地说："我也说不上你是哪一年生的，只记得那一年庄稼收成特别好。"这样，那个向导又去查阅农业统计表，才确定了自己出生年份，然后再来告诉我们。

不用说，这件事纯系偶然，但对我们理解目前在所谓世界不发达地区所面临的重大问题却大有帮助。我们当中不少人想当然地认为，亚洲和非洲的各个民族并不憎恨西方的白人，他们只是生活在另一个世纪里。在他们取得发展之前，我们应该要理解这一历史侧面。

对我来说，撒哈拉沙漠不仅具有艺术魅力，而且在科学上也非常有趣。沙丘是怎样形成的？毫无疑义，造型者是风。但风又是如何来造型的呢？在这一蔚为壮观的自然现象中，我的专业（流体力学）又一次显示了奇妙的威力。回顾起来，我初次对挟带沙土的风感兴趣，是在1939年研究美国防尘暴林带种植方式期间。在与风沙运动有关的多种现象中，平整沙面上形成的各种各样美妙的沙浪最使我入迷。如何运用合乎逻辑的理论来解释各种沙浪的成因呢？为此，我拟定了一个沙浪的理论模型，马利纳和萨默菲尔德帮助我进行了一系列试验。结果表明，风沙必须以某种有规律的方式作往复运动才能形成沙浪。换句话说，只有用贴近地面来回吹动的风才能正确解释沙浪的成因。

眼前撒哈拉沙漠的现象与沙浪完全一样，只是外表更为壮观而已。这时，我仿佛又是个发现了新目标的孩子一般。我向法国人借了一些仪器，对相邻沙浪之间的距离和高度作了简单测量，再根据这些测定的数据计算形成沙浪的风速。后来我写了一篇论文，专门探讨沙丘形成的空气动力学机理。我想，将来总有一天我还会到撒哈拉沙漠对这一现象进行深入研究。

我个人对沙漠的热情大概感染了我的朋友洛吉耶，因为联合国教科文组织后来为这个问题专门召开了几次会议。不过我的热情却未能打动联合国去建立一个国际流体力学研究中心[1]。十分遗憾，后来我只能得出这样一个结论：由78个成员国组成的联合国，机构庞大臃肿，又过于政治化，无法对我重视的研究计划进一步作出决定。我希望能成立比这简单得多的某

---

[1] 实际上，联合国教科文组织还是启动了一个"干旱地区研究计划"，并在1950年代成为该组织的一个重要项目。——原注

种组织。

后来,在1949年4月某一天,我从报上看到了北大西洋公约组织成立的消息。北约组织是几个国家出于防务需要互相结合起来组成的一个简单、紧凑的行政管理机构。对实现我的目标来说,这个组织似乎是合适的。何不利用北约组织作试点,看看国际科学合作是否行得通呢?

这时,我又回忆起1945年我在沃尔肯罗德得出的结论:由于技术发展速度极快,国与国之间只有进行统筹安排,才能将先进科学成果合理地用于共同防御。我认为,科学的国际性将随着这种通力合作不断增长。

今天,科学能用于国防在我们看来是明白无误的,可是当时在不少国家这还是一种革命性的观点呢。比如,有个土耳其朋友就曾向我叹苦经,说没有经费搞空气动力学研究。

"你跟军方接触过吗?"我问道。

他非常惊奇地盯着我看,说:"难道你真相信军人对科学感兴趣?"

我向他透露了美国空军光搞风洞就花了多少钱之后,他哑口无言。我估计他准是惊呆了。

从那以后,我拿定主意替北约组织建立一个类似美国空军科学顾问团的机构。这样一个机构也许能保证北约国家掌握最先进的军事技术。

首先,我送一份备忘录给代理国防部长罗伯特·A.洛维特。洛维特先生办事喜欢直截了当,他建议我到巴黎去跟欧洲盟军最高司令官格伦瑟将军当面磋商。

格伦瑟将军也赞成我的想法,并表示给予支持。不过他提出,顾问团的活动一开始只限于航空方面,不要把与军事计划有关的一切科研项目都包罗进去。尽管我认为各门学科的界限很难严格划分,但还是接受了他的意见。我自从与阿诺德将军共事以来,始终坚信航空研究是美国取得军事优势的关键。无需很长时间,超音速飞机和火箭的最新发展就会在全世界军事思想方面占据主导地位。眼下,这种趋势已经够明朗的了。

几天之后，我和同事们共同拟定了一份工作计划。1951年2月，我们邀请北约组织12个成员国的代表到五角大楼举行会议，有8个国家的代表到会。我在会上阐明了科学顾问团的宗旨，然后大家共同起草了一份致北约最高司令部的建议书。其中谈到了北约航空研究和发展顾问团（简称北约航空顾问团）的实质性工作：评价航空科学的最新发展，充分发挥北约组织内部的科学家的作用，从总体上提高集体防御技术水平。我们将这份报告送交美、英、法3国陆、海军上将组成的北约参谋总部常务委员会，然后再由常委会成员把报告转呈本国的总参谋长。那天晚上散会时大家心情舒畅，认为建立新国际机构已大功告成。

然而，过了很长一段时间事情杳无音信。欧洲方面拖延还情有可原，因为对那里某些保守政府来说，航空顾问团是新生事物；而首先鼓励我干的美国也不表态，我就感到百思不解了。等了10个月之后，我只好请我的同事B.J.德里斯科尔去摸摸底。他很快就发现了症结所在——有一位海军上将拒绝签字。为了探明原因，我又跑去找杜鲁门总统新任命的海军部长丹·金保尔，他答应我了解一下情况再说。后来，我听说丹召见了那位不签字的海军上将，问他为什么不赞成搞北约航空顾问团。

那位海军上将的回答一针见血。"为什么我非要赞成不可呢？"他尖刻地反问道。"航空顾问团要是失败了，那何必去白费那份精力？要是它成功了，那只能对空军有利，因此海军还是避开一点好。"

金保尔大概对这种逻辑颇为反感，因为过了几天建议书就批准了。

北约参谋总部常务委员会给我们规定了一条限制：航空顾问团只能搞不保密的项目。我对这一决定感到高兴，这样一来，我们不仅选择课题比较自由，而且顾问团成员和其他国家科学家会面也更方便。美国空军同意对航空顾问团试验性地支持两年，到期后应由北约组织接过去。

美国的认可当然只是解决问题的第一步，建议书还得北约各成员国政府批准才生效。办理批准手续需要很长时间。在那几个月里，北约国家正充满恐惧和怀疑气氛,害怕潜在的敌人"分享到原子弹机密"。即使我们不触及任何高级机密材料,我看,这种情况至少也会使最后批准的日期推迟。我无可奈何地对同事们说,打起仗来速度真快,可搞科学合作却像蜗牛爬行啊。

在等待批准期间,我的生活突然发生了变故:我们出席了图拉霍马的阿诺德工程中心落成典礼后,在田纳西去纽约途中,我妹妹心脏病突然发作。几天后,即 1951 年 7 月 2 日,她就在帕萨迪纳故世了。

这个打击简直太可怕了。小珮波不光是我唯一患难与共的亲人,而且是我日常生活的料理者。她具有一种奇特的直觉,了解我什么时候正埋头于科学思考,不让我受任何干扰;什么时候可以敲门迎客,欢宴来宾。直至她去世之后,我才恍然大悟,我们兄妹两人是如此相依为命,不能分离。一连几个星期我失魂落魄,多次陷入极度的悲哀之中。我感到自己也许再也无法工作了,朋友们都觉得北约航空顾问团这件事恐怕也完结了。

41　北约航空研究和发展顾问团的活动

妹妹去世数月后，我依然抑制不住悲痛。体贴我的朋友们一直陪伴我，尽量设法为我分忧。后来由于有个科学问题深深吸引了我，我的心境才恢复平静。

有一天我偶然去航空喷气公司，听见同事们在议论一个技术难点：怎样才能保持火箭燃烧室里推进剂的燃烧火焰稳定。我对这种燃烧现象也感到好奇，就跑过去观察了一番。每当推进剂燃烧不均匀，火焰便开始激烈摇晃，火箭的性能就失常了。怎样才能让一根火柴在以音速流动的疾风中稳定燃烧呢？问题的关键在于把燃烧中心的化学反应速度精确地稳住。我认为，下述简单情况是很多困难的根源：我们无法精确描绘出保持燃烧均匀、稳定的速度和压力条件。

发动机技术在成长过程中就包含了这个暗区。长期以来，由于活塞式发动机在技术上占主导地位，燃料又局限在密闭空间燃烧，因此，燃烧理论的发展必须适应这一具体条件。喷气推进问世后，当然就需要适合燃料在高速气流中燃烧的新理论了。新理论不仅与化学有关，而且要涉及化学和流体力学两门学科的交叉结合，这是完全可以理解的。我认为，化学-流体力学的结合将为创立喷气推进的燃烧及火焰形成理论开辟一条崭新途径。

上述想法促使我阅读了一部论述火焰理论的专著。那本书之所以引得我全神贯注,倒不在于内容丰富,而是有许多惊人的错误。作者运用数学解决流体力学问题时颇有些随心所欲的骑士风度,而且理论上毫无逻辑性,因此漏洞百出。比如,我应用书中数据计算了燃气喷管"火焰头"的喷射角,得出的答案竟是毫无物理意义的虚数。我非常反感地扔下那本书。这时我想起了大卫·希尔伯特的名言:物理学对物理学家来说简直是太难了。我对几位朋友说,从那位化学家在火焰理论上做数字游戏来看,化学对化学家来说也太难了。

我记得希尔伯特还说过,掌握一门新学科有两种办法:写一本关于这门学科的书,或者去讲这门课。对我来说,用开课的办法似乎更稳妥些。如果在自己写的书里出了差错,那就得永远吃它的苦头。至于讲课,那就是另一回事了。日后要是必须更正讲错的地方,你可以宣称那是由于自己没有解释清楚。

正巧那年年初,佩雷斯院长曾经请我去索邦讲学,讲授内容任我自选。由于我感到无题可讲,一直婉言谢绝。这时有了现成的题目——燃烧理论,我便写信给波尔斯院长表示接受邀请。不过我坚持一条:每周只讲一次。我坦率地承认对这一领域并不熟悉,讲一次必须花6天时间去备课。

这次在燃烧领域中的冒险,终于推动我创立了关于火焰形成机理的新理论。后来我又加以扩展,将它应用到不稳定火焰的特性及熄火原理之类的课题上去。我专心致志地研究了几年的火焰学,并不揣冒昧,为这门学科取了个名称叫空气热力化学,借以表明燃烧包含着三门基础科学密切结合的含义。后来,我又开始出席国际燃烧学会两年一度的年会,与原本素昧平生的许多科学家建立了友谊。

由于这些科研活动,我的情绪渐渐安定下来,丧失妹妹的哀痛才逐渐平息。

北约航空顾问团直到1952年2月才获得批准。接着我便参加建团工作。华敦德率领一个工作班子飞到巴黎去筹建顾问团总部,其中有保罗·戴恩上校、约翰·德里斯科尔上校以及我的助手琼·默克。1952年5月，我们在巴黎的罗兰·威罗姆帮助下，组织召开了第一次大会，12个成员国都派了科学代表出席会议。亲眼看到与会代表对整个计划所表现的那股热情，我非常激动。我想，北约航空顾问团有朝一日也许会成为复兴现代国际主义的一个重要核心，一个早在半个世纪以前我父亲就梦想创建的组织。

1952年7月，我又去巴黎。一方面埋头备课，另一方面动手组建顾问团下属的一些科学小组。目前，这些小组已经是顾问团的骨干组织。我们建立的第一个小组就是燃烧小组，当时这正好适合我的心意。附带说一下，航空顾问团还提出过一项正式计划，在燃烧技术方面与国际燃烧学会通力协作。

顾问团成立后不久，我发觉它很有必要参与一些上级机构（即北约组织）的事务。我一直优先考虑的一个问题就是，西欧国家应该建立起自身的国防科研力量，不要总是依靠美国提供现代化装备。1952年我在报上看到一条消息：国会正在酝酿一项数以亿计的新援助法案——马歇尔计划。我立刻想到这是我实现上述设想的一条捷径。于是我就去找空军部长斯图亚特·赛明顿。在新闻记者笔下，他是个说干就干的"行动主义者"，图拉霍马的阿诺德工程中心从上马到竣工主要是依靠他。

赛明顿使劲和我握了握手，那劲头和他充满活力的个性非常相称。他爽朗地问："此刻您来有何贵干？"

"我想跟您谈谈军事援助问题。"

赛明顿说："军事助手[1]问题？那好办。"说罢就用手揿办公桌上的电铃。

"请勒夫上尉进来，"他向对讲电话喊了一声。

接着，有个青年军官走进他的办公室立正站着。"问题解决啦，"赛明

---

[1] 军事助手（military aide）和军事援助（military aid）读音相似，赛明顿把冯·卡门说的军事援助错听为军事助手。——译注

顿向我微笑着说,"这位就是您的军事助手。"

后来我和朋友们谈起这事不禁感叹地说,赛明顿真不愧为"行动主义者",还没有听清楚我的意思就行动了。当时,在赛明顿的办公室里,我直怪自己发音不准,引起他误听。我解释说:"我要的是另一种援助,是从马歇尔计划拨出一小部分经费,通过办教育和科研,将这笔钱用于提高西欧各国的技术水平。"我强调说,如果钱用得适当,只要马歇尔计划经费总额的一小部分,就能创造出不少奇迹。

赛明顿很感兴趣地听着。我觉得在"助手"问题上的误解使得他情绪极佳,因而帮了我一个大忙,让我的计划得以通过。其最终结果是建立了"武器合作小组"。该小组的任务是向西欧国家提供资金,帮助它们增强国防能力。

现如今,航空顾问团对武器本身已不感兴趣,但还是加入了"特种武器系统"早期发展计划的一个研究项目。那是 1956 年欧洲盟军最高司令部下达的任务(当时有人说,欧洲盟军最高司令部的架势跟米洛的维纳斯女神像差不多,外形很美,就是没有手臂)[1]。最高司令官劳瑞斯·诺斯塔德和他手下的战略计划人员认为,西欧防务需要一种轻型飞机,能在夜间低空飞行,进行侦察和攻击活动,而且无需特殊跑道起飞。那时,这些要求似乎很玄。今天看来,低空飞行反而比高空飞行更安全,雷达对低空飞行的飞机很难测定方位,地对空导弹很难击中它。

由于当时还没有这种飞机,诺斯塔德将军要求我从顾问团角度研究一下这种飞机的技术要求。这事还有一段有趣的经历呢。

当时有 3 家大公司,即意大利的菲亚特公司、法国的达索公司和宝玑公司,送来了符合要求的飞机方案,并都受到鼓励去试制试飞样机。这 3

---

[1] 这里手臂(arms)一词也可解释为"武器",这句双关语讥笑欧洲盟军最高司令部是没有武装的空架子。——译注

家公司和公司总裁我都很熟识。菲亚特公司创始人、参议员阿涅利是位有远见的人,早在第二次世界大战前我们已经相识,他向我提过不少敏锐的问题,比如,横越大西洋运输是采用陆基飞机还是水上飞机更有利。菲亚特航空公司经理加布里埃里是我在亚琛时候的学生和好友。

达索公司就是第二次世界大战前著名的布洛克航空公司。老板马塞尔·布洛克是个很有才华的飞机设计师。我听说法国光复后,他立即把一架现代化战斗机的初步设计方案献给政府,那是沦陷期间他在纳粹集中营里设计的。后来他改名为达索,以显示自己的法兰西民族精神。

宝玑公司负责人路易·宝玑是名副其实的战斗机先驱者之一。他是个很能干、富有进取精神的飞机设计师,又掌管着一家组织良好的机构。他将现代化制造工艺引进了法国航空工业,还创造了很多新颖的空气动力学试验设备。其中有著名的"喷气摇摆试验台",那是一种低速下增加升力的试验设备。他也是制造直升机的元老之一。

这3家公司的样机都很出色,以致使我们很难作出抉择。最后,由北约组织样机研究小组拍板决定,采用菲亚特公司的飞机作为第一代战斗机,同时建议法国政府选定一家法国公司制造第二代战斗机。这个决定虽然遭到一些法国人的反对,不过,我当时认为,现在仍然认为决定是正确的。3种样机比较下来,菲亚特的主要优点是结构简单,总重量轻,可以配用英国布里斯托尔公司制造的"奥菲士"轻型喷气发动机,该公司的部分资金得到了美国的支持。

无论选择哪种飞机,要所有国家一致同意当然是难事。多年来,我目睹了种种国际争执,自信我从前的判断正确无误:国家之间的矛盾并非由事情本身的是与非造成的,主要是政治家挑起来的,因为政治家感到非得为自己的国家争一争不可。与此相反,如果个人与个人在我父亲称之为"工作层面"的基础上进行交往,那么不同国籍的人相互之间是很好相处的。对产品和创造产品的科技问题感兴趣的个人极易互相谅解,即使语言不通,靠共同的科学背景，或者唯一的国际语言——结结巴巴的英语，也是能够互相理解的。

北约各成员国在菲亚特样机上还有一条有趣的分歧意见：顾问团航空医学小组组长对机舱结构表示反对，认为座舱设计得太狭小。这是可以理解的，因为他是个身高6英尺2英寸的英国人，而身高4英尺9英寸的意大利飞行员却认为座舱太大了。

这主要是体形差异问题。幸好这个问题解决得很顺利。北约国家的体形研究工作为座舱设计提供了最佳尺寸。不管飞行员身材高、矮、胖、瘦，这种可调节的"最佳尺寸座舱"都能适应。

航空顾问团虽然在制定北约组织的轻型战斗机技术规范方面起了一些作用，然而并未直接跟武器打交道，只是搞一些有可能运用到武器上的科研开发工作。不过，有时我们的研究工作也远远超出规定的界限。比如，我们曾经制定过一项运筹学研究计划。运筹学通常也叫运筹分析，是建立在概率论基础上的一种数学预测方法，用于决定军事行动方案和预测方案的结果。第二次世界大战期间，运筹学首先在英国出现，后来在美国得到了发展。其实，运筹学并非纯属军事科学，工业上也能用它来解决诸如新工厂布局、铁路货车停放地点等各种各样的问题。

运筹学在军事方面能解决这样的问题：在某一地区敌方兵力占优势的情况下，我方兵力应该如何部署最有利？一般而论，若不用全线分散兵力的打法，而是集中兵力攻其一点，然后再集中兵力攻第二点、第三点，那么获胜机会就要多得多。运筹学能够提供需要集中多少人员和如何布置兵力，以期取得最佳效果的作战方案。

回到第一次世界大战之前，那位伟大的但遭忽视的天才弗雷德里克·兰彻斯特就已经开始为空战做过类似运筹学的定量分析。兰彻斯特的理论非常简单，它在今天竟然被应用得如此之好，真是没有想到。我虽不是军事专家，但也懂如果你去研究特拉法尔加角海战中所谓的"纳尔逊战术"，你也会发现海军上将纳尔逊在己方的舰艇数少于敌方的情况下，如何以契合兰彻斯特法则的方式排兵布阵。

索利·朱克曼爵士以前是个动物学家，如今是英国国防大臣的科学顾问。在运筹学的发展并为世人所接受方面，他应当被记上一笔。第二次世界大战期间，正是他将运筹学以一种独特的方式运用于军事问题的处理中。似乎是英国人想要估算一下人类的"威胁因素"，即决定敌人意志崩溃点的因素。

英国人想推断的诸多事情之一是，令人恐惧、四面开花的轰炸达到多少量才起效果。但是在实验室里怎么能做这样的轰炸测试呢？英军高层有人建议用一群猿猴来测试。由于无人了解猿猴的习性，更别说拿它们的反应与人类的作比较了，曾经当过艾森豪威尔将军副手的空军元帅阿瑟·泰德爵士召来了英国著名的类人猿专家索利·朱克曼。

我知道朱克曼做过一些让不少猿猴放弃抵抗的实验，但我不知道他影响猿猴的结论能在多大程度上向最高指挥部证明是有用的。不过，朱克曼至此在军界的名气大振。我记得，欧洲盟军最高司令诺斯塔德将军有次开会时的开场白就说，一些人说是盟军打赢了地中海之战，但同样多的人说是索利·朱克曼打赢的。这或许只是礼貌而幽默的介绍词，但我认为这切切实实地表明，聪明的军人的确赞同将科学新成就应用于解决军事问题。朱克曼也在不经意间与军方建立了密切的关系，并最终让他获得了当下在国防部的职位。

航空顾问团有时也挨过一些批评，说它工作"越轨"。比如，有人指责我们，说我们搞运筹学与航空根本没有关系。我不能苟同这种意见，我认为，研究新的理论知识应该比它们的实际应用要早上几年。等到大家都感到应该研究某种设想时，要从中取得理想的成果往往已为时过晚了。比方说，当初人们普遍认为运筹学是胡思乱想，而今天它已经被看作是陆、海、空三大军种的理论基础了。

当然，新设想往往不容易取得实际支持，不过解决问题的关键在于树立正确的观点。我常常想到一个故事：一个耶稣会教士和一个多明我会修道士同在一所神学院学习，两个人都是烟瘾很重的老枪。神学院规定，默想时间不准吸烟。由于烟瘾难熬，他们决定去跟上级商量商量。多明我会修道士心直口快，他直截了当提出能不能允许他抽烟，结果遭到拒绝。当他见到正在怡然自得抽一支大雪茄的耶稣会教士时，不由得大为惊讶道："既然禁止我抽烟，怎么会允许你抽呢？"

"你是怎么要求来着？"

"我要求冥想时候允许抽烟。"

"呀！朋友，"教士说，"毛病就出在这儿。你应该这么问，抽烟的时候能不能做冥思。这样就不会有人禁止了。"

这故事是我的好友莱尼神父讲的。故事的寓意是，一个人在生活里能得到什么，不仅取决于要求，而且还取决于提出要求的方式。这一条教训不光我记取了，而且还成了航空顾问团的指导方针。

42　北约航空研究和发展顾问团的教训

作为一个国际机构，北约航空研究和发展顾问团资历虽然不深，然而在国际合作，尤其在小国间合作方面，却为我们提供了一些颇有价值的教训。一旦冷战气氛消失，这些经验教训将长期在全世界起作用。举例来说，比利时政府前几年改变政策，决定向美国出售铀矿石，获得了巨额美元。他们决定用这笔资金兴办本国的飞机工业。

比利时人在皮埃尔·阿拉德教授指导下，在滑铁卢战场附近的罗德-圣吉尼斯建造了一个拥有数台现代化超音速风洞的实验室。这事虽然抓得很及时，但不知何故，比利时的航空工业始终没有办起来，几台风洞长期空关着。后来，节俭的比利时政府考虑要撤销这个实验室，航空顾问团里的比利时同事为这事来征求我的意见。

由于我们的航空研究合作计划才刚刚开头，我不愿眼看比利时把这个装备精良的实验室砍掉。于是我答应向实验室提供必要的技术指导，使风洞运转起来，替北约国家培训大学生和实验技术方面的研究人才。我想美国也会认为在这方面花些钱是值得的。

比利时人对这个方案非常满意。不过老实说，他们并没有考虑到此举还具有一定的国际意义。我到武器发展合作小组（这个组织正是我与赛明顿讨论是"援助"还是"助手"之后的偶然产物）组长拉尔金将军那里去推荐说，这项计划值得他支持。我提议在其他北约成员国参加这项计划的协议签订之前，暂由他的小组和比利时政府分担实验室费用。拉尔金也赞同我的意见，不过他说他不懂风洞怎么也算是"合作的武器"。

我问飞机和飞机组件属不属他管辖。

"那还用问，"他回答说。

"亲爱的将军，"我接着问他，"流动的空气也是飞机飞行的重要组件，难道您也不相信吗？"

听了这话他哈哈大笑道："好吧，有您支持我就来试一试。"

在我们握手言定之后他就行动起来，通过谈判，于1958年签订了一个对北约国家有利的比美协定。接下来，名副其实的第一所国际空气动力学学校就正式开张了。今天,这所学校名称叫"实验空气动力学训练中心"[1]。在办校过程中，顾问团只起了"教父"的作用。经过几年卓有成效的工作，训练中心得到了北约组织的正式承认，并拟定了参加国的经费分摊原则。有个情况值得一提：当初，美国政府虽然认为无须送美国人到这个训练中心去学习，但还是予以支持；而最近几年，美国派来的学生反而比其他国家的多。

到此为止，比利时的航空研究兜了一个大圈子。从德比两国政治关系恶化的1928年到训练中心这一国际合作样板的建立，我和阿拉德教授的科学伙伴关系整整经历了30年左右的时间。在这件事情上，耶稣会教士和多明我会修道士故事的寓意一再予我以教益。

由于原子武器的发展，国家安全观念往往会在扩大国际科学合作的道路上造成许多难以逾越的障碍。科学家们渴望与其他国家同行自由交流科学思想和互通情报，不幸，世界各国都不愿公开那些可能用于武器发展的科研成果，因而都采取绝密措施。这种情况跟私人公司不肯向竞争对手公开新发现完全相同。其实我早就讲过，一个杰出的科学家大体上总能判断

---

[1] 现名冯·卡门中心。——原注

出对方的科研发展方向。所谓安全问题实际上是被过分夸大了,美国在麦卡锡主义盛行时期,这一点尤为突出。我在航空顾问团的一次会议上曾经说过,安全规章是极其严密,连对手(我不想用敌人这个词)已经掌握了的科研成果,都不允许我们向外国同行透露一点风声。当然,我们也应当承认,划清泄密与科学交流的界限确实不容易。我虽然在扩大科学交流方面取得了一些进展,然而,要真正做到各国间自由交流科学思想,恐怕是不知多少年以后的事了。

我始终认为,国家安全事务不应该妨碍科学合作精神。比如,第二次世界大战后不久,阿姆斯特丹的荷兰航空实验室从海军一艘剩余船上弄来一套大型动力设备。他们想利用这套设备搞一台跨音速风洞。采用公开文献上的风洞设计方法解决不了所谓"壅塞"问题,风速达不到跨音速。但是,约翰·斯塔克领导的一个小组早在第二次世界大战前就已经为美国航空顾问委员会设计出了一种跨音速"喉管",这种"喉管"能使风洞在超音速的关键区域运转。非常遗憾,目前这种资料仍属绝密,因此荷兰人无法搞到。在欧洲迫切需要高速领域资料的情况下,他们还去搞一台代价高昂的过时风洞,我感到这是极大的浪费。于是,我立刻敦促美国航委会尽快将资料解密,但听说通过解密程序要花很长时间。

我就不信除了这种愚蠢的文牍主义程序之外别无他法。后来,我想起了有几个瑞士工程师在跨音速"喉管"设计方法保密前,一直在美国搞"喉管"的研究工作。因此,他们知道设计方法。由于瑞士人不受北约组织协议约束,他们可以随意帮助荷兰人。问题在于这批瑞士人离开美国后,美国在这方面的工作已经有了很大发展。为了弥补这个差距,我向美国主管部门询问,在不泄密的前提下,美国专家能不能对北约成员国的设计进行技术评价;得到的答复说可以。接下来,我安排一批美国专家到荷兰去,对根据瑞士资料设计出来的荷兰图纸进行结构评价。

结果,荷兰人搞出来的非但不是"蹩脚货",而且是欧洲大陆上最好的风洞之一。它为欧洲的飞机设计作出了卓越贡献。

航空顾问团在促进国际合作关系的同时,也扩展了自身的研究范围。按照格伦瑟将军原先的意见,顾问团只集中研究航空问题。然而,科研成果的运用范围是很难限死的。比如,在发展航空和改进炮弹、导弹之间,就不容易画出一道明显的界限。你研究空气,就能运用研究成果去探索外层空间的气体特性。我们也无法向雷达专家下这样一条限制:只许他们把人造卫星视为信号反射物体,不让他们设想利用人造卫星作军事基地。

鉴于上述种种理由,我鼓励大家提出各式各样基础研究的新规划,来充实顾问团的咨询业务。目前,由于这方面的工作,美国空军已经在布鲁塞尔设立了一个支持基础科学研究的欧洲办事处;陆军在法兰克福也搞了一个;而海军正向它在伦敦的研究部门增加研究项目。

与此同时,顾问团还负责协助小国政府挖掘和发挥本国的科技潜力。记得有些意大利人对顾问团的宗旨深信不疑,却不愿支持本国科学家的科研工作。有个意大利官员对我说:"要是我们的研究设想不对头,那又何必去浪费资金;反过来说,如果是好主意,那么美国恐怕多少年前早就用上了。"我对他说,要是意大利政府尤其是军事部门不支持本国科学家工作,光靠顾问团提供资金去推动他们的科技人才,那根本就无济于事。不久,意大利人终于找到了一条扶助国内科研工作的途径。结果非常令人满意。

土耳其的状况更加富有戏剧性。开初,土耳其不是北约成员,对航空顾问团不感兴趣。它的国防部长宣称,土耳其对国防科学难以作出什么贡献,支持科学研究毫无意义。我回答说,土耳其要是没有国防科学,那么,它参加北约航空顾问团就更有重要意义了,因为顾问团对技术落后国家特别有帮助。后来,土耳其政府责成福阿特·尤卢格将军代表国家邀请我到土耳其进行科学友好访问。

1954年,我和华敦德一同访问土耳其。在那里,我们还应邀到阿塔土克的墓地献了花圈。这种规格的礼遇使我在土耳其高级官员的心目中多多少少成了重要人物。当我作科学与国防的学术报告时，很多土耳其高级将领都在座。

我讲完后，一位将军站起来问我，美国什么时候派科学家到土耳其来。

"美国科学家吗？"我反问他。

"是啊，那还用说。美国不是科学盟主嘛。"

我叹了一口气道："我刚才谈的是土耳其国防和土耳其科学家结合的问题呀，你们的科学家正在为国防干些什么工作呢？"

另一位将军站起来说："土耳其根本就没有科学家。"

我吃惊地对他说，我就知道伊斯坦布尔大学许多科学家的名字，并乐意为他开一份科学家名单。

那军官向我道谢后说："当您回去后，我们会将这批科学家召集起来，讨论讨论他们能干些什么。"

"土耳其难道没有电话？"我问。

"当然有。"

"好，那就打电话通知他们。"

"不过，"他觉得有些为难地说，"现在，我们手里还没有名单，再说，他们赶到这里来也需要相当长时间。"

"这里没有夜班火车吗？"

"有是有，但是……"

"行，我打电话通知他们坐夜车赶来。"

我挂了电话，那些科学家接到通知后都十分高兴，因为他们与政府的联系中断太久了。第二天，他们列队来参加会议。会场里座无虚席，都是穿制服的军人；在前排就座的有陆、海、空三军参谋长。

"先生们，"我站起来说，"让我们来见见土耳其的科学家吧！"

会议结束后，土耳其科学顾问团就诞生了，科学与军事之间的咨询协作便从此开始。由于双方隔绝多年，这种合作看来似乎有些新奇。

世界上的小国往往认为自己弱小、贫困、无足轻重，心安理得地满足于在国际上发挥一些微小的作用。其实，他们并没有看到自己的能力，只着眼于现状，没有认真地研究过他们自己的潜在力量。这些国家一旦看准了努力方向，不仅军事科学，整个科学技术都会迅速成长起来。我现在比以往任何时候更加坚信，政治家挽救不了世界，科学家也许能行。

1958年，我建议北约组织发射一颗用于和平的人造卫星，一方面标志我们国际合作的成就，另一方面作为对苏联人造卫星的一个反应；发射装备由美国提供，其他北约国家负担10万美元左右的发射费用。北约国家议会联盟科技委员会主席、美国参议员亨利·杰克逊和另一位倡导国际科学合作的发言人都非常赞成这个建议，但美国国务院听到风声后立刻予以否决。国务院官员说，北约组织是军事机构，发射用于和平的人造卫星不是它的分内事情。因此，我们只好放弃这个建议。

然而，杰克逊很热衷于这个主意。第二年，他又提出一项建议，主张北约国家集中资源，为征服外层空间这项"全体北约国家最伟大的冒险事业"作出贡献，不要拱手让美国和苏联包揽。北约国家资源不足，无法直接进行外层空间竞争，这是完全可以理解的。然而，它们能够提供卓越的科技人才，推进这项冒险事业前进。我非常乐意在这里提一下，目前，在北约国家的这项最新的科学活动中，航空顾问团正发挥着出色的作用。

43 在"钢铁之环"以外

近年来,通过北约航空顾问团指导航空科研占去我很大精力,尽管如此,我还是设法越过杜鲁门称为"钢铁之环"的这个国家共同体,向世界各国推广国际合作原则。

我本来以为在50年代搞这项工作比从前更方便,因为航空和航天正引起全世界极大的关注,除了地理探险,其他任何一门学科从来也没有受到过如此广泛的重视。我以为,空间属于地球上的一切国家应该是人人皆知了。然而,实际情况远非如此。比如,我访问西班牙一些著名高等学府时,发觉那些大学对航空和航天根本不感兴趣,因此在这方面毫无进展。我觉得西班牙是欧洲航空与航天事业必须考虑到的重要国家,因而对这种情况作了一番调查研究。其中有一个原因是,很多大学的高才生本可成为航空人才,但为了自筹学费和生活,被迫去干非技术性工作。对这类影响科学发展的人为障碍,我一向非常反感。我向美国介绍了西班牙的情况,并建议向西班牙提供各种研究项目的基金。现今,许多西班牙大学生靠搞这些研究项目支持学习和生活。这样,他们就能全天为西班牙的航空发展出力:半天在教室里听课;半天在实验室里搞美国空军资助的研究项目。

西班牙是我非常喜欢的国家,多年来我与西班牙人的相处也非常愉快。与他们的交往最早是在1947年,当时我在伦敦认识了富有才华的应用数学家和工程师特拉达斯教授。阿尔伯特·爱因斯坦有一次提到他时说:"我去了西班牙，查看西班牙科学发展情况，然后就发现了特拉达斯。"

特拉达斯教授提议我定期到西班牙做航空学讲座。我第一次去是1948年。尽管当时西班牙与美国间的关系很紧张，事实上我们在马德里尚没有派驻大使，但我在那里得到了非常热诚的接待。数年之后，当我开始在索邦大学开有关燃烧学的讲座时，西班牙政府派了一个能干的青年科学家格雷格里奥·米兰博士帮我准备讲课资料。在获得美国空军的资助后，他又将讲稿整理成了足足3英寸厚的书稿，并最终得以在西班牙出版。在某次访问西班牙时，我意外但愉快地了解到有不少西班牙喷气科学家和工程师都把这部著作当作他们的宝书。

我开始喜欢上了西班牙的生活方式。时至今日，我依然欣赏那里不慌不忙的生活节奏，对艺术怀有浓厚的兴趣，以及年轻人希望与欧洲人和美国人交往的强烈愿望。我向西班牙政府和大学提供了许多有关航空学发展的信息，为此西班牙人很感激我。后来有好多次他们都提到，在很少有美国人对他们友好的时代，我却对他们很友好。

我妹妹对西班牙艺术心醉神迷，为了纪念她，我努力尽自己的微薄之力回报西班牙人对我的友善。每年我都会奖励塞维利亚美术学院和迭戈·委拉斯凯兹研究所的一名优秀艺术家；我也会资助出版一些专著，这些专著能让人们关注在美国知名度不及戈雅和委拉斯凯兹的艺术家们的作品。11月19日是颁奖日，这个日子恰巧是匈牙利的圣伊丽莎白日，因此这又进一步加深了我所热爱的这些国家间的联系。

后来几年，我对促进国际航空和航天机构的发展很感兴趣，因为这些机构能够使世界各国包括苏联和所谓铁幕国家的科学家相聚一堂。1950年，即苏联发射第一颗人造卫星前7年，第一届国际宇宙航行大会在巴黎召开了。尽管美国代表以及我本人都没有出席，但这次大会却跨出了关键的一步——它强调了火箭不仅仅是战争武器，也是探索行星的工具。

这次大会后成立了国际宇航联合会。来自斯图加德的尤金·桑格尔当选为第一任主席,我的朋友安迪·黑利是副主席。以后几次会议再次强调了火箭的和平利用,协会成员也扩展到其他一些国家。当时,宇航虽然还是相当玄妙的活动,而我从开始出席这些大会后就尽力介绍科学界的朋友也来参加宇航活动。

美国在国际地球物理年发射一颗小小的人造卫星的计划宣布后才几天,第6届国际宇航大会就在哥本哈根召开了。南斯拉夫派了代表,苏联也来了几名观察员。

第7届年会于1956年在罗马召开,有近500名自然科学和社会科学方面的专家出席会议。这时,苏联、波兰和南斯拉夫已经是正式会员。在这届大会上,罗马教皇庇护十二世在他的致辞中指出:"上帝并不打算将人类的知识仅限于地球。"但教皇又补充道,如果人类不抱有"以人类的更高利益为重的发展态度",那么,在太空的发现就会导致人类再次分裂。我深以为然。

1957年10月,第8届国际宇航会议在巴塞罗那召开前夕,苏联宣布发射了第一颗人造卫星。我向莫斯科大学的代表、杰出的科学家艾拉·马塞维奇赠送了一顶火星人帽以志纪念。

国际地球物理年似乎是我实施某些计划的好时机。有一天我到哈里·古根海姆那里去对他说,目前世界上还没有独立的国际航空机构。一个国际航空机构跟目前国际地球物理年对地球的研究一样,能为航空发展作出巨大贡献。古根海姆对我的意见很感兴趣,愿意为填补这个空白提供支持。

我组织了一个由许多国家航空学会代表组成的小组,又建议开办一个两年一度的讲座,让全体代表定期聚会。这个讲座就是丹尼尔和弗罗伦斯·古根海姆讲座,1958年在马德里开始第一讲。两年后,在苏黎世搞了第二次讲座,接下去又在斯德哥尔摩举行。许多苏联杰出的科学家也参加了这个讲座。负责这个讲座的机构就是国际航空科学理事会,现在讲座还继续在办。

我发现在技术问题上跟苏联人很好相处,但一涉及社会科学和法律就有些麻烦了。最近在伦敦召开的一次国际航天会议,责成我负责筹组国际航空学会。这个学会附属于国际宇航联合会。我请弗兰克·马利纳协助我,但他说他忙着搞艺术,实在没空。我马上跟他讲他的人生应当有75%的时间用于航空学,25%用于艺术,我认为那75%尚未用足。对此马利纳不以为然,但他还是答应来帮忙。

我们经过多次磋商,决定筹建的学会包括4个小组:基础科学,应用技术,社会科学和法律,以及生命科学。许多机构和大学也都分成这样4个部门。不料这届大会主席、苏联著名航天学家列·谢多夫却反对成立社会科学和法律小组。

"我们的数学家、工程师和医生与你们的数学家、工程师和医生有共同语言,"谢多夫说,"可是,我们的律师与你们的律师根本就互不相通。"因此我们只好放弃社会科学和法律小组,把法学家和生物学家、生理学家一起归并在生命科学小组里。这样苏联人就不再反对了。

其实,很多杰出的法学家都很关心空间法。现在空间法律师已经有了自己的组织——国际空间法学会。我在参与空间法律师确定空间主权范围的初期审议中还起过一点小小的作用呢。安迪·黑利对这个问题进行了认真思考,并多次和我交换意见。

说来真有趣,我获得加州大学洛杉矶分校名誉法学博士学位后不久,有一次,我想协助黑利拟定空间法权限方案。毫无疑义,首先面临的问题是,从哪里开始才算空间。这不仅是个技术问题,而且具有军事意义和政治意义。海洋的情况与此相类似,比如,各国确定的领海范围,从离海岸线5公里到25公里各不相同。多少年来,在这个问题上费了很大精力也无法统一。

至于空间,我们应该定为多高呢?在45年前航空器初问世的时候,我在法兰克福参加过一个国际会议，这次会议上提出了确立欧洲的领空权问题。许多律师代表说，德国领土向上延伸的圆柱形空间就是德国的领空，高度上没有限制。他们忘记了地球是圆的，如果德国领土向上的圆柱空间是德国领空，同样，法国向上的圆柱形空间是法国领空，那么，这两个圆柱形之间的锥形空间算谁家的领空呢？律师们后来就修正了原来的提法。把"圆柱"一词改为"圆锥"。但他们并没有解决圆锥空间的高度界限问题。

我希望自己在确定空间的起始点问题上避免上述类似的麻烦。其实，根据空间飞行器的飞行速度和飞行高度就能够确定空间的起始位置。比如，拿伊凡·金契罗上尉驾驶的X-2型火箭飞机的飞行记录来说吧，金契罗的飞行速度为每小时2 000英里，高度为12.6万英尺或24英里。在这个高度上，飞行速度产生的空气动力升力承载98%的飞机重量；而航天学家称为开普勒力的离心力只承载2%的飞机重量。但是到了30万英尺或57英里的高度，由于不再有什么空气产生升力，上述关系就颠倒过来，只有离心力支承飞机的重量了。这个高度当然就是物理学上的边界了。在边界以上，空气动力学就无效，航天学开始发挥作用。因此，我认为完全可以把这个高度定为法定分界线。承蒙黑利的好意，这个边界被称为卡门法定分界线。分界线以下的空间属于每一个国家；分界线以上为自由空间。

然而，并非人人都同意这种提法。有些人认为这条分界线可以放在地面上空64英里以下。驾驶X-15进行过多次试验的美国空军少校罗伯特·怀特报告说，在246 700英尺（47英里）到314 750英尺（60英里）的高度，空气动力产生的升力已不能支持飞机，实际上只能使飞机继续维持在空间。因此他认为边界层应该是45英里至55英里的区间。

著名的空间法律师、普林斯顿大学的约翰·库珀教授提出另一种划分空间的方法。库珀教授认为，不能随意选择64英里的高度作为法定分界线；一个国家的科学技术能达到多高，就拥有那个高度的空间主权。他建议将空间的归属分为3层；（1）大气层空间，即飞机能达到的最大高度；这一层空间的主权分别属于相应的国家。(2)地面至300英里的空间,他称做近地空间;这层空间允许一切非军用飞行工具通航。(3)300英里以上的空间,一切飞行工具都可以在这一层空间自由航行。

我敢肯定,在我有生之年这些棘手的法律问题无法解决。不管怎么样说,我可不愿再去考虑这方面的事情,宁愿回过头来搞一些既舒适又易于解决的纯科学问题,或者去搞些科学发展前景的预测工作。

近几年,国际宇航联合会开创的工作已经有了扩展,新成立的好些机构正力图将许多国家在空间方面的努力结合起来。1959年成立了非官方的国际空间研究委员会,西欧许多国家在政府层面上磋商过一些机构的联合问题,其中的两个机构是:欧洲太空研究组织和欧洲发射装置发展组织。联合国也成立了自己的机构——和平利用外层空间委员会,它已经是一个主要的国际审议机构。

我认为,这些机构的建立对促进世界各国间的联系、共同解决即将到来的空间旅行问题当然是非常重要的。

44　展望未来

科学家预言未来是要冒风险的，因为预测往往会出差错，出了差错难免出乖露丑。从前，关于航空发展前景的一些预言，就不止一次出过洋相。比如1903年，杰出的天文学家西蒙·纽科姆教授宣称，除非再发现一条新自然法则，否则，没有气囊根本不可能飞行。然而时隔不久，莱特兄弟就驾驶有翼飞机进行了历史性飞行。

这次失言对纽科姆教授来说是够难堪的，而5年之后，这位无所畏惧的教授看到早期飞行发展缓慢，再次断言说，任何人都能下这样的结论：将来乘飞机要像今天乘火车一样普及只是一种梦想。很显然，到过现代化机场的人都会对这个说法感到忍俊不禁。

我凭经验深知预言错了是什么滋味。话说回来，我也认为，在第二次世界大战后我们为美国空军制定的远景规划中，有些预测是相当成功的。由于这方面的鼓励，我也想对不远的将来发表一些看法。此外，我已81岁，就这点来说，预测20年还是相当安全的。因为到了回头验看预测结果的时候，我早已远离尘世，只好在另一个世界的科学殿堂里进行回顾了。

总的说来，目前的航天事业正面临着类似于莱特兄弟初次飞行那样的新时代。在研究了若干早期飞行前的文献资料之后，我可以说，那时进行的研究工作并不比我们如今在航天学会议上听到的外行与科幻小说家提出来的东西更具有科学性。考虑到莱特兄弟成功之后的科学进展，我觉得上述情况也许是个好兆头。

我认为，在接下来的几十年，航天科学将是一块造福人类的沃土。天文学、气象学和通信技术会有很多惊人的发展。在天文学方面，从地球轨道实验室进行观测，能更加精确地测定恒星和行星之间的距离以及外层空间的状态。"天文单位"，即太阳与地球间的距离，也已得到了修正，因为在地球大气层之外观测到的数据比我们在地球上观测积累的数据更为精确。

在命运神奇的安排下，因现代战争的需要而得以发展起来的超音速学，如今正奔赴在成功应用于天文学这门最古老、最纯粹、最和平的科学之一的路上。极稀薄气体中超音速运动方面新知识的应用，将进一步深化和发展康德、拉普拉斯和其他哲学家的太阳系起源学说。

在气象学上，由于星际气体、太阳风和空间电磁场密度方面的知识逐渐增加，我们也许能够精确洞察它们对地球气候（如飓风的形成）的影响。运用气象卫星确实有可能发现大气现象的规律，从而使气象学真正成为一门符合逻辑的科学。我记得著名的德国气象学家塞林格有一次被问道："您为何对气象研究不感兴趣？它与天空还是有点关系的，作为一名天文学家，您应当研究研究。"

塞林格答道："我来告诉你为什么吧。我从事的科学领域在很多年里一直被叫为占星学（astrology）。然后一些数学家和物理学家来了，于是现在叫它为天文学（astronomy）。所以我再等待，等你说的气象与大气科学（meteorology）改叫成气象学（meteoronomy），那时我再研究也不迟。"

可以从"外面"观测地球的轨道卫星或许真可以促成"气象学"这门科学的诞生。一些乐观主义者，包括我在内，一直相信控制天气是有可能的。不过，我认为这是遥远的后事了。

从航天技术最早得到好处的将是远距离通信。我认为，在今后数年内，远距离通信会不断取得巨大进展。看来，运用现有技术就能发射一系列人造卫星，用于解决全世界电话和电报通信问题；最佳方案是发射几颗运转周期为 24 小时的人造卫星，跟地球同步运转。其优点是，任何时候都有一颗人造卫星停留在天空中一个固定位置上。今后几年肯定会涌现出许多人造卫星发射计划，从中可以选择一个切实可行的计划付诸实施。

横在世界卫星通信发展之路上比技术更大的一个困难或许技术政治。当然在天气方面并没有问题。但从目前的争论来判断，在通信控制方面似乎正产生政治性争议。比如，苏联顶尖的航空航天科学家列·谢多夫就跟我说过，他们国家会反对私人拥有通信卫星。情况是否会有改观还有待观察[1]。

不少性急的记者在采访我的时候，总要我对太空旅行作些猜测。我毫不犹豫地回答说，我坚信它将会以某种方式实现的，而且比很多人设想的时间可能更早些。尽管我们已经熟知太空飞行的基本原理；然而，具体实现的时间，则要取决于航天技术的发展了。

不言而喻，月球是太空旅行的第一站。眼下，苏联正考虑以载人绕月飞行作为向月面登陆的过渡。我们也在研究这个方案以及其他种种方案，比如，从地球上直接把宇航员发送到月球表面就是其中的一个方案。总而言之，人类急切需要探索，正如德国幽默作家莫里茨·布施所说的那样，"远处总有好地方，这里还是我家乡"。

我和弗兰克·马利纳考虑到在月球着陆肯定能行，因此早在 1960 年 8 月 23 日，我们就开始探讨在月球上建立第一个有人实验室的步骤。弗兰克提出这个想法是因为他觉得我们需要有一个专门的项目让我们能够在接下来的几年里没有压力地开展研究。在弗兰克看来，建立一个地球实验室是再自然不过的事。第二次世界大战后他在联合国教科文组织工作时积累了很多经验，一直努力建立诸如我在 1946 年曾向联合国亨利·洛吉耶提议的南美洲海利国际研究所和非洲干旱地区国际实验室那样的地球中心。遗

---

1 目前（1966 年），一家美国私人公司美国通信卫星公司（Comsat）维持着好几颗著名的在轨人造卫星的运转，一个被称作国际通信卫星组织（Intelsat）的国际联合体参与了这些卫星的使用。苏联有自己的通信卫星，叫"莫尼亚"，为整个苏联提供电子通信服务。——原注

憾的是，这两个组织未能建成。

  毫无疑问，月球实验室是一个工程浩大的国际性项目。据粗略估计，它的建造费用高达每工时8万美元这样一个令人瞠目的数字。那么，月球上能搞哪种类型的实验室呢？从月面极高和极低的温度着眼，是搞移动式还是选择一块地方建固定实验室恰当呢？在月球上搞什么科学研究才值得花那么大代价呢？

  我俩一致认为，从长远的观点考虑，应该组织一个专门委员会来研究上述一系列问题。于是我说行，但建议弗兰克先去跟喷漆推进实验室的比尔·皮克林、安迪·黑利以及一些外国的代表谈一谈，看看他们是否赞同。

  马利纳这人有时明显地体现出得克萨斯人的性格。他答道："说干就干，我们马上动手拟定一份国际月球实验室委员会成员的名单。"

  我们两人讨论月球问题时，正在一家餐厅品尝地球上的美味。于是，弗兰克就在菜单背面开了一张名单。第二天，国际宇航科学院就予以批准，并同意马利纳担任主席，英国的乔德瑞尔·班克天文台射电望远镜的负责人伯纳德·洛弗尔为副主席。有几位成员认为，现在就研究有人月球实验室为时过早，这倒不是登月飞行在技术上有多大困难，而是在于宇宙射线和长期失重对人体健康的危害性还没有进行过深入试验，其影响程度不大清楚。尽管如此，委员会还是受到鼓励，把研究工作继续搞下去。

  我们离开餐厅时仅仅提出了一些设想，而数月之后，到了1961年，国会就通过了肯尼迪总统提出的议案：1970年年底前把一名美国宇航员送上月球。这样，马利纳的研究计划不再是一纸空文，而成了一项具有重大现实意义的研究计划了[1]。

---

[1] 1964年9月，国际月球实验室委员会在第十届国际宇航大会期间在华沙组织了一次圆桌讨论会。会上人们预测月球上的载人实验室可以在1975年至1985年之间开始工作。1970年以后的五年将是一个探索时期。与此同时，实验室的细节也正在研究中。——原注

在月球上着陆并建立实验室之后,我们还要不要飞向其他行星呢?我看是要去的,起码也得飞到火星和金星上去。在最佳条件下,宇航员花1年左右时间就能飞个来回。至于能否飞到其他恒星上去,我看指望不大,因为最近的一颗恒星——半人马星座的α(阿尔法)星——离地球4.3光年。这就是说,即使以目前技术上无法达到的光速飞行,宇航员也得费4年多时间才能到那里。德国的尤金·桑格尔认为,利用光子火箭[1]有可能达到这个目的。不过,眼下只是一种假想而已。

从理论上讲,若搞得出一种热核聚变的控制方法,桑格尔的光子火箭也许能行得通。不过,老实说,展望飞行速度达到光速的火箭,实非我力所能及。即使技术上到了这一步,飞到比邻的恒星上去,也要5年到30年时间。从人类的角度看,一个人为了登上恒星而关闭在座舱里耗费掉自己短暂的生命也是愚蠢的。听说有人提议在漫长的旅途中可以把宇航员冷冻起来。说句笑话,这可是个冷冰冰的生活方式,在等待解冻期间,一路上,他可要失去不少进餐厅享受美味的良机呢。

我也听到这样一种说法:根据爱因斯坦的相对论推测,当一个人以光速运动时,生长速度会缓慢得多;因此,宇航员到达某个恒星时仍然是年轻人。我想,这是对物理学的一种误解。因为人的生长过程并非单纯按照数学规律。这个问题,我跟我的物理学家朋友们热烈争论过。我坚信,人的生长过程不光取决于时间,而且与另外许多因素有关。

目前,尽管人们在大谈特谈太空,但只要地球上还覆盖着空气,只要人们还得靠呼吸空气活着,飞机就不会消失。军用和民用航空所面临的一系列问题,今后会越来越严重。机场要占用巨大面积,噪音公害不断增加,这将迫使机场离居住区愈来愈远。有人设想,在沿海城市,将机场建在水

---

[1] 目前,科学家们认为光子推进不如为同样用途而设想的其他推进方式有实效。事实上,几乎所有严肃认真的研究人员现在都已放弃了光子推进这一概念。——原注

面上，采用两栖飞机（格林·马丁预言，水上飞机将会复兴）。

在军用航空方面，飞行速度仍然是个比较突出的问题。它要求起飞和着陆过程实现彻底变革。比如，成败取决于飞机航速和灵活性的战术飞机，要尽可能与跑道长短无关。要做到这一点，势必要创造出一些简化起飞与着陆条件的新方法才行。采用滑行架、弹射器或喷气助推起飞都是可能的解决方法。另一种办法就是采用垂直升降系统（VTOL）。

将来，在极高的空中飞行毫不足奇。我坚信，我们正处于一个新时代的起点。到时候，冲压式喷气飞机、火箭和各种组合式飞机都会发展到我们今天很难估计的程度。也许可以料想，这些飞机从地面起飞，穿越大气层，达到一定速度和高度，进入地球轨道后靠惯性飞行，然后重返大气层，像普通飞机一样选择着陆地点。这就是我心目中未来的飞机——人造卫星飞机。

当然，所有这些发展都不会发生，除非有一个友好的世界来接受它们。在这方面，如果允许我撇开科学讲些题外话，我可以预见，按照我父亲所提出的思路，最终将建立一个国际政府。我父亲在1908年写了一篇关于历史循环的论文，他追溯了欧洲社会组织从家庭和部落到中世纪行会制度再到国家的演变。他直截了当地指出，在国家组织之后将会出现国际组织，据他预测出现的时间是1950年左右，这离联合国实际成立的年份不远。

我父亲发现每一种新的社会组织形式都是间隔300年之后才出现的。在他看来，年份和世纪是人为的时间单位。人类生命发展的基本单位是世代。所以他推论如下：150年相当于大约5代人。在这段时间里，一个人可以与他的祖辈和他的孙辈都有接触。你了解自己的祖父，而如果你自己成了祖父，你又了解你的孙子。之前发生的一切和之后发生的一切没有直接联系。所以对我父亲来说，150年是一个基本周期。他认为这是一个新思想脱颖而出之前必须经过的一段时间。脱颖而出之后的150年是新思想存在的大致周期，然后它就会被下一波新思想所取代之前。我父亲认为民族主义在1800年开始盛行,并将于1950年开始消亡。国际政府将于2100年成立。

然而,国际政府的成立时间可能并不符合我父亲的预测。困难之一来自各国发展的阶段差异。有些国家希望国际化,但它们仍是部落,行事也是部落做派。我认为,我们与非洲之间的问题源于这样一个事实,即我们没有给非洲人足够的时间来建立国家。他们在思想没有自然发展成熟的情况下却仍要这么做。那我们如何给他们时间与和平来发展他们的思想并以此为基础建设他们的国家呢?这是我们在20世纪面临的最大问题之一,我认为这种情况在今后几十年中将继续存在。

令人遗憾的是,我们美国人强调和平的"国家共存"能将解决目前世界政治紧张局势,并以此为名也退回到了民族主义。我赞成和平共处,但这只能被当作一个短期的步骤。我认为,解决世界紧张局势的唯一方法是国际思维,而当有了国际思维,那么国际政府就会接踵而至。

技术的发展——我父亲也没有预见到技术的发展会如此迅猛——也可能影响国际政府首次出现的时间。事实上我们可以相信,它们可以作为一种与当前趋势相反的力量,加速国际主义的进程。但是我仍然认为,至少需要两代人的时间,我们才能期待在建立真正的国际政府方面取得实质性进展。

至于说到技术革命对个人及个人生活的影响,毫无疑问,这种影响将不断扩大。比方说,我们不难预见,新的职业将层出不穷,人们熟悉的一些旧职业会逐渐消失。从航天工业和电子计算机行业的发展过程来看,这点已经是一清二楚了。例如,电子计算机程序设计员和"软件"专家就是前几年还无法料到的新职业。

技术发展的势头虽然很猛,而且将继续下去,然而,我却认为,要是把它对人们生活的影响看得太绝对了也是不明智的。可以肯定,它不可能使以前的技术工作和经验教训都作废。比方说,航空界现在有一种说法:

在太空时代，空气动力学过时了。我根本就不信这种说法（前几年我在康奈尔大学讲学时谈过这个问题）。很多飞机设计的基本问题在导弹和其他飞行器设计中照旧存在。要是这些问题消失了，那才真怪呢。我看，一个人应该通达些，如果从广阔的角度来观察技术发展，他就能懂得过去和将来对人们思考问题和作出决定是同等重要的。科学的发展是永恒的；几千年前就开始起步的科学将继续不断前进。那些根基深厚的科学原则根本不可能变为转瞬即逝的过眼烟云。

现在常有人问我，科学家对自己的同胞应该肩负什么责任，在社会上又应该发挥什么作用？从整体来说，我认为科学家无须促使或劝说政府按自己的意图行事，只要把运用某种科学方法可能导致的实际情况提供给政府就行了。科学家不必去制定计划，而应该分析做一件事可能产生的后果。照我看来，一个科学家对待公共事务，既不要像特勒那样不闻不问，也不要像爱因斯坦那样管得太宽。

有些科学家非常害怕与军事部门合作。爱好和平的马克斯·玻恩过去常指责我"加入"了美国空军。我的好友尼尔斯·玻尔在第一颗原子弹试爆之前就离开了洛斯阿拉莫斯试验场，拒绝与军方再发生任何瓜葛。而我却一直认为，我与军事部门结合是很自然的事情。作为科学家，我感到军事部门是很好共事的团体。眼下我还发觉，在这个有缺陷的世界上，军事部门是有资金、有干劲的机构，能迅速而有效地推动科学向前发展。

我无意为军事与科学合作做一番粉饰，也不妄想从中得出什么永恒的哲理。然而，有一点可以充分肯定：对战争的恐惧与为科学而科学的单纯科学观点相比，前者对促进导弹研究的作用要大得多。在某些科学家看来，这个动机不纯，但在整个人类历史上，科学都包含着这样的矛盾：自古以来，科学和科学家一直是在为战争搞创造发明与解开宇宙之谜和揭示物质微观结构之间进行抉择和艰难前进的。我认为，军事与科学合作的基础今天比以往任何时候都要好。鉴于当今世界越来越依赖武装力量，科学家有必要充分利用军事部门的支持来发展科学。

此外，科学与军事合作还有一层理由。我始终认为，处于软弱地位去侈谈国际合作与裁减军备是无济于事的。《圣经·旧约全书》告诫说，要达到目的，最好有一根大棒；你不一定非用它不可，有它你就能随意商谈，不受干扰。

我非常尊敬玻恩和玻尔，但始终不理解他们的理想主义立场。毫无疑问，我当然愿意与他们看法一致，不过，那只有当战争从地球上消失以后才成。在我看来，一个理想主义者对他无法控制的局面谈得再起劲，充其量不过是画饼充饥而已。

当代科学家的基本信念是什么？这个问题恐怕只能概括地谈谈。我是一位哲学家的后人，我始终笃信那些稳定的、超越当代紧张形势和种种困难的哲理。当我进入一生中第9个10年的时候，更加相信上帝对人类是公正的。我们将在毁灭的幽灵手下存活；创造战争武器的科学也能建设和平事业，这一点往往容易被人们忽视。发射防空导弹的工具也能把人造卫星送上轨道预报天气；制造原子弹的科学规律已经成为向疾病斗争的有力武器；致命的毒气也可以用于救死扶伤。有朝一日，绝大部分科学力量将会造福于人类。

简而言之，我是个乐观主义者，坚信未来是美好的。要是我做的一点微不足道的工作对此有所促进，那我就心满意足了。

附录1 作品目录
Bibliography

著作 BOOKS

1924 (with J. M. Burgers) *General Aerodynamic Theory*, 2 vols. Berlin: Verlag von Julius Springer.

1940 (with M. A. Biot) *Mathematical Methods in Engineering.* Translated into French, Spanish, Portuguese, Italian, Turkish, Japanese, Polish and Russian. New York: McGraw-Hill.

1954 *Aerodynamics: Selected Topics in Light of Their Historical Development.* Translated into Spanish, Italian, German, French and Japanese. Ithaca, New York: Cornell University Press.

1956 *Collected Works of Dr. Theodore von Kármán,* 4 vols. London: Butterworth Scientific Publications.

1961 *From Low-Speed Aerodynamics to Astronautics.* London: Pergamon Press.

论文 SCIENTIFIC PAPERS

1902 The motion of a heavy rod supported on its rounded end by a horizontal plate, *Journal of Mathematics and Physics,* Mathematical Society, Budapest, Hungary, Vol. 9.

1906 The theory of buckling and compression tests on long slender columns, *Journal of the Society of Hungarian Engineers and Architects,* Nos. XI and XII.

1907 Über sationäre Wellen in Gasstrahlen, *Physikalische Zeitschrift,* Vol. 8.

1908 Recent investigations regarding the flow phenomena of vapors and gases, *Journal of the Society of Hungarian Engineers and Architects,* Nos. III and IV.

1908 Very light-weight engines, *Journal of the Society of Hungarian Engineers and Architects,* No. 26.

1908 Die Knickfestigkeit gerader Stäbe, *Physikalische Zeitschrift,* Vol. 9.

1909 (with Alfred Haar) Zur Theorie der Spannungszustände in plastischen und sandartigen Medien, *Nachrichten der K. Gesellschaft der Wissenschaften zu Göttingen, Mathematisch-physikalische Klasse.*

1909 The strength of corrugated fire tubes, *Journal of the Society of Hungarian Engineers and Architects,* No. 31.

1910 What determines the stress-strain behavior of matter? *Journal of the Society of Hungarian Engineers and Architects.*

1910 Untersuchungen über die Bedingungen des Bruches und der plastischen Deformation, insbesondere bei quasi-isotrpoen Körpern. *Habilitationschrift, Göttingen.*

1910 Untersuchungen über Knickfestigkeit, *Mitteilungen über Forschungsarbeiten, herausgegeben vom Verein Deutscher Ingenieure,* Vol. 81.

1910 Festigkeitsprobleme im Maschinenbau, *Encyklopädie der Mathematischen Wissenschaften,* Vol. 4. Leipzig: Druck und Verlag von B. G. Teubner.

1911 Festigkeitsversuche unter allseitigem Druck, *Zeitschrift des Vereins Deutscher Ingenieure,* Vol. 55.

1911 Über die Formänderung dünnwandiger Röhre, insbesondere federnder Ausgleichröhre, *Zeitschrift des Vereins Deutscher Ingenieure,* Vol. 55.

1911 (Bemerkung zu der Arbeit von Frau Margrete Bose und Herrn E. Bose) Über die Turbulenzreibung verschiedener Flüssigkeiten, *Physikalische Zeitschrift,* Vol. 12.

1911 Über den Mechanismus des widerstandes, den ein bewegter Körper in einer Flüssigkeit erfährt, *Nachrichten der K. Gesellschaft der Wissenschaften zu Göttingen, Mathematisch-physikalische Klasse.*

1912 Über den Mechanismus des Widerstandes, den ein bewegter Körper in einer Flüssigkeit erfährt, *Nachrichten der K. Gesellschaft der Wissenschaften zu Göttingen, Mathematisch-physikalische Klasse.*

1912 (with H. Rubach) Über den Mechanismus des Flüssigkeits- und Luftwiderstandes,

Physikalische Zeitschrift, Vol. 13.

1912 (with Max Born) Über Schwingungen in Raumgittern, *Physikalische Zeitschrift,* Vol. 13.

1913 (with L. Föppl) Physikalische Grundlagen der Festigkeitslehre, *Encyklopädie der Mathematischen Wissenschaften,* Vol. 4. Leipzig: Druck und Verlag von B. G. Teubner.

1913 (with Max Born) Zur Theorie der spezifischen Wärme, *Physikalische Zeitschrift,* Vol. 14.

1913 (with Max Born) Über die Verteilung der Eigenschwingungen von Punktgittern, *Physikalische Zeitschrift,* Vol. 14.

1913 (Bemerkungen zu dem gleichlautenden Artikel von H. Lorenz) Näherungslösungen von Problemen der Elastizitätstheorie, *Physikalische Zeitschrift,* Vol. 14.

1913 (with H. Bolza and M.Born) Molekularströmung und Temperatursprung, *Nachrichten von der Gesellschaft der Wissenschaften zu Göttingen, Mathematische-physikalische Klasse.*

1913 Elastizität, *Handwörterbuch der Naturwissenschaften,* Vol. 3. Jena, Germany: Verlag von Gustav Fischer.

1913 Festigkeit, *Handwörterbuch der Naturwissenschaften,* Vol. 3. Jena, Germany: Verlag von Gustav Fischer.

1913 Gleichgewicht, *Handwörterbuch der Naturwissenschaften,* Vol. 4. Jena, Germany: Verlag von Gustav Fischer.

1913 Härte und Härteprüfung, *Handwörterbuch der Naturwissenschaften,* Vol. 5. Jena, Germany: Verlag von Gustav Fischer.

1914 (with E. Trefftz) Über Längsstabilität und Längsschwingungen von Flugzeugen, *Jahrbuch der Wissenschaftlichen Gesellschaft für Luftfahrt,* Vol. 3. Berlin: Verlag von Julius Springer.

1915 Research on the conditions of elastic limit and rupture, *Mat. es termeszettudomanyi ertesito.*

1916 Das Gedächtnis der Materie, *Die Naturwissenschaften,* Vol. 4.

1918 (with E. Trefftz) Potentialströmung um gegebene Tragflächenquerschnitte, *zeitschrift für Flugtechnik und Motorluftschiffahrt,* Vol. 9.

1918 Lynkeus als Ingenieur und Naturwissenschaftler, *Die Naturwissenschaften,* Vol. 6.

1921 Die Bedeutung der Mechanik für das Studium der technischen Physiker, *Zeitschrift für technische Physik,* Vol. 2.

1921 Über laminare und turbulente Reibung, *Zeitschrift für Angewandte Mathematik und Mechanik,* Vol. 1.

1921 Mechanische Modelle zum Segelflug, *Zeitschrift für Flugtechnik und Motorluftschiffahrt*, Vol. 12.

1921 Theoretische Bemerkungen zur Frage des Schraubenfliegers, *Zeitschrift für Flugtechnik und Motorluftschiffahrt*, Vol. 12.

1922 Bemerkung zu der Frage der Strömungsform um Widerstandskörper bei grossen Reynoldsschen Kennzahlen, *Vorträge aus dem Gebiete der Hydro- und Aerodynamik*, Innsbruck; Berlin: Verlag von Julius Springer.

1922 Über den motorlosen Flug, *Die Naturwissenschaften*, Vol. 10.

1922 Standardization in Aerodynamics. *Aerial Age Weekly*, Vol. 14.

1922 Über die Oberflächenreibung von Flüssigkeiten, *Vorträge aus dem Gebiete der Hydro- und Aerodynamik*, Innsbruck; Berlin: Verlag von Julius Springer.

1923 Über die Grundlagen der Balkentheorie, *Scripta Universitatis atque Bibliothecae Hierosolymitanarum*.

1923 Gastheoretische Deutung der Reynoldsschen Kennzahl, *Zeitschrift für angewandte Mathematik und Mechanik*, Vol. 3.

1924 Über das thermisch-elektrische Gleichgewicht in festen Isolatoren, *Archiv für Elektrotechnik*, Vol. 13.

1924 Die mittragende Breite, *Beitrage zur technishchen Mechanik*.

1924 (with Th. Bienen) Zur Theorie der Luftschrauben, *Zeitschrift des Vereins Deutscher Ingenieure*, Vol. 68.

1924 Über die Stabilität der Laminarströmung und die Theorie der Turbulenz, *Proceedings of the International Congress for Applied Mechanics*. Delft: Technische Boekhandel en Drukkerij J. Waltman Jr.

1925 Beitrag zur Theorie des Walzvorganges, *Zeitschrift für angewandte Mathematik und Mechanik*, Vol. 5.

1926 Über elastische Grenzzustände, *Verhandlungen des 2. Internationalen Kongresses für Technische Mechanik*. Zurich; Orell Fussli Verlag.

1927 Berechnung der Druckverteilung an Luftschiffkörpern, *Abhandlungen aus dem Aerodynamischen Institut an der Technischen Hochschule,* Aachen, Vol. 6.

1927 Selected problems in aeronautics (in Japnese), *J. Aero. Res. Inst.*, Tokyo, Vol. 37.

1927 Ideale Flüssigkeiten. *Die Differential- und Integralgleichungen der Mechanik und*

Physik, ed. By Ph. Frank and R. von Mises, Viewag u. Sohn, Braunschweig, Vol. 2.

1928 Die Schleppversuche mit langen Versuchsflächen und das Ähnlichkeitsgesetz der Oberflächenreibungen, *Werft, Reederei, Haften,* Vol. 9.

1928 Mathematische Probleme der modernen Aerodynamik, *Atti del Congresso Internazionale dei Matematici, Bologna.* Bologna: Nicola Zanichelli, Editore.

1929 Beitrag zur Theorie des Auftriebes, *Vorträge aus dem Gebiete der Aerodynamik und Verwandter Gebiete, Aachen.* Berlin: Verlag von Julius Springer.

1929 (with K. Friedrichs) Zur Berechnung freitragender Flügel, *Zeitschrift für angewandte Mathematik und Mechanik,* Vol. 9.

1929 (with Frank L. Wattendorf) The impact on seaplane floats during landing, *National Advisory Committee for Aeronautics, Technical Note No. 321.*

1930 Mathematik und technische Wissenschaften, *Die Naturwissenschaften,* Vol. 18.

1930 Mechanische Ähnlichkeit und Turbulenz, *Nachrichten von der Gesellschaft der Wissenschaften zu Göttingen Mathematisch-physikalische Klasse.*

1930 Mechanische Ähnlichkeit und Turbulenz, *Proceedings of the Third International Congress of Applied Mechanics.* Stockholm: P. A. Norstedt & Soner.

1931 Die Seitenwege der Luftfahrt, *Zeitschrift für Flugtechnik und Motorluftschiffahrt,* Vol. 22.

1932 (with Ernest E. Sechler and L. H. Donnell) The strength of thin plates in compression, *Transactions of the American Society of Mechanical Engineers.*

1932 (with Norton B. Moore) Resistance of slender bodies moving with supersonic velocities, with special reference to projectiles, *Transactions of the American Society of Mechanical Engineers.*

1932 Theorie des Reibungswiderstandes, *Aus dem Buchwerk der Konferenz über hydromechanische Probleme des Schiffsantriebs,* Hamburg.

1932 Quelques problèmes actuels de l'aérodynamique, *Journées Techniques Internationales de l'Aéronautique.* Paris: Chambre Syndicale des Industries Aéronautiques.

1933 Some aerodynamic problems of airships. *The Daniel Guggenheim Airship Institute Publication No. 1.*

1933 Analysis of some typical thin-walled structures, *Aeronautical Engineering,* Vol. 5.

1934 Turbulence and skin friction, *Journal of the Aeronautical Sciences,* Vol. 1.

1934 Turbolenza e attrito superficiale, *L'Aerotecnica,* Vol. 14.

1934 (with Clark B. Millikan) The use of the wind tunnel in connection with aircraft-design problems, *Transactions of the American Society of Mechanical Engineers,* Vol. 56.

1934 (with Clark B. Millikan) On the theory of laminar boundary layers involving separation, *National Advisory Committee for Aeronautics Report No. 504.*

1934 Some aspects of the turbulence problem, *Proceedings of the Fourth International Congress of Applied Mechanics,* Cambridge, Mass.

1935 (with J. M. Burgers) General Aerodynamic Theory: Perfect Fluids, *Aerodynamic Theory,* ed. by W. F. Durand, Vol. 2. Berlin: Verlag von Julius Springer.

1935 (with Clark B. Millikan) A theoretical investigation of the maximum-lift coefficient, *Journal of Applied Mechanics,* Vol. 2.

1935 Neue Darstellung der Tragflügeltheorie, *Zeitschrift für angewandte Mathematik und Mechanik.*

1935 The problem of resistance in compressible fluids, *Quinto Convegno "Volta,"* Rome.

1937 On the statistical theory of turbulence, *Proceedings of the National Academy of Sciences,* Vol. 23.

1937 The fundamentals of the statistical theory of turbulence, *Journal of the Aeronautical Sciences,* Vol. 4.

1937 Turbulence, *Aeronautical Reprints No. 89, 1937, The Royal Aeronautical Society,* London.

1938 (with Leslie Howarth) On the statistical theory of isotropic turbulence, *Proceedings of the Royal Society of London, Series,* A, Vol. 164.

1938 Eine praktische Anwendung der Analogie zwischen Überschallströmung in Gasen und überkritischer Strömung in offenen Gerinnen, *Zeitschrift für Angewandte Mathematik und Mechanik,* Vol. 18.

1938 (with Hsue-shen Tsien) Boundary layer in compressible fluids, *Journal of the Aeronautical Sciences,* Vol. 5.

1938 (with W. R. Sears) Airfoil theory for non-uniform motion, *Journal of the Aeronautical Sciences,* Vol. 5.

1938 Some remarks on the statistical theory of turbulence, *Proceedings of the Fifth International Congress of Applied Mechanics.*

1938 (with F. J. Malina) A series of lectures on aeronautics, *Popular Educator,* No. 2, National Alliance, Inc., New York.

1939 The analogy between fluid friction and heat transfer, *Transactions of the American Society of Mechanical Engineers,* Vol. 61.

1939 (with Hsue-shen Tsien) The buckling of spherical shells by external pressure, *Journal of the Aeronautical Sciences,* Vol. 7.

1939 Use of orthogonal functions in structural problems, *Contributions to the Mechanics of Solids, Stephen Timoshenko 60th Anniversary Volume.* New York: Macmillan.

1940 Some remarks on mathematics from the engineer's viewpoint, *Mechanical Engineering.*

1940 (with Louis G. Dunn and Hsue-shen Tsien) The influence of curvature on the buckling characteristics of structures, *Journal of the Aeronautical Sciences,* Vol. 7.

1940 The engineer grapples with nonlinear problems, *Bulletin of the American Mathematical Society,* Vol. 46.

1940 (with Frank J. Malina) Characteristics of the ideal solid propellant rocket motor, *Jet Propulsion Laboratory, California Institute of Technology, Report No. 1-4.*

1941 (with Hsue-shen Tsien) The buckling of thin cylindrical shells under axial compression, *Journal of the Aeronautical Sciences,* Vol. 8.

1941 Compressibility effects in aerodynamics, *Journal of the Aeronautical Sciences,* Vol. 8.

1941 Problems of flow in compressible fluids, *University of Pennsylvania Bicentennial Conference.*

1942 Isaac Newton and aerodynamics, *Journal of the Aeronautical Sciences,* Vol. 9.

1943 Tooling up mathematics for engineering, *Quarterly of Applied Mathematics,* Vol. 1.

1943 The role of fluid mechanics in modern warfare, *Proceedings of the Second Hydraulics Conference Bulletin 27, University of Iowa Studies in Engineering.*

1943 (with Hsue-shen Tsien and Frank J. Malina) Summary of "The possibilities of long-range rocket projectiles," *Memorandum JPL-1, Jet Propulsion Laboratory, California Institute of Technology,* Vol. 20.

1944 (with Frank J. Malina, M. Summerfield and Hsue-shen Tsien) Summary of "Comparative study of jet propulsion systems as applied to missiles and transonic aircraft," *Memorandum JPL-2, Jet Propulsion Laboratory, California Institute of Technology,* Vol. 28.

1944 (with N. B. Christensen) Methods of analysis for torsion with variable twist, *Journal of the Aeronautical Sciences,* Vol. 11.

1945 (with Hsue-shen Tsien) Lifting-line theory for a wing in non-uniform flow, *Quarterly of*

Applied Mechanics, Vol. 3.

1945 Atomic engineering? *Mechanical Engineering,* Vol. 67.

1945 Faster than sound, *Journal of the Washington Academy of Science,* No. 35.

1946 (with Wei-zang Chien) Torsion with variable twist, *Journal of the Aeronautical Sciences,* Vol. 13.

1946 On laminar and turbulent friction, *NACA Technical Memorandum 1092.*

1947 Supersonic aerodynamics — principles and applications, *Journal of the Aeronautical Sciences,* Vol. 14.

1947 The similarity law of transonic flow, *Journal of Mathematics and Physics,* Vol. 24.

1947 Theoretical considerations on stability and control at high speeds, *Proceedings of the Joint Aeronautical Conference convened by the Royal Aeronautical Society and the Institute of the Aeronautical Sciences.*

1947 Sand ripples in the desert, *Technion Yearbook.*

1947 *Aerothermodynamics.* Columbia University Lectures. (Lectures in the Dept. of Physics Prepared by William Perl.)

1948 Sur la théorie statistique de la turbulence, *Comptes rendus des séances de l'Academie des Sciences,* Vol. 226.

1948 (with Jacques Valensi) Application de la théorie de la couche limite au probléme des oscillations d'un fluide visqueux et pesant dans un tube en U, *Comptes rendus des séances de l'Academie des Sciences,* Vol. 227.

1948 Progress in the statistical theory of turbulence, *Journal of Marine Research,* Vol. 7.

1948 L'aérodynamique dans l'art de l'ingénieur, *Memoires de la Société des Ingéniers Civils de France.*

1948 Progress in aviation, *Journal of the Franklin Institute,* Vol. 246.

1949 (with C. C. Lin) On the concept of similarity in the theory of isotropic turbulence. *Rev. Mod. Phys.* No. 21, 516-519.

1949 On the theory of thrust augmentation. *Reissner Anniversary Vol. Contributions to Applied Mechanics,* 461-468. Ann Arbor, Michigan: Edwards.

1949 Accelerated flow of an incompressible fluid with wake formation, *Annali di Matematica pura ed applicata, Serie IV,* Vol. 29.

1950 (with G. Gabrielli) What price speed? Specific power required for propulsion of vehicles,

Mechanical Engineering, Vol. 72.

1950 (with Pol Duwez) The propagation of plastic deformation in solids, *Journal of Applied Physics,* Vol. 21.

1950 (with Jean Fabri) Ecoulement transsonique à deux dimensions le long d'une paroi ondulée, *Comptes rendus des seances de l'Academie des Sciences,* Vol. 231.

1951 Considérations aérodynamiques sur la formation des ondulations du sable. *Coll. Intern. Du Centre Nat. de la Rech. Sci.,* XXXV, Actions éoliennes. Phénomènes d'evaporation et d'hydrologie superficielle dans les régions arides, 103-108, Algiers.

1951 (with C. C. Lin) On the statistical theory of isotropic turbulence, *Advances in Applied Mechanics,* Vol. 2. New York: Academic Press, Inc.

1951 Introductory remarks on turbulence, *Problems of Cosmical Aerodynamics,* Chapter 19. Dayton, Ohio: Central Air Documents Office.

1951 The theory of shock waves and the second law of thermodynamics, *L'Aerotecnica,* Vol. 31.

1952 (with F. B. Farquharson and L. G. Dunn) Aerodynamic stability of suspension bridges, Part IV. The investigation of models of the original Tacoma Narrows Bridge under the action of the wind, Part III, *Bull. Univ. Wash. Eng. Exp. Sta.,* No. 116.

1952 Jet-assisted take-off, *Interavia: Review of World Aviation,* Vol. 7.

1952 On the foundation of high speed aerodynamics, *Proceedings of the First U.S. National Congress of Applied Mechanics.*

1953 (with Gregorio Millán) The thermal theory of constant pressure deflagration, *Anniversary Volume on Applied Mechanics, Dedicated to C. B. Biezeno.* Haarlem, Holland: N. V. De Technische Uitgeverij H. Stam.

1953 Aerothermodynamics and combustion theory, *L'Aerotecnica,* Vol. 33.

1953 Foundations of operational research, *Proceedings of the Third AGARD General Assembly,* AG6/P3.

1953 (with G. Millán) Thermal theory of a laminar flame front near a cold wall, *Proceedings of the Fourth International Symposium on Combustion.*

1953 (with S. S. Fenner) The thermal theory of constant pressure deflagration for first-order global reactions, *Scientific Papers presented to Max Born.* Edinburgh, London: Oliver and Boyd.

1953 A few comments on rocketry, *Interavia; review of world aviation,* Vol. 8.

1954 On the foundation of high speed aerodynamics, *High Speed Aerodynamics and Jet Propulsion,* Vol. 6, ed. by W. R. Sears. Princeton, New Jersey: Princeton University Press.

1954 (with S. S. Fenner) Fundamental approach to laminar flame propagation, *AGARD Publ., Selected Combustion Problems,* Part 1. London: Butterworth Scientific Publications.

1955 Solved and unsolved problems of high speed aerodynamics, *Conf. High Speed Aero., Brooklyn.*

1955 Models in thermogasdynamics, *I Modelli Nella Tecnica, Atti del Convegno di Venezia,* Vol. 1.

1955 Guided missiles in war and peace, *Aero Digest,* Vol. 71.

1955 The next fifty years, *Interavia; review of world aviation,* Vol. 10.

1955 (with C. C. Lin) Theoretical comments on the paper of Mr. E. N. Fales, *Journal of the Franklin Institute,* Vol. 259.

1956 Fundamental equations in aerothermochemistry, *AGARD Publ., Selected Combustion Problems,* Part 2. London: Butterworth Scientific Publications.

1956 Aerodynamic heating — the temperature barrier in aeronautics, *Proceedings High-Temperature Symposium, Stanford Res. Inst. and University of California,* Berkeley, California. (Also in *Technion Yearbook,* 1958.)

1956 Dimensionslose Grössen in Grenzgebieten der Aerodynamik, Z. *Flugwiss.,* Vol. 4.

1956 Faster, higher, hotter, *Interavia; review of world aviation,* Vol. 11.

1956 The theory of one-dimensional laminar flame propagation for hydrogen bromine mixtures, Part 1 (with S. S. Fenner) Dissociation Neglected, Part 2 (with G. Millán) Dissociation Included, *Guggenheim Jet Propulsion Center, California Institute of Technology, Tech. Rep. 16.*

1956 Some remarks on combustion instability in rockets, *AGARD paper.*

1956 (with B. J. Driscoll) Pathways for cooperation in NATO research and development, *AGARD publication.*

1957 Aerodynamische Erwärmung — die Hitzeschwelle in der Luftfahrt, *Flugwelt,* Vol. 9.

1957 Algunas reflexiones sobre el estado actual de la astronautica, *Ingeniería Aeronautica,* Vol. 9.

1957 More or less seriously, *Interavia: Review of World Aviation,* Vol. 12.

1957 Some observations on guided missiles, *Interavia; review of world aviation,* Vol. 12.

1958 Lanchester's contributions to the theory of flight and operational research, *Journal of the Royal Aeronautical Society,* Vol. 62.

1958 Aerothermodynamic problems of combustion. General Aspects of the combustion problem, *High Speed Aerodynamics and Jet Propulsion,* Vol. 3, ed. by H. W. Emmons. Princeton, New Jersey: Princeton University Press.

1958 Magnetofluidmechanics, *Proceedings Ninth International Astronautical Congress, Amsterdam,* Vol. 2.

1958 Magnetofluidomecanica, *Ingenieria Aeronautica,* Vol. 10.

1959 Some significant developments in aerodynamics since 1946, *Journal of Aero / Space Science,* Vol. 26.

1959 Applications of magnetofluidmechanics, *Astronautics,* Vol. 4.

1959 Some comments on applications of magnetofluidechanics, Introduction, *Proceedings Third Biennial Gas Dynamics Symposium, IX-XI.* Evanston: Northwestern University Press.

1959 Magnetofluidmechanics, some comments in memory of D. Banki, *Acta Technica Academiae Scientiae Hungaricae,* Vol. 27.

1959 Excerpts from a talk at Cornell University (Guest Editorial), *Aerospace Engineering,* Vol. 18.

1961 How to improve scientific cooperation in NATO, *NATO Journal,* Vol. 1.

1961 Space-age education, *Astronautics,* Vol. 6.

1961 Engineering education in our age, *Journal of Engineering Education,* Vol. 52.

1961 (with C. C. Lin) On the existence of an exact solution of the equation of Navier-Stokes, *Communications on Pure and Applied Mathematics,* Vol. 14.

1962 Introductory remarks on space propulsion problems, *Advances in Astronautical Propulsion* (proceedings of a seminar held in Milan by Instituto Lombardo Accademia di Scienze e Lettere in collaboration with AGARD, 1960). Milan: Pergamon Press and Editrice Politecnica Tamburini.

1962 The developing role of nuclear energy in aerospace technology, *IRE Transactions on Nuclear Science,* Vol. 9.

1962 Non-linear buckling of thin shells, *Fluid Dynamics and Applied Mathematics,* ed. by J. B. Diaz and S. I. Pai. New York, London: Gordon and Breach.

1965 (with A. D. Kerr) Instability of spherical shells subjected to external pressure, *Topics in Applied Mechanics* (Schwerin Memorial Volume) ed. by D. Abir, F. Ollendorff, and M. Reiner. Amsterdam, London and New York: Elsevier Publishing Company.

附录 2　荣誉学位和称号
Honorary Degrees and Titles

Doctor of Engineering: Technische Hochschule, Berlin, 1929; University of Liège, Belgium, 1940; Princeton University, 1947; Columbia University, 1948; Technische Hochschule, Aachen, Germany, 1953; Technische Universität Berlin-Charlottenburg, Germany, 1953; Dié Eidgenossische Technische Hochschule, Zurich, Switzerland, 1955; Illinois Institute of Technology, 1959

Doctor of Science: Yale University, 1951; University of Istanbul, Turkey, 1952; Technical University of Istanbul, Turkey, 1955; Hebrew Institute of Technology, Haifa, 1954; Northwestern University, 1956; University of Southern California, 1958; New York University, 1960; Brown University, 1961; University of Budapest, 1962

Doctor Honoris Causa: Free University of Brussels, Belgium, 1937; University of Liège, Belgium, 1947; University of Aix-Marseilles, France, 1949; University of Lille, France, 1953; AAN UW Universitet-Technische Hogeschool, Delft, Netherlands, 1956; University of Paris, France, 1957; University of Seville, Spain, 1958; Politecnico di Torino, Italy, 1960; University of Athens, Greece, 1961

Doctor of Philosophy: University of Berne, Switzerland, 1961

Doctor of Laws: University of California, 1943; Wayne State University, Detroit, Michigan, 1959

Honorary Professor, Columbia University, 1948

President of Honor and Member of the International Union of Theoretical and Applied Mechanics (IUTAM), 1951

Honorary President and Member of the International Council of the Aeronautical Sciences (ICAS), 1958

附录 2 荣誉学位和称号 Honorary Degrees and Titles

Honorary President, Institut du Transport Aerien, 1960

勋章 Decorations and Orders

Officier de la Légion d'Honneur, France, 1947

Commander de la Légion d'Honneur, France, 1956

Grand Officer of the Order "al Merito della Repubblica" of the Italian Government, 1953

The Grand Cross of Merit for Aeronautics, Madrid, Spain, 1955

Appointed to the Pontifical Academy of Sciences by Pope Pius XII, 1955

Grand Officer of the Order of Orange-Nassau, Netherlands, 1956

The Federal Grand Cross for Merit with Star, West Germany, 1956

Grand Cross of the Civil Order of Alfonso X el Sabio, Spain, 1961

The Cross of Commander of the Order of George the First, awarded by King Paul of Greece, 1961

Grand Croix de l'Ordre du Mérite pour la Recherche et l'Invention, France, 1962

奖项 Awards

Army Air Force Commendation for Meritorious Civilian Service, 1945

Medal for Merit (U.S.A), 1946

Exceptional Civilian Service Award (U.S.A.F.), 1955

Medal of Freedom (U.S.A.), 1956

University of Liège Gold Medal, 1937

Gold Medal for Leadership in Aerodynamics and Aircraft Design-ASME, 1941

Grand Medaille d'Honneur, Association des Ingénieurs-Docteurs de France, 1946

Sylvanus Albert Reed Award, IAS, 1948

John Fritz Medal, ASCE, ASME, AIMEE, AIEE, 1948

Franklin Gold Medal, 1948

Lord Kelvin Gold Medal, England, 1950

Air Power Award, Air Force Association (U.S.A.), 1950

Gold Medal, Royal Aeronautical Society, England, 1952

Lord and Taylor Award, New York, 1953

Trasenster Medal and Diploma, Association des Ingénieurs de Liège, 1954

Astronautics Award, American Rocket Society, 1954

Wright Brothers Memorial Trophy, 1954

Daniel Guggenheim Gold Medal, 1955

Ludwig Prandtl Ring Award of the WGL (Göttingen, Germany) for Scientific Accomplishments in Fluid Mechanics, 1956

Gold Medal, Vincent Bendix Award, 1957

Silver Bowl for Creative Achievement in the Conquest of Space, Los Angeles Chamber of Commerce, 1958

Timoshenko Medal for Distinguished Contributions to Applied Mechanics, 1958

Benjamin Garver Lamme Gold Medal, American Society for Engineering Education, Purdue University, 1960

Gold Medal, Robert H. Goddard Memorial Award, American Rocket Society, 1960

Karl Friederich Gauss Medal, For Scientific Accomplishments in the Field of Fluid Mechanics and Efforts to Establish Scientific Cooperation between the Nations of the World, Braunschweig, Germany, 1960

Christopher Columbus Gold Medal, "Celebrazioni Colombiane," Genoa, Italy, 1960

George Washington Award, American Hungarian Institute, Rutgers, New Jersey, 1961

James Watt International Gold Medal, London, England, 1961

AGARD Gold Medal, "Inspiring Leadership, Scientific Achievement and Promotion of International Scientific Cooperation," Paris, France, 1962

Diamond Jubilee Diploma, University of Budapest, 1962

Banki Medal, Hungarian Astronautical Society, 1962

Exner Medal, Vienna, Austria, 1962

United States National Medal of Science, Washington, D.C., 1963

Thomas D. White National Defense Award, U.S.A.F. Academy, Colorado, 1963

International Teacher of the Year, International Senior League, Los Angeles, 1963

附录3 索引
Index

A-20 Bomber, A-20轰炸机 253-256

Aachen, 亚琛 73-74, 78, 110, 127, 129, 140, 176, 220, 272; postwar, 战后 277-278

Aachen, Technische Hochschule of, 亚琛理工学院 7-8, 13, 54, 73-74, 76-79, 91-96, 98-110, 112, 115, 118, 120-121, 125, 128, 131, 134-137, 141-148, 154-155, 159-161, 176; wind tunnel at, 风洞 75-76, 115, 118, 125, 131

Aachen Association for Aeronautical Sciences, 亚琛航空学会 97

Aberdeen, Md., wind tunnel at, 马里兰州阿伯丁的风洞 230

Académie Française, 法兰西学院 217

Academy of Fine Arts in Seville, 塞维利亚美术学院 340

Academy of the Lynx, Italy, 意大利猞猁学会 217

Accademia d'Italia, 意大利科学院 217

Ackeret, Jakob, 雅各布·阿克莱 218, 221, 290, 295

aeolian harp, theory of, 风弦琴理论 64

Aerobee rocket, "太空蜜蜂"火箭 320

Aerodynamic Theory (Durand), 《空气动力学理论》（杜兰德）123

aerodynamics: dust storms and, 尘暴与空气动力学 206-207; high-speed, 高速 271, 290 (*see also* supersonic aerodynamics); new jobs for, 新工种 202-210; as science, 作为一门学科的空气动力学 59, 202

Aerodynamics Institute, Soviet Union, 苏联空气动力学研究所 187

Aerojet-General Corporation 通用航空喷气公司: formation of, 初创 256-257; purchase by General Tire and Rubber Co., 被通用轮胎橡胶公司收购 315-322; Technical Advisory

Board, 技术顾问委员会 317, 320; mentioned, 提及 4, 64, 86, 242, 269, 312, 327

aeronautics: elasticity and, 弹性理论与航空学 155; future of, 航空学的未来发展344-353; history of, 航空学发展史 58-59; speed records in, 航空学速度记录 216, 223

Aeroplex, 固态推进剂 264

Aerospace Corporation, 航空航天公司 270

AGARD (Advisory Group for Aeronautical Research and Development), 航空研究和发展顾问团 322-339; attacks on, 对其的攻击 334; formation of, 组建 325-326; mentioned, 提及 4, 60, 128

Air Force, U.S. 美国空军 *See* United States Air Force air friction, drag and, 61

Agnelli, Giovanni, 乔瓦尼·阿涅利 330

Air Materiel Command, 空军装备司令部 253

airplane 飞机: all-metal, 全金属 77, 171; atomic-powered, 原子能驱动 271; commercial, 商用 169, first U.S. all-metal transport, 美国第一架全金属运输机 171; flying-wing type, 机翼型号 172-174; history of, 历史 42, 57-58, 98-100; lift and drag on, 升力和阻力 56-57; multi-engine, 多引擎 217; postwar development of in Europe, 战后在欧洲的发展 96-103; shock waves in, 激波 231-233; sound barrier and, 音障与飞机 175, 216, 219-220, 234; speed of, 速度216-223; supersonic, 超音速 *see*见supersonic flight; synchronized machine gun in, 82-84; tailless, 无尾翼 173; vibrations in, 振动 169-170; of World War I, 在第一次世界大战中 78-79, 81-82, 87, 171; of World War II, 在第二次世界大战中 96-98, 231; *see also*另见airship; Zeppelin

Air Research Corporation, 航空研究发展公司 256

airship, 飞艇 159, 166-167; in wind-tunnel tests, 风洞测试 161; *see also*另见Zeppelin

Airship Institute, Akron, O., 俄亥俄州阿克伦飞艇研究所 145, 160-161, 168

Akron, University of, 阿克伦大学 160

Akron, USS, "阿克伦"号飞艇 162-164

Akron Institute, 阿克伦研究所 *see*见Airship Institute

Albatross plane, 信天翁式飞机 81

Albrecht, Archduke, 艾耳布赖希大公 17

Allard, Pierre, 皮埃尔·阿拉德 334

Allen, Eddie, 埃迪·艾伦 227

American Rocket Society, 美国火箭学会 239, 255

American Scientist,《美国科学家》杂志 296

Ammann, O. H., O. H. 安曼 213-214

Anderson, Carl David, 卡尔·大卫·安德森 149-150

Antoinette plane, 安托瓦内特飞机 43

Anything a Horse Can Do (Gregory),《直升机发展史》（格列高利）87

Archimedes, 阿基米德 53, 81

Arid Zone Research Program (UNESCO), 干旱地区研究计划（联合国教科文组织）323, 324, 347

Armed Forces Special Weapons Project, 军用特种武器计划 301

Army Air Corps. 空军 *See* 见 United States Air Force

Arnold, Gen. Henry H. ("Hap"), 亨利·H（哈普）·阿诺德将军 164, 225-227, 232-233, 243-244, 247, 259, 267, 271-272, 274, 277, 283, 290, 292*n*, 302, 305, 325

Arnold, Weld, 韦尔德·阿诺德 239

Arnold Engineering Development Center, Tullahoma, Tenn., 田纳西州图拉霍马阿诺德工程开发中心 300, 310, 326

Arnstein, Karl, 卡尔·阿恩斯坦 116, 159, 166

Arroyo Seco, 阿罗约塞科 240, 245

artillery, science of, 炮兵学 80-81

ASTIA (Armed Services Technical Information Agency), （美国）国防技术情报局 277

Aston, F. W., F. W. 阿斯顿 69

"astronautics," 航天学 238; *see also* 另见 aeronautics

astronomical unit, 天文单位 345

Ataturk, Kemal, 凯末尔·阿塔土克 337

Atlas-Able rocket, "宇宙神-艾布尔"火箭 320

Atlas rocket, "宇宙神"火箭 301

atom 原子: Bohr theory of, 玻尔的原子理论 70-71, 177; splitting of, 原子分裂 177

atomic airplane, 原子能飞机 270

atomic bomb 原子弹: defense against, 防御 303; development of, 发展 177-178, 283; mentioned, 提及 5, 150, 184, 270, 294, 326, 352

atomic energy, 原子能，核能 283

Atomic Energy Commission, 原子能委员会 301, 321

atomic theory, new concepts in, 原子理论新概念 65-71

Atoms for Peace Conference, Geneva, 日内瓦和平利用原子能会议 178

Austro-Daimler Company, 奥地利戴姆勒公司 87

Austro-Hungarian Air Force, 奥匈帝国空军 81-82, 98, 222

Austro-Hungarian Army, 奥匈帝国军队 31, 80-82, 89-90

automobile industry, 汽车工业 48, 118-119, 142

aviation航空: history of, 历史 56-65, 98; military, 军用 246-247, 289; postwar,战后 96-103, 289-290

Azon guided missile, "阿松"导弹 230

B-29 Plane, B-29飞机 227, 294

B-36 plane, B-36飞机 175, 227

B-47 plane, B-47飞机 227, 277

B-52 plane, B-52飞机 227

Balliol College, Oxford, 牛津大学贝列尔学院 21

ballistic missiles, 弹道导弹 229, 266

ballistics, science of, 弹道学 219, 227-228

Balogh, Thomas, 托马斯·巴罗 21

Banki, Donat, 多纳特·班基 29-31

Bardin, I. P., I. P. 鲍尔丁 187

Barnes, Maj. Gen. Gladion M., 格拉迪恩·M. 巴恩斯少将 229, 265

Baruch, Bernard, 伯纳德·巴鲁克 6

Bateman, Harry, 哈里·贝特曼 124-125

Battle of the Bulge, 凸出部战役（阿登战役）268

Battle of Trafalgar, 特拉法尔加角海战 332

Bäumker, Adolph, 阿道夫·鲍姆克 119-120, 146, 273

Beehan, T. Edward (Eddie), T. 爱德华（爱迪）·比汉 318

Belgian-American agreement (1958), 比美协定（1958）335

Bell, Eric Temple, 埃里克·坦普尔·贝尔 149

Bell Telephone Laboratories, 贝尔电话实验室 165

Bell X-1 and X-2 planes, 贝尔X-1和X-2飞机 175, 216, 234, 302, 343

Belsen concentration camp, 贝尔森集中营 279

Benard, Henri, 亨利·贝纳德 64

Bencze, Lt. Louis, 路易·本切中尉 85

Berlin, University of, 柏林大学 64, 76, 282

Bethe, Hans, 汉斯·贝特 179, 301

Betz, Albert, 阿尔伯特·贝茨 113-114, 224

Bienen, Theodore, 西奥多·比安能 144-145

Big Kármán 大卡门. See 见 Kármán fillet

Biot, M. A., M. A. 比奥特 235

Bjerknes, Jakob A., 雅各布·A. 毕尔克尼斯 164

Black Devil glider, "黑魔"滑翔机 98-100

blast-effects problem, 爆炸影响问题 247

Bloch, Marcel, 马赛尔·布洛克 330

Blue Mouse glider, "蓝鼠"滑翔机 100

Boeing Airplane Company, 波音飞机公司 227, 276

Boeing 247 plane, 波音247飞机 171

Boeing 707 plane, 波音707飞机 32, 227

Bohr, Harald, 哈拉尔德·玻尔 177

Bohr, Margrethe, 玛格丽特·玻尔 177

Bohr, Niels, 尼尔斯·玻尔 4, 70, 177-178, 315, 352

Bohr atom, 玻尔氏原子 70-71, 177

Bollay, William, 威廉·鲍莱 275

Bolsheviks, 布尔什维克 92-93, 186

Bolster, Capt. Calvin, 卡尔文·波尔斯特中校 253, 264

Boltzmann, Ludwig, 路德维希·玻尔兹曼 34, 50

Bolza, Hans, 汉斯·波尔扎 46

Bomarc missile, "波马克"导弹 320

"Bombe" machine, 46

Born, Max, 马克斯·玻恩 46, 49, 66-70, 352

boundary layer, 边界层 61, 321

Boushey, Lt. Homer, 霍默·鲍谢上尉 249-250

413

Bradbury, Norris, 诺里斯·布雷德伯里 301

Bragg, Sir William, 威廉·布拉格爵士 68

Braun, Wernher von, 沃纳·冯·布劳恩 238, 265, 272, 282

Braunschweig, Germany, "institute" at, 位于德国布伦瑞克的"研究所" 273-274, 277

Breguet, Louis, 路易·宝玑 330

bridges, vibration of, 桥梁的振动 211-215

Brooklyn Polytechnic Institute, 布鲁克林理工学院 46, 76, 222

Bücken, Hans, 汉斯·布肯 160

buckling屈曲: in Grand Coulee Dam, 大古力水坝的屈曲情况 207-208; nonelastic, 无弹性屈曲 35; in rocks, 岩石的压曲 45-46; theory of, 屈曲理论 33

Budapest布达佩斯: early life and work in, 早期生活与工作 15-19; postwar destruction in, 战后破坏 288; University of, 布达佩斯大学 16, 22, 91, 93-95, 157

Budapest National Museum, 布达佩斯国家博物馆 94

bureaucracy, 官僚主义 296-297

Busch, Moritz, 莫里茨·布施 347

Busemann, Adolf, 阿道夫·布斯曼 218, 221, 224, 295

Bush, Vannevar, 范内伐·布什 230, 243, 248, 271-272, 294, 300

C-54 Plane, C-54飞机 272, 291

calculus, 微积分 21, 49

California Institute of Technology (Cal Tech)加州理工学院: early days at, 在加州理工学院最初的日子 146-151; as first American university to treat rockets seriously, 第一所认真对待火箭的美国大学 239; mentioned, 提及 5, 13n, 53-54, 87, 115, 120-121, 123-125, 129, 138, 140-141, 145, 152-157, 161-164, 169-172, 178, 181-185, 193, 204-206, 208, 212, 214, 223, 225-230, 234-235, 240-245, 248, 251-254, 258, 261, 264-266, 269-270, 279, 286, 291, 301, 309-311, 317; see also另见GALCIT; Jet Propulsion Laboratory, Cal Tech

Cambridge, University of, 剑桥大学 64, 69, 102, 124, 150, 166, 177-178

Cape Canaveral (Kennedy), Fla., 佛罗里达州卡纳维拉尔角（肯尼迪角）168

Caproni plane, 卡普罗尼飞机 87, 224

carburetor design, 汽化器设计 32

Carmody, John M., 约翰·M. 卡莫迪 213

Carroll, Gen. Franklin O., 富兰克林·O. 卡罗尔将军 233-234, 258, 260, 269, 298

Casadesus, Robert M., 罗伯特·M. 卡扎德絮 183

Catholic University of Washington, 华盛顿天主教大学 193

Cavendish Laboratory, 卡文迪什实验室 295

cavitation, 气穴现象 205

Cayley, Sir George, 乔治·凯利爵士 58, 241

Center for Supersonic and Pilotless Aircraft Development, proposed, 计划中的超音速和无人驾驶飞机研究中心 298

Central Aero-Hydrodynamic Institute (ZAGI), 中央空气流体力学研究所（莫斯科） 125, 186

Chadwick, Sir James, 詹姆斯·查德威克爵士 150

Chang, C. C., 张教授 193

Chanute, Octave, 奥克塔夫·夏努特 98

Charlemagne, 查理曼 74

Charlottenburg College, Berlin, 柏林夏洛滕工学院 37, 53

Chatfield, Charles Hugh, 查尔斯·休·查特菲尔德 127

Chiang Hsueh-liang, Marshal, 张学良 197

Chiang Kai-shek, Generalissimo, 蒋介石 191-193, 196-198

Chiang Kai-shek, Mme., 蒋介石夫人 198

Chiao Tung University, Shanghai, 上海交通大学 309-310

Chicago, University of, 芝加哥大学 123, 148

Chidlaw, Gen. Benjamin, 本杰明·契德劳将军 244, 259

China, visit to, 访问中国 190-201

Chinese Academia Sinica, 中科院 314

Chinese Air Force, 中国空军 191-193, 196-197

Chou, General, 周将军 195

Christanovich, 克里斯坦诺维奇 187

Churchill, Sir Winston S., 温斯顿·S. 丘吉尔爵士 289

Cladwell, Frank, 弗兰克·克拉德威尔 129

cloud chamber, 云室 150

Cochran, Jacqueline, 杰奎琳·科克伦 12, 219

Colbohm, Frank, 弗兰克·科尔博姆 302

Columbia University, 哥伦比亚大学 21, 147, 177

columns, buckling of, 杆件的挠曲现象 32-33

combustion, in rockets, 火箭中的燃烧问题 327-328

communication satellites, 通信卫星 346

Compton, Karl T., 卡尔·T. 康普顿 165

Comsat, 通信卫星公司 346n

Cone, Admiral H. I., H. I. 康尼海军上将 121, 130

Confucius and Confucianism, 孔子与儒家思想 184, 194

Congress of Applied Mechanics, 应用力学大会 39, 105, 135, 137

Consolidated Vultee Aircraft Company, 伏尔特联合飞机公司 168, 243; as Convair, 更名康瓦尔公司 221

Convair, 康瓦尔公司 168, 221

Cooper, John C., 约翰·C. 库珀 344

Copenhagen, University of, 哥本哈根大学 70

Corbino, Orso Mario, 奥索·马利奥·科比诺 179

Cornell University, 康奈尔大学 43, 114, 172, 301, 351

Corning Glass Works, 康宁玻璃制品公司 152

Corporal rocket, "下士"火箭 265

cosmic rays, 宇宙射线 149

"cosmonautics," correct use of term, "宇宙航行学"术语的正确使用 238

COSPAR (International Committee on Space Research), 国际空间研究委员会 344

Council of Foreign Ministers, 外长会议 91

Courant, Richard, 理查德·柯朗 38, 49

CPT (Civil Pilots Training), 民航飞行员训练计划 156

Craigie, Gen. Laurence, 劳伦斯·克雷吉将军 304

Crocco, Gen. Gaetano Arturo, 加埃塔诺·阿图罗·克罗科将军 105, 218-219, 222

Crocco, Luigi, 路易吉·克罗科 222

Crowley, Aleister, 亚历斯特·克劳力 257

crystal structure, 晶体结构 67-68

Curie, Mme. Marie (Sklodowska), 玛丽·居里夫人 42

Curtiss Aeroplane and Motor Co., 柯蒂斯飞机与发动机公司 114

cyclotron, 回旋加速器 178

cylinder, pressure on, 圆柱体所受压力 62

Dane, Maj. Paul H., 保罗·H. 戴恩少校 254, 280, 329

Dante Alighieri, 但丁 31

Darwin, Charles, 查尔斯·达尔文 10

Darwin, George H., 乔治·H. 达尔文 124

Dassault Company, 达索公司 330

Day and Night Mfg. Co., 日夜制造公司 260

DC-I plane, DC-1 飞机 169-171

DC-2 plane, DC-2 飞机 169

DC-3 plane, DC-3 飞机 168-176, 185, 209, 284

Debye, Peter, 彼得·德拜 68-69

Defense Plant Corporation, 国防设备公司 260

Delag Company, 德莱格飞艇公司 117

Delft Technical University, 代尔夫特理工大学 105

delta wing, 三角翼 221

Descartes, René, 勒内·笛卡尔 65

Dessau (Junkers) factory, （容克在）德绍的工厂 110, 115

Deutsche Versuchsanstalt für Luftfahrt (DVL), 德国航空研究所 110

differential equations, 微分方程 49

digital computer, 数字计算机 107

Dirac, Paul M., 保罗·M. 狄拉克 4

Dirksen, 德克森 274-275

Donald, W. H., 端纳 197

Doolittle, Gen. James H., 詹姆斯·H. 杜立德将军 122, 133, 304

Dornberger, Gen. Walter, 沃尔特·多恩伯格将军 272, 282-283

Douglas, Donald, 唐纳德·道格拉斯 169, 172, 219

Douglas Aircraft Co., 道格拉斯飞机公司 98, 168-172, 185, 261, 302

drag, aerodynamic, 气动阻力 56-62, 139, 221

Draper, C. Stark, C. 斯塔克·德雷珀 300

Dresel, Cmdr. Alger H., 阿尔杰·H. 德雷斯尔海军中校 162

Driscoll, B. J., B. J. 德里斯科尔 326

Driscoll, Col. John J., 约翰·J. 德里斯科尔上校 329

Drosophila, 果蝇 147

Dryden, Hugh, 休·德莱顿 6, 138, 230, 233, 238, 269, 272, 282, 309

DuBridge, Lee, 李·杜布里奇 270, 311-313

Dumont, Santos, 桑托斯·杜蒙 42

Dunn, Louis, 路易斯·邓恩 213, 269, 300

Dunning, John, 约翰·邓宁 177

Duralumin, 杜拉铝, 硬铝 133

Durand, William F., 威廉·F. 杜兰德 123, 141, 165-166

dust storms, 沙尘暴 206, 324

Duwez, Pol, 保尔·杜维兹 248

dynamic meteorology, 动力气象学 155

Early Warning Defense Line, 防空系统 303

earth-orbiting laboratories, 地球轨道实验室 345

Echols, Gen. Oliver, 奥利弗·埃科尔斯将军 268

Eckener, Hugo, 雨果·埃肯纳 117, 167

Edwards, Capt. Glenn W., 格伦·W. 爱德华兹上尉 175

"effective width" theory, "有效宽度"理论 171

Ehrenhaft, Felix, 菲利克斯·艾伦哈夫特 123

Eiffel, Alexandre Gustave, 亚历山大·古斯塔夫·埃菲尔 82, 125

Einstein, Albert, 阿尔伯特·爱因斯坦: K's appraisal of, 卡门对他的评价 180-184; mentioned, 提及 4, 12, 24, 40, 47, 51, 67-68, 96, 124, 126, 151, 177-178, 181-184, 261, 283, 340, 349, 351

Eisenhower, Gen. Dwight D., 德怀特·D. 艾森豪威尔将军 164, 265, 281, 332

elastic equilibrium, 弹性平衡 33

elasticity, aeronautics and, 航空学与弹力 155

"El Bokarebo," Göttingen home, "爱勒·波卡丽堡",在哥廷根的寓所 46, 66

ELDO (European Launcher Development Organization), 欧洲发射装置发展组织 344

electromagnetism, 电磁学 40, 271

electron, 电子 69, 71, 150

Elizabeth II, England, 英国伊丽莎白二世 295

Encyclopedia of the Mathematical Sciences,《数学百科全书》52

Encyclopédie (Diderot),《百科全书》（狄德罗）237

energy levels, 能级 71

Engels, Friedrich, 弗里德里希·恩格斯 23

Engesser, F., F. 恩格瑟 35

Engineering 工程学: mathematics and, 数学与工程学 54, 124; science and, 科学与工程学 54; U.S. courses in, 美国工程学课程 157

English, K's knowledge of, 卡门的英语知识 27-28

Eötvös, Baron Josef von, 约瑟夫·冯·厄缶男爵 17, 31

Eötvös, Roland von, 罗兰·冯·厄缶 22

Eötvös Prize, 厄缶奖 22, 30

Epstein, Paul Sophus, 保罗·索福斯·爱泼斯坦 120-121, 124, 140, 149, 182, 309

Ercoupe, JATO-equipped, "艾尔考普"型喷气及火箭推力飞机 249-250

erosion, wind, 风蚀 207

Esnault-Pelterie, Robert, 罗伯特·艾思诺-佩尔特里 237

ESRO (European Space Research Organization), 欧洲太空研究组织 344

Etrich, Igo, 艾戈·埃特里希 79

Euler, Leonhard, 列昂哈德·欧拉 33, 248

Europe, postwar, 战后欧洲 273-283

Ewald, Paul, 保罗·埃瓦尔德 46

Explorer I, "探险者1号"人造地球卫星 266

F-86 Sabre Jet Plane, F-86 "佩刀"喷气式战斗机 304

FAHO, technical education group, 一个关心技术教育的工业家团体 110

Fales, Elisha, 以利沙·法尔斯 129

Faraday, Michael, 迈克尔·法拉第 10

Farley, James A., 詹姆斯·A. 法利 169

Farman, Henry, 亨利·法尔芒 42, 174

Farquharson, F. B., F. B. 法夸尔森 212-214

Farren, Sir William, 威廉·法伦爵士 166-167

Fascism, 法西斯主义 216, 218; *see also* 另见 Nazis

Faust (Goethe),《浮士德》(歌德) 101

Federal Bureau of Investigation, 联邦调查局 119, 258, 311

Federal Power Commission, 联邦动力委员会 256

Federal Works Agency, 联邦工程局 213

Fejer, Leopold, 利奥波德·费耶 179

Fermi, Enrico, 恩利克·费米 4, 177-178

Ferri, Antonio, 安东尼奥·费里 222

Fiat Company, 菲亚特公司 111, 330

Fifth Volta Congress, 第5届沃尔特会议 216-217, 221-222, 246

Fischamend, Austria, wind tunnel at, 奥地利菲沙门德的风洞 82-83, 85-86, 98

Fischer, C. Fink, C. 芬克·费歇尔 156

Fizeau, Armand H., 阿芒·H. 菲索 34

Fleet, Ruben, 鲁本·弗利特 242

Flexner, Abraham, 亚伯拉罕·弗莱克斯纳 184

flight, history of, 飞行的历史. *See* 见 airplane

Flugwissenschaftliche Vereinigung Aachen (FVA), 亚琛航空学会 97

fluid mechanics, 流体力学 163-164, 203-206, 328

flying lessons, 飞行课程 78-79, 97-98

flying-wing aircraft, "飞翼"式飞机 172-176

Focke, Heinrich, 海因里希·福克 173

Fokker, Anthony H. G., 安东尼·H. G. 福克 82-85, 100

Föppl, August, 奥古斯特·福勃尔 40

Föppl, Gertrude (Mrs. Ludwig Prandtl), 格特鲁德·福勃尔(路德维希·普朗特夫人)38

Ford, Henry, 亨利·福特 114-115

Ford Motor Company, 福特汽车公司 246-247

Forest, A. V. de, A. V. 德·福雷斯特 165-166

Forman, Beverly, 贝弗利·福尔曼 254

Forman, Edward S., 爱德华·S. 福尔曼 235, 237, 254, 256-257, 317, 319

Foster, Pat, 帕特·福斯特 289

Fouse, W. E., W. E. 福斯 316

fourth dimension, 第四维度 24

Francis Ferdinand, Archduke, 弗朗西斯·斐迪南大公 80

Franck, James, 詹姆斯·夫兰克 71

Franz Joseph, Emperor of Austria, 奥地利皇帝弗朗茨·约瑟夫 9, 14-17, 22, 87-89

free-piston engine, 自由活塞发动机 75

French Air Force, 法国空军 323

French Physical Society, 法国物理学会 237

Freud, Sigmund, 西格蒙德·弗洛伊德 18, 96

Friedrichshafen, Germany, 德国腓特烈港 168; *see also* 另见Zeppelin Company

Fuchs, Klaus, 克劳斯·福克斯 314

Fulton, Capt. Garland, 加兰·富尔顿海军上校 166

Gabrielli, G., G. 加布里埃利 234, 330

Gagarin, Yuri, 尤里·加加林 42

GALCIT (Guggenheim Aeronautical Laboratory, Cal Tech), 加州理工学院古根海姆航空实验室 126-127, 139, 145, 160, 185, 241, 245, 251, 261, 264, 277

Galileo Galilei, 伽利略 56, 217

Gamow, George, 乔治·盖莫 305

Gandhi, Mahatma, 圣雄甘地 133-134

Ganz and Company, 冈兹公司 31-33

Gardner, Trevor, 特雷弗·加德纳 301

Garrett, Cliff, 克里夫·加瑞特 256

Garros, Roland, 罗兰·加洛斯 82

Gauss, Karl Friedrich, 卡尔·弗里德里希·高斯 34

General Electric Co., 通用电气公司 202-204

General Motors Corp., 通用汽车公司 155, 165, 172

General Tire and Rubber Co., 通用轮胎与橡胶公司 253, 258, 316-317

geometry, liking for, 对几何学的嗜好 27

George II, England, 英国乔治二世 34

Georgia Augusta乔治亚·奥古斯塔. See见Göttingen, University of

Georgii, Walter, 沃尔特·乔治 173

German Air Force (Luftwaffe), （二战时期的）纳粹德国空军 78, 83, 216, 274, 292-293, 304

German Army, 德国军队 44

German language, 德语 27

German Patent Office, 德国专利局 111-113, 222

Germany德国: concentration camps in, 德国集中营 279; K's early service to, 卡门早年在德工作经历 13, his postwar work in, 战后卡门在德的工作 272; last days before U.S. trip, 卡门赴美之前在德的最后时光 140-146; secret military preparations in, 德国的秘密军事准备 144, 216; slave labor, 德国奴工 279

Gersfeld Castle, 格斯菲尔德城堡 99

Getting, Ivan, 艾凡·格廷 270

Giannini, Gabriel, 加布里埃尔·贾尼尼 179

Gibbel, Henry Z., 亨利·Z. 吉布尔 258

Gilkey, Col. Signa A., 西格纳·A. 吉尔基上校 231

Glantzberg, Col. Frederick E., 弗雷德里克·E. 格兰茨伯格上校 269, 271, 289-291,295

glider, 滑翔机 58, 96-103; rocket-boosted, 火箭助推器加速的滑翔机 250

Global Mission (Arnold), 《全球使命》（阿诺德）269

God, science and, 科学与上帝 23, 151, 182

Goddard, Robert H., 罗伯特·H. 戈达德 238, 240-241, 251, 255

Goering, Hermann, 赫尔曼·戈林 78, 146, 168, 216, 273

Goethe, Johann Wolfgang von, 约翰·沃尔夫冈·冯·歌德 4, 27, 31, 47, 233

gold mining, 金矿开采 72

Goldziher, Ignác, 伊格纳克·戈尔德齐哈尔 31

Gongwer, Calvin, 卡尔文·冈维尔 64-65, 263

Goodyear Tire and Rubber Co., 固特异轮胎与橡胶公司 159-160

Gorky, Soviet Union, 苏联的高尔基 186

Göttingen, Germany, 德国哥廷根 39-40, 46, 73, 78, 127, 272, 280-281, 310

Göttingen, University of 哥廷根大学: coldness at, 冷淡 37; dueling societies, 决斗社团 36; fellowship to, 奖学金 34; life at, 求学生活 35, 47; postwar visit to, 战后访问 280-281;

science and engineering at, 科学与工程学 54-55; wind tunnel, 风洞 64, 76; mentioned, 提及 5, 13, 27, 29, 36, 38-41, 44-48, 50, 52-54, 59-60, 72, 77, 99, 113, 116-117, 125, 128, 132, 135-136, 139, 142, 148, 152-154, 161, 177, 180, 189, 280

Goya, Francesco, 弗朗西斯科·戈雅 340

Graf Zeppelin, airship, "齐柏林公爵"号飞艇 167

Grand Canyon, 大峡谷 127

Grand Coulee Dam, 大古力水坝 207

Gregory, Brig. Gen. Frank, 弗兰克·格列高利准将 86-87

Griggs, David, 大卫·格里格斯 301

Gross, Robert E., 罗伯特·E. 格罗斯 115, 231

Groves, Gen. Leslie, 莱斯利·格罗夫斯将军 270

Gruenther, Gen. Alfred M., 阿尔弗雷德·M. 格伦瑟将军 325

Guggenheim, Daniel, 丹尼尔·古根海姆 120-123, 130

Guggenheim, Daniel, Fund for the Promotion of Aeronautics, 丹尼尔·古根海姆航空促进基金 122

Guggenheim, Daniel and Florence, Foundation, 丹尼尔和弗洛伦斯·古根海姆基金 122-123, 127, 145, 153, 169, 310

Guggenheim, Daniel and Florence, Jet Propulsion Center, 丹尼尔和弗洛伦斯喷气推进研究中心 310

Guggenheim, Harry F., 哈里·F. 古根海姆 122, 160, 241-243, 310, 341

Guggenheim, Simon, 西蒙·古根海姆 122

Guggenheim Aeronautical Laboratory 古根海姆航空实验室. *See* 见 GALCIT

Guggenheim Airship Institute, 古根海姆飞艇研究所 160-162

guided-missile program, U.S., 美国的导弹计划 230

Guidonia, Italy, wind tunnel, 意大利圭多尼亚的风洞 221

Gutenberg, Beno, 贝诺·古腾堡 163, 183

gyroscope, 回转仪 128

Haar, Alfred, 阿尔弗雷德·哈尔 48

Hahn, Otto, 奥拓·哈恩 283, 315

Hale, George Ellery, 乔治·埃勒里·海尔 123-124

Haley, Andrew (Andy) G., 安德鲁（安迪）·G. 黑利 188, 256-261, 316, 318-320, 341-342, 347

Handley Page, Ltd., 汉德利·佩奇飞机公司 112-114

Hannover Technical College, 汉诺威工学院 53-55, 100

Harriman, Averell, 埃夫里尔·哈里曼 287

Harth, Friedrich, 弗雷德里希·哈斯 100

Harvard University, 哈佛大学 270, 301, 306

Hazi, Nyiregy, 尼里基·哈齐 183

heat-transfer problems, 热传问题 204

"Heavenly Turbulence," K's paper, 《太空中的湍流》（卡门的论文）162

Heinkel, Ernst, 恩斯特·汉克尔 112-114, 224

Heinkel turbojet, 汉克尔喷气涡轮发动机 224

Heisenberg, Werner, 维尔纳·海森堡 49, 182

helicopter designs, 直升机设计 86-88

helium, in airships, 飞艇使用的氦 167

Helmholtz, Hermann von, 赫尔曼·冯·亥姆霍兹 34, 315

Henke, Frau, 亨克夫人 46

Henry, Prince of Prussia, 普鲁士亨利亲王 100

Hentzen, 亨岑 101

Herbart, Johann, 约翰·赫尔巴特 16, 18

Hermann, Rudolph, 鲁道夫·赫尔曼 282

Hertz, Gustav, 古斯塔夫·赫兹 71

Hertz, Heinrich, 海因里希·赫兹 34, 158

Hevesi, George de, 乔治·德·赫维西 21

Heyn, E., E. 海恩 45-46

Hibbard, Hall, 霍尔·希巴德 231

Hickman, Clarence, 克拉伦斯·希克曼 240

Hiemenz, Herr, 希门茨先生 62-63

High Speed Volta Conference, 沃尔塔高速会议 290

Hilbert, David, 大卫·希尔伯特 34, 40-41, 47-55, 66, 148, 180, 328

Hilbert, Katherine, 凯瑟琳·希尔伯特 51-52

Hindenburg, Paul von, 保罗·冯·兴登堡 180

Hindenburg airship, "兴登堡"号飞艇 167

Hirsch, André Louis, 安德雷·路易·赫希 239

Hitler and Hitlerism, 希特勒和希特勒主义 38-40, 100, 115, 144, 146, 167, 180, 244, 275-276, 280, 283, 293

Hollander, Aladar, 阿拉达·霍兰德 205

Hoover, Herbert, Jr., 小赫伯特·胡佛 138

Hopf, Ludwig, 路德维格·霍普特 144

horseshoe vortices, 马蹄形旋涡 61

hot-wire technique, 热线测量法 138-139

Hovgaard, William, 威廉·霍夫加德 165

Hubble, Edwin, 爱德温·哈勃 151

Hudson bomber, "哈得孙"轰炸机 231

Hughes Aircraft Co., 休斯飞机公司 230, 256

Hungarian Academy of Sciences, 匈牙利科学院 18, 33-34

Hungarian Social Democrats, 匈牙利社会民主党 90

Hungary 匈牙利: early life in, 早年生活 13-34; revolution in, 革命 90-95; *see also* 另见 Budapest

Hunsaker, Jerome, 杰罗姆·亨塞克 243

Huxley, Thomas, 托马斯·赫胥黎 10

hydraulic engineering, 水力工程学 205

hydrodynamics, 流体力学 180, 205, 206, 256-257

hydrogen, in airships, 飞艇使用的氢 167

hydrogen bomb, 氢弹 14, 301

ICBM (Intercontinental Ballistic Missile), 洲际弹道导弹 282, 289, 300-302

Ickes, Harold, 哈罗德·伊克斯 167

ideal fluids, 理想流体 155

inertia, principle of, 惯性原理 56, 109

infinity studies, 无穷大研究 106-107

Inglis, Admiral Thomas B., 托马斯·B. 英格利斯海军上将 312

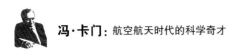

Institute for Advanced Study, Princeton, 普林斯顿高等研究院 301

Institute of Diego Velásquez, 迭戈·委拉斯凯兹研究所 340

Institute of the Aeronautical Sciences, 国际航空科学研究所 138, 242

Institute of Theoretical Physics, Copenhagen, 哥本哈根理论物理研究所 177-178

Intelsat, 国际通信卫星组织 346

internal combustion engine, 内燃机 32, 75

International Academy of Astronautics, 国际宇航科学院 348

International Astronautics Federation, 国际宇航联合会 319, 341-342, 344

International Committee on Space Research (COSPAR), 国际空间研究委员会 344

international conference in mechanics, 国际力学会议 104-105

International Congress for Aeronautical Sciences (ICAS), 国际航空科学大会 342

International Congress of Applied Mechanics, 国际应用力学大会 294

International Exhibition of Space Navigation, 国际宇航展 188

International Geophysical Year, 国基地理年 306, 341

International Mechanics Congress, 国际力学大会 105

International Union of Theoretical and Applied Mechanics, 国际理论和应用力学联盟 105, 294

internationalism, difficulties of, 国际化的困难 350

Interplanetary Communications (Rynin), 《星际交通》（拉伊宁）188

Iowa, University of, 衣阿华大学 127, 257

Israel, wind-power machines in, 以色列风力发电机 210

Istanbul, University of, 伊斯坦布尔大学 338

Italian Air Force, 意大利空军 216, 218

Italy, Volta Congress in, 意大利沃尔特会议 216-224

J-I Monoplane, J-I单翼机 78, 111

Jackson, Henry M., 亨利·M. 杰克逊 23*n*, 338-339

Jacobs, Eastman, 伊斯曼·雅各布斯 126

Japan, visit to, 日本之行 129-134

Japanese Navy, 日本海军 131, 133

JATO (jet-assisted takeoff), 喷气助推起飞 156, 173, 260, 309, 329; development of, 发展 249-256, 316-317

"jet flap", 喷气襟翼 331

jet plane, 喷气式飞机 216, 224, 274; Prandtl's work on, 普朗特的研究 40; principle of, 原理 131; in United States, 在美国 225, 233

Jet Propulsion Laboratory, Cal Tech, 加州理工学院喷气推进实验室 213, 240-241, 265, 269, 291, 300, 306, 310, 312, 320, 347

jet turbine, 喷气涡轮发动机 204, 224

Jewett, F. B., F. B. 朱厄特 165

Jews 犹太人: in Hungary, 在匈牙利 20; Nazi treatment of, 在纳粹统治下的遭遇 38-39, 143-144, 146

Jodrell Bank radio telescope, 乔德瑞尔班克射电望远镜 348

John XXIII, Pope, 教皇约翰二十三世 217

Joiner, Col. W. H., W. H. 乔伊纳上校 264

Joliot-Curie, Jean Frédéric, 让·弗雷德里克·约里奥-居里 284

Jones, Bob, 鲍勃·琼斯 276

Joseph Salvator, Archduke, 约瑟夫·萨尔瓦托大公 87-88

Joukowski, N. E., N. E. 儒柯夫斯基 59-60, 75-78, 186, 241

Jozsefváros District, Budapest, 布达佩斯约瑟夫瓦罗斯区 19

Junkers, Hugo, 雨果·容克 75, 78, 86, 100, 110-115, 120, 171, 173

Kaldor, Nicholas, 尼古拉斯·卡尔多 21

Kandó, Kálmán, 卡尔曼·坎多 31

Kant, Immanuel, 伊曼努尔·康德 345

Kapitza, Peter L., 彼得·L. 卡皮查 185, 189, 284

Karl, Emperor of Austria, 奥地利皇帝卡尔 89

Kármán, Elemer von (brother), 埃尔默·冯·卡门（哥哥）19, 26, 28, 89, 96

Kármán, Feri von (brother), 费里·冯·卡门（哥哥）19, 26, 89, 96

Kármán, Helen von (mother), 海伦·冯·卡门（母亲）15, 71, 80, 82, 89, 96, 103-104, 106, 120-121, 141, 145, 176, 184

Kármán, Josephine (Pipö) de (sister), 约瑟芬（珮波）·德·卡门（妹妹）19, 38, 89, 96, 103-104, 120-121, 127, 129, 145, 176, 178, 183, 318-319, 327, 340

Kármán, Maurice von (father), 莫里斯·冯·卡门（父亲）II, 15-21, 23, 25, 30-33, 71, 80-

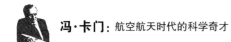

82, 89, 91, 105, 182-183, 350

Kármán, Miklos von (brother), 米克洛斯·冯·卡门（弟弟）15, 19, 89, 96, 288, 318

Kármán, Theodore von (1881-1963)西奥多·冯·卡门: Aachen period, chair of aeronautics at, 亚琛时期，教授航空学 73-75, 96-109; and Aerojet-General Corp., 与通用喷气公司 4, 256-259, 319-320; in Africa, 在非洲 323-324: AGARD work, 航空研究和发展顾问团的工作 4, 322-339; on airship accidents, 关于飞艇事故 166-168; ancestry, 15-16; arithmetic stunts, 算术绝技 29; on Gen. "Hap" Arnold, 与"哈普"·阿诺德将军的交往 225-226, 270-273; on atom's "mystery," 关于原子"秘密" 65-66; in Austro-Hungarian Army, 在奥匈帝国的军队里 31, 80-81; on automobile, 关于汽车 142; belief in God, 宗教信仰 23; birth (May 11, 1881), 出生 14; "Bombe" machine, "炸弹"机 46; brothers and sisters, 兄弟姐们 19, 288, 318n; at Buckingham Palace, 在白金汉宫 295; buckling theory developed, 对屈曲理论的研究 33-37; Budapest years, 在布达佩斯的岁月 15-19, 31; business troubles, 生意上遇到的麻烦 315-322; at Cal Tech, 在加州理工学院 141-156; on Cayley, 关于凯利爵士 58; childhood memories, 童年回忆 15-16; China visit, 中国之行 184, 190-201; classroom technique, 上课技巧 7-8, 148-149; sees concentration camps in Germany, 查看德国集中营 279; consulting fee, 咨询费 215; contributions of, 贡献 3-4; on crystal lattice theory, 关于晶格理论 68-69; DC airplane work, DC系列飞机的工作 169-171; his deafness, 失聪 6; death (May 7, 1963), 去世 5, 12-13; as "doctor" on engineering problems, 诊治发动机故障的"医生" 29; "drag" theories, "阻力"理论 61-62, 139; early training, 早期训练 19-21; on Einstein, 关于爱因斯坦 67, 180-184; on engineering in U.S., 关于美国的工程学 157-159; England visit (1946), 英国之行 295-296; English-language problem, 英语问题 28; Eötvös Prize, 厄缶奖 22-23; European trips, 欧洲之行 217, 273-283; on Face the Nation, 有关《面向全国》节目的叙述 13; on father, 关于父亲 15-18, 23, 25, 31, 82; at Fifth Volta Congress, 在第5届沃尔塔会议上 217-218; financial "loss" of $12 million, 1 200万美元的经济"损失" 315-322; Fischamend airfield work, 在菲沙门德飞机场的工作 82-90; flying experiments and lessons, 飞行实验和课程 42-43, 82-90; Gandhi meeting, 与甘地的会面 133-134; Ganz and Co. consultant, 担任冈兹公司顾问 31-32; glider work, 滑翔机研究 97-102; at Göttingen, 在哥廷根 33-34, 41-56; Grand Coulee Dam problem, 大古力水坝问题 207; Guggenheim Foundation mission, 古根海姆基金会的使命 122-123, 160-162; helicopter experiments, 直升机实验 85-89; on Hilbert and his work, 关于希尔伯特及其研究工作

的叙述 48-52; on Hollywood, 关于好莱坞 176-179; honorary degrees, 荣誉学位 13, 364; intellectual curiosity, 求知欲 23, 28; in Japan, 在日本 121, 130-134; JATO work, 喷气推进研究工作 249-256; Junkers consultation work, 容克顾问工作 110-111; on Felix Klein, 关于菲利克斯·克莱因 52-55; as lecturer, 当讲师 60, 108, 153-154, 199, 328; Lockheed consultant, 任洛克希德公司顾问 231; mathematics studies, 数学研究 21; as math teacher, 当数学老师 149; on meteorology, 关于气象学 163-165; influence on military aviation, 对军用航空的影响 5, 246-247, 268-272; Millikan and, 与密立根的交往 120-121, 146-147; on mother, 关于母亲 15, 89, 120-121, 176, 184; Mussolini visit, 与墨索里尼的会面 223; National Medal of Science, 美国国家科学奖章 3, 12; on Nazi regime and crimes, 关于纳粹政权和罪行 98, 102, 115, 145-146, 177, 274-275, 284; on Newton, 关于牛顿 56-57; Northrop experiments, 诺斯罗普实验 172-176; on Nuclear Weapons Panel, 关于核武器专家小组 301; Oberth's designs supported, 对奥伯特设计的支持 236; on Oppenheimer, 关于奥本海默 182-183; Pasadena life, 在帕萨迪纳的生活 123, 176-184; in Peking, 在北平 184, 193-195; Poincaré influence, 庞加莱的影响 24; postwar European tour, 战后欧洲之行 273-283; on Prandtl, 有关普朗特的叙述 35, 37-41, 61, 281; privat dozent at Göttingen, 在哥廷根大学当编外讲师 44-56; propeller tone problem, 螺旋桨振鸣问题 65; publication of first paper, 第一篇论文的发表 30; risqué jokes, 不雅笑话 6-7; rocketry work, 火箭学研究 243-248; Royal Joseph University education, 受教于皇家约瑟夫大学 26-34; schedule at 81, 81岁时的计划表 11; scientific approach, 科学方法 24; on security measures, 关于安全措施 314, 335-336; self-assessment, 自我评价 4-5; on "short-range thinking," 关于"短视症"思考 14; social life, 社交生活 12, 36-37, 46-48, 104; at Sorbonne, 在索邦大学 42, 323, 328; Soviet Union visit, 苏联之行 185-190, 283-289; story-telling skill, 讲故事的本领 6-8; surgery (1944), 手术 267; on synchronized aerial machine gun, 关于战斗机机枪的同步化 82-84; on teaching methods, 关于教学方法 5-8, 148-149; on teamwork, 关于团队合作 307; at Technische Hochschule, Aachen, 在亚琛工学院 73, 75-79, 96-109; telescope-mount problem at Palomar, 帕洛玛天文望远镜底座问题 152-153; theoretical problems enjoyed, 喜欢研究的理论问题 30; on thinking creatively, 关于创造性思维 29; named Todor (Theodore), 被取名托多（西奥多）15, 19; turbulence project at Aachen, 在亚琛的湍流研究项目 134-140; Turkey visit (1954), 土耳其之行 337; on U.S. industrial research, 关于美国的工业研究 204; U.S. Air Force consultant, 美国空军顾问 291-292; United States visits, 访问美国 119-129, 202; "valve

429

clatter" problem, "阀颤"问题 29-30; vortex street discovery, 涡街的发现 62-65; his weaknesses, 他的弱点 8-9; windmill work, 风车研究 208-210; wind-tunnel work, 风洞方面的工作 130-131, 154, 224; wing designs, 机翼设计 78, 172-176; Woods Hole (Mass.) study 在马萨诸塞州伍兹霍尔开展的研究 305; on Zeppelin problems, 关于齐柏林飞艇问题 44, 116-118

"Kármán Circus," "卡门旋涡" 6

Kármán fillet, 卡门圆角嵌条 170

Kármán Jurisdictional Line, 卡门法定分界线 343

Kármán Vortex Street, 卡门涡街 62-64, 77, 170, 213

Károlyi, Count Michael, 米哈利·卡罗伊伯爵 89-90, 92-93

Kayser, Erich, 埃里希·凯泽 131, 133

Katzenberg, 卡曾伯格 98

Kelvin, Lord (William Thomson), （威廉·汤姆森）开尔文勋爵 10, 28, 34, 65

Kennedy, John F., 约翰·F. 肯尼迪 3, 348

Kent, Robert H., 罗伯特·H. 肯特 228-229

Kepler, Johann, 约翰·开普勒 296

Kettering, Charles F., 查尔斯·F. 凯特林 155,165

Kimball, Dan, 丹·金保尔 262, 312, 316-317, 326

Kincheloe, Capt. Ivan, 伊凡·金契罗上尉 343

Kindelberger, Dutch, "德国佬"金德尔伯格 172, 298-299

kinetic theory of gases, 气体动力学理论 50

Kistiakowsky, George, 乔治·基斯佳科夫斯基 301

Kitty Hawk, N.C., 北卡罗来纳州基蒂霍克 42, 129, 209

Klein, Arthur L. ("Maj"), 阿瑟·L. 克莱因（"少校"）125-126, 153, 169-170

Klein, Felix, 菲利克斯·克莱因 44, 47-48, 50, 52-55, 73, 76, 142, 148, 189

Klemin, Alexander, 亚历山大·可莱明 127

Klemperer, Wolfgang, 沃尔夫冈·克勒姆佩雷尔 98-101, 116, 159

Knapp, Robert, 罗伯特·纳普 205

Koenig, J., J. 柯尼格 27

Konn, Albert (uncle), 阿尔伯特·康恩（舅舅）20

Konn, Helen (mother)海伦·康恩（母亲）. See 见 Kármán, Helen von

Korean War, 朝鲜战争 262, 304, 317

Krick, Irving P., 欧文·P. 克里克 163-165, 239, 293

Krupp, Gustav, 古斯塔夫·克房伯 37, 46

Kuerschak, J., J. 库斯沙克 27

Kuethe, Arnold, 阿诺德·基西 138-139

Kun, Béla, 贝拉·库恩 92-95, 311

Kunfi, Sigmund, 西格蒙德·昆菲 92

Kutta, M. W., M. W. 库塔 59-60, 241

Lachmann, Gustav, 古斯塔夫·拉赫曼 112-113, 231

laminar flow or motion, 层流 153, 290

Lanchester, Frederick W., 弗雷德里克·W. 兰彻斯特 60, 332

Langley, Samuel P., 塞缪尔·P. 兰利 43

Lansdowne, Zachary, 扎卡里·兰斯多恩 160

Laplace, Pierre S. de, 皮埃尔·S. 德·拉普拉斯 49, 345

Larkin, Lieut. Gen. Thomas B., 托马斯·B. 拉尔金中将 334

lattice dynamics theory, 晶格动力学理论 69

Laue, Max von, 马克斯·冯·劳厄 68

Laugier, Henri, 亨利·洛吉耶 322, 324, 347

Lauritsen, C. C., C. C. 劳瑞森 147

Lawrence, Ernest O., 恩斯特·O. 劳伦斯 178

Le Bris, Jean-Marie, 让-马利·勒布里 57, 98

Leduc, René, 勒内·勒迪克 242

LeMay, Gen. Curtis, 柯蒂斯·李梅将军 28, 302

Levavasseur plane, 勒伐伐苏设计的飞机 43, 111-112

Levi-Civita, Tullio, 图利奥·莱维-西维塔 104-105, 144, 218

Lewis, George, 乔治·刘易斯 126, 224, 226

Ley, Willy, 威利·莱伊 235

lift, aerodynamic, 气动升力 56-60, 112

lighter-than-air craft, 轻于空气的飞艇 159-160, 166-167; see also 另见 Zeppelin

Lightning fighter plane, "闪电"式战斗机 231

冯·卡门：航空航天时代的科学奇才

Lilienthal, Otto, 奥拓·利林塔尔 58, 98

Lindbergh, Charles A., 查尔斯·A. 林德伯格 122, 142, 241

Lipp, James, 詹姆斯·李普 306

Lippisch, Alexander, 亚历山大·李比希 173

Lippmann, Gabriel, 加布里埃尔·李普曼 34

Lipták factory, Budapest, 布达佩斯李普塔克工厂 86

Little Kármán 小卡门. *See* 见 Kármán fillet

Lockheed Aircraft Corp., 洛克希德飞机公司 115, 168, 172, 231, 301

Loew, Rabbi Leopold, 列奥波德·洛伊拉比 16

Lorentz, Hendrik A., 亨德里克·A. 洛伦兹 47, 68, 124

Los Alamos, N.M., laboratory, 新墨西哥洛斯阿拉莫斯实验室 301

Los Angeles, USS, "洛杉矶"号飞艇 118, 162

Lovelace, W. Randolph (Randy), W. 伦道夫（兰迪）·洛夫莱斯 291

Lovell, Sir Bernard, 伯纳德·洛弗尔爵士 348

Lovett, Robert A., 罗伯特·A. 洛维特 325

Lubrich, August, 奥古斯特·卢布瑞希 18

Lugosi, Bela, 贝拉·罗葛西 179

Lukacs, George, 乔治·卢卡奇 93

Lukas, Paul, 保罗·卢卡斯 179

Lunar International Laboratory (LIL), 国际月球实验室 347-348

Lysenko, Trofim D., 特洛菲姆·李森科 185

McCarthy, Joseph R., 约瑟夫·R. 麦卡锡 311, 335

McCord, Cmdr. Frank C., 弗兰克·C. 麦考德海军中校 162

McCoy, Col. Howard, 霍华德·麦考伊上校 277

Mach, Ernst, 恩斯特·马赫 24, 66

McHugh, Col. Godfrey, 戈弗雷·麦克休上校 273, 289-290

McKellar, Senator Kenneth, 肯尼斯·麦凯勒参议员 299

McNamara, Robert S., 罗伯特·S. 麦克纳马拉 321

Macon, USS, "梅肯"号飞艇 162-165

Madelung, Georg, 乔治·马德朗 100

magnetron, 磁控管 270

Magnus Effect, 马格努斯效应 59

Malina, Frank J., 弗兰克·J. 马利纳 206, 235, 238-240, 242-245, 249, 251, 253, 256-258, 265-269, 316-320, 323-324, 342, 347

Málnai, M., M. 马尔奈 19

Manly, Charles M., 查尔斯·M. 曼利 43

Mao, General, 毛将军 196

Marble, Frank, 弗兰克·马布尔 313

Marconi, Guglielmo, 伽利尔摩·马可尼 216

Markham, John, 约翰·马卡姆 226-227

Marquardt, Roy, 罗伊·马夸特 242

Marshall, Gen. George C., 乔治·C. 马歇尔将军 247

Marshall Plan, 马歇尔计划 329-330

Martel, Romeo, 罗密欧·马特尔 207

Martens, 马滕斯 101

Martin, Clarence, 克拉伦斯·马丁 213

Martin, Glen, 格林·马丁 172, 349

Marx, Karl, 卡尔·马克思 23

Mascart, Eleuthère Elie, 艾勒泰·埃利·马斯卡 34

Mason, Max, 马克斯·梅森 152

Massachusetts Institute of Technology, 麻省理工学院 7, 53, 120, 123, 127-128, 136, 165, 187, 208, 226, 243, 270, 295, 300, 303, 309 310

Massevitch, Alla, 艾拉·马塞维奇 341

Mathematical Methods in Engineering (Kármán and Biot),《工程学中的数学方法》（卡门和比奥特）235

mathematics数学: applied in engineering, 在工程学中的应用 40, 50, 53-55, 124; Hilbert on, 希尔伯特关于数学 48-49; K's interest in, 卡门对数学的兴趣 21, 26-27

Maxwell, James Clerk, 詹姆斯·克拉克·麦克斯韦 40, 158

May, Alan Nunn, 艾伦·努恩·梅 314

mechanics, science of, 力学 40

Meitner, Lise, 177, 莉泽·迈特纳 315

Merker, June, 琼·默克 329

Merrill, Albert A., 艾伯特·A. 梅里尔 124

Messerschmitt, Willy, 威利·梅塞施密特 100

Messerschmitt planes, 梅塞施密特飞机 224, 279

metallurgical engineering, 冶金工程学 74

meteorology, 气象学 155, 165, 346

Michigan, University of, 密歇根大学 120, 127

MIG fighter plane, 米格战斗机 304

military aviation, 军用航空 82-90, 100-119, 246-247, 289-290

Millán, Gregorio, 格雷格里奥·米兰 340

Miller, Fred, 弗雷德·米勒 249

Millikan, Clark, 克拉克·密立根 125, 155, 169, 225, 235, 240-242, 250, 266, 277, 312, 318

Millikan, Robert Andrews, 罗伯特·安德鲁斯·密立根 115, 120-126, 130, 141, 145-147, 150-151, 160-169, 178, 182, 184, 243, 246, 261, 269

mining engineering, 采矿工程 72-74

Minkowski, Hermann, 赫尔曼·闵可夫斯基 51, 180

Minnesota, University of, 明尼苏达大学 282n

Minta school, Hungary, 匈牙利明德中学 21-25, 27

Minuteman missile, "民兵"导弹 246, 320

missiles, development of, 导弹的发展 263-265, 293, 301

Mitchell, Gen. Billy, 比利·米切尔将军 268

Mixing Length Concept, 混合长度概念 135

Moffet, Rear Adm. William, 威廉·莫菲特海军少将 162

Moisseiff, L. S., L. S. 莫伊塞夫 211

Molnar, Ferenc, 费伦克·摩尔纳 41

Molotov, V. I., V. I. 莫洛托夫 284

monoplane, development of, 单翼机的发展 77-78, 169

Montgomery, John J., 约翰·J. 蒙哥马利 98

moon, rockets to, 探月火箭 216, 347

Moore, Norton, 诺顿·穆尔 220

Morgan, Thomas Hunt, 托马斯·亨特·摩根 147, 151

Morgenthau, Henry, 亨利·摩根索 217, 247

Moscow, University of, 莫斯科大学 59, 187, 286

Mount Wilson Observatory, 威尔逊山天文台 123, 151

Munkácsy, Michael, 米哈伊·蒙卡奇 18

Mussolini, Benito, 贝尼托·墨索里尼 178, 218, 222-223

Mutual Weapons Development Team, 武器发展合作小组 334

MX-324 (rocket flying wing), MX-324（火箭"飞翼"）174

NACA (National Advisory Committee on Aeronautics), （美国）国家航空咨询委员会 123, 126, 128, 171, 186, 226, 233, 241, 276, 336

NASA (National Aeronautics and Space Administration), （美国）国家航空和航天局 6, 186, 244, 321

National Academy of Sciences, （美国）国家科学院 229, 243, 247-248, 295, 305

National Bureau of Standards, （美国）国家标准局 171

National Defense Research Committee, （美国）国防研究委员会 230, 248

National Medal of Science, （美国）国家科学奖章 3, 12

NATO (North Atlantic Treaty Organization), 北约（北大西洋公约组织）4, 23n, 60, 128, 270, 293, 313, 324-326, 329, 334-336; see also 另见 AGARD

Nautilus, USS, "鹦鹉螺"号飞艇 65

Navy, U.S. 美国海军. See 见 United States Navy

Nazis, 纳粹 13, 38-39, 95, 98, 102, 115, 140, 145-146, 177, 274-275, 279, 284

Nelson, Admiral Horatio, 霍雷肖·纳尔逊海军上将 332

Nernst, Walther H., 瓦尔特·H. 能斯脱 34, 48, 180

Netherlands Aeronautical Laboratory, 荷兰航空实验室 336

Neumann, John von, 约翰·冯·诺伊曼 23, 106-107, 229, 301

neutron, 中子 150

Nevada, University of, 内华达大学 239

Newcomb, Simon, 西蒙·纽科姆 344-345

Newton, Sir Isaac, 艾萨克·牛顿爵士 4, 54, 56, 58, 295-297

New York Times, 《纽约时报》93n, 241

New York University, 纽约大学 38, 120, 127, 222n

Nike-Hercules missile, "胜利女神-大力神"导弹 320

Nobel, Alfred Bernhard, 阿尔弗雷德·贝恩哈德·诺贝尔 40

Nobel Prize, 诺贝尔奖 21, 40, 46, 48, 66, 69, 123, 147, 149-150, 177-178, 270, 287

Norstad, Gen. Lauris, 劳瑞斯·诺斯塔德将军 272, 330-333

North American Aviation Co., 北美航空公司 172, 275, 298

Northrop, Jack, 杰克·诺思罗普 172-176, 256

Northrop Aircraft Corp., 诺思罗普飞机公司 169, 172, 290

Northrop Alpha, 诺思罗普阿尔法 169-170

Noyes, Arthur, 阿瑟·诺伊斯 123

nuclear rockets, 核动力火箭 311, 320-321

Nuclear Weapons Panel, 核武器专家小组 301

Oberth, Hermann, 赫尔曼·奥伯特 236, 238, 282

Odlum, Floyd, 弗洛伊德·奥德伦 12

Off the Earth (Tsiolkovsky),《飞离地球》（齐奥尔科夫斯基）188

Office of Scientific Research and Development, 科学研究与发展局 87, 271

Ohain, Hans von, 汉斯·冯·奥海恩 224

O'Neil, William, 威廉·奥尼尔 316-317

Opel, Fritz von, 弗里茨·冯·奥佩尔 118-119, 250

"Operation Paperclip," "回形针行动" 295

Operations Analysis, 运筹学 60

Oppenheimer, J. Robert, J. 罗伯特·奥本海默 49, 182-183, 270, 301

orbiting laboratories, 地球轨道实验室 345

ORDCIT (Ordnance Contract to Cal Tech), 给加州理工学院的军械合同 265

Ötztal, Austria, wind tunnel, 奥地利奥茨山谷的风洞 298-299

oxygen, liquid, 液态氧 251

P-38 Fighter, P-38战斗机 174, 231-232

Page, Sir Frederick Handley, 弗雷德里克·汉德利·佩奇爵士 113-114

Palomar telescope mount, 帕尔马射电望远镜 152-153, 162

Parliamentary Group for Aviation, 议会航空委员会 42-43

Parseval, August von, 奥古斯特·冯·帕舍伐尔 44, 116

Parsons, John W., 约翰·W. 帕森斯 235, 237, 245-246, 249, 251, 256-257, 264, 267, 317, 319

Pasadena, Calif., life in, 在加利福尼亚帕萨迪纳的生活 123, 176-184

Pasteur, Louis, 路易·巴斯德 34

Pauler, Theodore, 西奥多·鲍勒 17

Pauling, Linus, 莱纳斯·鲍林 182

Pazmany Peter University, Budapest, 布达佩斯彼得·帕斯马尼大学 15

Peenemünde, Germany, rocket base, 德国佩内明德的火箭基地 119, 238, 252, 272, 282

Peking, University of, 北京大学 201

Pénaud, Alphonse, 阿方斯·佩诺 57

Pennsylvania State University, 宾夕法尼亚州立大学 285

Peres, Joseph, 约瑟夫·佩雷斯 323, 328

Perkins, Courtland, 考特兰·珀金斯 173

Peterfy, Jenö, 约诺·彼得菲 31

Petróczy, Col. Stefan, 斯蒂芬·佩特罗齐上校 83, 85

Petterssen, Sverre, 斯维尔·皮特森 208

Pfenninger, Werner, 沃纳·普费宁格 290

Philippson, Ella, 爱拉·菲利普森 46-47

photoelectric effect, 光电效应 40

photon propulsion, 光子推进 348

Physical Society of London, 伦敦物理学会 60

physics, new concepts in, 物理学新概念 65-71

Pickering, William, 威廉·皮克林 291, 347

Pikes Peak, air-motion studies at, 在派克峰进行的空气运动研究 162

pilotless aircraft, 无人机 298

piston engine, 活塞发动机 75

Pitot tube, 皮托管 194

Pius XII, Pope, 教皇庇护十二世 341

Planck, Max, 马克斯·普朗克 4, 24, 34, 67-68, 96, 180

planets: motion of, 行星的运动 65, 71; travel to, 飞往行星之旅 348

plastic waves, theory of, 塑性波理论 248

Poincaré, Jules Henri, 朱尔斯·亨利·庞加莱 24, 27, 34, 62

Polaris rocket, "北极星"火箭 246, 320

Polya, George, 乔治·珀利亚 23

Porsche, Ferdinand, 费迪南德·波尔舍 87

positron, 正电子 150

Prandtl, Ludwig 路德维希·普朗特: accommodates to Nazi regime, 对纳粹政权的适应 39-40, 310; contributions of, 贡献 60-61; on cylindrical pressures, 关于圆柱体所受压力 62; on high-speed wing, 关于高速机翼 219; Nazis' treatment of, 纳粹给他的待遇 38-39; postwar attitude, 战后的态度 281; work in turbulence, 在湍流方面的研究 136; mentioned, 提及 29, 34-38, 41, 44, 54, 60, 63, 76, 78, 100, 113, 116-117, 120-121, 125, 135, 137-139, 153, 155, 161, 218, 280-283, 290, 294

Princeton University, 普林斯顿大学 173, 177, 184, 222, 319

Private A, "列兵A"导弹 265

Project Rover, "漫游者"计划 321

propeller noise, submarine, 潜水艇螺旋桨噪音 64-65

Puckett, Allen, 艾伦·帕克特 230, 276

pumps, design of, 水泵设计 205

Purcell, E. M., E. M. 珀赛耳 270

Putnam, Palmer, C., 帕尔默·C. 普特南 208-210

Putt, Col. Don, 唐·普特上校 233-234, 294-295

Qualitative vs. Quantitative Method, 定性分析法与定量分析法 50

quantum mechanics and theory, 量子力学与量子理论 67-68, 71, 96, 134, 181

Radar, 雷达 270, 274, 303

radioactivity, 放射能力 66, 178

Ramjet engine, 冲压式喷气发动机 242, 266

Ramsey, Norman, 诺曼·拉姆齐 270

RAND Corporation, 兰德公司 302, 306

random motion, 随机运动 50

Rankine, William John, 威廉·约翰·兰金 54

438

Rannie, Duncan, 邓肯·兰尼 156, 208, 213

Rasetti, F., F. 拉塞蒂 179

Rayleigh, John William Strutt, Lord, 约翰·威廉·斯特拉特，瑞利勋爵 10, 34, 59, 64

Raymond, Art, 阿特·雷蒙德 169

Razon guided missile, "拉松"导弹 230

Reed, S. Albert, S. 艾伯特·里德 133

regenerative cooling, 再生冷却 254

Reichardt, 赖卡特 138

Reissner, Hans J., 汉斯·J. 莱斯纳 76-77

relativity theory, 相对论 40, 51, 96, 124, 181, 349

religion, science and, 科学与宗教 23-24, 151, 182, 217

Renner, Albrecht, 阿尔布雷希特·雷纳 46-47

REP-Hirsch prize, 艾斯诺–佩尔特里–赫希最佳火箭学论文奖 239

resonance tachometer, 共振转速计 88

Rhön Mountains, 勒恩山区 98-103, 119

Rickenbacker, Eddie, 爱迪·里肯巴克 172

Ridenour, Louis, 路易斯·赖德诺尔 304

Riemann, George F. B., 乔治·F. B. 黎曼 34

Roberts, Ernest, 欧内斯特·罗伯茨 262

Robischon, Ernest, 欧内斯特·罗比松 277

Rockefeller, Laurance, 劳伦斯·洛克菲勒 269, 291

Rockefeller Foundation, 洛克菲勒基金会 147, 152

Rocketdyne (N. A. Aviation), 洛克达因公司（隶属北美航空公司）321

rockets and rocketry 火箭与火箭学: cost of program in, 研究费用 244; combustion problems, 燃烧问题 327; current technology, 当前的技术 307; development of, 发展 234-249; federal aid for, 联邦资助 243; first practical U.S., 美国第一台有实用价值的火箭发动机 254; fuel for, 燃料 236-240, 246, 249, 251, 253; future of, 未来前景 255; moon landing and, 登陆月球与火箭 216; multistage, 多级火箭 237; propulsion methods, 推进方法 *see* 见 rockets, fuel for; turbulence in, 139; *see also* 另见 JATO; V-1 and V-2 rockets

Rome, University of, 罗马大学 179

Roosevelt, Franklin D., 富兰克林·D. 罗斯福 164, 169, 206, 272, 283

Root, L. Eugene, L. 尤金·鲁特 301

Rosendahl, Capt. Charles E., 查尔斯·E. 罗森达尔海军上校 162, 166

Rosny, J. H., Sr., J. H. 罗斯尼 238

rotating machinery, fluid flow through, 通过旋转电机的流体流动 204

Royal Joseph University, Budapest, 布达佩斯皇家约瑟夫大学 26-35, 53, 60

Rózsahegy ("Rosehill") home, 被称为"玫瑰山"的家 30, 34

Rumpler, 拉姆普勒 80-81

Runge, Carl David Tolmé, 卡尔·大卫·托尔梅·龙格 47, 55

Russel, Adm. James, 詹姆斯·拉塞尔海军上将 264

Rynin, Nikolai, 尼古拉·拉伊宁 188

Sadron, Charles, 查尔斯·塞德隆 279

Sahara Desert, 撒哈拉沙漠 210, 324

sand ripples, 沙波 206, 324

Sänger, Eugen, 尤金·桑格尔 251, 341, 348

satellites, 人造卫星 293, 345-346

Saturn moon vehicle, 土星运载火箭 168

Saulnier, 索尔尼尔 83*n*

Schairer, George, 乔治·谢勒 269, 272, 276, 313

Schiller, Johann Christoph von, 约翰·克里斯托弗·冯·席勒 31, 47

Schimanek, Emil, 埃米尔·希迈内克 31

schlieren method, 纹影法 228-229

Schneider, Franz, 弗朗兹·施耐德 83*n*

Schriever, Gen. Bernard, 伯纳德·施里弗将军 300-301

Schrödinger, Ernst, 薛定谔 4

Schwartz, David, 大卫·施瓦茨 116

science科学: engineering and, 工程学与科学 54; "organized," 有组织的 292; religion and, 宗教与科学 23-24, 151, 182, 217

Science: The Key to Air Supremacy, 《科学：获取空中优势的关键》294

Scientific Advisory Board (AAF), 科学顾问委员会 165, 270, 298, 300-304, 308

scientist, responsibility of, 科学家的责任 351-352

Scoville, Herbert, 赫伯特·斯科维尔 301

seaplanes, renaissance of, 水上飞机的复兴 349

Sears, William R., 威廉·R. 西尔斯 172-174, 208, 313

Sechler, Ernest E., 欧内斯特·E. 塞克勒 155, 171

security, problem of, 安全问题 314-315, 335-336

Sedov, Leonid, 利奥尼德·谢多夫 342, 346

Segrè, Emilio, 埃米利奥·塞格雷 179

Seiferth, Reinhold, 莱因霍尔德·赛弗斯 153-155

Selmeczbanya Academy, 塞尔梅兹巴尼亚学院 71-73

SHAPE (Supreme HQ Allied Powers in Europe), 盟军在欧洲的最高司令部 330

Shenandoah, USS, "谢南多亚"号飞艇 160, 162

shock stall, 激波失速 221

shock waves, 激波 232-233

Shostakovich, Dmitri, 德米特里·肖斯塔科维奇 285

Simon, Col. Leslie, 莱斯利·西蒙上校 230

Skinner, Col. Leslie, 莱斯利·斯金纳上校 260

slotted wing, 开缝机翼 112

Smith, Apollo Milton Olin, 阿波罗·密尔顿·奥林·史密斯 239, 242, 261

Smith, A. R., A. R. 史密斯 202-204

Smithsonian Institution, 史密森学会 43

Sommerfeld, Arnold, 阿诺德·索末菲 68, 120, 124, 134

sound barrier, 音障 175, 216, 219-220, 234

Soviet Academy of Sciences, 苏联科学院 187, 283, 285, 287

Soviet Air Force, 苏联空军 186

Soviet Union 苏联: scientific laboratories and research, 科学实验室和研究 284-285, 340-341, 347; visit to, 到访 185-190, 283-289; mentioned, 提及 216-218

Spaatz, Gen. Carl, 卡尔·斯帕茨将军 304

space law, 空间法 342-343

Space Technology Laboratories, Inc., 空间技术实验室 300

space travel, 太空旅行 238, 266

Spain, research in, 西班牙的研究 339-340

Special Committee on Airships, 飞艇特别委员会 165, 167

specific heat, 比热 66, 70

Sperry, Elmer, 爱尔默·斯佩里 128

spin, in airplanes, 飞机的旋转 59-60, 112

Sputnik I, "斯普特尼克1号"人造卫星 13, 43, 189, 306, 340-341

Stack, John, 约翰·斯塔克 336

Stalin, Joseph, 约瑟夫·斯大林 284, 289

Stanford University, 斯坦福大学 23, 53, 141, 165

steam turbine, blade design in, 汽轮机的叶片设计 203-204

Steinmetz, Charles, 查尔斯·施泰因梅茨 202

Stern, Marvin, 马文·斯特恩 305

Stevenson, Adlai, 阿德莱·斯蒂文森 178

Stewart, Homer Joe, 霍默·乔·斯图亚特 250

Stiff, Ens. Ray C., 恩赛因·雷·C. 斯蒂夫 253

Stock, Paul, 保罗·斯托克 98, 107

Stokes, Sir George G., 乔治·G. 斯托克斯爵士 34

Strasbourg, University of, 斯特拉斯堡大学 280

streamlining, 流线型化 64

Student, Kurt, 库尔特·斯图德特 100

Stuttgart, University of, 斯图加特大学 53, 99-100

"suicide club," rocket pioneers as, 被称为"自杀小组"的火箭研究先驱者 240

Summerfield, Martin, 马丁·萨默菲尔德 173, 206, 251, 255-258, 266, 318-319, 324

Sumomoto Airplane Co., Japan, 日本住友飞机公司 133

supersonic flight, 超音速飞行 139, 176, 216-234, 290, 302

suspension bridges, vibration in, 悬索桥的振动 211-215

Swanson, Claude, 克劳德·斯万森 165-167

sweepback wing, 后掠翼 173, 219, 221, 224, 276-277

Symington, Stuart, 斯图亚特·赛明顿 298-299, 329

Szent-Györgyi, Albert, 阿尔伯特·森特-哲尔吉 287

Szilard, Leo, 列奥·西拉德 21-23

Tachometer, Resonance, 共振测速器 88

Tacoma Narrows Bridge collapse, 塔科马海峡大桥坍塌 65, 211-215

Taine, John, 约翰·泰纳 149

Talbot, Georg, 乔治·塔尔伯特 101, 277

Tanager airplane, "唐纳雀"式飞机 114

Tartaglia, Niccolò, 尼科洛·塔尔塔利亚 81

Taube airplane, "鸽"式飞机 78-79

Taylor, Charlie, 查理·泰勒 43

Taylor, G. I., G. I. 泰勒 248n

Tchitcherine, Frank, 弗兰克·齐契林 276

Technical Advisory Board, 技术顾问委员会 317

Technische Hochschule, Aachen 亚琛理工学院. *See* 见 Aachen, Technische Hochschule

technological revolution, 技术革命 351

Tedder, Sir Arthur W., 阿瑟·W. 泰德爵士 332

Telebomba, guided missile, "远程炸弹"导弹 219

telescope-mount problem, 望远镜底座问题 152-153

television tube, 电视显像管 270

Teller, Edward, 爱德华·特勒 23, 179, 301, 351

temperature, radiation and, 辐射与温度 67

Tennessee, University of, 田纳西大学 300

Terradas, Esteban, 埃斯特班·特拉达斯 340

terrapulse, 地球脉冲 263

Texas, University of, 得克萨斯大学 86

Texas A & M College, 得克萨斯A&M学院（得克萨斯农工学院）235

Theory of Relativity 相对论. *See* 见 relativity theory

thermal radiation, 热辐射 67

thermodynamics, 热力学 59, 180

thermonuclear power, 热核能 348

thin films, 油膜 153

thin plates, buckling in, 薄板的屈曲情况 208

Thompson Ramo Wooldridge Company, 汤普森·拉莫·伍尔德里奇公司 244

443

Thomson, Sir J. J., J. J. 汤姆森爵士 69

Thor-Able rocket, "雷神-艾布尔"火箭 320

Throop, "Father" Amos, 阿莫斯·施罗普牧师 123

Time magazine, 《时代周刊》175, 289

Timoshenko, Stephen, 斯蒂芬·季莫申科 165

tip stall, 翼尖失速 231

tip vortices, 翼尖涡流 61

Titan rocket, "大力神"火箭 320

Tokyo Imperial University, 东京帝国大学 199

Tollmien, Walter, 沃尔特·托米恩 153, 163

Tolman, Richard C., 理查德·C. 托尔曼 149, 182

Tolstoi, Leo, 列夫·托尔斯泰 286

torpedoes, jet propulsion for, 鱼雷的喷气推进 263

Toward New Horizons, 《走向新视野》291, 294, 298, 304-305

Training Center for Experimental Aerodynamics (Von Kármán Center), 实验空气动力学训练中心（冯·卡门中心）335

transoceanic flight, 越洋飞行 160-161

"transonic," origin of, "跨音速"的来历 233

Trans-Siberian Railway, 西伯利亚大铁路 190

Trefftz, Erich, 埃里克·特雷夫茨 47, 77-78, 111

Triborough Bridge, （纽约）三区大桥 213

trimotor plane, 三发动机飞机 114

Triumph of Aviation, The, 《航空的胜利》43

Troller, Theodor, 西奥多·特罗勒 160-161, 277

Truax, Lt. Robert C., 罗伯特·C. 特鲁瓦克斯上尉 253

Truman, Harry S., 哈里·S. 杜鲁门 289, 299-300, 326

Tsander, 灿德尔 240

Tsien, H. S. (Hsue-shen), 钱学森 239, 242, 257, 266, 269, 272, 308-315

Tsing Hua University, 清华大学 184, 190, 193-194, 200-201, 313-314

Tsiolkovsky, Konstantin, 康斯坦丁·齐奥尔科夫斯基 188-189, 237

Tullahoma, Tenn., test facilities at, 田纳西州图拉霍马的测试设备 300

turbine涡轮: jet, 喷气涡轮 202, 225; steam, 蒸汽涡轮 203-204

turbojet engine, 涡轮喷气发动机 224, 266

turbulence, 湍流 134-140

Turkey, visit to, 土耳其之行 337-338

U-2 Plane, U-2飞机 103

Ulug, Gen. Fuat, 福阿特·尤卢格将军 337

uncertainty principle, 测不准原理 181-182

UNESCO, 联合国教科文组织 318, 323-324, 347

United Nations, 联合国 322, 324, 344

United States美国: aid for rocket program, 资助火箭计划 244; engineering study and temperament in, 工程学研究及刚才技术人员的气质 I58; first and second visits to, 第一次和第二次美国之行 119-129, 146*ff*

United States Air Force美国空军: "blueprint" for, 蓝图 289-299; changes in, 变化 298-307; as defense arm, 作为国防主力 294; Manned Space Flight Program, 载人航天飞行计划 291; Scientific Advisory Board, 科学顾问委员会 270, 298-304, 308; Systems Command, 系统作战司令部 300; mentioned, 提及 4-5, 7, 13, 28, 85, 157, 164, 168-169, 175, 225-227, 233, 243-244, 251, 253-258, 265, 270, 274, 277, 293, 301

United States Army Ballistic Research Laboratories (Md.), 美国陆军弹道研究实验室（马里兰州）227

United States Army Bureau of Ordnance, 美国陆军军械局 229

United States Bureau of Standards, 美国标准局 138

United States Navy美国海军: lighter-than-air program, 轻于空气计划 156, 162, 165-167; mentioned, 提及 160, 225, 256, 264

United States Patent Office, 美国专利局 112

United States Steel Corp., 美国钢铁公司 187

United States Weather Bureau, 美国气象局 163

University of Sorbonne, 索邦大学 42, 323, 340

Ursinus, Oskar, 奥斯卡·厄西努斯 98

V-1 Rocket, V-1火箭 263, 282

V-2 rocket, V-2火箭 5, 238, 252, 265-266, 271, 279, 282, 293

Vaals, Netherlands, 荷兰法尔斯 103, 136, 140

Valley, George E., 乔治·E. 瓦利 270, 303

valve-clatter problem, 阀颤问题 29-30

Vampyr glider, "吸血蝙蝠" 号滑翔机 100-101

Vandenberg, Gen. Hoyt, 霍伊特·范登堡将军 303-304

Vanguard satellite, "先锋号" 人造卫星 320

Velásquez, Diego Rodrigo, 迭戈1罗德里戈·维拉斯凯兹 340

Versailles, Treaty of, 《凡尔赛条约》(又称《凡尔赛和约》) 97, 117, 120, 143, 216

Vészi, Julius A., 朱利叶斯·A. 威西 41-44

Vészi, Margit, 玛吉特·威西 41-42

Vienna, University of, 维也纳大学 16, 123

Vinci, Leonardo da, 列奥纳多·达·芬奇 5, 57, 81

Voigt, Woldemar, 沃耳德玛·福格特 48, 68

Voisin biplane, 沃伊津双翼机 42

Volta Congress, Rome, 1935, 罗马沃尔特会议（1935）216-217, 221-222, 246

von Asboth, 冯·阿司鲍斯 85

von Kármán 冯·卡门. *See* 见 Kármán, von

Von Kármán Center, 冯·卡门中心 335*n*

Voroshilov, Marshal K. E., 伏罗希洛夫元帅 287

vortex 涡流: double, 双涡流 163; motion of, 涡流的运动 60; particle action in, 粒子在涡流中的运动 109; shedding in, 涡流分离 112; simplified, 简化 109; and Tacoma Narrows Bridge disaster, 与塔科马海峡大桥坍塌事故的关系 211-215

vortex street, 涡街 62-64, 77, 170, 213

VTOL (vertical takeoff and landing), 垂直起降 349

Wac Corporsl Rocket, "女兵下士" 火箭 241, 265-266

Walkowicz, Maj. T. F. (Ted), T. F. 沃考维兹少将（泰德）269, 291, 295

Washington, University of, 华盛顿大学 212-214

Wasserkuppe, 瓦塞库伯峰 99-100

Watson, Ernest C., 欧内斯特·C. 沃森 313

Wattendorf, Frank, 华敦德（弗兰克）128, 136-139, 145, 154, 161, 184-185, 190-195, 199-201, 205, 226, 232-233, 269, 272, 277, 280, 282, 291,298, 300n, 309-310, 329, 337

wave drag, 波阻力 220

Weber, Wilhelm Eduard, 威廉·爱德华·韦伯 34

Weinbaum, Sidney, 西德尼·温鲍姆 311

Whipple, Fred, 弗雷德·惠普尔 306

White, Maj. Robert, 罗伯特·怀特少将 343

White, Gen. Thomas, 托马斯·怀特将军 301

White Sands Proving Ground, N.M., 新墨西哥白沙试验场 265

Whittle, Sir Frank, 弗兰克·惠特儿爵士 233, 258, 274

Wien, Wilhelm, 威廉·维恩 34

Wiesner, Jerome B., 杰罗姆·B. 维斯纳 12

Wilbur, J. B., J. B. 威尔伯 208-209

Wiley, Lt. Cmdr. Herbert Victor, 赫伯特·维克多·威利海军少校 164

William II, Kaiser, 德皇威廉二世 45, 104, 200

Williams, Lt. Col. Frank, 弗兰克·威廉斯中校 291

Wilson, Woodrow, 伍德罗·威尔逊 90

wind, K's life bound to, 卡门与风打交道的一辈子 208

windmills, design of, 风车的设计 208-210

wind tunnel风洞: Aachen, 亚琛 75-77, 115, 118, 125, 131; Aberdeen, Md., 马里兰州阿伯丁230, 276; Akron Institute, 阿克伦研究所 161; Boeing tunnel, 波音公司的风洞 227; Cal Tech, 加州理工学院 124, 126, 141, 154, 169; Eiffel, 埃菲尔 125; Fischamend, 菲沙门德 82; Göttingen, 哥廷根 44, 56, 63, 76, 113, 116, 125; Joukowski Institute, 儒柯夫斯基研究所 186; Kawanishi, 川西町 130-133; Kochel, Germany, 德国科赫尔 274, 282, 309; Nanchang, China, 中国南昌 195-196, 198; Ötztal, Austria, 奥地利奥茨山谷 282, 298, 299, 309-310; plaster of Paris models, 熟石膏模型 154; return type, 返回类型 125; supersonic, 超音速 129, 221, 229-230; transonic, 跨音速 129; Tsing Hua University, 清华大学 192, 200-201; Tullahoma, Tenn., 田纳西州图拉霍马 298-300; U.S. approval for, 美国批建风洞 226-227; Wright brothers', 莱特兄弟的风洞 129; Wright Field tunnels, 莱特基地的风洞 129, 226-227, 232-233

wing机翼: Flying Wing, "飞翼" 172-176; high-aspect-ratio, 大展弦比机翼 102;

447

mathematical design of, 精确设计 78; slotted, 开缝翼 112; sweepback, 后掠翼 173, 219, 221, 224, 276-277; thickness of, 厚度 75-76

Woods Hole (Mass.), study program at, 在马萨诸塞州伍兹霍尔的研究计划 305-306

world, two- and three-dimensional, 二维和三维世界 24

World War I, 第一次世界大战 79-90, 171, 240, 291, 294, 323

World War II, 第二次世界大战 60, 96-98, 227, 231, 236, 244, 268-269, 292, 323, 331,345

Wright, Theodore P., 西奥多·P. 莱特 114

Wright brothers, 莱特兄弟 6, 42-43, 58-60, 98, 100, 128-129, 209, 241, 345

Wright Field, Dayton, 代顿莱特基地 129, 173, 226, 232-233, 269, 298

Wyld, James H., 詹姆斯·H. 怀尔特 255

X-I Plane, X-1飞机 175, 216, 234, 302

X-2 plane, X-2飞机 302, 343

X-15 plane, X-15飞机 303, 343

XB-35 plane, XB-35飞机 175

X-rays, X射线 66, 68, 147

Yale Hospital, Changsha, China, 中国长沙湘雅医院 201

Yale University, 耶鲁大学 125, 201

YB-49 plane, YB-49飞机 175

Yeager, Col. Charles, 查尔斯·耶格尔上校 216

Young, Dave, 戴夫·扬 261

Yuan, S. W., S. W. 袁 86

ZAGI (Central Aero-hydrodynamics Institute), 中央空气流体力学研究所 125, 186

Zahm, Albert, 艾伯特·扎姆 128

Zahn, Ernst, 恩斯特·扎恩 51

Zeppelin, Count Ferdinand von, 费迪南德·齐柏林伯爵 44, 116-117

Zeppelins齐柏林飞艇: experimental research and tests on, 实验研究和测试 116, 160-162, 166, 168; mentioned, 提及 44, 47, 76, 81, 87, 115-119, 145, 159, 167-168, 220

Zermelo, Ernst, 恩斯特·策梅罗 49-50

Zero, Japanese fighter plane, 日本零式战斗机 132*n*

Zisch, William, 威廉·齐施 259-261, 312-313

Zornig, Col. H., H. 佐尼格上校 227, 229

Zuckerman, Sir Solly, 索利·朱克曼爵士 332-333

Zurich, Technical University 苏黎世理工大学 of, 26

Zwicky, Fritz, 弗立茨·兹威基 261-262, 291, 318

Zworykin, V. K., V. K. 兹沃尔金 270

再版后记

本书系以美国现代航空和航天科学的大师西奥多·冯·卡门的自述为主的人物传记，原为家父于上世纪80年后期利用业余时间翻译完成，并于90年代初首次出版，以把这位20世纪伟大的科学家译介给中国读者。

经过大半年的准备和工作，本书终于由复旦大学出版社再版，完成了家父生前的遗愿，我甚感欣慰。家父于2018年4月初因病不幸辞世，这次他的译著得以重新出版，我想也是对他最好的纪念吧。

本书初版由于完成于近30年前，已年代久远，又受到当时客观条件的限制，书中难免鲁鱼亥豕，印刷纸张和所附照片在今天看来也已显陈旧和模糊。好在这次再版时，本书责任编辑曹珍芬女士参照英文原著，辛勤地对译著进行了仔细的校对勘误，并附上书中主要人物、机构和专业术语的英汉译名对照表；同时根据英文原著，她又补充翻译了原译著里被删略的段落，增加了一些注释，以便读者能更加完整和准确地理解译著内容。同时在装帧设计和印刷上也努力做到尽善尽美，使再版译著的呈现更加美观，更具读者亲和性。

家父本出生于父母均目不识丁的贫寒家庭，并未受到过正规系统的小学和中学教育，是完全凭自己的努力和毅力，勤工俭学，最终考入大学。虽然大学读的是工科专业和俄语，但仍然凭借自己意志和勤奋，通过自学又熟练掌握了英文，并在艰苦的条件下独自完成了本书的译介工作。至今犹记家父当年于家中陋室一隅，不避寒暑，独自挑灯伏案翻译本书的场景，思之不禁悲从中来，黯然泪下。

如今再次捧读重版新书，家父生前的音容笑貌跃然纸上，他的谆谆教诲也言犹在耳。

斯人已逝，文字长存！

此外，我也希望通过本书的再版，使有兴趣的读者对20世纪世界航空和航天发展史能有进一步的了解，特别是书中介绍和描述的科学大师们，包括冯·卡门本人和我国著名物理学家钱学森先生等。同时，对有志于在航空航天科学和工业领域中发展的青年读者们，阅读本书应该也不无裨益。

最后，我要鸣谢复旦大学出版社，特别是本书的责任编辑曹珍芬女士。在此次先父译著再版过程中，家叔曹开林先生、复旦大学外文学院的谈峥教授、上海大学金融学院的王时芬教授等亲朋好友也给予了珍贵的支持、建议和帮助，在此一并致谢。

曹峥谨识
2019年2月于上海

图书在版编目(CIP)数据

冯·卡门:航空航天时代的科学奇才/(美)冯·卡门(Von Kármán),(美)李·埃德森(Lee Edson)著;曹开成译.—上海:复旦大学出版社,2019.4(2021.9重印)
书名原文:The Wind and Beyond:Theodore von Kármán:Pioneer in Aviation and Pathfinder in Space
ISBN 978-7-309-14192-4

Ⅰ.①冯… Ⅱ.①冯…②李…③曹… Ⅲ.①卡门(Kármán, Theodore von, 1881-1963)-传记 Ⅳ.①K837.126.16

中国版本图书馆 CIP 数据核字(2019)第 037646 号

冯·卡门:航空航天时代的科学奇才
[美]冯·卡门(Von Kármán)　　[美]李·埃德森(Lee Edson)　著　曹开成　译
责任编辑/曹珍芬

复旦大学出版社有限公司出版发行
上海市国权路 579 号　邮编:200433
网址:fupnet@fudanpress.com　http://www.fudanpress.com
门市零售:86-21-65102580　　团体订购:86-21-65104505
出版部电话:86-21-65642845
常熟市华顺印刷有限公司

开本 787×960　1/16　印张 29　插页 12 页　字数 367 千
2021 年 9 月第 1 版第 3 次印刷

ISBN 978-7-309-14192-4/K·961
定价:58.00 元

如有印装质量问题,请向复旦大学出版社有限公司出版部调换。
版权所有　　侵权必究